Die Ermitage

Die Ermitage

WESTEUROPÄISCHE UND RUSSISCHE KUNST

Herausgegeben und eingeleitet von
Witali Suslow

VEB
E. A. SEEMANN VERLAG
LEIPZIG 1988

Titel des russischen Manuskriptes:
Государственный Эрмитаж
Übertragen aus dem Russischen von
Lisa Schirmer

Inhalt

Einführung

Die Staatliche Ermitage in Leningrad gehört heute neben dem Louvre, dem Metropolitan Museum und dem Britischen Museum zu den größten Museen der Welt. Sie verwahrt, als ein Museum der Geschichte der Weltkultur, rund drei Millionen Kunstgegenstände verschiedener Epochen, Zivilisationen und Völker. Diese Schätze sind in fünf Palastgebäuden untergebracht, die einen prächtigen Architekturkomplex am Ufer der Newa bilden. Die 350 für die Besucher zugänglichen Säle geben zugleich einen lebendigen Begriff von einigen Etappen russischer Baukunst.

Wie die Mehrzahl der europäischen Museen, so entwickelte sich auch die Ermitage zunächst als höfische Galerie. Die Geschichte des Museums ist engstens mit der des Winterpalais', der ehemaligen Residenz der russischen Zaren, verbunden: Als Gründungsdatum der Ermitage gilt das Jahr 1764, in dem 225 Gemälde aus Berlin nach Petersburg in das wenige Jahre zuvor erbaute Winterpalais überführt wurden. Diese Bilder hatte der Berliner Kunsthändler J. A. Gotskowski besessen, der sie ursprünglich für den preußischen König Friedrich II. erworben hatte. Als jedoch Friedrich darauf hatte verzichten müssen, da die Staatskasse infolge des Siebenjährigen Krieges leer war, hatte Gotskowski die Sammlung Katharina II. angeboten.

Der Erwerb dieser Kollektion war nicht nur eine schöne Geste der russischen Imperatorin, sondern auch eine politisch kluge Tat. Noch galt Rußland in den Augen Europas als »junger« Staat, der seine durch das Wirken Peters I. gewonnene Autorität festigen mußte. Deshalb gehörte das Mäzenatentum als wichtiger Bestandteil zur Politik Katharinas II., es unterstützte ihr Bestreben, sich in ihrer Zeit den Ruf einer »aufgeklärten« Monarchin zu sichern – was ihr in gewissem Umfang auch gelang. Ihre Ratgeber auf dem Gebiet des Sammelns von Kunstschätzen waren so hervorragende Persönlichkeiten der Zeit wie der bekannte Enzyklopädist und Freund Voltaires Melchior Grimm, der französische Philosoph Denis Diderot sowie die russischen Diplomaten D. A. Golizyn, I. I. Bezki, I. I. Schuwalow und A. S. Stroganow. Ja, man kann die Ermitage durchaus als Schöpfung des Jahrhunderts der Aufklärung bezeichnen, und wenn sie auch für eineinhalb Jahrhunderte, bis zum Jahr 1917, eine Institution des Zarenhofes blieb, entwickelte sie sich doch als organischer Bestandteil der russischen Kultur; in diesem Sinne ist sie auch von der russischen Gesellschaft verstanden worden.

Die Geschichte der Ermitage läßt sich in mehrere Etappen einteilen. Nachdem 1764 im Winterpalais jene ersten Gemälde eingetroffen waren, wuchs die Sammlung rasch. Ein großer Kauf künstlerisch wertvoller Werke nach dem anderen konnte auf internationalen Auktionen getätigt werden. Diese Erwerbungen betrafen vor allem Gemälde, zugleich bildeten sich jedoch recht bedeutsame Kollektionen antiker Plastik und europäischer Glyptik heraus, große Sammlungen an Möbeln, Porzellan und Juwelierarbeiten kamen außerdem hinzu.

Bereits 1775 baute der Architekt J. B. Vallin de la Mothe an das Winterpalais ein Gebäude an, das der Unterbringung der Kunstsammlungen diente und das später die Bezeichnung Kleine Ermitage erhielt; das Wort »Ermitage«, das dann den Namen für das gesamte Museum abgab, kommt aus dem Französischen und bedeutete ursprünglich »Einsiedelei«.

Im Jahre 1784 vollendete J. M. Velten das nächstfolgende Gebäude am Palastufer, später als Alte Ermitage bezeichnet. Fast gleichzeitig wurden parallel zum Quai des Winterkanals die sogenannten Raffael-Loggien errichtet – in genauer Nachahmung der Loggien des Vatikan-Palastes in Rom –, und hinter dem Winterkanal entstand das Ermitage-Theater (Architekt Giacomo Quarenghi). Doch obwohl die Sammlungen so rasch anwuchsen (1797 umfaßten sie bereits 3996 Gemälde) und jeweils spezielle Gebäude dafür errichtet wurden, blieb die Ermitage in ihrem Charakter, ihrer Struktur und ihrer Funktion die zeittypische höfische Privatsammlung.

Eine neue Etappe der Museumsgeschichte fiel in die erste Hälfte des 19. Jahrhunderts. Damals entstanden Einrichtungen zur Erhaltung und Restaurierung der Kunstwerke; die Ausstellungen wurden völlig neu geordnet, wobei sich das Prinzip durchsetzte, die Bilder nach nationalen Schulen zu hängen. Ein bedeutsames Ereignis war im Jahre 1825 die Eröffnung der Säle mit Werken der russischen Malerei des 18. Jahrhunderts, die seither ebenfalls in die Sammeltätigkeit einbezogen wurden. Außerdem gelangten, von dieser Zeit an, wie in einem breiten Zustrom zahlreiche Gegenstände der orientalischen Kunst in die Ermitage, und auch die archäologischen Grabungen, die in jenen Jahren im Nordkaukasus, auf der Krim und in der Südukraine in Gang kamen, dienten dem weiteren Ausbau der Sammlungen. So erlangte das Museum einen breit aufgefächerten Bestand, doch es blieb, nach wie vor, eine Hofinstitution, die der Öffentlichkeit nicht zugänglich war.

Als ein wichtiges Datum in der Geschichte der Ermitage darf das Jahr 1852 gelten: Nach einem Projekt des deutschen Architekten Leo von Klenze war die sogenannte Neue Ermitage unter Leitung von W. P. Stassow 1839 begonnen und – nach dessen Tode – von N. J. Jefimow im Jahre 1851 fertiggestellt worden, ein Gebäude, das sich unmittelbar an die alten Bauten anschloß, jedoch einen eigenen Zugang erhielt. 1852 gelangten hierher, ins erste Obergeschoß, die Werke der Malerei und in das Erdgeschoß die der antiken und europäischen Plastik, die vorher im Taurischen Palais und in den Palästen der Umgebung untergebracht waren und nun erstmals geschlossen zur Schau gestellt werden konnten. Zugleich erhielt die Ermitage den Status eines öffentlichen Museums (freilich mit vielen Einschränkungen), nachdem sie vom Zarensitz, dem Winterpalais, formell abgetrennt worden war.

Eine ganz neue Ära in der Geschichte der Ermitage brach nach der Großen Sozialistischen Oktoberrevolution an: Sie wurde zum nationalen, staatlichen Eigentum erklärt. Das Winterpalais und alle anschließenden Palastbauten gehörten nun zu ihr, und ihrem Fundus flossen zahlreiche Sammlungen der Malerei, Plastik und angewandten Kunst zu. Diese kamen aus den nationalisierten Zarenpalästen sowie aus den Palästen der Schuwalows, Jussupows, Scheremetjews, Stroganows und anderer Familien, nachdem die Besitzer sich ins Ausland abgesetzt hatten. In den zwanziger und dreißiger Jahren gelangten außerdem die Sammlungen westeuropäischer Kunst verschiedener Schulen in die Ermitage. Sie stammten aus dem Museum der Akademie der Künste, aus der Kuscheljow-Galerie und aus den Beständen der Gesellschaft zur Förderung der Künste sowie aus der ehemaligen Baron-Stieglitz-Zentralschule für technisches Zeichnen. Wesentlich bereichert wurden die Sammlungen in jenen Jahren erneut durch archäologische Funde, insbesondere durch Werke der Numismatik und der Kunst des Orients.

Mit dem Zugang zahlreicher Kunstwerke und historischer Schätze nahm die Ermitage einen anderen Charakter an; auch die Art ihrer Wirksamkeit wandelte sich. Alle Gruppen von Exponaten erfuhren eine grundlegende Rekonstruktion, ja, die innere Struktur der Ermitage änderte sich. Zu den schon früher bestehenden Abteilungen der westeuropäischen Kunst, der Kultur und Kunst des alten Griechenland und Rom sowie der Numismatik gesellten sich weitere: die Abteilung für Kultur und Kunst der Länder des Orients, eine Abteilung für Geschichte der Urgesellschaft und – 1941 – die Abteilung für Geschichte der russischen Kultur.

Beginnend mit den zwanziger Jahren, entwickelte sich in der Ermitage auch die Restaurierungstätigkeit rasch. Laboratorien zur Konservierung der unterschiedlichsten Museumsstücke entstanden mit speziellen Abteilungen, unter anderem für Werke der Öl- und Temperamalerei, der Graphik, der angewandten Kunst, der Textilkunst, der Wandmalerei und der Plastik. Gut ausgerüstete Physik- und Chemielaboratorien kamen hinzu, und eine Abteilung für wissenschaftliche Aufklärungsarbeit wurde gegründet. Bereits zu Anfang der vierziger Jahre war die Staatliche Ermitage ein riesiges, vielseitiges Museum, das sich dynamisch entwickelte und systematisch seine Kollektionen vervollständigen konnte.

So grandios die Ermitage-Kollektionen der klassischen Antike und der Kultur und Kunst des Orients, der Schätze der russischen Kultur und der Frühgeschichte auch sind – den breitesten Raum nimmt doch die Sammlung westeuropäischer Kunst ein, namentlich die Gemäldegalerie, die den höchsten Ruhm genießt. Für ihre Herausbildung gewann, wie angedeutet, das 18. Jahrhundert entscheidende Bedeutung, jene Zeit, in der die Sammeltätigkeit einen so sichtbaren Aufschwung nahm, in der sich zahllose künstlerische Kostbarkeiten in Umlauf befanden und die größten Sammlungen in Europa entstanden. Doch selbst vor diesem Hintergrund versetzte der russische Hof durch den Umfang der Ankäufe, die er auf Auktionen in Paris, Amsterdam, London oder Dresden tätigte, den Kontinent in Erstaunen.

Im Jahre 1769 kaufte der russische Staat von den Erben des Grafen Heinrich von Brühl 600 flämische, holländische und französische Gemälde, darunter das »Bildnis eines Gelehrten« und das »Bildnis eines alten Mannes in Rot« von Rembrandt, »Perseus und Andromeda« von Rubens, vier Landschaften von Jacob van Ruisdael und »Ein verwirrender Antrag« von Watteau. Genau ein Jahr später kamen durch einen Ankauf bei François Tronchin 100 weitere Gemälde hinzu.

Eine wahre Sensation brachte das Jahr 1772, als eine der berühmtesten europäischen Sammlungen des 18. Jahrhunderts, die Kollektion des Barons Joseph Antoine Crozat, in den Bestand der Ermitage überging, was vor allem den Bemühungen Tronchins und Diderots zu verdanken war. Unter den 400 Werken dieser Sammlung befanden sich solche Glanzstücke wie »Die Heilige Familie« von Raffael, »Judith« von Giorgione, »Danaë« von Tizian, »Die Heilige Familie« und »Danaë« von Rembrandt, »Bacchus« und »Bildnis der Kammerfrau« von Rubens sowie einige Skizzen von demselben Meister, außerdem Gemälde von van Dyck, Poussin, Watteau, Boucher und Chardin.

Im Jahre 1779 erwarb die russische Regierung die berühmte Sammlung des ehemaligen Premierministers von England, Robert Walpole, Earl of Oxford – 189 Gemälde, die von seinen Erben auf Schloß Haughton-Hall verwahrt worden waren – und 1784 vom Grafen Baudoin in Paris 119 Gemälde flämischer und holländischer Künstler.

Der weitere Zuwachs an überragenden Meisterwerken der Malerei vollzog sich nicht mehr in so stürmischem Tempo, da auf dem europäischen Markt eine veränderte Situation eingetreten war. Dennoch vergrößerte sich der Fundus der Bildergalerie der Ermitage in den folgenden Jahren fast um das Dreifache. So wurde 1814 eine für die spanische Abteilung der Galerie sehr wichtige Sammlung des englischen Bankiers Coesevelt erworben, und im selben Jahr verkaufte die erste Gemahlin Napoleons, Kaiserin Josephine, 38 Gemälde aus ihrer Galerie im Schloß Malmaison an die Ermitage. Im Jahre 1886 kamen aus der Galerie der Golizyns in Moskau 80 Bilder hinzu, eine Sammlung, die bereits in der zweiten Hälfte des 18. Jahrhunderts zusammengetragen worden war. Eine wesentliche Bereicherung erfuhr die Ermitage im Jahre 1910, als die berühmte Sammlung des Gelehrten und Forschungsreisenden P. P. Semjonow-Tjan-Schanski erworben wurde. Sie bestand aus fast 700 Werken der holländischen und flämischen Schulen. In den dreißiger und vierziger Jahren gelangten aus dem Museum für neue westliche Kunst in Europa (den ehemaligen Sammlungen S. I. Schtschukins und I. A. Morosows) zahlreiche Werke französischer Impressionisten und Nachimpressionisten in die Ermitage.

Heute verfügt die Gemäldegalerie der Ermitage über Arbeiten von nahezu allen bedeutenden europäischen Künstlern, die zudem mit hervorragenden Beispielen ihres Schaffens vertreten sind. An erster Stelle ist hier die französische Kunst zu nennen, und zwar nicht nur hinsichtlich der Malerei, sondern auch der Graphik und der angewandten Kunst. So sind in der Ermitage nicht weniger als zehn Gemälde der beiden großen Meister des französischen Klassizismus des 17. Jahrhunderts, Nicolas Poussin und Claude Lorrain, ausgestellt. In ihrer Nachbarschaft befinden sich Genrebilder von Louis Le Nain und historische Kompositionen der akademischen Richtung von Simon Vouet und Charles Lebrun. Etwa 300 Gemälde stammen von französischen Meistern des 18. Jahrhunderts: Sechs Bilder veranschaulichen die wichtigsten Schaffensetappen Watteaus, ebenso umfassend werden Boucher und Lancret vorgestellt, charakteristische Arbeiten vertreten die Kunst Chardins und Fragonards, und ganze Säle nehmen die Genreszenen von Greuze, die Landschaften von Robert und die Porträts von Nattier und Tocqué ein. Relativ gering vertreten ist in der Ermitage die französische Malerei der ersten Hälfte des 19. Jahrhunderts, dafür findet der Besucher umso vortrefflichere Werke aus der zweiten Hälfte des 19. und vom Beginn des 20. Jahrhunderts. Zehn Bilder Claude Monets – von der frühen »Dame im Garten« bis zur späten Gemäldeserie »Londoner Nebel« – zeugen von dem schöpferischen Bestreben des Künstlers in den verschiedenen Etappen seines Wirkens. Zusammen mit Arbeiten von Renoir, Pissarro und Degas veranschaulichen diese Werke, welche Aufgaben die Impressionisten in Angriff nahmen und mit Erfolg lösten.

Nicht minder bedeutend ist nach Anzahl und Qualität der Bestand an Werken, die zu den späteren Strömungen der französischen Kunst gehören, so vier Gemälde aus van Goghs letzter Schaffensperiode und elf Bilder Cézannes, die das Ringen des Künstlers um gestalterische Möglichkeiten in verschiedenen Perioden erkennen lassen und zugleich seine Schaffensgebiete repräsentieren: Bildnis, Stilleben und Landschaft. Als hervorragend sind die Kollektionen von drei modernen Meistern einzuschätzen: Gauguin, Matisse und Picasso. Die 15 Gemälde Gauguins entstammen seiner Reifezeit, als er auf Tahiti lebte, die 37 Kompositionen von Matisse (darunter »Der Tanz«, »Die Musik«, »Das rote Zimmer« und »Familienbildnis«) sind vornehmlich zwischen 1900 und 1913 entstanden; etwa in dieselbe Zeit gehören auch die 31 Gemälde Picassos, die wirkungsvoll die »blaue« und »rosa« Schaffensperiode des Künstlers, vor allem aber die Etappe seiner kubistischen Emphase charakterisieren. Hervorzuheben sind weiterhin eine ganze Reihe von Werken Derains, Vlamincks, Bonnards, Vuillards, Marquets, van Dongens und Maurice Denis'.

Die Kunst Italiens nimmt heute 37 Museumssäle ein. Relativ schwach vertreten sind dabei die frühen Etappen der italienischen Malerei; immerhin befindet sich unter den Werken aus der ersten Hälfte des 14. Jahrhunderts ein anmutiges Bild von Simone Martini. Das 15. Jahrhundert vertritt dagegen bereits eine ganze Reihe glanzvoller Namen: die Florentiner Fra Filippo Lippi, Fra Angelico, Sandro Botticelli und Filippino Lippi, der Venezianer Cima da Conegliano, der Ferrarese Lorenzo Costa oder der Umbrier Pietro Perugino.

Prachtvoll ist die Sammlung an Gemälden der Hochrenaissance, beginnend mit zwei Kostbarkeiten von Leonardo da Vinci: die »Madonna Litta« und die »Madonna Benois« (Madonna mit der Blume). Das erstgenannte Gemälde war 1865 in Mailand erworben worden, das andere 1914 in Petersburg bei M. A. Benois. Die angrenzenden Säle zeigen eine große Werkgruppe der Leonardo-Nachfolge – von Andrea del Sarto, Cesare da Sesto, Bernardino Luini bis zu Francesco Melzi. An gleicher Stelle erscheint auch der Name des in Parma tätigen Meisters Correggio.

Der Stolz der Ermitage sind zwei Werke von Raffael – die Jugendarbeit »Madonna Conestabile« (im Jahre 1871 von dem Grafen Conestabile in Perugia erworben) und das spätere Gemälde »Die Heilige Familie« (aus der Sammlung Crozat). Was die einzelnen italienischen Schulen betrifft, so gebührt zweifellos den Venezianern der Vorrang. Es genügt, auf Giorgiones »Judith«, auf die acht Gemälde von Tizian und die sieben Werke Veroneses sowie auf zehn große Bilder von Tiepolo hinzuweisen.

Ebenso ausgiebig wie mit der Hochrenaissance macht die Ermitage-Sammlung den Besucher mit der Epoche des italienischen Barock bekannt, mit den verschiedenen lokalen Schulen des 17. und 18. Jahrhunderts. Deren bedeutendste Meister sind durch zahlreiche Arbeiten vertreten, wie z. B. die Genueser Bernardo Strozzi und Alessandro Magnasco, die Neapolitaner Salvator Rosa und Luca Giordano oder der Bolognese Giuseppe Crespi. Zu den Höhepunkten in den Gemäldesammlungen der Ermitage gehört auch der »Junge mit der Laute« von Caravaggio.

Weltruf genießt die Sammlung flämischer und holländischer Malerei, die etwa 1500 Werke umfaßt. Von dem Hauptmeister des flämischen Barock, Rubens, gibt es hier 38 Gemälde verschiedener Genres zu sehen – große Kompositionen mythologischen Inhalts, Landschaften, Bildnisse und Skizzen. Reichhaltig ist auch die Kollektion an Arbeiten van Dycks, die 24 Gemälde zählt. Das Panorama der flämischen Kunst des 17. Jahrhunderts vervollständigen Gemälde von solch vortrefflichen Künstlern wie Jordaens, Snyders, Brouwer und Teniers d. J.

Von jeher erfreute sich in Rußland die holländische Kunst großer Beliebtheit. Unter den ersten von Peter I. erworbenen »ausländischen« Bildern befanden sich Arbeiten holländischer Meister, und jener erste Posten Gemälde, der 1764 aus Berlin im Winterpalais einging, bestand ebenfalls vornehmlich aus »Holländern«. Die reichhaltige, ja einzigartige Kollektion holländischer Malerei gibt die Möglichkeit, die Entwicklung all ihrer Genres zu verfolgen. Das Landschaftsbild repräsentieren Werke von Jan van Goyen, Salomon van Ruysdael, Aert van der Neer und dem »romantischen« Jacob van Ruisdael, die Tiermalerei vergegenwärtigen Werke von Paulus Potter und Aelbert Cuyp, und das Stilleben ist durch die bekannten Frühstücksbilder und Desserts von Willem Claesz Heda, Pieter Claesz und Willem Kalf vertreten. Unter den Porträts verdienen zwei prachtvolle Bildnisse von Frans Hals Hervorhebung, und was die populärste Gattung der holländischen Malerei, das Sittenbild, betrifft, so kann man hier den Werken solch bekannter Meister wie Adriaen van Ostade, Jan Steen, Pieter de Hooch und Gerard Terborch begegnen.

Den wichtigsten Teil der holländischen Sammlung stellen jedoch die 24 Gemälde von Rembrandt dar, die alle Schaffensetappen dieses bedeutendsten holländischen Künstlers veranschaulichen. »Flora«, »Danaë«, »Bildnis eines alten Mannes in Rot«, »Die Heilige Familie«, »David und Uria« und »Heimkehr des verlorenen Sohnes« gehören zu diesen Schätzen.

Die Sammlung der spanischen Malerei in der Ermitage umfaßt etwa 200 Arbeiten, ebenfalls durchweg von hoher Qualität. Treffend widerspiegeln die Werke von Luis de Morales, Juan Pantoja de la Cruz und dem Hauptmeister El Greco (»Apostel Petrus und Paulus«) die Besonderheiten der Kunst und Kultur im Spanien des 16. Jahrhunderts. Ein wesentlicher Teil der Sammlung – und zugleich der beste – gehört jedoch dem 17. Jahrhundert an, dem »goldenen Jahrhundert« der spanischen Malerei. Wir finden hier so glanzvolle Namen wie Velázquez, Ribera, Zurbarán und Murillo. Neben den beiden Gemälden von Velázquez treffen wir in der Sammlung auch Arbeiten seiner Schüler und Nachfolger an: Pareja, Puga und Pereda. Zwölf Gemälde mit religiösen und genrehaften Darstellungen stammen von Murillo. Mit besonders charakteristischen Werken ist das Schaffen Zurbaráns und Riberas vertreten. Erlesene Werke, wenn auch nicht aus jeder Epoche, zeigen die Kollektionen der deutschen und der englischen Malerei. Zu den besten Beispielen der deutschen Renaissance-Kunst dürfen die fünf in der Ermitage befindlichen Gemälde von Lucas Cranach d. Ä. gezählt werden; und die Errungenschaften der Bildnismalerei des 16. Jahrhunderts verdeutlichen recht gut die Arbeiten von Ambrosius Holbein, Nicolas Neuchatel und anderen. Einige interessante Gemälde verschiedener Genres gibt es in dem Ausstellungsteil, der dem 17. Jahrhundert gewidmet ist (Schönfeld, Paudiß). Was das 18. Jahrhundert anbelangt, das in Deutschland weitgehend im Zeichen des Klassizismus stand, so sind hier die Werke zweier damals besonders populärer Künstler zu nennen: Anton Raphael Mengs und Angelika Kauffmann. In den 20er Jahren des 19. Jahrhunderts wurden der Sammlung noch einige Werke der deutschen Romantik, vor allem Caspar David Friedrichs hinzugefügt.

Die Kollektionen der englischen Malerei begannen sich in der Ermitage herauszubilden, als der russische Hof Künstlern in London Aufträge erteilte, darunter dem damaligen Haupt der königlichen Akademie Joshua

Reynolds. Gerade das 18. Jahrhundert, die Epoche der Entfaltung der englischen Malerei, ist in der Ermitage durch das Schaffen der Hauptmeister nahezu lückenlos repräsentiert. Hier finden sich Werke des bereits erwähnten Reynolds, seines Nachfolgers George Romney und des hervorragenden Bildnismalers und Landschafters Thomas Gainsborough. Auch solche für das 18. Jahrhundert typische Künstler wie der Porträtist Henry Raeburn, wie John Hoppner und der Landschaftsmaler George Morland sind vertreten. Die Möglichkeiten, in der Ermitage englische Malerei kennenzulernen, reicht bis hin zu der Kunst von drei Meistern der ersten Hälfte des 19. Jahrhunderts – Thomas Lawrence, George Dow und Richard Parkes Bonington.

Wir haben hier nur die größten Gemälde-Abteilungen der Ermitage erwähnt. Die Bestände umfassen aber auch Bilder einer ganzen Reihe anderer nationaler Schulen, zum Beispiel der sozialistischen Länder Europas und der Staaten Amerikas. Außerdem finden sich viele einzelne Werke, die unterschiedlichen europäischen Kunstströmungen der zweiten Hälfte unseres Jahrhunderts zugehören.

Die Kollektion der westeuropäischen Plastik in der Ermitage enthält fast 2000 Objekte; sie darf mit Recht als eine der größten Sammlungen ihrer Art in der Welt gelten. In Komplexausstellungen dargeboten, ist die Plastik auch in selbständigen Gruppen zusammengefaßt – so gibt es z. B. einen Rodin-Saal und einen Saal der italienischen Marmorskulpturen des 18. und beginnenden 19. Jahrhunderts. Die ersten Werke westeuropäischer Plastik gelangten gegen Ende des 18. Jahrhunderts mit dem reichen, in Italien zusammengetragenen Bestand der Sammlung Lyde Browne in die Ermitage. Zu dieser Kollektion gehören zwei Glanzstücke – der »Hockende Knabe« von Michelangelo und der »Tote Knabe auf einem Delphin« von Lorenzo Lorenzetti (wahrscheinlich nach einem Entwurf von Raffael).

Noch heute ist es die italienische Abteilung, die in der Plastiksammlung des Museums am umfassendsten hervortritt. Die frühesten Arbeiten gehören ins 15. Jahrhundert; hier gibt es Reliefkompositionen in Marmor von Antonio Rosselino und in Majolika von Giovanni Andrea della Robbia. Interessant ist eine Gruppe Bronzen von Zeitgenossen und Nachfolgern Michelangelos – Bandinelli, Sansovino, Cellini und anderen. Den Stil des Barock, der in der italienischen Plastik eine so grandiose Entwicklung erlebte, veranschaulichen in der Ermitage Terrakotta-Modelle Berninis (»Selbstbildnis« und »Ekstase der hl. Theresa«) sowie die Komposition von Mazzuola »Tod des Adonis«.

Die reichhaltigste Gruppe italienischer Plastik gehört jedoch der Zeit des Klassizismus an, dem Ende des 18. und Anfang des 19. Jahrhunderts. Das Schaffen des bedeutendsten Vertreters dieser Strömung, Canova, vergegenwärtigen seine Kompositionen »Amor und Psyche«, »Büßende Magdalena« und »Tänzerin«. Eine ganze Reihe von Arbeiten stammt von Künstlern anderer Länder, die damals in Rom lebten und klassizistischen Prinzipien folgten. Unter ihnen muß in erster Linie der Däne Thorvaldsen genannt werden, von dem sich einige Skulpturen in der Sammlung befinden.

Ebenso große Bedeutung gewinnt in der Ermitage auch die Sammlung französischer Plastik des 14. bis 20. Jahrhunderts. Wenn hier die Epoche der Renaissance nur durch einzelne Arbeiten vertreten ist, so ändert sich das Bild für die Folgezeit. Von den großen Erfolgen der französischen Bildhauer des 18. Jahrhunderts zeugen u. a. Arbeiten von Gillet, Houdon und Falconet. Mit dem bildhauerischen Schaffen des letzteren kann man sich überhaupt nur in der Ermitage bekanntmachen.

Einen glanzvollen Aufschwung erlebte die französische Plastik in der zweiten Hälfte des 19. und zu Beginn des 20. Jahrhunderts. Unter den Künstlern dieser Zeit ragt der Meister großer Kompositionen und psychologisch durchgearbeiteter Porträts, Jules Dalou, hervor, dessen Werk die Übergangstendenzen zu den Bestrebungen des neuen Jahrhunderts verkörpert. Zum bedeutendsten Bildhauer der neuen, der Umbruchszeit wurde Auguste Rodin. Seinem Schaffen ist in der Ermitage ein ganzer Saal gewidmet, mit Arbeiten aus verschiedenen Phasen seines Lebens. Die großen Bronzegüsse des Rodin-Schülers Bourdelle – »Beethoven« und »Büste Rodins« – sowie eine Reihe Bronzen von Maillol und Matisse machen den Besucher mit den Bestrebungen der französischen Bildhauerei nach Rodin bekannt. – Unter den anderen nationalen Schulen der europäischen Plastik verdienen vor allem die interessanten Sammlungen niederländischer und deutscher Skulptur, vornehmlich aus dem 15. und 16. Jahrhundert, Aufmerksamkeit.

Zu den umfangreichsten Sammlungen der Welt gehören die Ermitage-Kollektionen westeuropäischer Zeichnungen und Druckgraphik. Über 45 000 Blätter der unterschiedlichsten Techniken charakterisieren vortrefflich italienische, französische, flämische und deutsche Zeichenkunst des 16. bis 20. Jahrhunderts. Der Fundus an westeuropäischen Zeichnungen begann sich fast gleichzeitig mit der Gemäldegalerie herauszubilden. Bereits im Bestand der Sammlung des Grafen Kobenzl, die 1767 erworben wurde, befanden sich 3760 Zeichnungen, darunter einige Dutzend Blätter von Rubens, van Dyck und Jordaens. 1076 Zeichnungen gingen 1769 aus der Sammlung Brühl ein, vor allem Arbeiten italienischer

Künstler wie Tizian und Veronese. Unter den weiteren bedeutenden Zugängen ist die ausgezeichnete Sammlung I. I. Bezkis hervorzuheben, die 1924 aus dem Museum der Akademie der Künste in die Ermitage gelangte. Sie umfaßte 2000 Blätter von Künstlern verschiedener Schulen des 15. bis 18. Jahrhunderts.

Bemerkenswert an den Zeichnungsbeständen der Ermitage ist nicht nur die repräsentative Darbietung der Kunst der nationalen Schulen und der großen Künstlerpersönlichkeiten, sondern auch die hervorragende Auswahl nach Genres. Außerordentlich reichhaltig bietet sich zum Beispiel der Bestand an französischen Porträt-Zeichnungen des 15. und 16. Jahrhunderts dar (129 Blätter) oder etwa die vielfältige Sammlung qualitätvoller Architekturzeichnungen und dekorativer Zeichenblätter.

Gleichzeitig mit den Zeichnungen setzte während der sechziger Jahre des 18. Jahrhunderts in der Ermitage auch der Zugang an Druckgraphik ein; gegen Ende des Jahrhunderts zählte diese Sammlung bereits 44000 Blätter. Heute enthält sie mehr als 50000 Nummern an Druckgraphik verschiedenster Techniken (Holzschnitt, Radierung, Lithographie usw.) und Genres: Porträts, Landschaften, figürliche Szenen, Karikaturen, Luboks.

Die angewandte Kunst stellt innerhalb der westeuropäischen Abteilung der Ermitage einen weiteren großen Sammlungskomplex dar. Dieser begann sich in der zweiten Hälfte des 18. Jahrhunderts herauszubilden, wobei jedoch einige Kunsterzeugnisse europäischer Meister bereits mit dem Wirken Peters I. in Zusammenhang stehen.

Berühmt sind die in einer speziellen Galerie untergebrachten Schätze mittelalterlicher angewandter Kunst (11. bis 15. Jahrhundert), vor allem das Kirchengerät, die der hervorragenden Sammlung A. P. Basilewskis entstammen. Prachtvolle Beispiele ihrer Art, die Entwicklung und den hohen Stand des europäischen Kunsthandwerks repräsentierend, bieten die Emailarbeiten von Limoges aus dem 15. und 16. Jahrhundert und die aus den Niederlanden, aus Deutschland, Frankreich und Italien stammenden Elfenbeinschnitzereien, die im 15. bis 18. Jahrhundert entstanden sind, sowie mannigfaltige Silbergegenstände. Die Ermitage besitzt ferner vorzüglich zusammengestellte Kollektionen an venezianischem, deutschem und spanischem Glas aus dem 15. bis 20. Jahrhundert, an italienischer Majolika des 15. bis 18. Jahrhunderts, an französischer Renaissance-Keramik sowie an französischer und holländischer Fayence aus dem 17. und 18. Jahrhundert.

Besondere Vollständigkeit jedoch zeichnet die Sammlung westeuropäischer Porzellane aus. Sie umfaßt 14000 Gegenstände der bedeutendsten Porzellanmanufakturen Europas, darunter der Manufakturen in Meißen und in Sèvres. Unter den erstrangigen Exponaten an französischem Porzellan sind vor allem das berühmte »Grüne Service« (1756) und das »Dessert-Service« (1778–79) zu nennen, außerdem das »Ägyptische Service« (1807), das seinerzeit für die Tuilerien angefertigt wurde. Das »Service mit dem grünen Laubfrosch«, ein Meisterwerk englischer Fayence, entstand im Jahre 1774 für den Tschesme-Palast in St. Petersburg; auf den 952 Serviceteilen sind bekannte Architekturdenkmäler Englands dargestellt.

Zu den besten Sammlungen der Welt zählen auch die Ermitage-Kollektionen an Bildteppichen und Stoffen sowie an Möbeln, an Kameen und Juwelierarbeiten. Ins erste Viertel des 16. Jahrhunderts gehören die frühen Bildteppiche der französischen und Brüsseler Werkstätten. Unter den Gobelins des 17. Jahrhunderts ragt eine Folge hervor, die nach Kartons von Rubens – »Die Geschichte des Kaisers Konstantin« – ausgeführt worden ist; unter den Beispielen aus dem 19. Jahrhundert sind vor allem die Erzeugnisse der englischen Werkstatt William Morris' zu nennen.

Sehr vielfältige künstlerische Arbeiten, bis hin zu verschiedenen Arten von Equipagen, vereint die Sammlung der Möbelkunst. Diese Kollektion gibt die Möglichkeit, die Besonderheiten der Herausbildung und den Charakter der Stilentwicklung der führenden Schulen der Möbelkunst vom Mittelalter bis zum 19. Jahrhundert nachzuvollziehen. Und ebenso umfassend wird hier auch das Schaffen berühmter europäischer Werkstätten sowie einzelner Meister vorgestellt. So sind zum Beispiel viele der überaus seltenen Möbel von André Boulle und David Roentgen in die Sammlungen der Ermitage eingegangen.

Als einst das Museum des russischen Zarenhofes, die Ermitage, eingerichtet wurde, vernachlässigte die Zarenfamilie geflissentlich die russische Kunst – diese war in jener Zeit einfach kein Sammelobjekt, und die Hofkanzlei gab dafür keine Mittel frei. Wohl tauchten im 18. Jahrhundert in den höfischen Sammlungen einige Werke russischer Künstler auf; doch waren das nur wahllos zusammengestellte, meist aus Schenkungen hervorgegangene Einzelstücke: Kostbarkeiten der Juwelierkunst, Erzeugnisse der Petersburger Kaiserlichen Porzellan- und Glasmanufaktur oder kunsthandwerkliche Arbeiten aus Tula. Um die Mitte des 19. Jahrhunderts änderte sich die Situation ein wenig. In zwei Sälen im ersten Obergeschoß der Neuen Ermitage wurden nun die seit 1825 gesammelten Gemälde russischer Künstler zusammengefaßt, und seit den achtziger Jahren dienten einige Räume in der unteren Etage zur Ausstellung russischer Juwelierarbeiten des 16. bis 19. Jahrhunderts, die aus der Kunstkammer und von der Archäologischen Kommission hierher überführt worden waren. Auch eine Anzahl kunstvoll verzierter russischer Waffen war hier zu sehen.

Im Jahr 1898 gelangte jedoch ein wesentlicher Teil dieser russischen Sammlung in ein neu gegründetes Museum, das heutige Russische Museum. Zum Inventar des Winterpalais und damit zum Palastbesitz gehörten zwar vielerlei Gegenstände der russischen Kunst, doch auch jetzt bekundete die Leitung der zaristischen Ermitage kein Interesse am systematischen Aufbau einer Abteilung der Kunst und Kultur Rußlands. Dabei hätte man angesichts der immer deutlicheren Entwicklung der Ermitage zu einem Museum der Weltkultur erwarten dürfen, daß die Bestände auch Beispiele der Kunst des eigenen Landes aufgewiesen hätten. Aber erst in sowjetischer Zeit kam in der Ermitage eine spezielle Abteilung für Geschichte der russischen Kultur zustande, und zwar im Jahre 1941, unmittelbar vor dem Großen Vaterländischen Krieg.

Den Grundstock bildeten die entsprechenden, geschlossen hierher überführten Sammlungen aus dem Leningrader Museum für Ethnographie der Völker der UdSSR sowie aus dem Artilleriemuseum, dem Museum der Revolution und dem Institut der Wissenschaft und Technik, wie auch die ehemalige Ausstattung der Palasträume selbst die Kollektionen mitbestimmte. Seit den fünfziger Jahren kaufte eine Sonderkommission für altrussische Kunstdenkmäler und Gegenstände des bäuerlichen Kunsthandwerks regelmäßig und gezielt weitere Werke russischen Kunstschaffens, wodurch der Fundus dieser Abteilung rasch wuchs. Gegenwärtig umfassen diese Bestände etwa 300000 Exponate.

Die Abteilung vereint unterschiedlichste Zeugnisse der russischen Kultur, darunter archäologische Funde, historische Dokumente, Architekturprojekte, Gemälde, Gegenstände des Kunsthandwerks und der bäuerlichen Kunst, Gewänder und Möbel. Besonderes Interesse gewinnen die Kollektionen der dekorativen angewandten Kunst, auf denen gleichsam der Abglanz jener Räumlichkeiten zu liegen scheint, in denen die Ausstellungen untergebracht sind.

Die frühesten Exponate stammen aus Hortfunden, von denen viele bereits im 19. Jahrhundert freigelegt worden sind. Dabei verdienen vor allem die Schätze aus dem 9. bis 11. Jahrhundert Erwähnung: Hals- und Schläfenschmuck, mit Granulat und Filigran verzierte Kolliers und viele andere Gegenstände, die eine Vorstellung von der Lebensweise und den kunsthandwerklichen Fertigkeiten in der alten Rus geben.

Zu den bedeutendsten Leistungen der altrussischen Kunst gehört die Wand- und Ikonenmalerei. Die Ermitage bewahrt bemerkenswerte Freskenfragmente, die aus den Kathedralen in Kiew (12. Jahrhundert), Smolensk (12. und 13. Jahrhundert) und Pskow (14. Jahrhundert) stammen, zudem eine umfangreiche Sammlung von Ikonen aus dem 15. bis 17. Jahrhundert. Hinzu kommen Glanzstücke der angewandten Kunst dieser Zeit: Holz- und Beinschnitzereien, Stickereien und Gegenstände aus Metall.

Die russischen Meister des Mittelalters kannten viele Metallverarbeitungsverfahren – Guß- und Treibarbeit, Gravierung und Ziselierung, Niello und Vergoldung, Granulierung und Filigran. In den Sammlungen gibt es dafür wundervolle Beispiele, Gefäße, die auf diese Weise verziert sind, sowohl für die Festtafel (Schalen, Pokale, Becher) als auch für den Gottesdienst (Weihrauchgefäße, Abendmahlskelche). Eine gesonderte Gruppe stellen die bemalten Emailgegenstände aus Solwytschegodsk dar.

Zahlreiche Säle veranschaulichen die russische Kultur des 18. und 19. Jahrhunderts, die in der Ermitage besonders repräsentativ und umfassend vertreten ist. Während es vor 1824 überhaupt keine russische Malerei in diesem Museum gab, besitzt es jetzt etwa 3000 Ölgemälde von russischen Künstlern, darunter viele weithin bekannte Namen, wie Antropow, Nikitin, Borowikowski, Wischnjakow, Lewizki, Tropinin oder Brüllow.

Die Staffeleibilder werden ergänzt durch eine erstklassige Kollektion an Miniaturmalereien, von denen viele außerordentlichen Seltenheitswert haben. Weit gefächert sind auch die graphischen Bestände: An Zeichnungen und Aquarellen gibt es etwa 3000 Blatt, und die unterschiedlichen Techniken der Druckgraphik (Radierung, Lithographie, Holzschnitt usw.) sind ebenso vertreten wie fast alle großen Künstlernamen auf diesem Gebiet, wobei besonders die in ihrer Vollständigkeit und Einmaligkeit bemerkenswerte Graphiksammlung der petrinischen Zeit hervorzuheben ist.

Den wichtigsten Platz in der Abteilung für russische Kultur nehmen jedoch die Arbeiten der dekorativen angewandten Kunst ein. Sie bestimmen unter den Sammlungen des 18. und 19. Jahrhunderts den Charakter der gesamten Abteilung und bilden zweifellos eine der bedeutendsten Kollektionen dieser Art.

Entsprechend dem hohen Rang, den die Bearbeitung von Metall als traditionsreiche Gattung des russischen Kunsthandwerks einnimmt, namentlich seit sie im 18./19. Jahrhundert weiteren Auftrieb erhielt, befinden sich in der Ermitage Beispiele der Toreutik wie auch der Juwelierkunst aus den verschiedensten Zentren und Werkstätten des Landes, beginnend mit den Kunstschmiedeerzeugnissen bis hin zu den filigranen Juwelierarbeiten der Petersburger Firma Fabergé.

Besonders zwei Sammlungsteile sind in diesem Zusammenhang hervorzuheben – die Werke aus den Silberwerkstätten in Petersburg, Moskau und anderen Städten und die Gegenstände aus Stahl von den berühmten Tulaer »Goldschmieden«. Die mannigfaltigen, zahlreichen Silberarbeiten sind in einem gesonderten Saal untergebracht, dessen Blickfang das monumentale, 1750–53 in der Petersburger Münze aus Silber gefertigte Grabmal Alexander Newskis bildet. Unter den erstaunlichen Tulaer Erzeugnissen befinden sich kunstvoll gearbeitete Waffen, Möbel und Toilettenutensilien.

Mehr als 10000 Teile enthält die Sammlung an russischem Porzellan, darunter als früheste Beispiele dieses kunsthandwerklichen Zweiges das sogenannte Winogradow-Porzellan. Natürlich gebührt hier der Produktion der Kaiserlichen Porzellanmanufaktur Petersburg der Vorrang, mit ihren dekorativen Vasen, ihren großen Tafelservice, den Tee- und Kaffee-Service oder den Tête-à-tête-Service. Den größten Ruhm erlangten das »Arabesken-Service«, das aus 973 Teilen für 60 Gedecke besteht, das »Kabinett-Service« aus 800 Teilen und das »Jacht-Service«. Doch die Bestände umfassen auch hervorragende Arbeiten aus den kleinen privaten Porzellanmanufakturen, die in den sechziger und siebziger Jahren des 18. Jahrhunderts gegründet worden sind.

Bereits im ersten Viertel des 18. Jahrhunderts arbeiteten in Rußland zehn Glasmanufakturen, zum Beispiel die Jamburger und die bekannte Petersburger Manufaktur. Die Sammlung an russischem Glas in der Ermitage ist ebenso reichhaltig wie die Porzellansammlung. Wir finden hier Erzeugnisse aus dem berühmten Rubinglas, aus mehrschichtigem Glas und aus Kristallglas, darunter Prunklüster und Girandolen.

Auch von weiteren Zweigen der angewandten Kunst gibt es zahlreiche Beispiele: Beinschnitzerei aus Cholmogor, Keramik aus Gshel, Wandteppiche oder Gegenstände der bäuerlichen Kunst.

Einzigartig ist die Ausstellung an russischen Gewändern des 18. bis beginnenden 20. Jahrhunderts – Kriegertrachten, Hofgewänder, bürgerliche Kleidung für Alltag und Festlichkeiten sowie Kleidung für alle Bevölkerungsschichten Rußlands. In diese Sammlung ist auch die »Garderobe Peters I.« eingegangen, bestehend aus 300 Zarengewändern.

Besondere Hervorhebung verdient schließlich das herrliche russische Mobiliar in den Sälen der Ermitage, das mit zur Ausstellung russischer Kunst und Kultur gehört und einzelne Gegenstände ebenso wie ganze Möbelgarnituren umfaßt, ausgeführt zum Teil nach Zeichnungen bekannter russischer Architekten.

WESTEUROPÄISCHE KUNST

Abb. 1–127

1 *Simone Martini*
Um 1284 Siena – 1344 Avignon
Madonna aus einer Verkündigung. Zwischen 1339 und 1342
Tempera auf Holz. 30,5 × 21,5 cm
Auf dem Grund ein graviertes Ornament

Simone Martini setzte in der sienesischen Malerei die Traditionen seines Lehrers Duccio di Buoninsegna fort. Doch sein Bemühen um Klarheit und Rationalität läßt bereits den Einfluß des großen Florentiners Giotto di Bondone erkennen. Der Spannungsgeladenheit und Ausdruckskraft der Bilder seiner sienesischen Mitbürger stellte Simone Martini Erlesenheit und Anmut gegenüber. In den grazilen, verfeinerten Madonnen verkörperte der Künstler das ritterliche Ideal weiblicher Schönheit – fragil, melancholisch und verträumt.

Das abgebildete Gemälde war der rechte Flügel eines Diptychons, das die Verkündigung wiedergab – der linke Flügel mit dem Erzengel befindet sich in der Nationalgalerie Washington. Bei der Madonna der Ermitage handelt es sich um eine nahezu unveränderte Replik der Madonna aus der ins Jahr 1333 datierten Verkündigung, die in den Uffizien in Florenz aufbewahrt wird. Beide Darstellungen weisen die gleiche lyrische Beseeltheit und Durchgeistigung auf, die gleiche rhythmische Harmonie der eleganten, fließenden Linienführung. Einige stilistische Besonderheiten in dem Ermitage-Gemälde sprechen dafür, daß es während des Aufenthalts Simone Martinis in Avignon entstanden ist, wo er von 1339 bis 1344 am päpstlichen Hof gelebt hat.

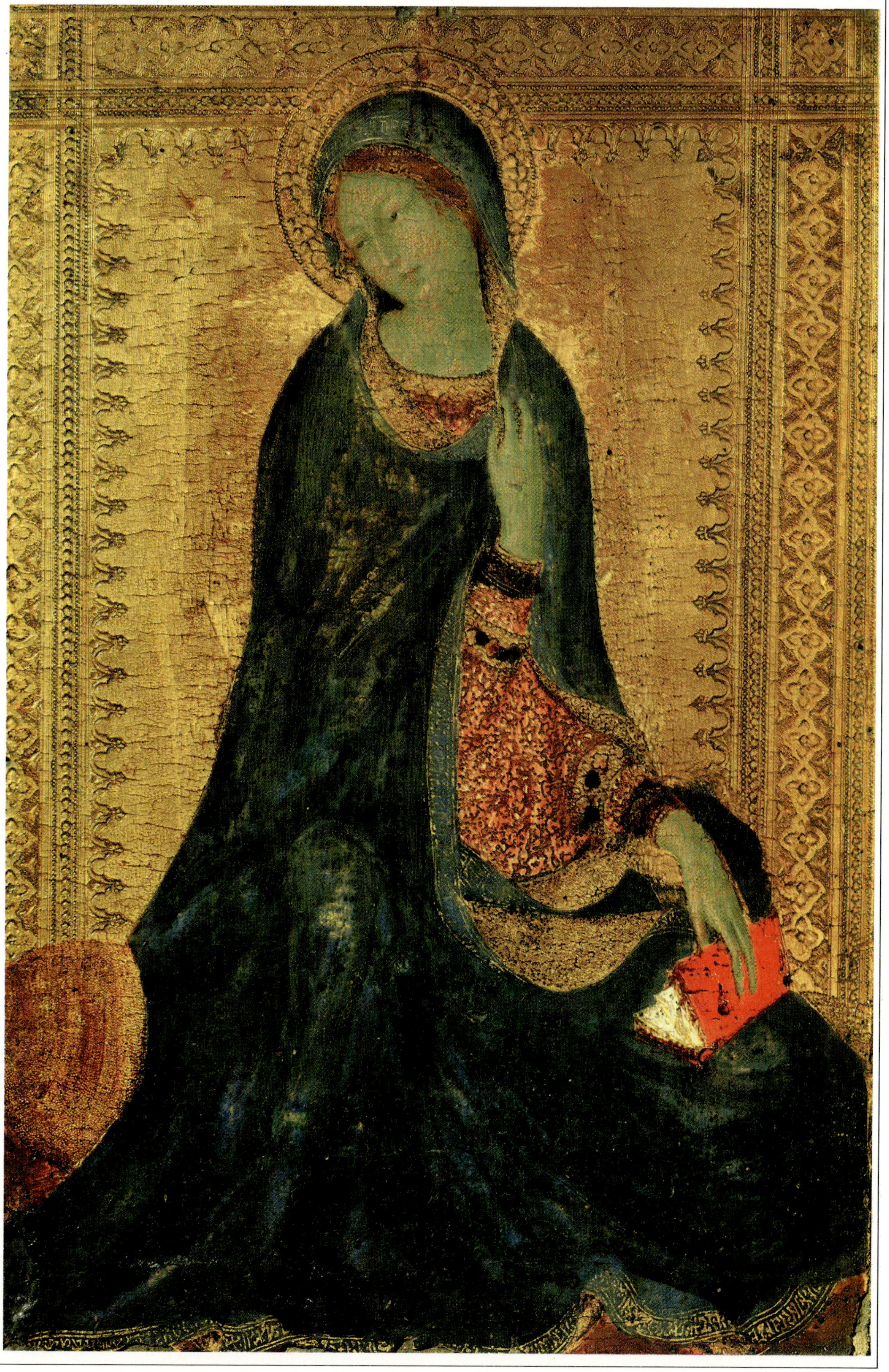

2 *Fra Beato Angelico da Fiesole*
1386 oder 1387 Vicchio di Mudello – 1455 Rom
Madonna mit dem Kind, dem hl. Dominikus und Thomas von Aquino
Fresko. 196 × 187 cm

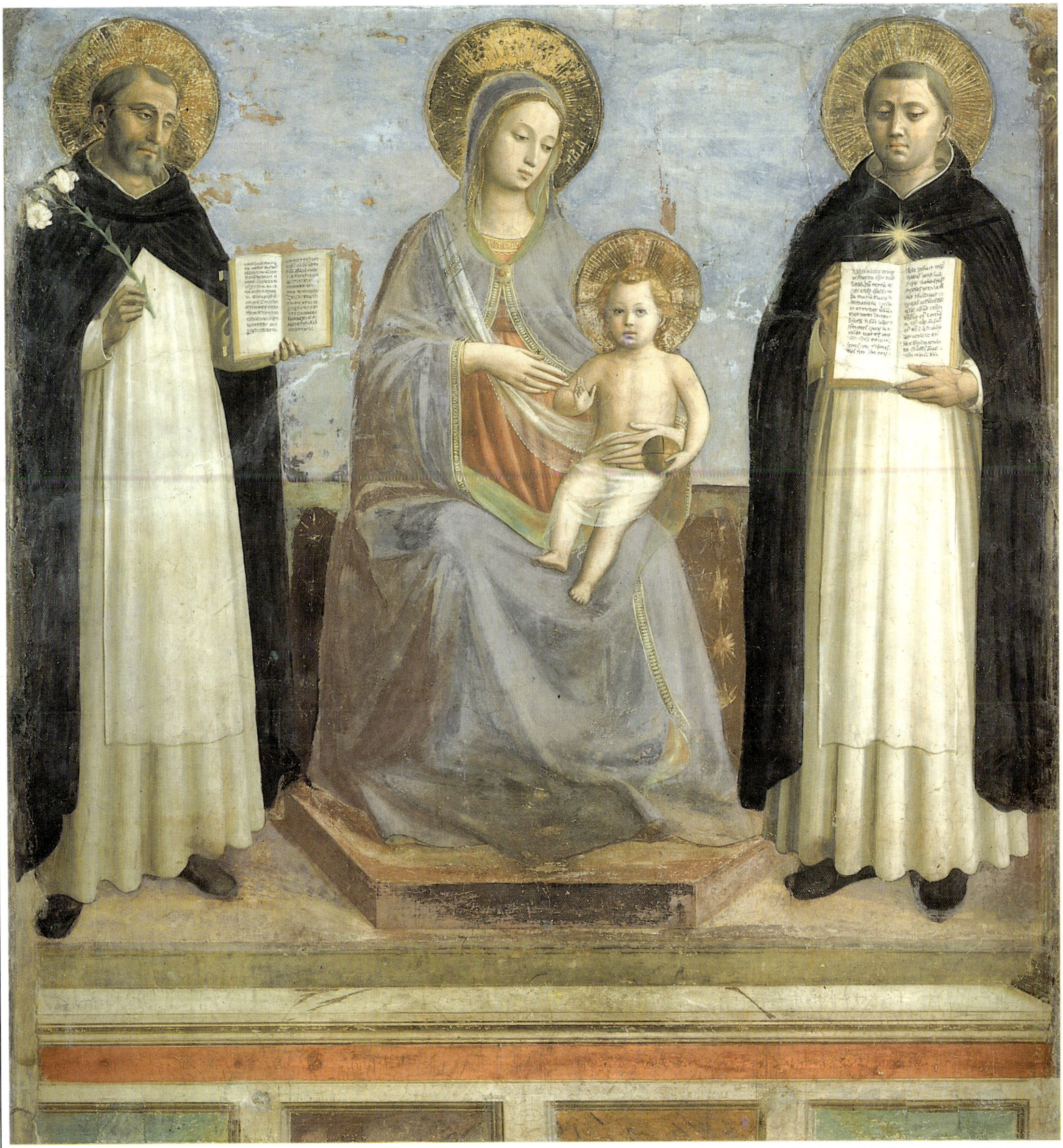

Der Künstler hieß eigentlich Guido di Pietro, doch die Beinamen Angelico (der Engelhafte) und Beato (der Glückselige), die dem Mönch und Maler von den Bewunderern seiner Kunst gegeben wurden, verschmolzen so eng mit diesem seinem Namen, daß sie ihn schließlich völlig verdrängten.

Das Fresko stammt von der Wand des Kapitelsaals (des späteren Refektoriums) im Dominikanerkloster von Fiesole; in der zweiten Hälfte des 19. Jahrhunderts, als das Kloster verfallen war, wurde die Malerei mit einem Teil der Wand herausgeschnitten und verkauft. Ein anderes Fresko aus diesem Saal – »Kreuzigung mit Maria und dem hl. Johannes« – befindet sich im Louvre in Paris. Über die Datierung gehen die Ansichten weit auseinander, sie schwanken zwischen dem Ende der zwanziger und dem Ende der vierziger Jahre des 15. Jahrhunderts. Wie dem auch sei – es ist ein Werk des reifen Meisters.

Fra Angelicos Arbeiten haben etwas Beschauliches, Zartes und Lyrisches, die Komposition wirkt ausgewogen, das Kolorit festlich und erlesen. Der Künstler verband in seinem Schaffen die realistischen Tendenzen der Meister des Giotto-Kreises mit der träumerischen Grazie Simone Martinis. Doch blieb Fra Angelico dabei nicht unempfindlich für das Neue in der florentinischen Kunst seiner Zeit, mit ihren Versuchen, Raum und plastische Formen wiederzugeben.

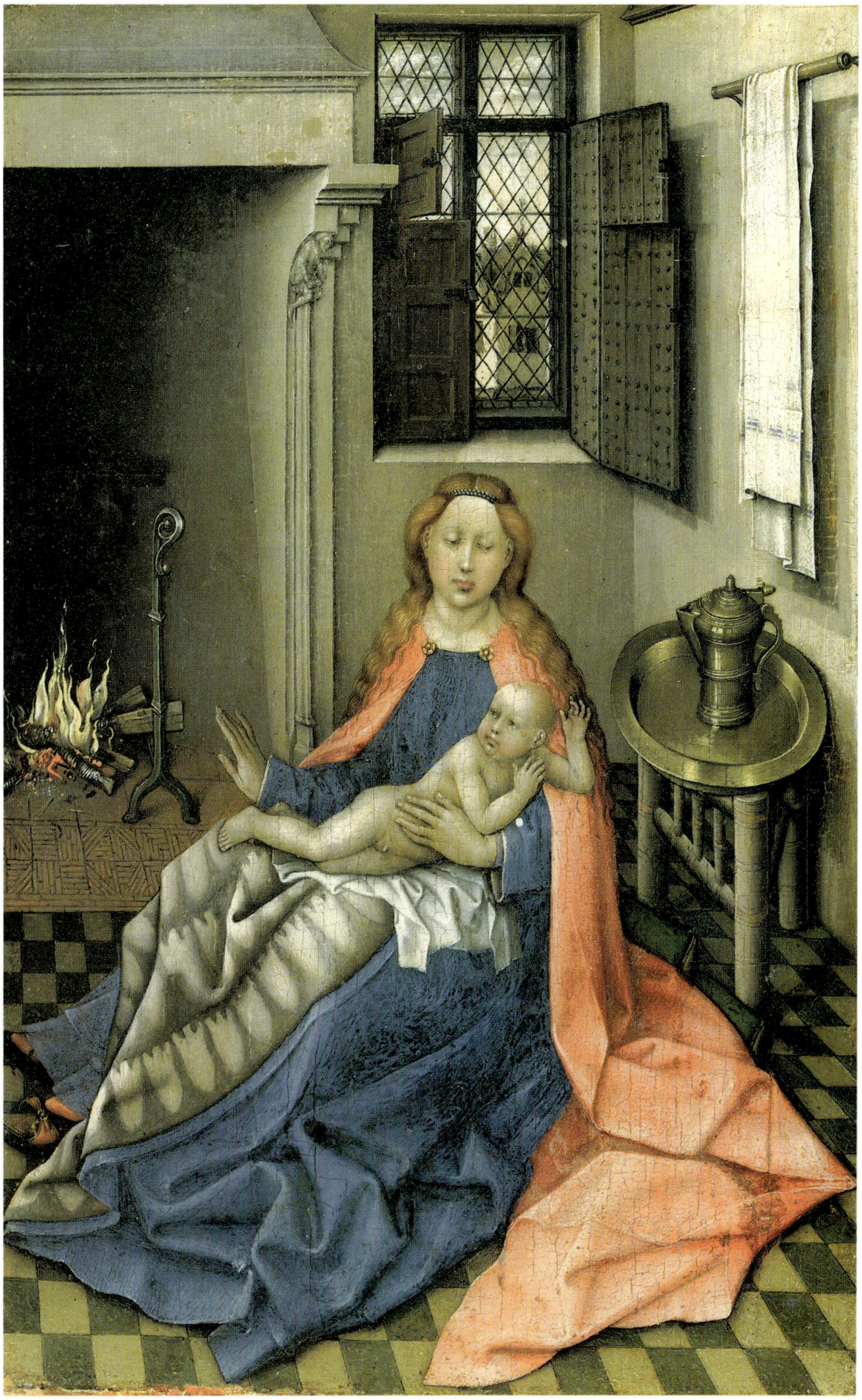

3 *Robert Campin (Meister von Flémalle)*
Um 1380 Valenciennes – 1444 Tournai
Madonna mit dem Kind am Kamin
Etwa 1433–1435
Öl auf Holz. 34 × 24,5 cm

Robert Campin gilt heute als der Schöpfer einer ganzen Reihe von Gemälden, die früher einem unbekannten Künstler mit unterschiedlichen Notnamen zugeschrieben worden sind. Der bekannteste dieser Namen ist »Meister von Flémalle« (nach dem Entstehungsort einiger der Werke).

Die »Madonna mit dem Kind am Kamin« bildete den rechten Flügel eines Diptychons, dessen linker Flügel, mit der Darstellung der »Dreifaltigkeit«, ebenfalls in der Ermitage aufbewahrt wird. Die Rahmung stammt aus dem 17. Jahrhundert; damals trennte man das Diptychon auseinander und hobelte den Rand der Tafeln, der früher erhaben war, bis zur Bildfläche glatt. In diesem Gemälde zeigt sich, wie in ähnlichen Arbeiten Robert Campins, der bürgerliche Realismus der altniederländischen Kunst – das Interesse an der Darstellung des Alltagslebens, das Bemühen um die Wiedergabe des realen Raums, die plastische Modellierung der Formen. Jüngste Untersuchungen haben Aufschlüsse über den kompositorischen Zusammenhang der beiden Tafeln erbracht und zugleich deren gemeinsame, zunächst verborgene religiöse Symbolik entschlüsselt.

Dieses auf Holz gemalte Bild war im 18. oder beginnenden 19. Jahrhundert in zwei Hälften geteilt worden; die rechte Hälfte, mit der Darstellung des hl. Lukas, gelangte 1850 aus der Sammlung des niederländischen Königs Wilhelm II. in die Ermitage, die linke Hälfte kam im Jahre 1884 aus Paris nach Petersburg. Damals wurden beide Teile wieder zu einem Ganzen vereint und die Malerei von Holz auf Leinwand übertragen. An der Verbindungsstelle des Bildes fehlt heute ein schmaler Streifen der Malerei.

Rogier van der Weyden, Schüler Robert Campins und – bis zu einem gewissen Grade – unter dem Einfluß Jan van Eycks stehend, nahm viele Elemente realistischer Kunst von seinen Lehrern auf. Insgesamt jedoch blieb er der konservativen Richtung in der niederländischen Malerei verpflichtet. Daher rühren die Erlesenheit in der linearen Struktur der Komposition, das Flächige der Gestalten, die gelängten Proportionen, das Ungelenke der Gesten und der ornamentale Reichtum in den Details.

Dennoch zeigt das Bild bereits eine starke räumliche Wirkung, namentlich durch die Landschaft im Hintergrund, doch auch durch den perspektivisch konstruierten Fußboden und die Plastizität der Figuren. Im Gegensatz zu der idealisierten Maria trägt der zeichnende Heilige, dem nach der Legende die Gottesmutter leibhaftig vor Augen trat, ausgeprägt porträthafte Züge. Bemerkenswert und neuartig wirken insbesondere die beiden vom Geschehen abgewendeten Rückenfiguren in der Mitte des Bildes, die durch die symmetrisch rahmenden Säulen des luftigen Baues noch besonders hervorgehoben werden. Sie verstärken das Erlebnis des Ausblicks auf die weite Landschaft.

4 *Rogier van der Weyden*
1399 oder 1400 Tournai – 1464 Brüssel
Der hl. Lukas, die Madonna malend. Um 1435 (?)
Öl, von Holz auf Leinwand übertragen
102,5 × 108,5 cm

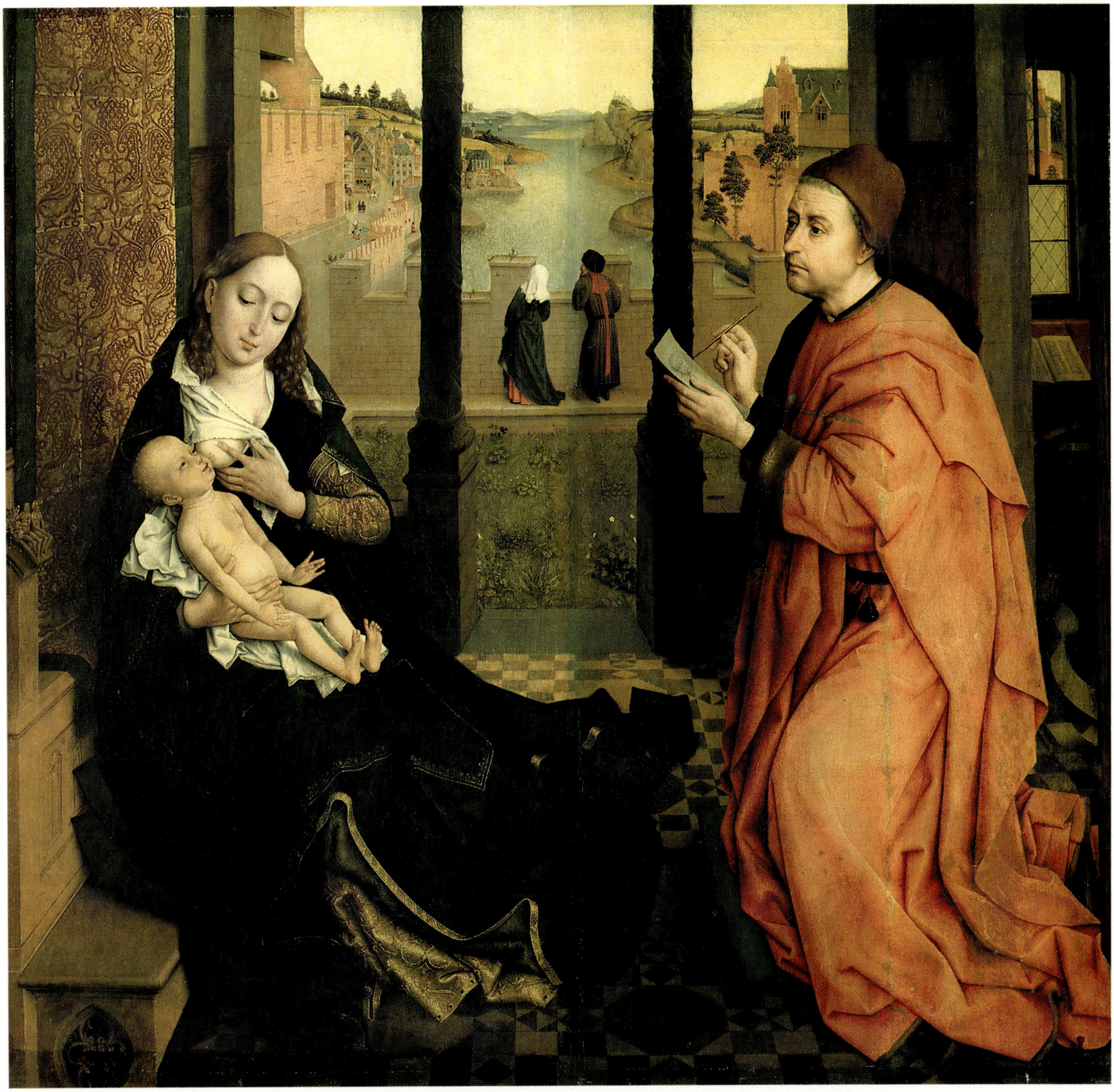

5 *Leonardo da Vinci*
1452 Vinci – 1519 Schloß Cloux bei Amboise
Madonna mit Blume (Madonna Benois)
Begonnen 1478
Öl, von Holz auf Leinwand übertragen
49,5 × 31,5 cm

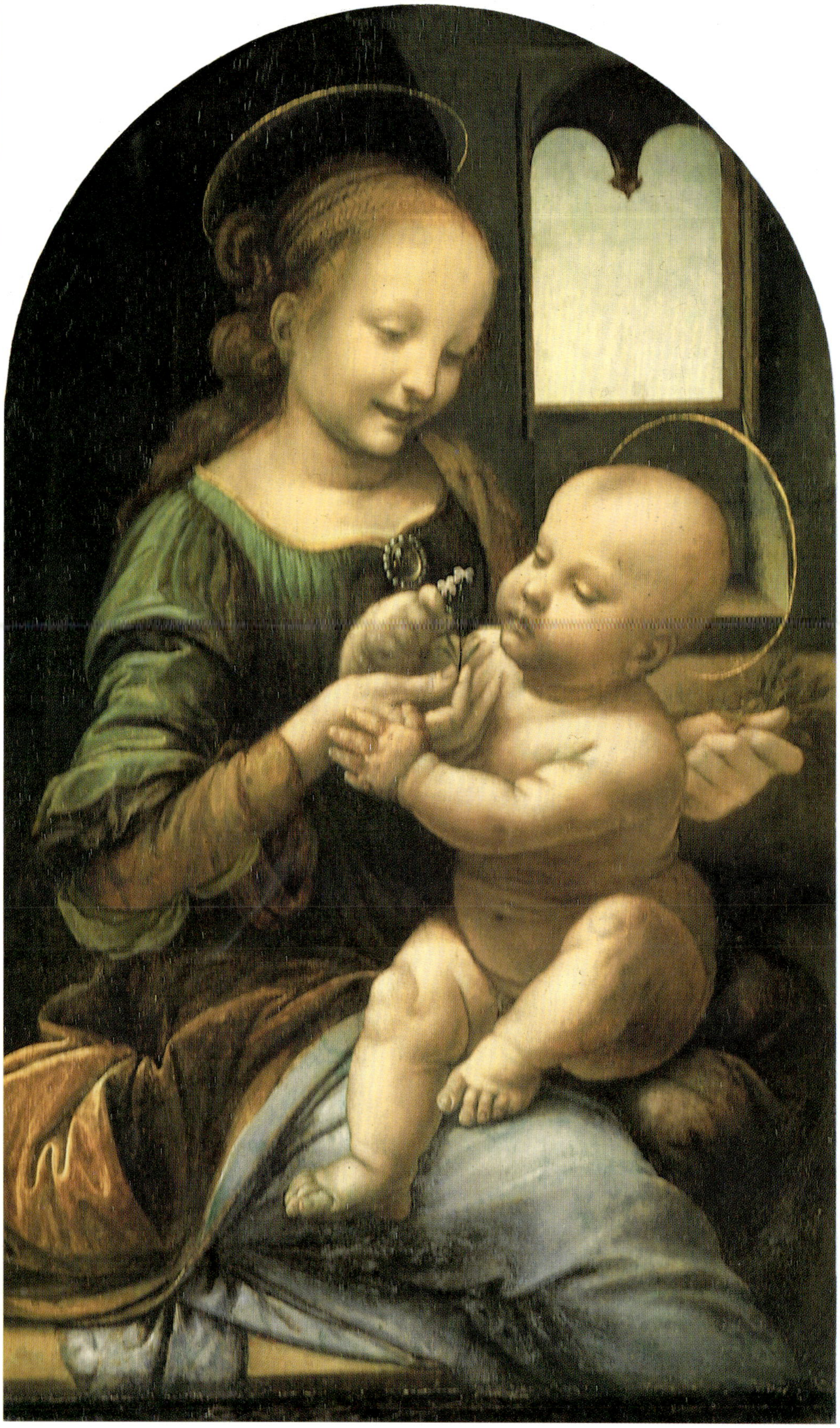

Bei weitem nicht alle Werke des genialen Künstlers, Wissenschaftlers und Ingenieurs Leonardo da Vinci sind auf uns gekommen – es gibt von ihm nur wenig mehr als ein Dutzend erhaltener Gemälde. Zwei von ihnen befinden sich in der Ermitage.

In der »Madonna mit Blume« (nach dem Namen des vormaligen Besitzers auch »Madonna Benois« genannt), einem frühen Werk des Künstlers, zeigen sich bereits die für die Hochrenaissance typischen Züge: eine äußerlich einfache, zugleich aber bis ins letzte durchdachte Komposition, Harmonie der farblichen Bezüge, außerordentlich feine Helldunkel-Übergänge, durch die das Ganze wie von einem zarten Dunstschleier umwoben zu sein scheint (das berühmte »Sfumato« Leonardos). Die »Madonna mit Blume« zeichnet sich durch besondere Frische und Poesie aus; Mutter und Kind sind zu einer natürlichen, zwanglosen Gruppe vereint.

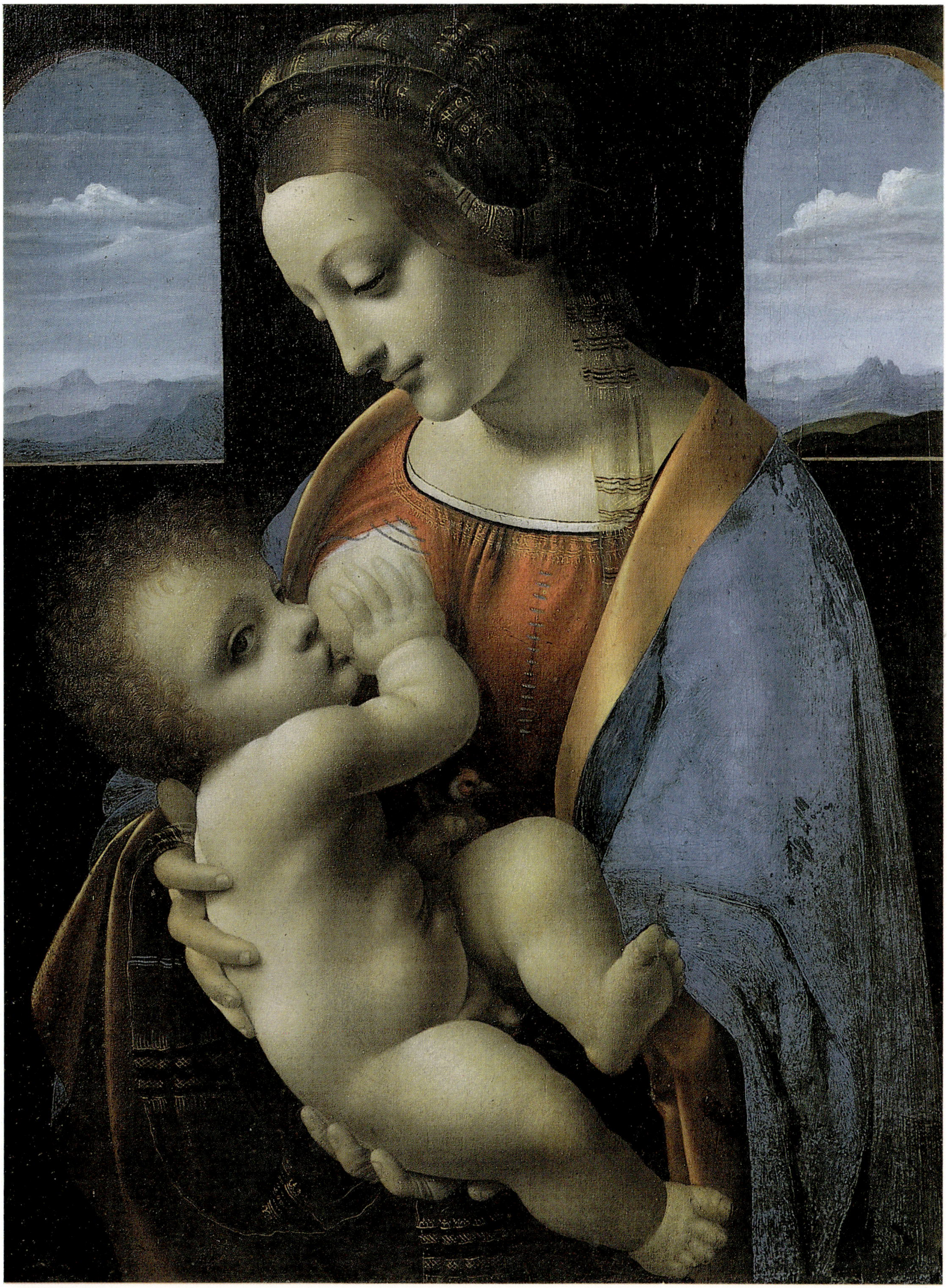

6 *Leonardo da Vinci*
Madonna mit dem Kind (Madonna Litta)
Etwa 1490–1491
Tempera, von Holz auf Leinwand übertragen
42 × 33 cm

Seine zweite Bezeichnung »Madonna Litta« erhielt das Gemälde nach dem vormaligen Besitzer, Herzog Antonio Litta in Mailand. Die tief anrührende Menschlichkeit der ideal schönen Gestalten, die klare harmonische Komposition und die künstlerische Vollendung kennzeichnen dieses Bild als ein Meisterwerk. Einige Spezialisten halten es, indem sie sich auf die etwas strenge Kontur des Haars der Madonna, das Trockene in der Behandlung des Gewandes und die gesteigerte Leuchtkraft des Kolorits berufen, nur in seinen Grundzügen für eine Arbeit Leonardos und vertreten die Ansicht, das Bild habe einer der Schüler vollendet. Die Mehrzahl der Forscher teilt jedoch, angesichts der außerordentlich hohen Qualität des Werkes, diese Meinung nicht. Die Unsicherheit der Experten, die das Gemälde untersucht haben, rührt vor allem von der sogenannten Ultramarin-Krankheit her, einer unaufhaltsamen Zersetzung der blauen Farbe, der das Gemälde ausgesetzt ist. Es gibt einige Vorzeichnungen Leonardos, für die Komposition als Ganzes wie auch für den Kopf der Madonna.

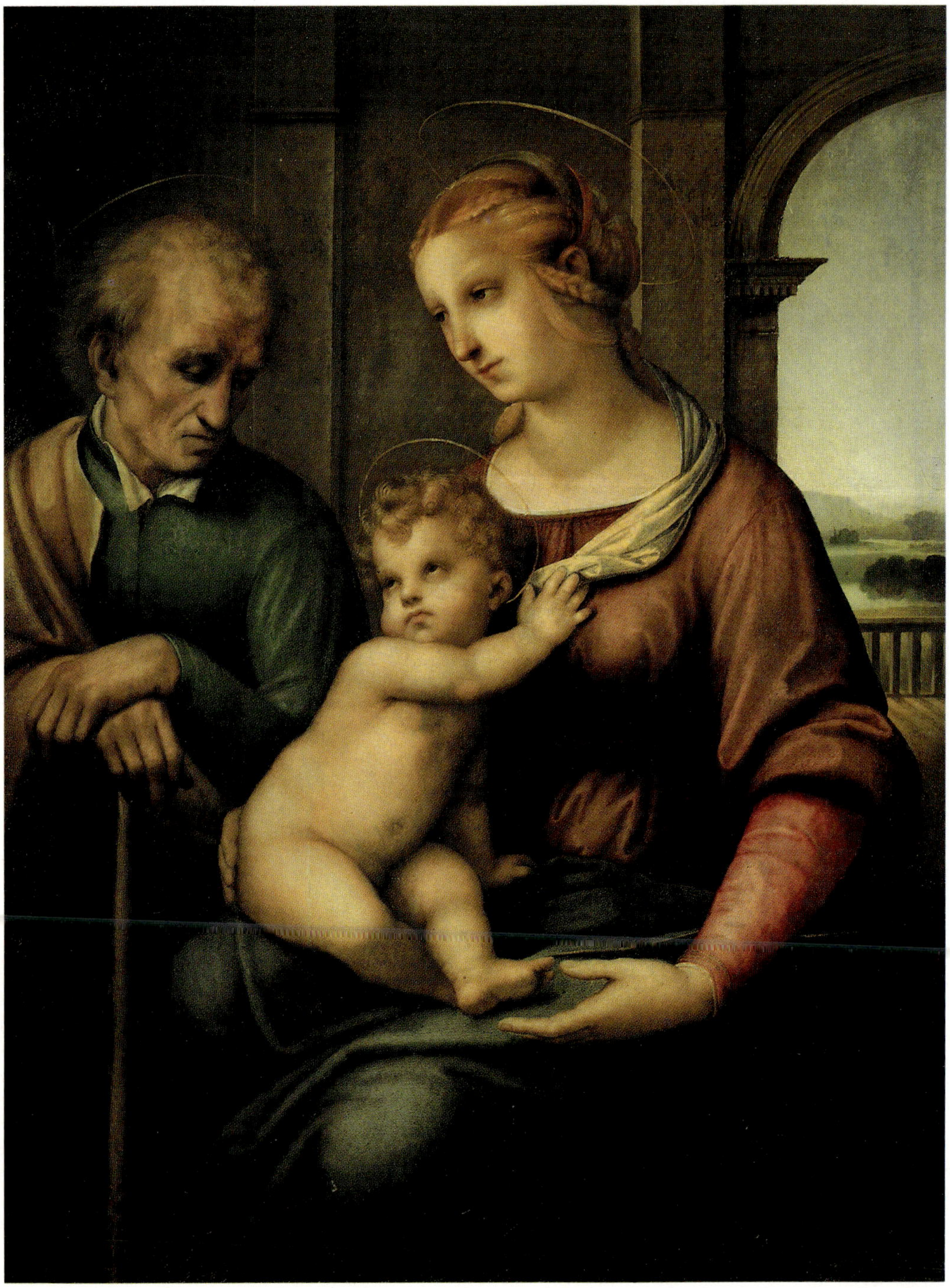

7 *Raffael (Raffaelo Santi)*
1483 Urbino – 1520 Rom
Die Heilige Familie (Madonna mit dem bartlosen Joseph). Um 1505
Tempera, Öl, von Holz auf Leinwand übertragen
72,5 × 56 cm

Dieses Bild, das einen starken Einfluß der Kunst Leonardos verrät, zeichnet sich durch ausgeprägte Harmonie und eine höchst durchdachte Komposition, durch Monumentalität und wundervolle plastische Modellierung der Formen aus. Von den Gestalten geht etwas Geistiges und Reines aus, sie erscheinen erfüllt von Klarheit, Beschaulichkeit und einer etwas melancholischen Gelassenheit.

»Die Heilige Familie« entstand in den florentinischen Jahren Raffaels. Nach den »Lebensbeschreibungen« Giorgio Vasaris muß der Auftrag dazu mit dem Namen Guidobaldo da Montefeltros in Verbindung gebracht werden.

8 *Raffael (Raffaelo Santi)*
1483 Urbino – 1520 Rom
Madonna Conestabile. 1502–1503
Tempera, von Holz auf Leinwand übertragen
17,5 × 18 cm

Das in Perugia für den Herzog Alfano de Diamante gemalte Bild »Madonna Conestabile« (so genannt nach dem vormaligen Besitzer) ist ein Frühwerk des großen Künstlers, aus der Zeit, in der er noch unter dem Einfluß Peruginos stand. Raffael legte seinem Gemälde eine Zeichnung Peruginos zugrunde und ersetzte lediglich den Granatapfel in der Hand der Madonna durch ein Buch, wodurch die Darstellung ihre hergebrachte mystische Symbolik verlor und in dem Motiv etwas von der geistigen Zusammengehörigkeit der Gestalten anklang. Bei der Übertragung des Bildes auf Leinwand entdeckte man, daß Raffael ursprünglich den Granatapfel von der Zeichnung in das Gemälde übernommen und erst während der Arbeit durch das Buch ersetzt hat. In ihrer lyrischen Versonnenheit ist die Madonna Gestalten Peruginos verwandt, auch die Landschaft ähnelt den Hintergründen in den Gemälden dieses Künstlers. Doch Raffaels Gestalten wirken lebensvoller und stärker durchgeistigt.

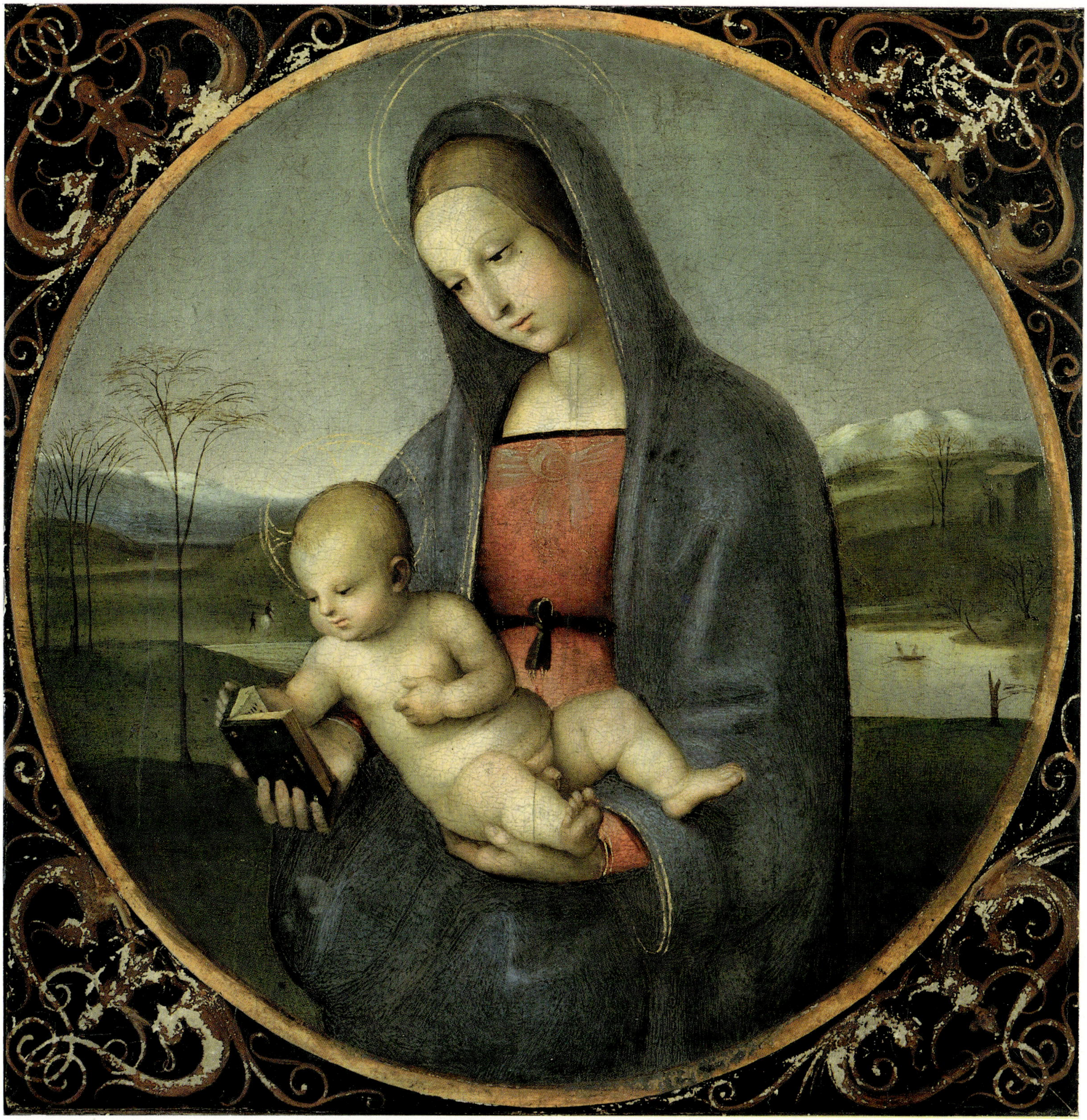

9 *Filippino Lippi*
1457 (?) Prato – 1504 Florenz
Anbetung des Christuskindes
Anfang der achtziger Jahre des 15. Jahrhunderts
Tempera, von Holz auf Leinwand übertragen
Tondo, Durchmesser 53 cm

Filippino Lippi, Schüler seines Vaters Fra Filippo Lippi, arbeitete eng mit Sandro Botticelli zusammen, mit dem er durch die gemeinsame Tätigkeit in der Werkstatt Fra Filippos verbunden war. Die Werke der ersten Schaffensperiode Filippinos (1472 bis 1482), in die auch die zu Anfang der achtziger Jahre entstandene »Anbetung des Christuskindes« gehört, stehen den Arbeiten Botticellis nahe; in ihnen herrschen, wie bei Botticelli, Vornehmheit, Eleganz und »romantische« Erregtheit. Durch die feine Charakterisierung der Gestalten, die zärtlich-melancholische Stimmung, den meisterhaft ausgewogenen Bildaufbau, die Ausdruckskraft der Linienführung und die Reinheit der Farben zählt der Ermitage-Tondo zu den Meisterwerken des Künstlers.

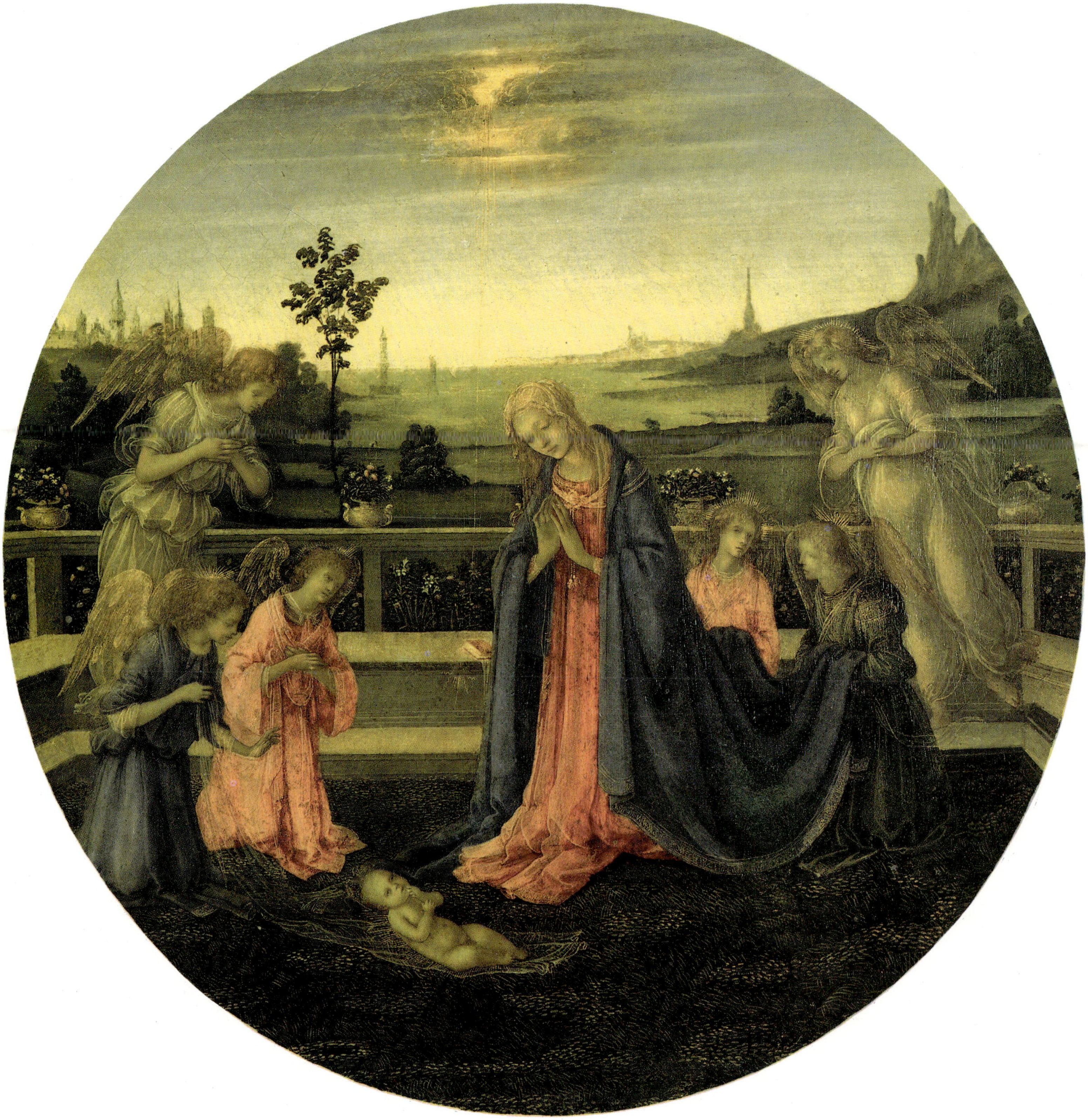

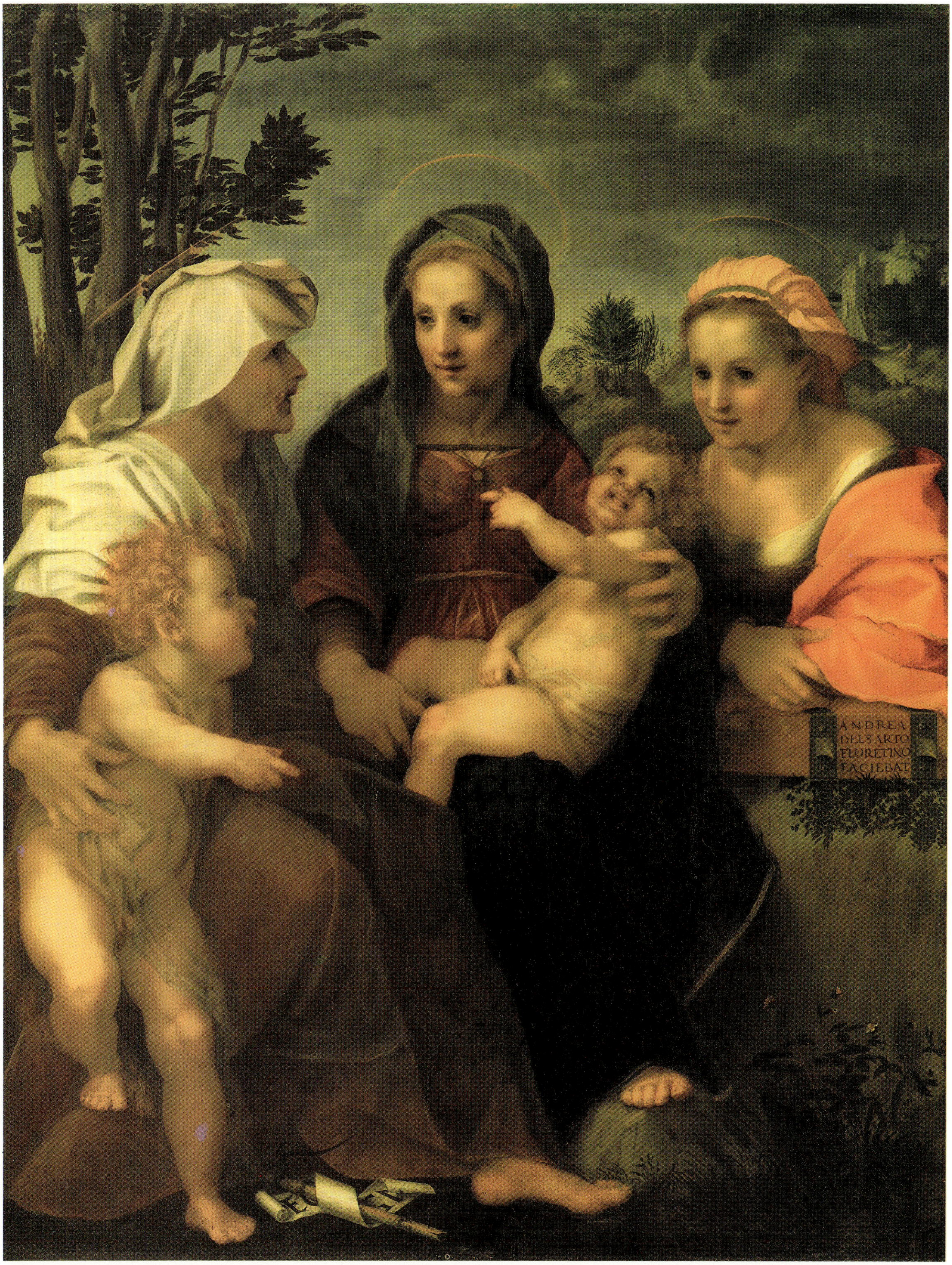
ANDREA
DELSARTO
FLORETINO
FACIEBAT

10 *Andrea del Sarto*
1486 Florenz – 1531 Florenz
Madonna mit dem Kind und Katharina, Elisabeth und Johannes dem Täufer. 1519
Öl, von Holz auf Leinwand übertragen
102 × 80 cm

Das Gemälde gehört zu den besten und typischsten Arbeiten Andrea del Sartos, eines durch Sicherheit der Komposition und der Zeichnung ausgezeichneten Meisters. Ein Helldunkel-Schleier, der die Figuren umhüllt, und ein kaum merkliches Lächeln in den Gesichtern verraten den Einfluß, den Leonardo da Vinci auf den Maler ausgeübt hat. Noch entspricht die Bildkomposition den Prinzipien der Hochrenaissance, doch in der Kompliziertheit des Bildaufbaus zeigt sich bereits das Aufkommen des Manierismus. Das Britische Museum in London bewahrt eine Zeichnung, auf der die Figur der Katharina wiedergegeben ist; Lukrezia, die Frau des Künstlers, diente dabei als Modell.

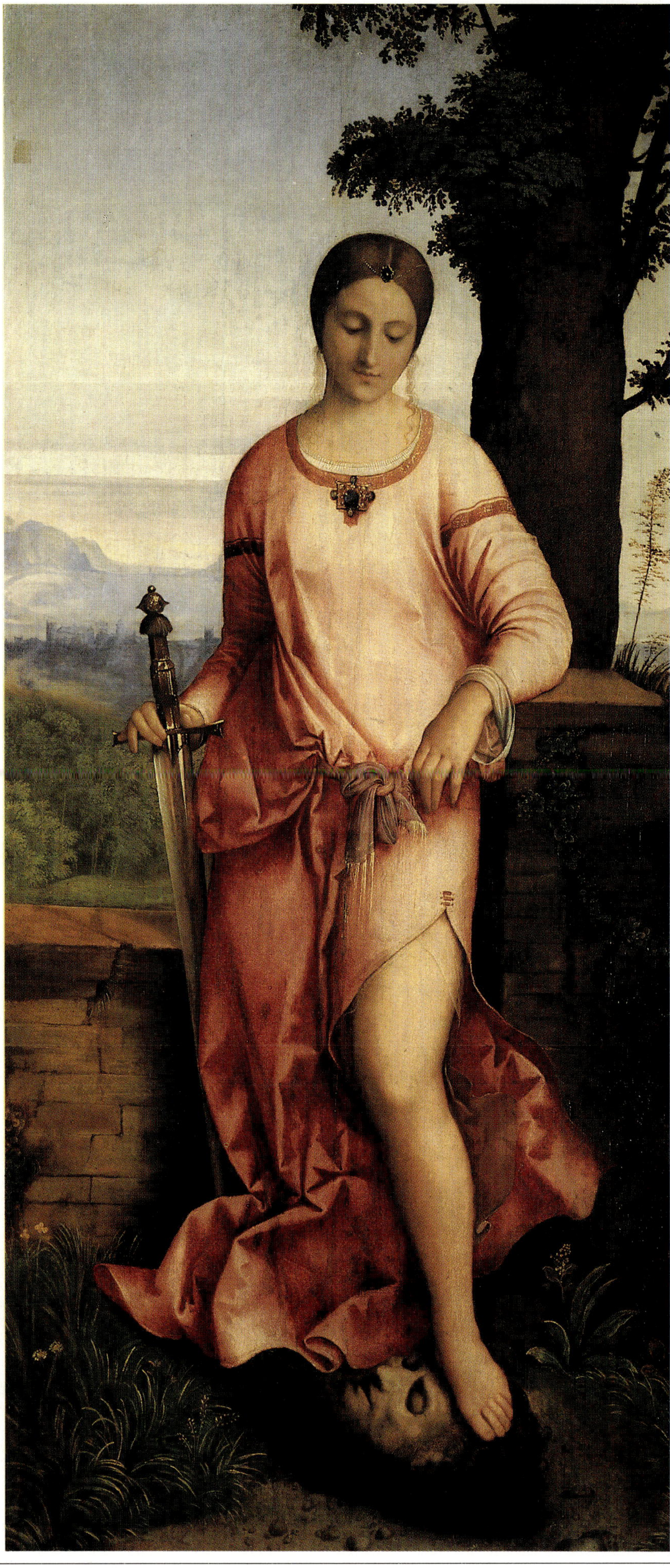

11 *Giorgione*
1477 oder 1478 Castelfranco, Veneto – 1510 Venedig
Judith. Um 1504
Öl, von Holz auf Leinwand übertragen
144 × 66,5 cm

Über das Leben des venezianischen Malers Giorgio Barbarelli da Castelfranco, genannt Giorgione, gibt es nur spärliche Kunde, unser Wissen beschränkt sich nahezu auf Ort und Jahr seiner Geburt und seines Todes. Als Künstler stand er unter dem Einfluß Giovanni Bellinis, seines Lehrers, sowie unter dem Vittore Carpaccios. Unsicher bleibt auch die Anzahl seiner authentischen Arbeiten. Das Gemälde »Judith« galt im 18. und zu Beginn des 19. Jahrhunderts als ein Werk Raffaels, danach wurde es Giorgione zugeschrieben, und seither hat sich kein Zweifel gegen diese Zuschreibung erhoben.

In dem Bild offenbart sich die koloristische Begabung Giorgiones in hohem Maße. Durch das zarte, durchsichtige Helldunkel, in das die Figurengruppe eingebettet ist, ergab sich für den Künstler eine bemerkenswerte Weichheit der Handschrift. Unter Verwendung warmer, tiefer Töne gelangte er zu einem Reichtum und einer Harmonie an tonalen Bezügen, wie sie vorher unbekannt war. Die Landschaft, bis dahin als verhaltener Hintergrund behandelt, ist hier zum Träger einer poetischen Stimmung geworden.

Ursprünglich diente das Bild als Schranktür: Die Tafel, auf die es gemalt ist, bevor es auf Leinwand übertragen wurde, zeigt noch Spuren eines Schlüssellochs.

12 *Tizian (Tiziano Vecellio)*
1485/1490 Pieve di Cadore – 1576 Venedig
Die büßende Maria Magdalena
Sechziger Jahre des 16. Jahrhunderts
Öl auf Leinwand. 118 × 97 cm

Im Spätwerk des großen venezianischen Renaissancekünstlers Tizian macht sich ein Anflug von Tragik bemerkbar. Die harmonische, lebendige Wahrnehmung, die Tizians Schaffen in der frühen und reifen Periode auszeichnete, schlägt nun in eine spannungsgeladene Dramatik um, ein Wandel, der sich bereits in den sechziger Jahren vollzieht. Damals entstand »Die büßende Maria Magdalena«. Starke Sinnlichkeit geht von der Gestalt aus, ganz im Gegensatz zu den asketischen Grundgedanken von Lebensverneinung und selbstloser Reue. Das zarte rosafarbene Inkarnat und das goldene Haar heben sich von der trüben Herbstlandschaft des Hintergrundes und einem unheilvoll in kaltem Blau schimmernden Sonnenuntergangshimmel ab. Dicke, zähflüssige Pinselstriche, in Verbindung mit feinen Glanzlichtern, suggerieren die tränenfeuchten Augen, die seidigen Locken, die Lichtreflexe auf dem Wassergefäß und den matten Glanz auf dem Totenschädel.

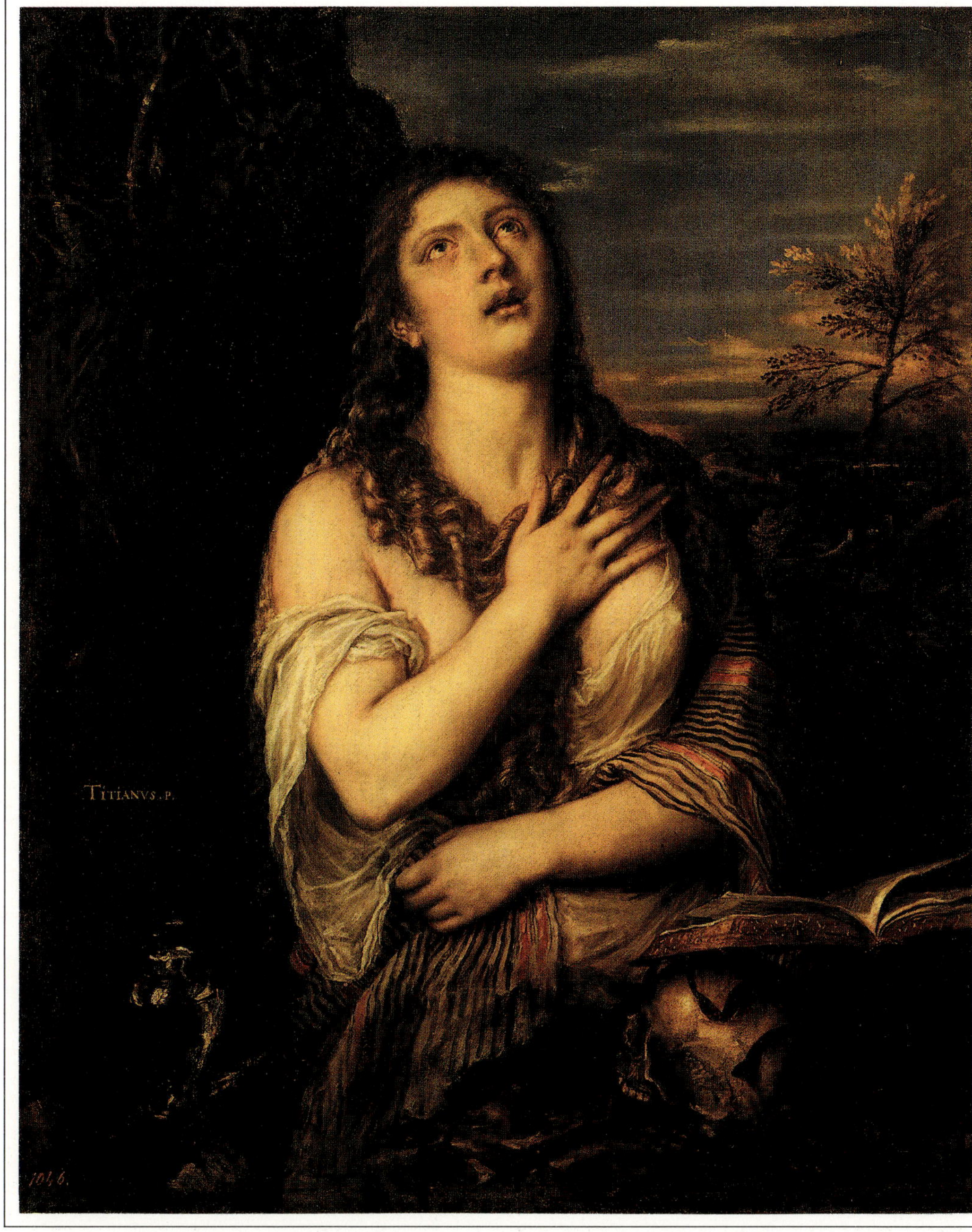

13 *Tintoretto (Jacopo Robusti)*
1518 Venedig – 1594 Venedig
Die Geburt Johannes' des Täufers. Um 1550
Öl auf Leinwand. 181 × 266 cm

Der Beiname »Tintoretto« (»Färberlein«) weist darauf hin, daß dieser bedeutende venezianische Künstler der Sohn eines Textilfärbers war. Von der leidenschaftlichen Erregung, die für das ganze Schaffen Tintorettos kennzeichnend ist, erscheint auch das Gemälde »Die Geburt Johannes' des Täufers« durchdrungen: Aufgeregte Menschen nehmen am Geschehen tätigen Anteil, eine bis dahin in der Malerei unbekannte Ausdruckskraft erfüllt die Gestalten. Verstärkt wird die emotionale Wirkung durch die Asymmetrie und die Dynamik der Komposition, durch die komplizierten perspektivischen Verkürzungen der Figuren und die klangvolle, satte Farbigkeit. Das Gemälde, das im Jahre 1772 aus der Sammlung Crozat, Paris, in die Ermitage kam, hatte im 17. Jahrhundert zur Kollektion des Kardinals Mazarin gehört.

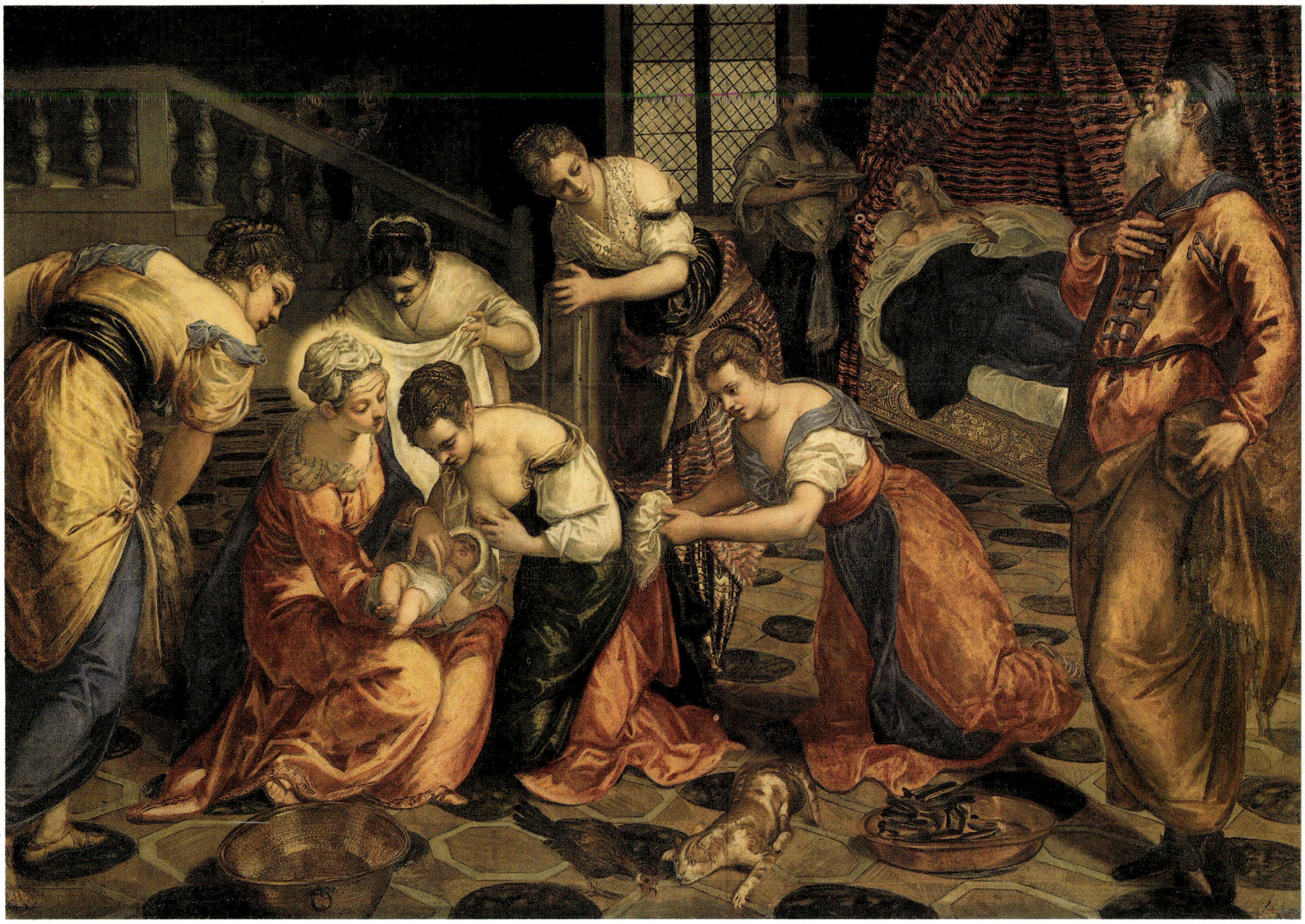

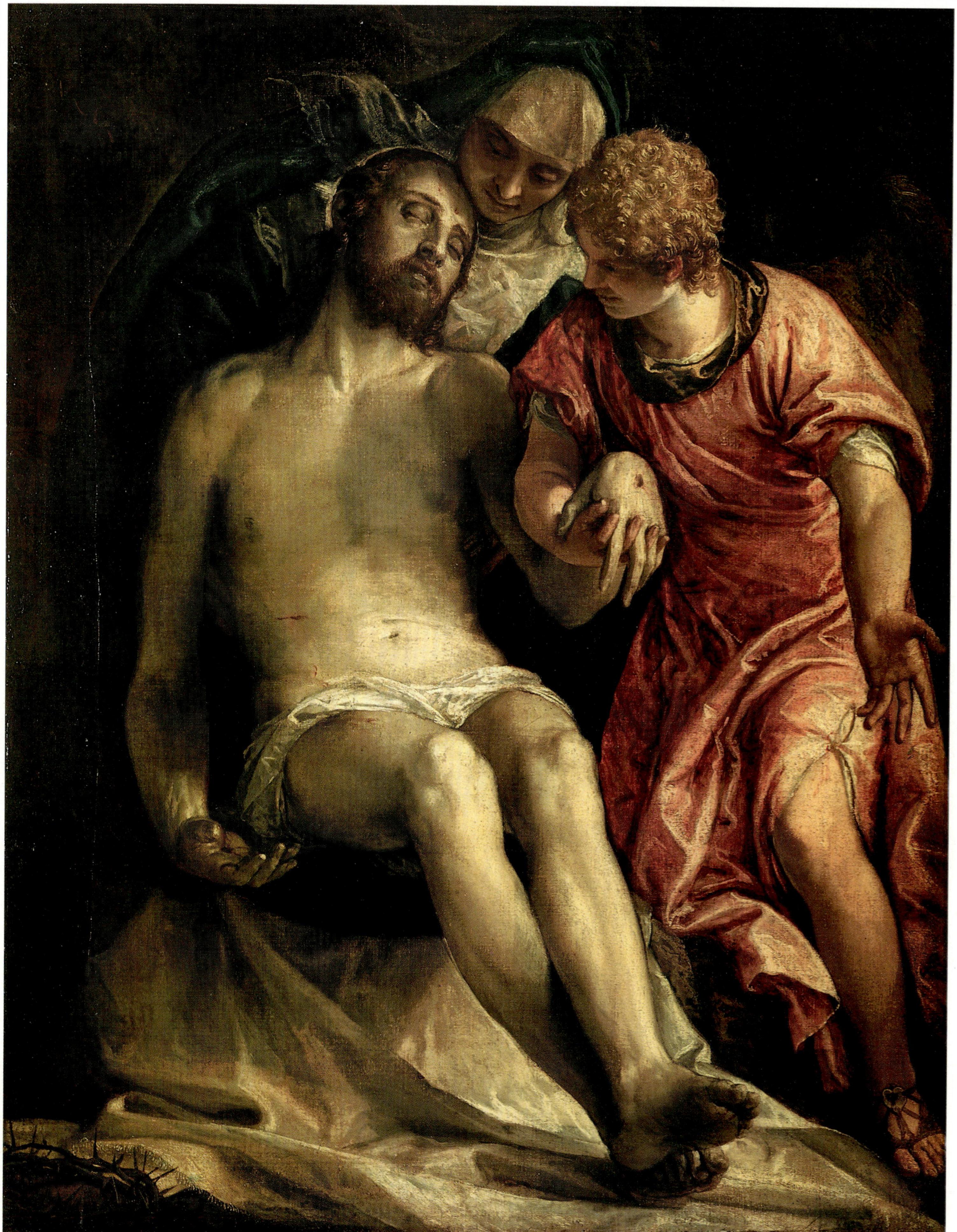

14 *Paolo Veronese*
1528 Verona – 1588 Venedig
Beweinung Christi. Zwischen 1576 und 1582
Öl auf Leinwand. 147 × 111,5 cm. Links 9 cm, oben 13 cm und rechts 5 cm angesetzt

Paolo Caliari, nach seinem Geburtsort Veronese (Paolo aus Verona) genannt, war einer der letzten Vertreter des großen Renaissance-Realismus. Seine vollblütige, festliche, zutiefst dem Irdischen zugewandte Kunst zog wegen der betont weltlichen Behandlung religiöser Sujets sogar den Zorn des Papstes und der Inquisition auf sich.

Das Bild »Beweinung Christi«, das in Veroneses später Schaffensperiode für die Kirche San Giovanni e Paolo in Venedig entstanden ist, fasziniert vor allem durch den Glanz und die Schönheit der Malerei. Wie Edelsteine gleißen die schillernden Gewänder – in Blau-Weiß die Kleidung der Magdalena, in Rosa-Gelb die des goldlockigen Engels, dessen elegante, grazil sich neigende Figur den gleichen Raum auf dem Bild einnimmt wie der Körper Christi. Eine Untersuchung der »Beweinung« mit Hilfe von Röntgenstrahlen ergab, daß ursprünglich auf der Leinwand noch ein weiterer Engel dargestellt war, den der Künstler jedoch im Verlauf der Arbeit übermalte, um der Komposition mehr Ebenmaß und Geschlossenheit zu verleihen.

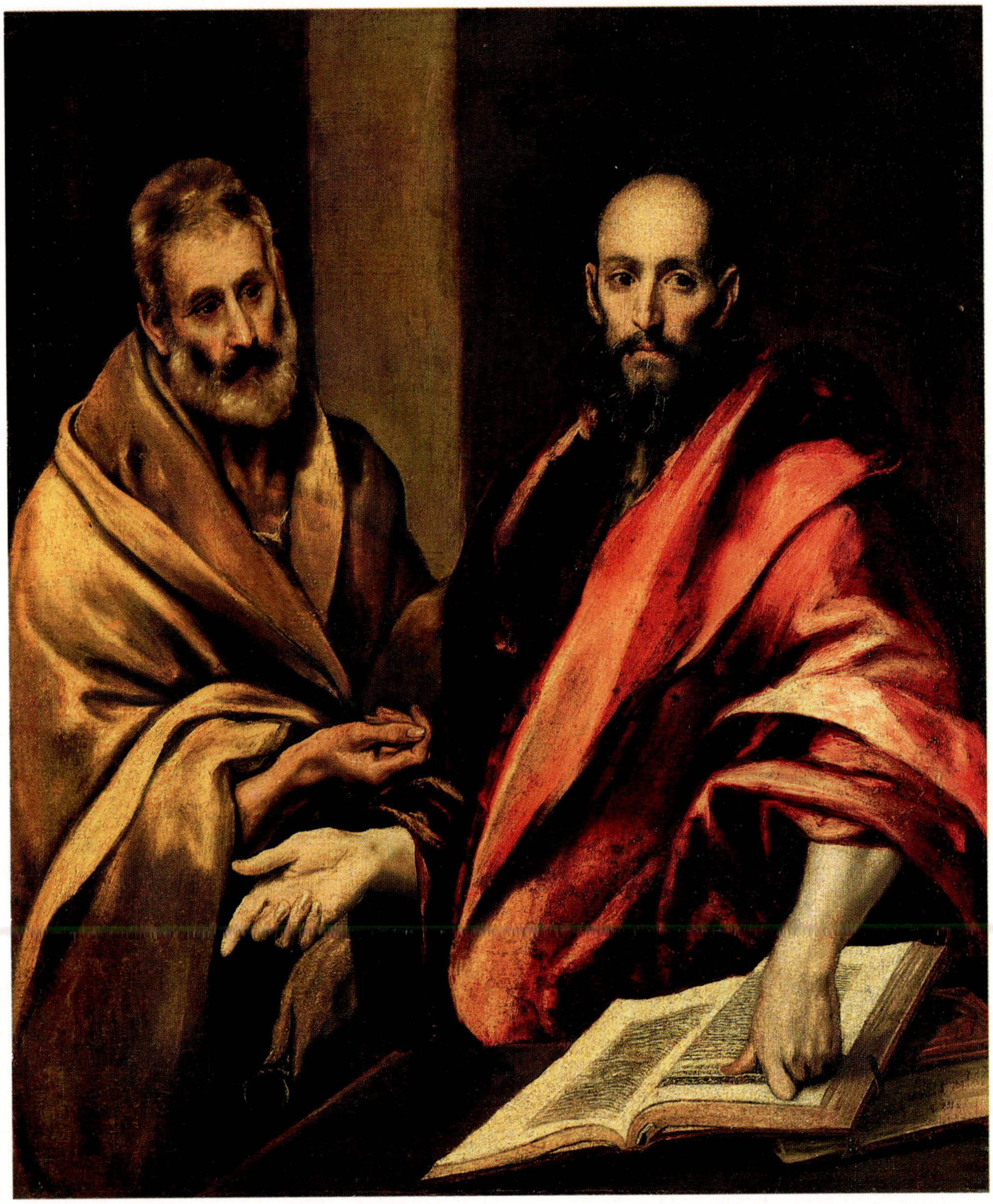

15 *El Greco*
1541 Kreta – 1614 Toledo
Die Apostel Petrus und Paulus. 1614
Öl auf Leinwand. 121,5 × 105 cm

Domenico Theotocopuli, nach seiner Herkunft El Greco (der Grieche) genannt, entwickelte sich als Künstler in Venedig unter dem Einfluß der Kunst Tizians, Tintorettos und Bassanos. Von daher rührt das Vorherrschen koloristischer Wirkungen, die flackernde, wie von innen heraus leuchtende Farbigkeit seiner Malerei. Auch durch die gelängten Proportionen seiner Figuren und eine nervöse Erregtheit, die seine Bilder durchdringt, steht er Tintoretto nahe. Doch bei Greco verstärken sich diese Züge durch ein mystisch-ekstatisches spanisches Element.

Die Zweiergruppe der Apostel Petrus und Paulus war ein beliebtes Sujet des Künstlers. Unser Gemälde gewinnt seine Faszination durch die eindringliche psychologische Charakterisierung der Gestalten. Die beiden Heiligen – der leidenschaftliche, gegenüber Andersgesinnten unversöhnliche Paulus und der willensschwächere, unentschiedenere Petrus – sind in ihrer Gegensätzlichkeit erfaßt, wobei sich der Kontrast in allem äußert: im Ausdruck der Gesichter, in der Haltung, den Gesten, in der Farbsymbolik der Gewänder, im Ausdruck des Pinselstrichs. Paulus beanspruchte offenbar die größere Aufmerksamkeit des Malers, ja die porträthaften Züge des Apostels haben in der Forschung zu der Annahme geführt, es könne sich hier vielleicht sogar um ein Selbstbildnis handeln.

16 *Lucas van Leyden*
1494 Leiden – 1533 Leiden
Die Heilung des Blinden von Jericho. 1531
Triptychon. Öl, von Holz auf Leinwand übertragen. Mittelteil, 115,5 × 150,5 cm

Ursprünglich, bevor das Triptychon zu einem einzigen Bild zusammengefügt wurde, nahm die Szene der Heilung nicht nur das Mittelbild, sondern auch beide Flügel ein, während die Herolde auf den Flügelrückseiten zu sehen waren. »Die Heilung des Blinden von Jericho« ist eines der wesentlichsten Werke des Lucas Huyghensz, der nach seinem Geburts- und Schaffensort »van Leyden« genannt worden ist.

Dieses Bild rief die Bewunderung der Zeitgenossen hervor, sogar Gedichte hat man ihm gewidmet, und Carel van Mander, der Biograph niederländischer und deutscher Künstler, der das Triptychon in der Sammlung des bekannten holländischen Künstlers Hendrik Goltzius gesehen hatte, schrieb darüber im Jahre 1604: »Das ist offensichtlich eines der letzten oder sogar das letzte der Werke der Malerei des bedeutenden Künstlers, und es scheint, daß er in ihm seinen schöpferischen Möglichkeiten höchsten Ausdruck verleihen wollte, damit sein Name unsterblich werde – lebte er doch danach kaum noch zwei Jahre.«

Lucas van Leyden war einer der Begründer der Sittenmalerei in den Niederlanden. Auch das wiedergegebene Bild zeigt Genremotive, obwohl das Thema dem Neuen Testament entstammt. Die Zeugen des Wunders – eine Menschenmenge, die dem Künstler zur Darstellung verschiedener Berufsschichten der Niederländer seiner Zeit diente – spielen die wichtigste Rolle im Bild. Am linken Rand der Komposition hat der Maler sich selbst wiedergegeben (in blauer Kleidung und rotem Barett), womit er, wie es für die Renaissance typisch war, die Bedeutsamkeit der eigenen Person herausstellte. Auch der Landschaft ist ein breiter Raum zugewiesen – eine für die niederländische Kunst charakteristische Erscheinung.

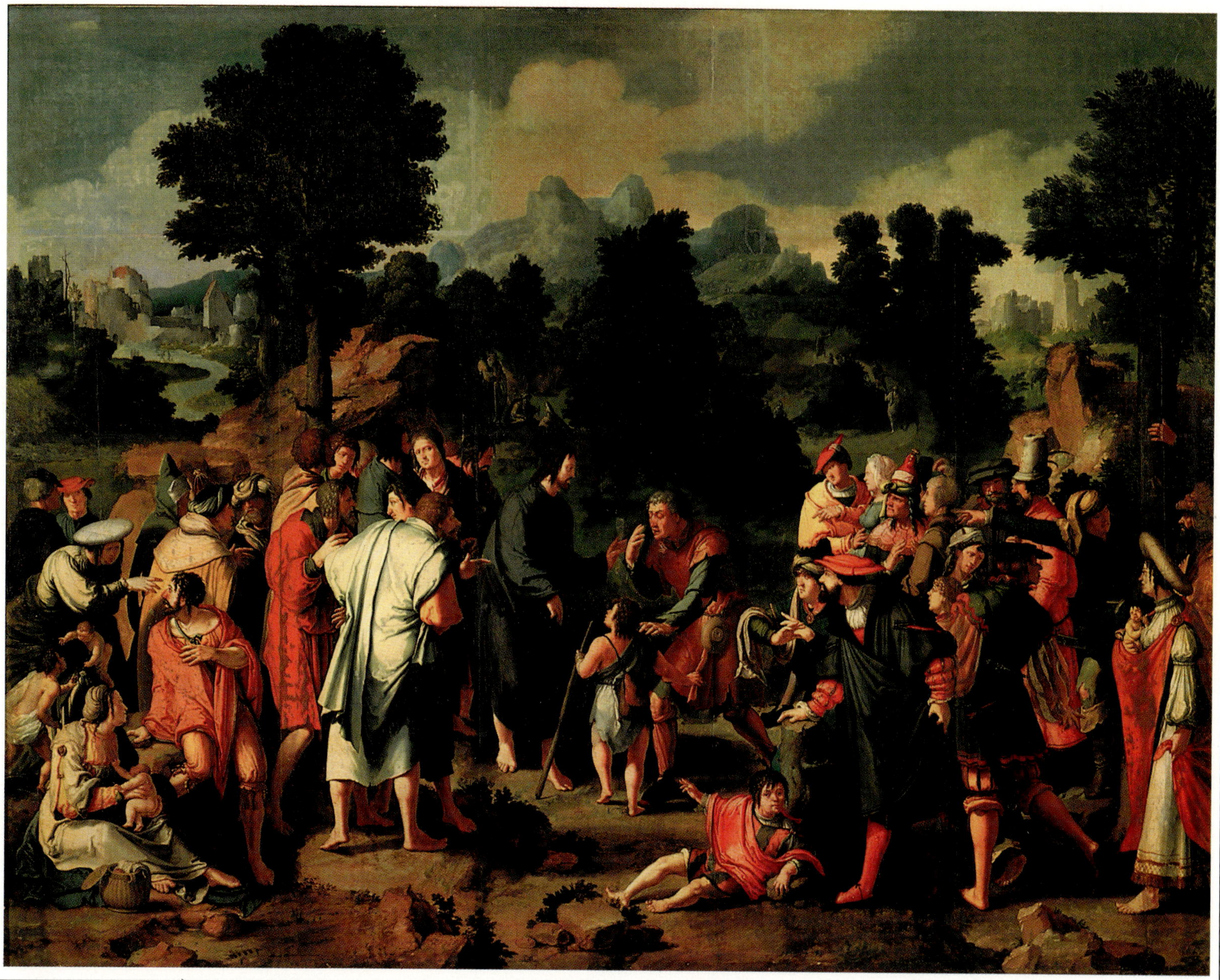

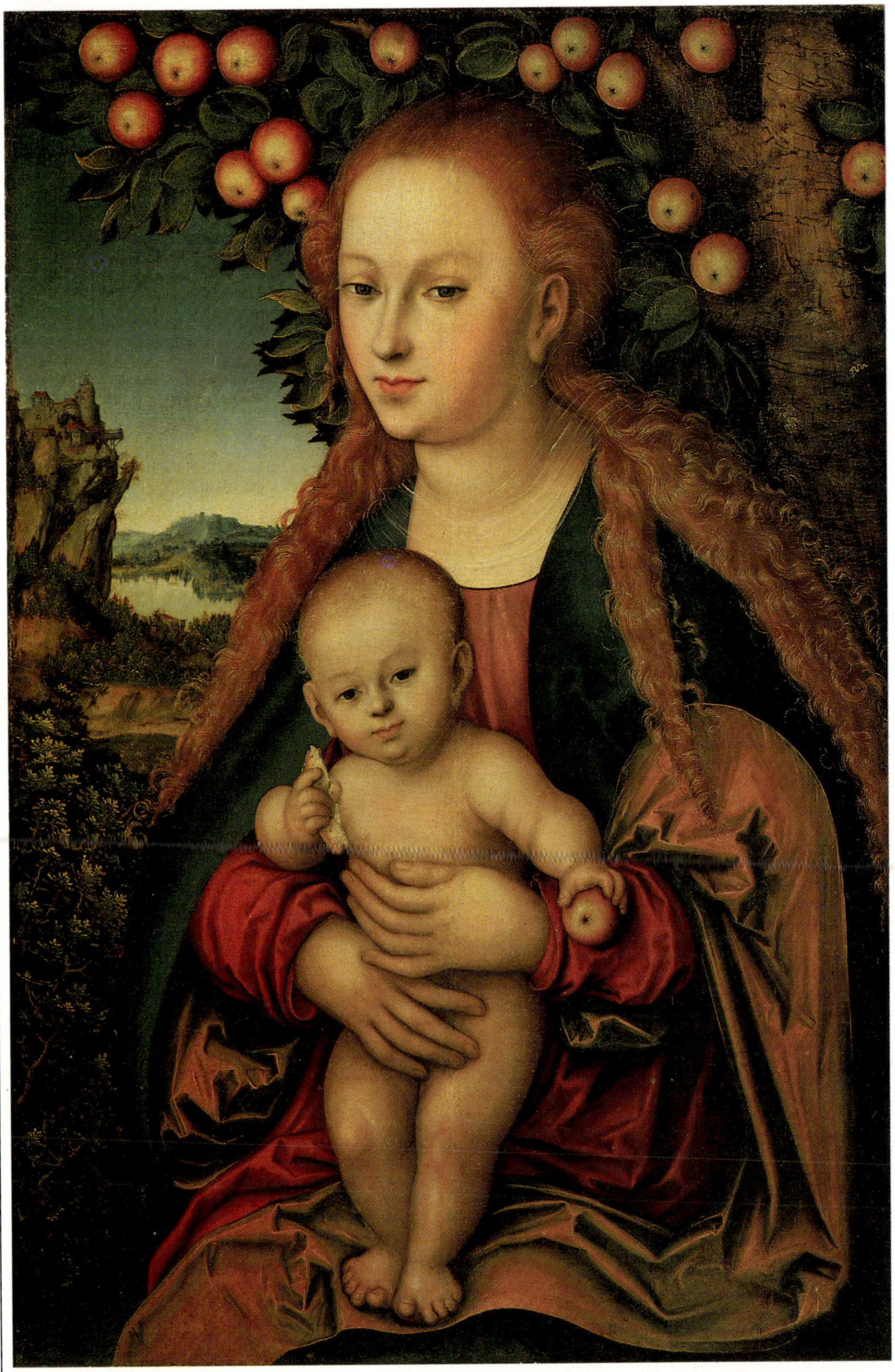

17 *Lucas Cranach d. Ä.*
1472 Kronach – 1553 Weimar
Madonna mit dem Kind unter dem Apfelbaum. 1531
Öl, von Holz auf Leinwand übertragen
87 × 59 cm

Lucas Cranach, nach seinem Geburtsort benannt, war der erste Vertreter der sächsischen Malerei. Durch zahlreiche Werke, insbesondere vortreffliche Bildnisse, leistete er einen wichtigen Beitrag zur deutschen Kunst. Im übrigen hat Cranach, als treuer Freund Martin Luthers, sein Schaffen auch in den Dienst der Reformation gestellt.

Die auf dem Bild als Madonna wiedergegebene rothaarige Schöne mit »modischen« schmalen Augenschlitzen war ein bei Cranach beliebter Frauentyp, den wir in seinen mythologischen und allegorischen Kompositionen ebenfalls antreffen. Der Apfel in der Hand des Knaben – wie auch der Apfelbaum mit seinen herrlichen Früchten – symbolisiert, entsprechend dem mittelalterlichen ikonographischen Kanon, die Madonna als neue, die Erbsünde der Menschheit sühnende Eva. Doch in der Art, wie Cranach das Sujet behandelt, zeugen die leuchtenden, saftigen Früchte eher von einer renaissancehaft-sinnlichen Lebensauffassung. Das zeigt sich auch an der Landschaft, an der bei aller phantastischen, märchenhaften Schönheit ganz bestimmte topographische Einzelheiten zu erkennen sind.

18 *Michelangelo da Caravaggio*
1573 Caravaggio – 1610 Porto d'Ercole
Der Lautenspieler. Um 1595
Öl auf Leinwand. 94 × 119 cm

Das Schaffen des Michelangelo Merisi (der nach seinem Geburtsort den Namen Caravaggio erhielt) gewann eine so starke revolutionierende Wirkung, daß es in der westeuropäischen Kunst eine ganz neue Sehweise hervorrief. Caravaggio stellte der manieristischen Kunst ein unmittelbares Naturstudium gegenüber und ersetzte die idealisierten mythologischen und biblischen Helden durch lebendige Menschen aus Fleisch und Blut.

Das Sujet des Bildes wird mehrdeutig ausgelegt. Abgesehen von dem, was offenkundig sichtbar wird – ein Jüngling ergötzt sich an der Musik –, enthält das Gemälde einen verborgenen Sinn; es ist angefüllt mit allegorischen Details, die sich auf die Liebe und die nichtige Eitelkeit beziehen. Unverkennbare Attribute dieser letzterwähnten Allegorie – Blumen, Früchte und Musik – sollen auf das Flüchtige, das Vergängliche der sinnlichen Welt anspielen. In der neuartigen Kunst Caravaggios dominieren jedoch die realistischen, lebensbejahenden Züge so stark, daß sie die Darstellung ihres asketischen Gehalts gänzlich berauben. In dem vor dem Jüngling aufgeschlagenen Notenheft ist der Anfang eines Madrigals von einem niederländischen Komponisten des 14. Jahrhunderts, Jacques Arcadelt, wiedergegeben: »Voi sapete ch'io v'amo« (Ihr wißt, daß ich Euch liebe).

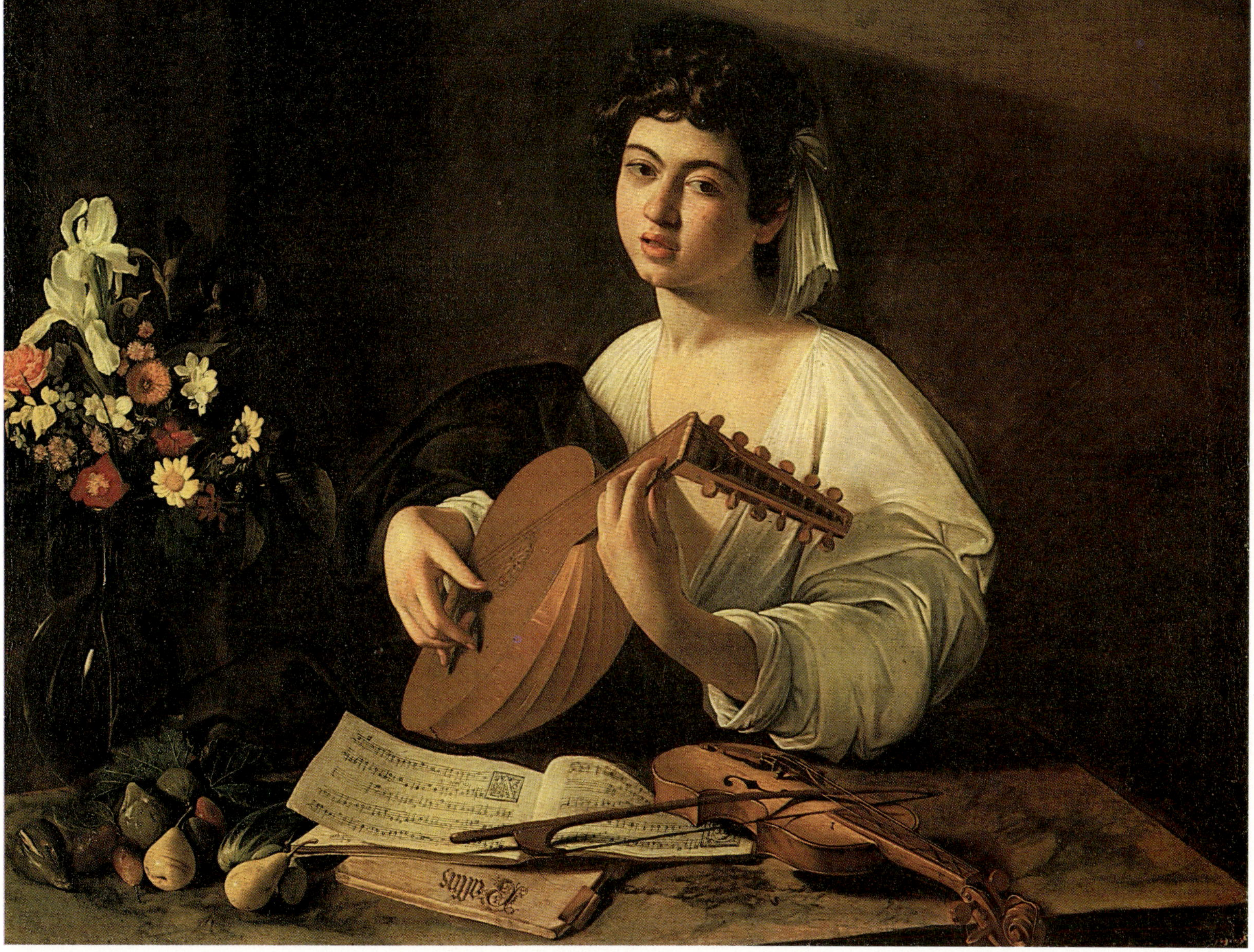

19 *Annibale Carracci*
1560 Bologna – 1609 Rom
Die heiligen Frauen am Grabe Christi
Etwa 1597–1598
Öl auf Leinwand. 121 × 145,5 cm

Annibale war in der berühmten Malerfamilie der Carracci der Begabteste; sein Schaffen stand unter dem Einfluß der Kunst Correggios und der Meister der Hochrenaissance. In den achtziger Jahren des 16. Jahrhunderts begründete er zusammen mit seinem älteren Bruder Agostino und seinem Vetter Lodovico in Bologna eine berühmte Malerschule, eine »Accademia«, die sich Scuola degli Incamminati (Schule der auf den Weg Gebrachten) nannte.

In dem Bild »Die heiligen Frauen am Grabe Christi« zeigen sich die typischen Züge des von Annibale Carracci gepflegten Stils – harmonische Ausgewogenheit der Komposition, skulpturartige Durchbildung der Formen in Verbindung mit einer gefälligen Farbgebung und einer etwas manierierten Eleganz in den Stellungen und Bewegungen der Figuren. Gemalt im Auftrag des Bologneser Antiquars Pasqualini, war das Bild den Zeitgenossen Annibale Carraccis gut bekannt, z. B. erwähnt es Malvasia, der Biograph der Bologneser Künstler. Es gibt etliche Arbeiten von Bologneser Meistern, die ohne Zweifel unter dem Eindruck dieses Gemäldes ausgeführt sind.

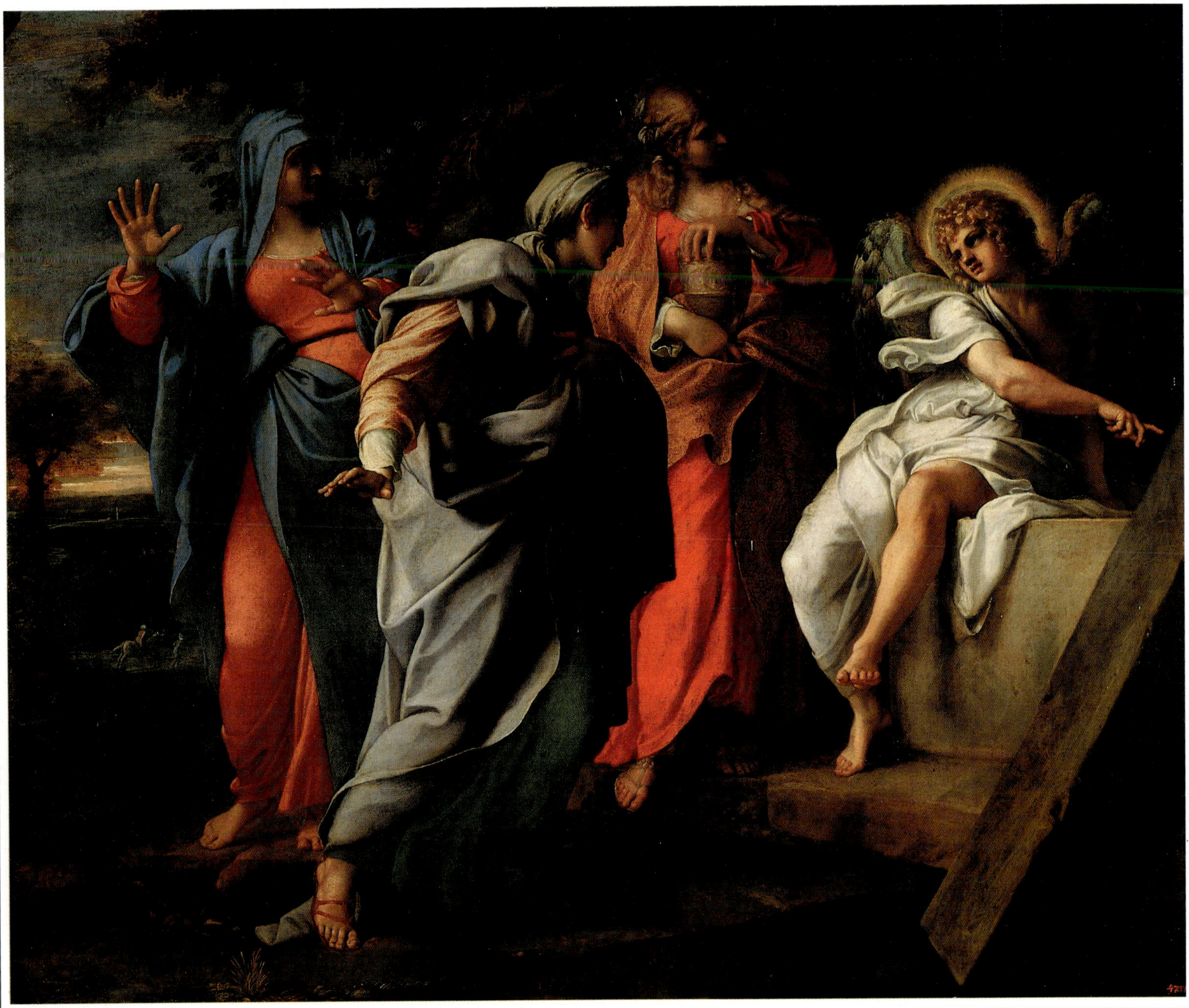

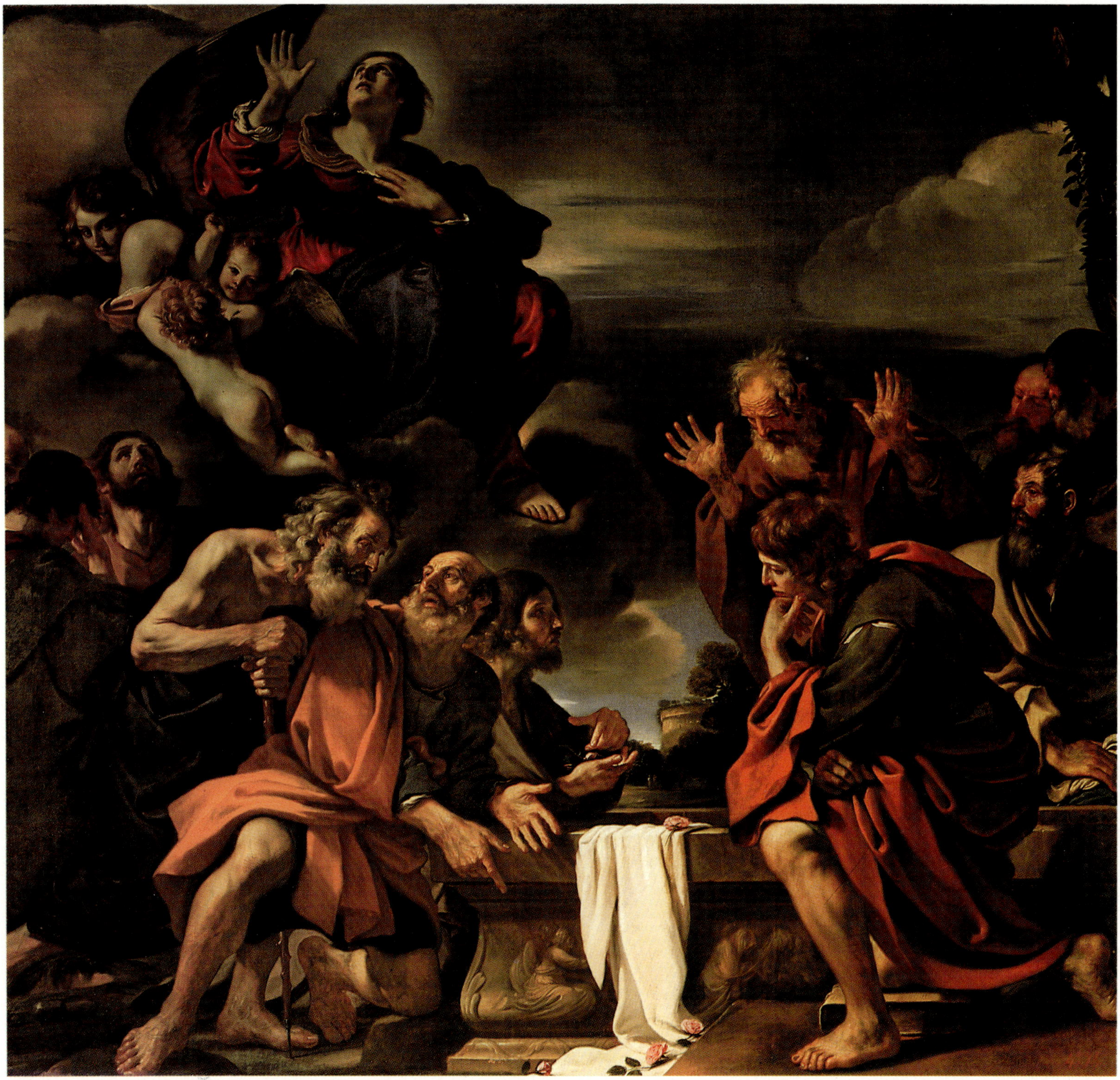

20 *Guercino*
1591 Cento – 1666 Bologna
Mariä Himmelfahrt. 1623
Öl auf Leinwand. 307 × 322 cm

Giovanni Francesco Barbieri – sein Beiname Guercino kommt von »il guercio« (der Schieler) – schloß sich der Bologneser Malerschule an, die er dann, seit 1642, leitete. Das Gemälde »Mariä Himmelfahrt« stellt eines seiner Hauptwerke dar, eine Höchstleistung innerhalb seines künstlerischen Aufstiegs, frei von jener affektierten Kälte, wie sie seine späten akademischen Arbeiten kennzeichnet. Das Monumentale der Komposition und die betonte Helldunkel-Modellierung bezeugen den Einfluß Caravaggios; die Figur des hl. Johannes wiederholt sogar getreu eine Caravaggio-Gestalt. In den Schatten kann sich jedoch bei Guercino nicht die dichte Undurchsichtigkeit caravaggesker Nachtstücke ausbreiten, vielmehr herrscht in seinem Bild eine weiche Atmosphäre vor, sanfte Konturen umhüllen die sich auflösenden Formen. Emotional wirkende innere Spannung, durch unruhiges Helldunkel und warme, tiefe Farben hervorgerufen, weist den Schöpfer dieses Gemäldes als einen Meister des reifen Barock aus.

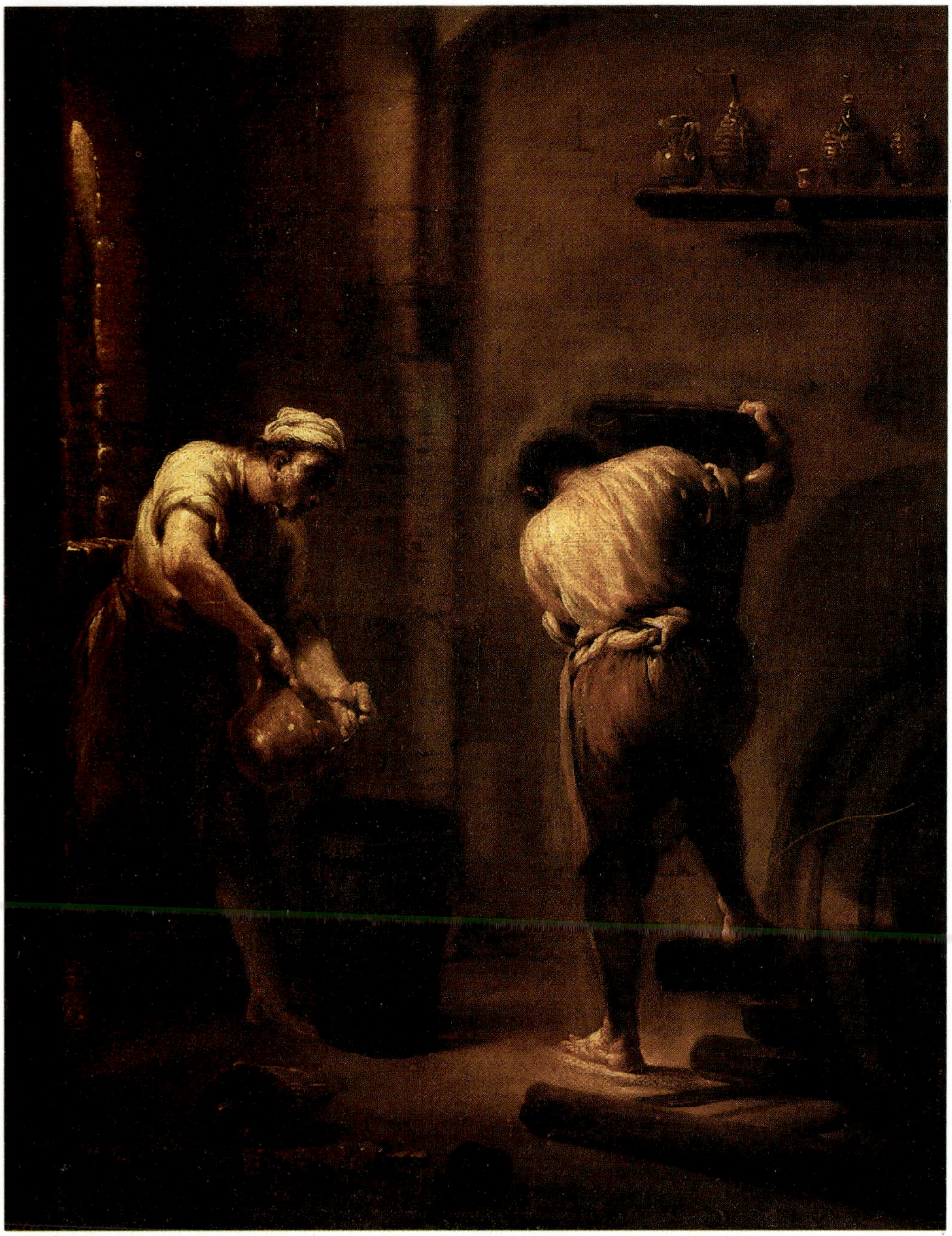

21 *Giuseppe Maria Crespi*
1665 Bologna – 1747 Bologna
Szene im Keller. Um 1710
Öl auf Leinwand. 52,5 × 42,0 cm

Die Ausbildung Crespis vollzog sich in den Traditionen der späten Bologneser Malerschule. Doch allmählich löste er sich aus solchem Schulzusammenhang und entwickelte einen eigenen Malstil, in den beim frühen Guercino entlehnte Elemente einflossen.

Die abgebildete Genreszene spiegelt das für diesen Künstler so charakteristische Interesse an der ihn umgebenden Wirklichkeit wider. Crespi, ein temperamentvoller Maler und feinsinniger Kolorist, bediente sich gern der komplizierten Effekte, die durch nächtliche Beleuchtung oder durch Dämmerlicht entstehen. Die Biographen des Künstlers haben besonders seine Fähigkeit hervorgehoben, flackernde Lichtreflexe wiederzugeben, einzelne Formen aus der Dunkelheit treten zu lassen und seiner Malerei einen improvisatorisch-lockeren, »unberechenbaren« Zug zu verleihen. Die Farbskala des Bildes, die auf einer Verbindung von bräunlichen und weißen Tönen beruht, wirkt fast monochrom, doch entfaltete Crespi innerhalb dieser Spanne einen ungewöhnlichen Reichtum an zuckenden, silbrigen Lichtreflexen und tiefen, doch durchsichtig bleibenden Schatten, wie er auch die unterschiedliche Materialbeschaffenheit der Gegenstände treffend erfaßte.

Zeitweise hat man das Sujet dieses Gemäldes als »Heiligen Simeon« gedeutet, doch in der Bildtiefe rechts führt ein Engel einen Esel, auf dem Maria sitzt, und so wird deutlich, daß es sich um eine Episode aus der »Flucht nach Ägypten« handelt. Der Alte, der das Christuskind trägt, ist also nicht Simeon, sondern Joseph. Das Gemälde erweist sich als typisches Werk aus der späten, akademischen Periode Guido Renis. Makellose Zeichnung, ausgewogene Komposition und erlesene, aufeinander bezogene Farben verleihen der Darstellung bestechende Eleganz, und dem entspricht die Harmonie der gerundeten Linien, mit denen die Gesten und Bewegungen der Figuren oder die Gewandfalten gegeben sind. Wie über den meisten späten Arbeiten Renis liegt auch über diesem Bild ein Hauch von Sentimentalität.

22 *Guido Reni*
1575 Calvenzano – 1642 Bologna
Joseph mit dem Christuskind auf den Armen
Zwanziger Jahre des 17. Jahrhunderts
Öl auf Leinwand. 126 × 101 cm

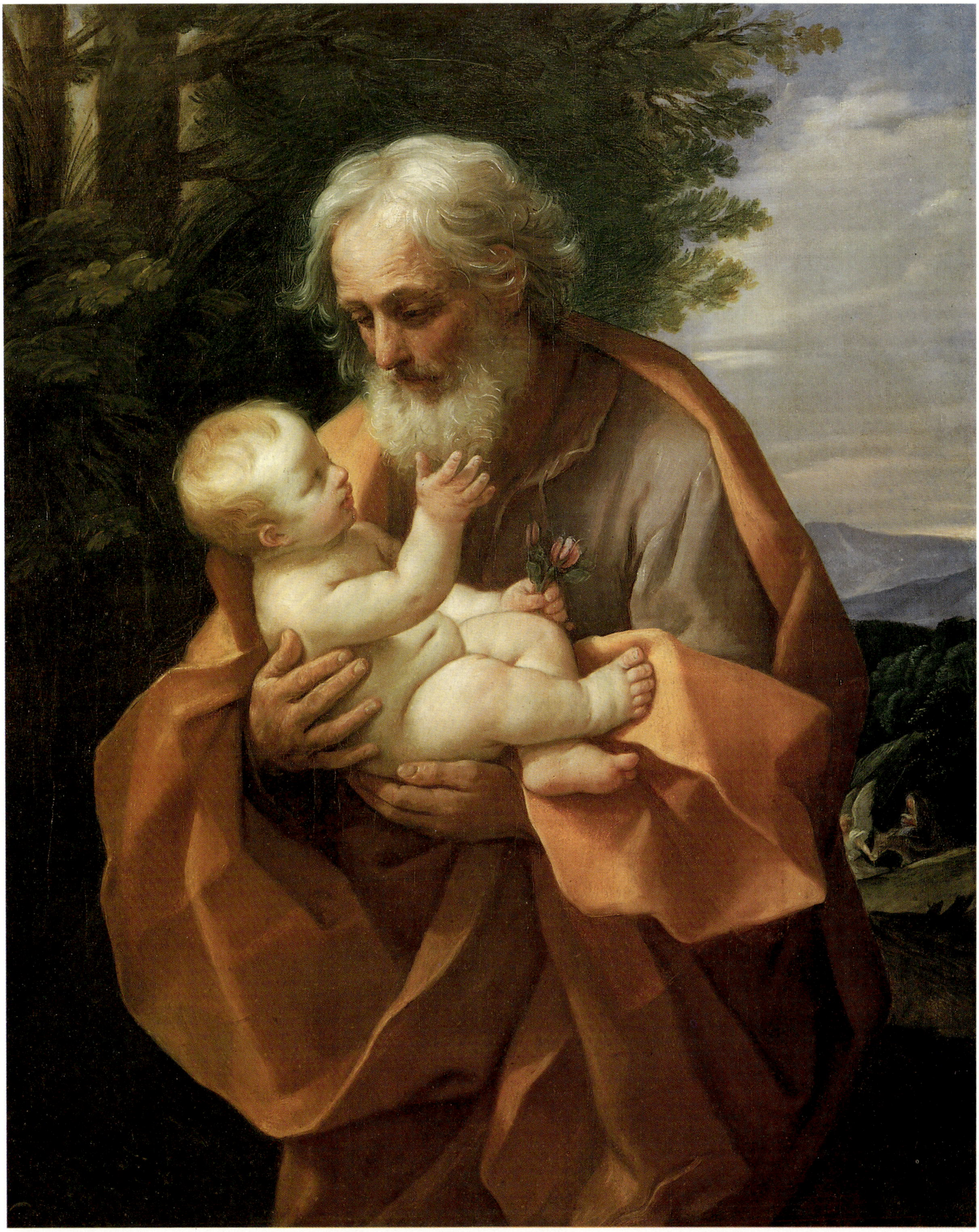

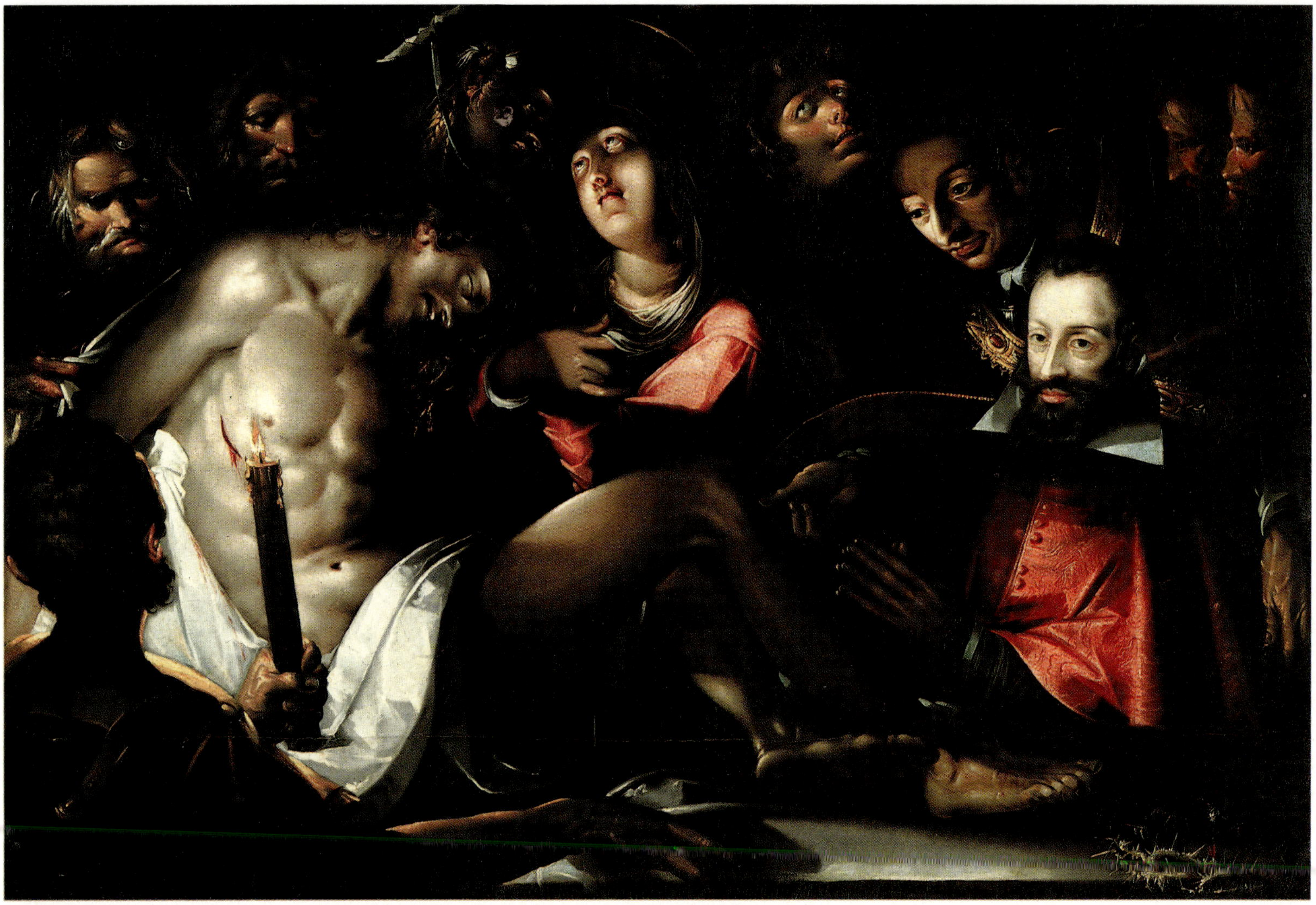

23 *Jacques de Bellange*
Tätig zwischen 1600 und 1617 in Lothringen
Beweinung Christi. Um 1616
Öl auf Leinwand. 115 × 175 cm

Die biographischen Mitteilungen über diesen interessanten Künstler sind spärlich. Offenbar war er Autodidakt, wobei seine Werke zeigen, daß er unter dem Einfluß der italienischen Manieristen stand und zudem mit dem Caravaggismus vertraut war. Die »Beweinung« ist eines der wenigen und zweifellos eines der bedeutendsten seiner auf uns gekommenen Gemälde. Nach alten Dokumenten zu urteilen, hat Jacques de Bellange viele Bilder gemalt und sich, namentlich als Kolorist, einen guten Namen geschaffen, doch fast alle seine Werke sind während der französisch-lothringischen Kriege des 17. Jahrhunderts der Vernichtung anheimgefallen.

Das Gemälde »Beweinung Christi« mit seinem wundervollen, dämmerigen Kolorit, in dem das Gold der Kerzenflamme bläuliche Reflexe hervorruft (ein kühnes Abgehen vom Kanon der Malerei des 17. Jahrhunderts), ist durchdrungen von einer betont tragischen Stimmung. Ungemein ausdrucksvoll erscheinen die skizzenhaft wiedergegebenen Köpfe im Hintergrund. Ohne Zweifel rechtfertigt dieses Bild das Lob, das die Zeitgenossen der Malerei Bellanges zollten. Die Komposition als solche wie auch einige Figuren und Motive gehen auf eine »Beweinung« zurück, die Parmiggianino als Radierung geschaffen hat.

24 *José de Ribera*
1591 Játiva – 1652 Neapel
Der hl. Sebastian und die hl. Irene. 1628
Öl auf Leinwand. 156 × 188 cm

»Der hl. Sebastian und die hl. Irene« ist eine frühe Arbeit Riberas, gemalt in jener dunklen Manier, die den Einfluß Caravaggios verrät. Gerade in dieser Zeit verwendete Ribera kräftige Helldunkel-Kontraste und eine rötlich-bräunliche Farbskala. Bei aller Tragik des Bildgegenstandes (der junge Heilige ist wegen seines Festhaltens am christlichen Glauben mit Pfeilen beschossen worden) hat das Bild etwas Lyrisches. Der Künstler wählte für seine Darstellung nicht die Hinrichtungsszene, sondern einen späteren Zeitpunkt: Zwei fromme Frauen heilen den Märtyrer, nachdem sie bemerkt haben, daß er noch lebt. Als sehr junger Mann ist er wiedergegeben, fast noch als Knabe, mit schmächtigem, eckigem Körper. Die hl. Irene berührt die Wunde mit großer Behutsamkeit, was dem Bild einen besonderen, schmerzlichen Zauber verleiht.

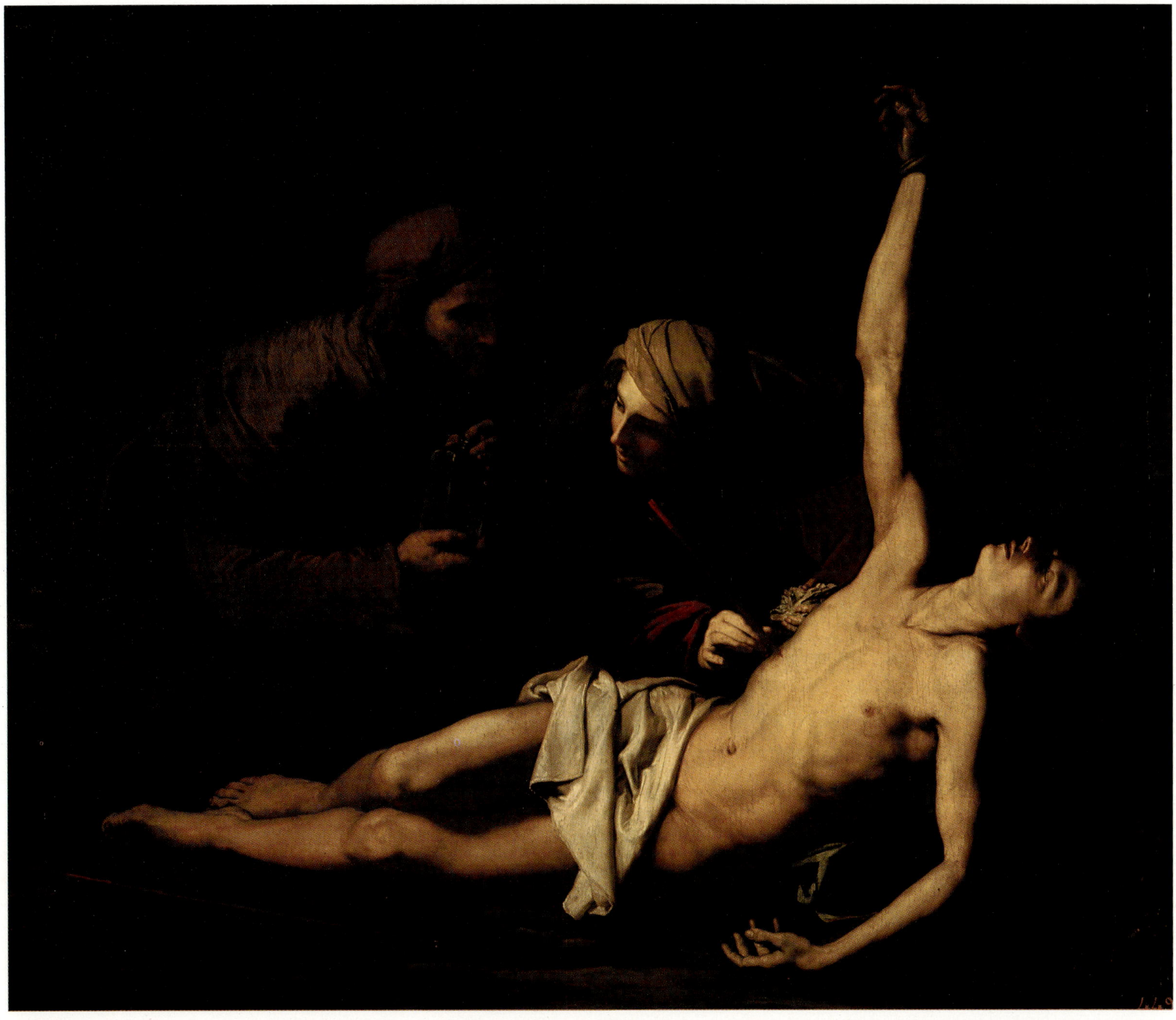

25 *Francisco de Zurbarán*
1598 Fuente de Cantos – 1664 Madrid
Die Kindheit der Jungfrau Maria. Um 1660
Öl auf Leinwand. 73,5 × 53,5 cm

Francisco de Zurbarán war der Sohn eines Bauern in der Region Estremadura. Stets zeigen die Werke dieses Künstlers strenge Einfachheit, die Gestalten wirken schlicht und unmittelbar. Die Komposition erscheint kompakt, die Modellierung der Formen straff und präzise, wodurch die Darstellungen etwas Monumentales erhalten; die Farben sind von tiefer Wärme. Auch in dem Bild »Die Kindheit der Jungfrau Maria« kann man diese für die Kunst Zurbaráns typischen Merkmale erkennen. Das Gemälde gehört in die späte Schaffensperiode des Meisters. Die rührende Gestalt des naiven kleinen Mädchens ist erfüllt von unkindlichem Ernst und tiefem Gefühl. Der Künstler hat wiederholt Maria als Mädchen dargestellt.

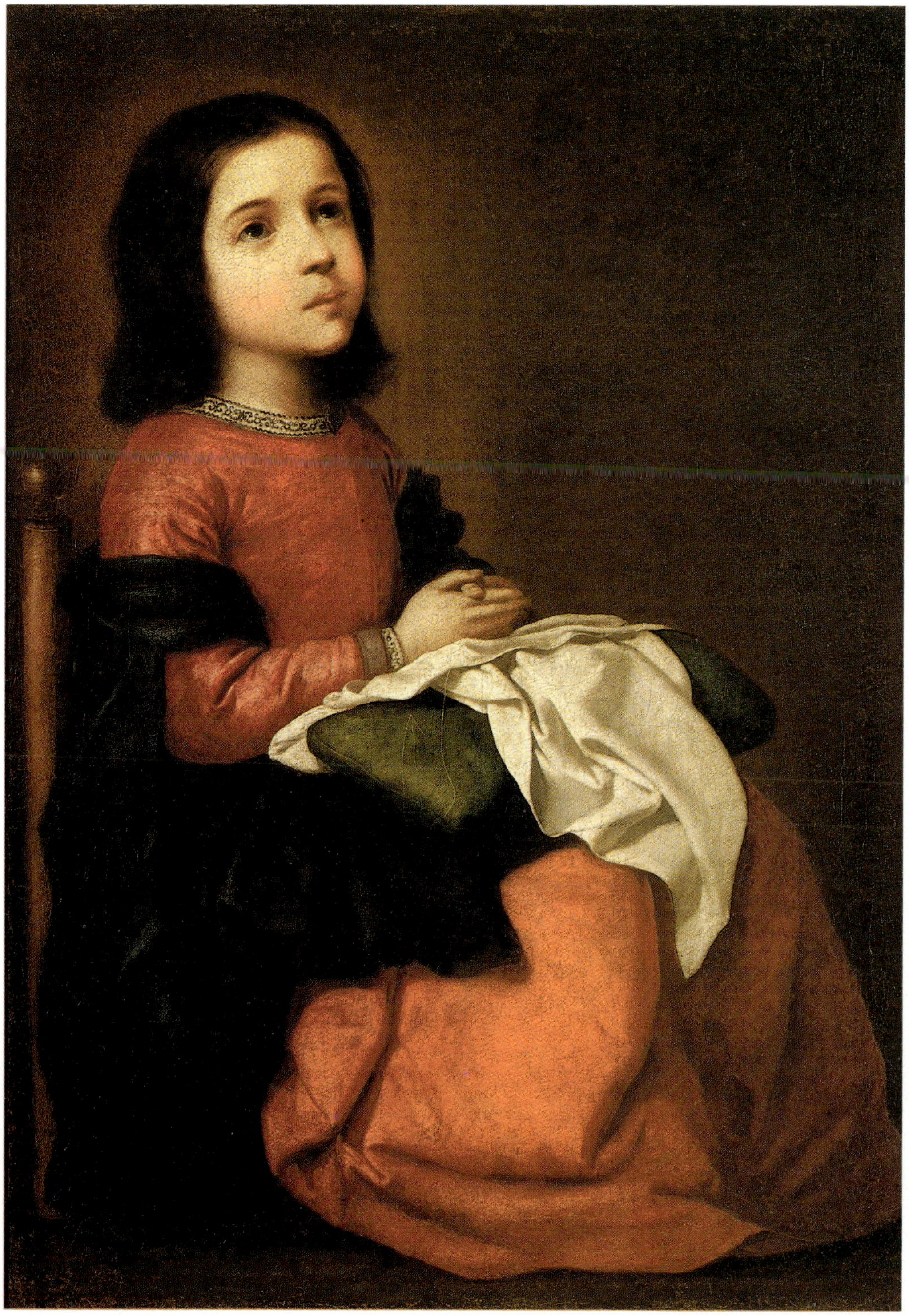

Das »Frühstück«, gemalt in der Sevillaner Schaffensperiode des Künstlers, ist eines seiner frühesten Werke, es stammt aus einer Zeit, in der er fast ausschließlich Szenen aus dem Volksleben darstellte. Auf unserem Bild ist ein bescheidenes Mahl wiedergegeben, das wahrscheinlich von Hidalgos – Angehörigen des niederen Adels – eingenommen wird. Daß in dem Bild nicht einfache Bauern dargestellt sind, wie man früher annahm, verraten Degen und Kragen, die an der Wand hängen. Die Gestalten des alten und des jungen Tafelnden mit ihren lebendigen, temperamentvollen Gesten haben porträthafte Züge: Das sind Menschen aus der unmittelbaren Umgebung des Künstlers. Es gibt sogar die Auffassung, Velázquez hatte in dem Jüngling, der rechts sitzt, sich selbst dargestellt.

Wie im Sujet, so folgt der Künstler bei seinen frühen Arbeiten auch in der Ausführung Caravaggio, mit dem ihn das Plastische der Modellierung, das betont Stoffliche und das Greifbare der gegenständlichen Welt verbindet, Qualitäten, die durch Helldunkel-Kontraste und eine dichte, pastose Farbgebung erreicht werden. Doch Velázquez strebt auch danach, das Weben von Licht und Luft zu erfassen, was dem Bild malerische Geschlossenheit verleiht.

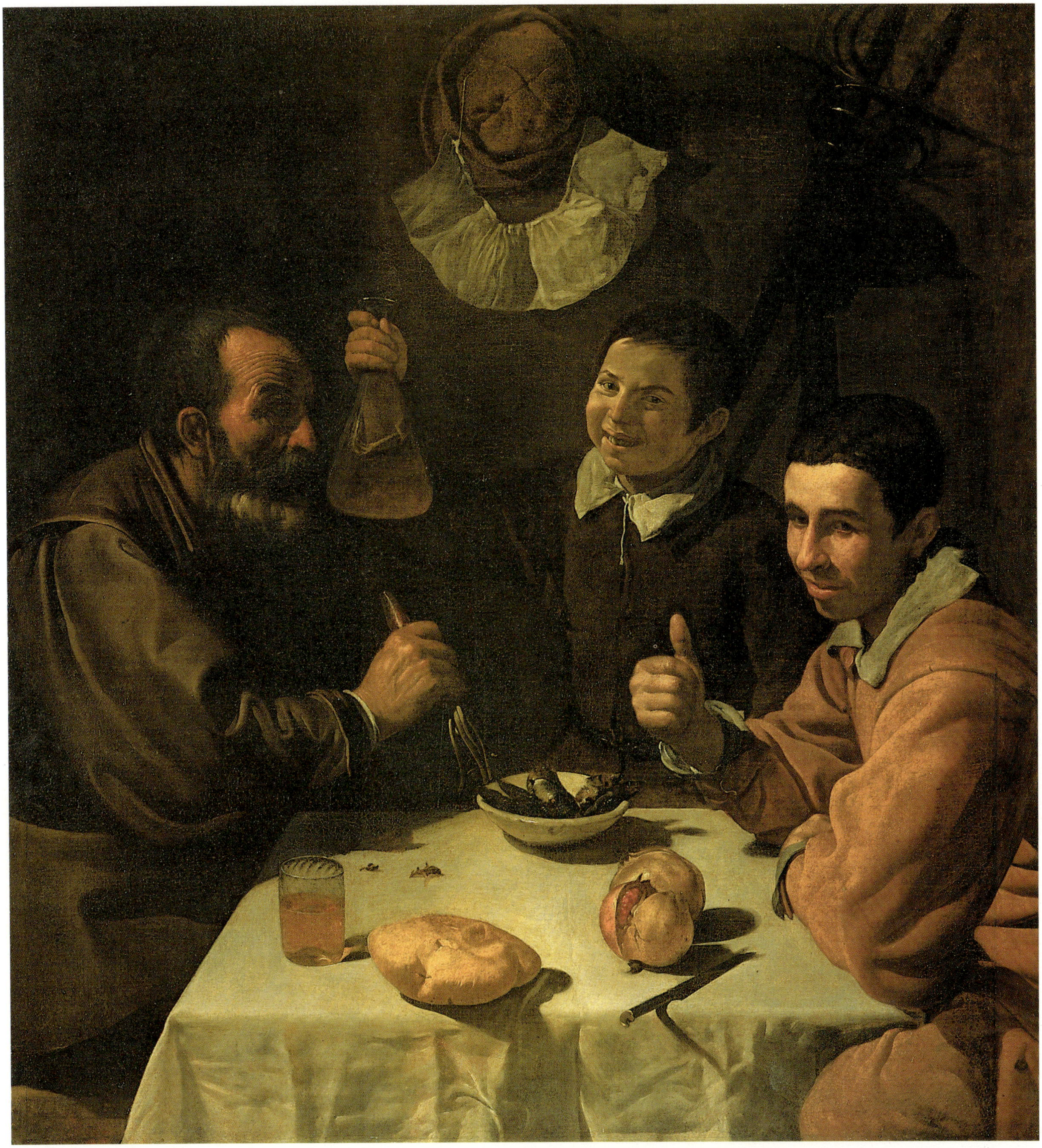

26 *Diego Velázquez*
1599 Sevilla – 1660 Madrid
Frühstück. Etwa 1617–1618
Öl auf Leinwand. 108,5 × 102 cm

27 *Bartolomé Esteban Murillo*
1617 Sevilla – 1682 Sevilla
Ruhe auf der Flucht nach Ägypten
Zwischen 1665 und 1670
Öl auf Leinwand. 136,5 × 179,5

Das Bild »Ruhe auf der Flucht nach Ägypten« schuf Murillo für das Hospital de la Caridad in Sevilla, seiner Heimatstadt. Abgesehen von einer gewissen, für den Künstler charakteristischen Unnatürlichkeit der Gesten der Gestalten ist das Gemälde von aufrichtigem, tiefem Gefühl durchdrungen. Eine warme, rötliche Farbskala und ein weiches Helldunkel (Murillo war wie kein anderer spanischer Maler ein Meister feiner Nuancierung der Beleuchtung) steigern den poetischen Reiz der Szene.

Gegenüber den herben und strengen, ja asketischen Werken seiner Zeitgenossen – Ribera, Velázquez und Zurbarán – hat die Kunst Murillos etwas Liebliches und Heiteres. Ihn begeisterten Szenen aus dem Leben des einfachen Volkes, er fand seine Modelle in den Gassen von Sevilla. Besonders gut gelangen ihm Madonnendarstellungen, erfüllt von Weiblichkeit und Weichheit. Einen bedeutenden Platz räumte der Künstler der Landschaftswiedergabe mit ihrer silbrig-dunstigen Ferne ein; in ihr scheinen Züge der Malerei des 18. Jahrhunderts vorweggenommen zu sein.

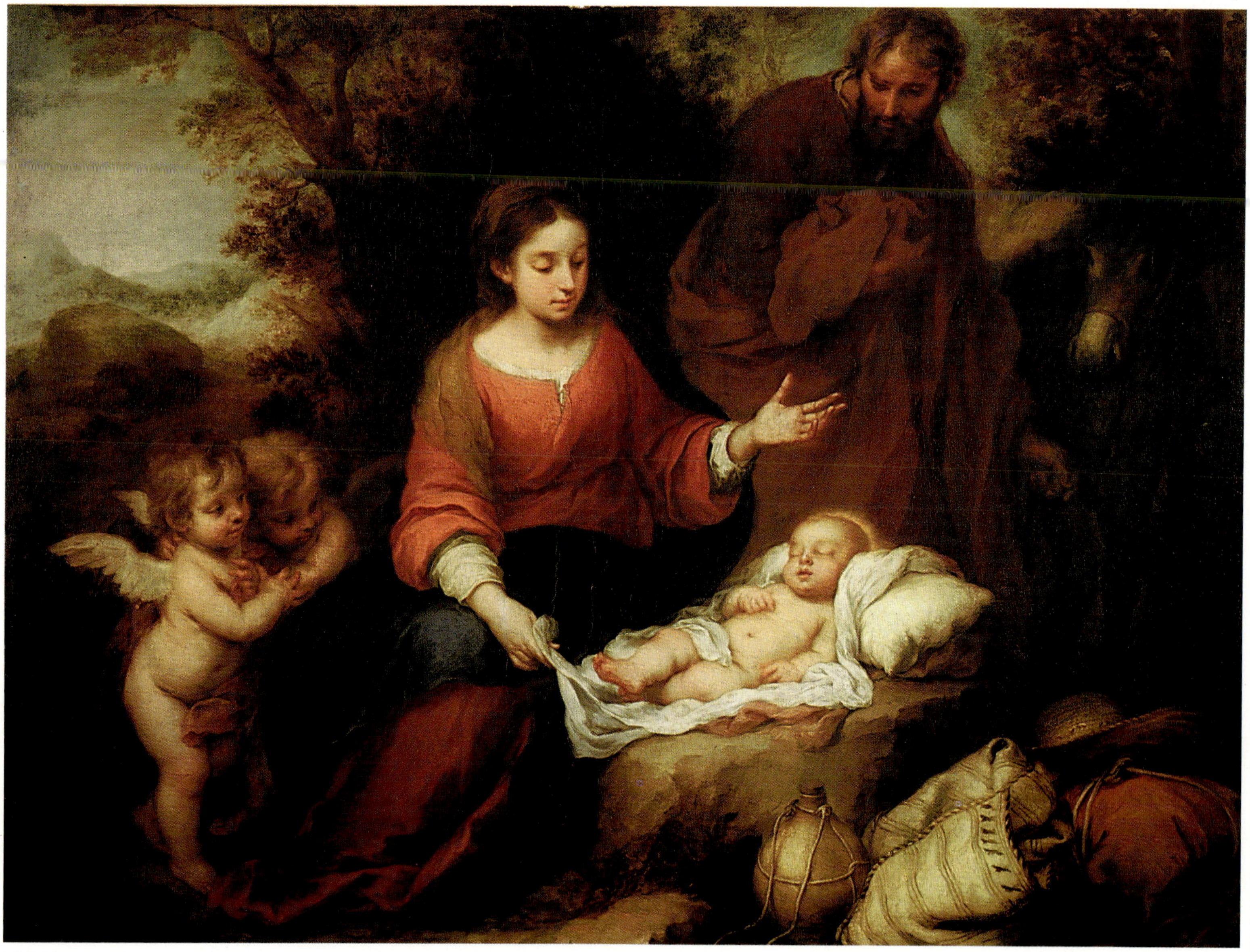

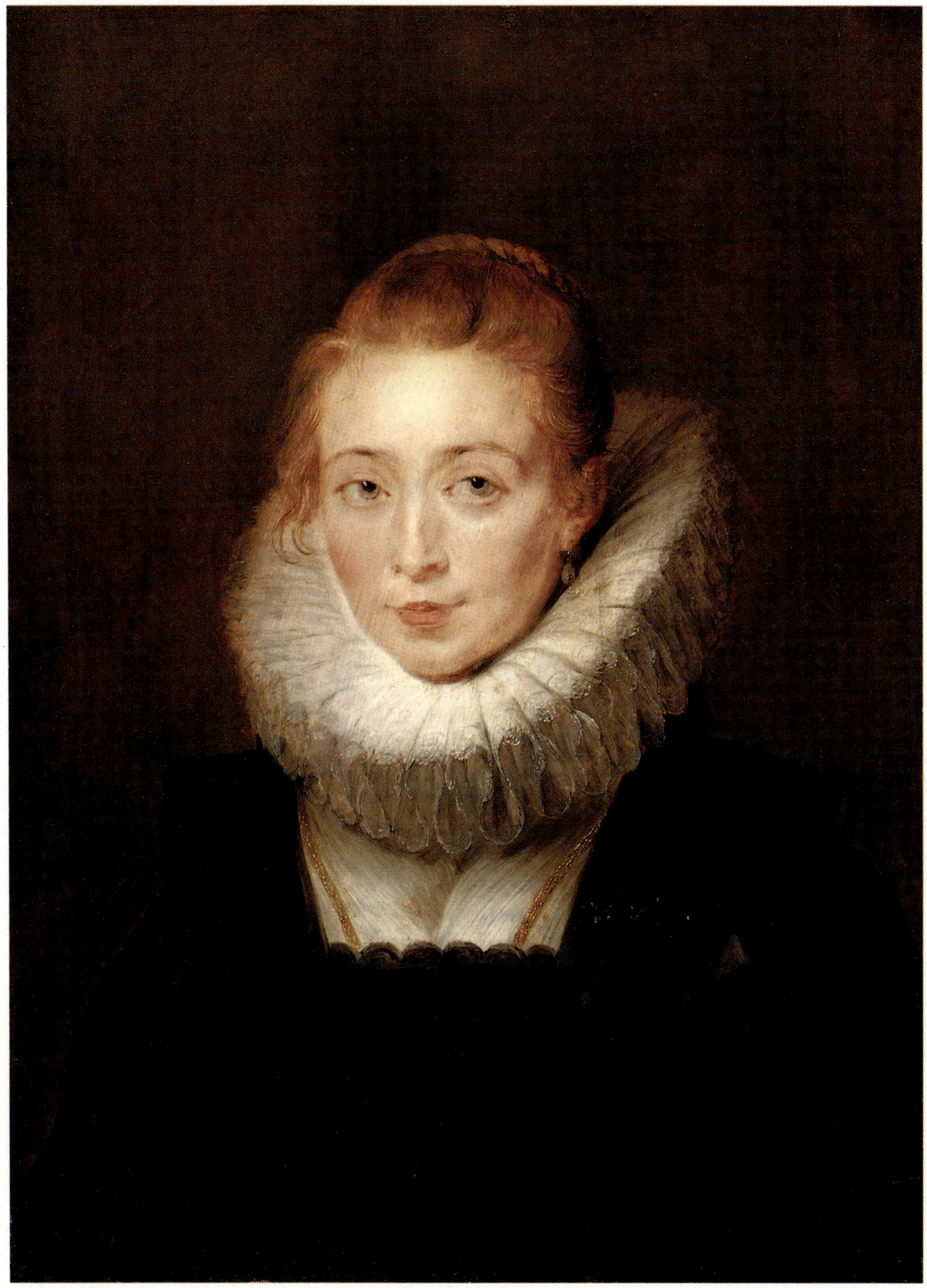

28 *Peter Paul Rubens*
1577 Siegen – 1640 Antwerpen
Bildnis einer Kammerfrau der Infantin Isabella
Um 1625
Öl auf Leinwand. 63,5 × 47,5 cm

Unter den wenigen Porträts, in denen Rubens nicht offizielle Persönlichkeiten, sondern ihm nahestehende Menschen wiedergab, nimmt dieses Bildnis durch den Liebreiz und die blühende Schönheit der Dargestellten einen besonderen Platz ein. Entsprechend der Inschrift auf einer Vorzeichnung zu dem Gemälde (Albertina, Wien), auf der das Modell noch etwas jünger erscheint, gibt das Porträt eine Kammerfrau der Infantin Isabella, der Regentin der Südniederlande, wieder. Möglicherweise hat jedoch Rubens dem Modell die geliebten Züge seiner eigenen, früh verstorbenen Tochter verliehen; das zwei Jahre vor der »Kammerfrau« gemalte Bildnis der Clara-Serena Rubens (Sammlung Charles-Ulrich Bay in New York) zeigt in den Gesichtszügen große Übereinstimmung mit diesem Porträt.

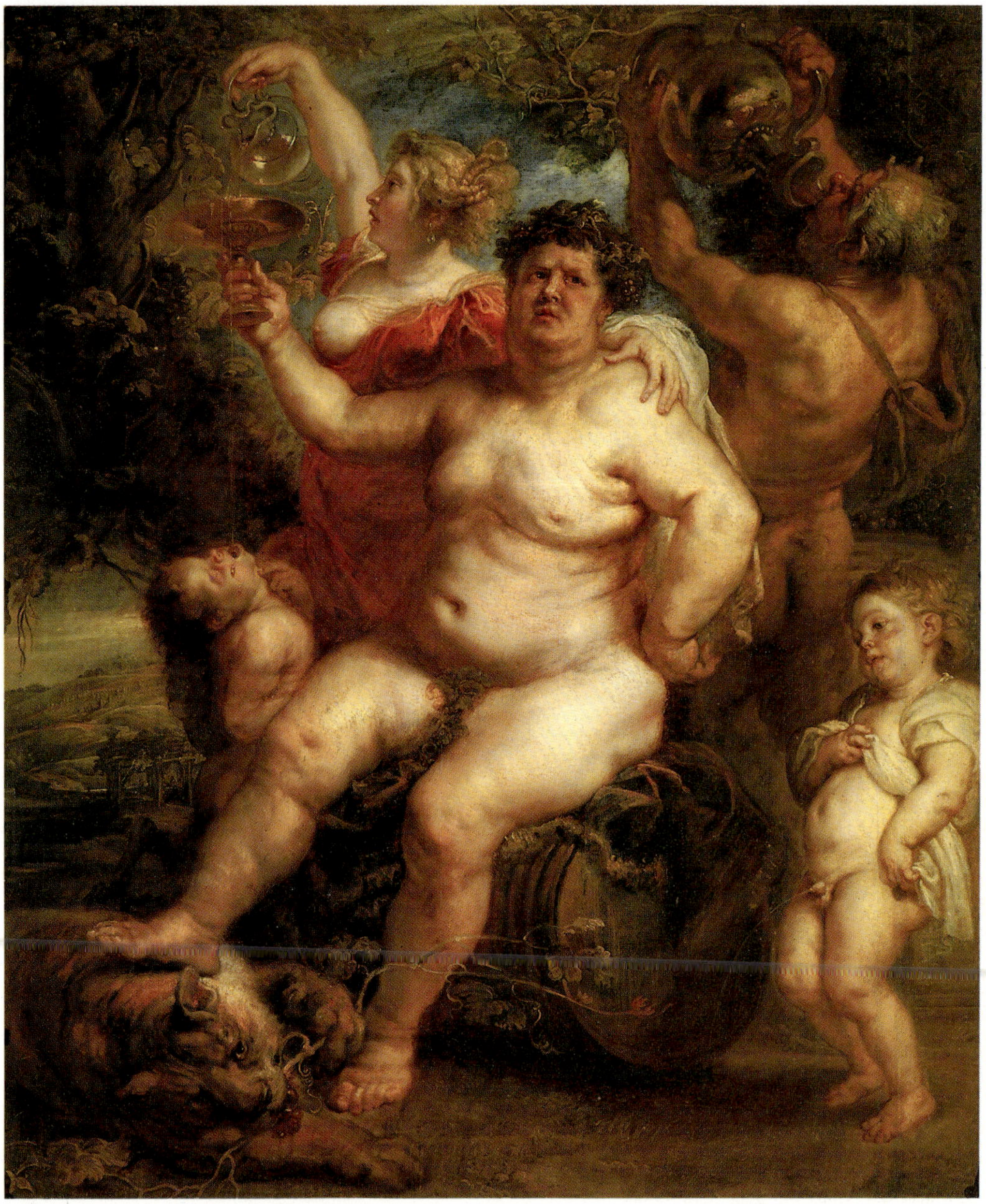

30 *Anthonis van Dyck*
1599 Antwerpen – 1641 London
Familienbildnis. Um 1621
Öl auf Leinwand. 113,5 × 93,5 cm

29 *Peter Paul Rubens*
Bacchus. Zwischen 1638 und 1640
Öl, von Holz auf Leinwand übertragen
191 × 161,3 cm

Das Gemälde »Bacchus«, eines der letzten Werke des großen flämischen Meisters, ist erfüllt von pulsierendem Leben und glutvoller Daseinsfreude. Die massige Figur des Weingottes tritt als Verkörperung der unversiegbaren, elementaren Naturgewalten auf, und das sprühende Licht, das Funkeln der leuchtenden, durchsichtigen Farbtöne verstärkt den Eindruck eines zügellosen Festes.

Die Darstellung des Bacchus war in der Kunst mit der Allegorie des »Herbstes« bzw. mit dem Monat Oktober verbunden, mit der Zeit der Weinlese und Herstellung des jungen Weins, aber auch mit der Jagd. Darauf deutet die linke Szene hin, wo in der von Grün umrankten Laube tafelnde Menschen und ganz in der Nähe ein Jäger mit der Flinte wiedergegeben sind.

Was Rubens an Formelementen aus der Antike oder auch aus späteren Epochen entlehnte, wandelte er bis zur Unkenntlichkeit um. So ist die Figur des Bacchus offenbar dem Buch »Emblemata« von Johann Sambuk entnommen und die gesamte Komposition von einem herrlichen Holzschnitt inspiriert worden, den Hans Baldung Grien zum gleichen Thema geschaffen hat. Das Gesicht des Bacchus hat Rubens nach einer antiken Porträtskulptur des römischen Kaisers Vitellius gemalt, die er in Italien in einer Zeichnung festgehalten hatte.

Van Dyck hat von Rubens die Meisterschaft in der Darstellung des Inkarnats und die Freiheit der malerischen Handschrift übernommen. Doch bereits in frühen Jahren wandte er sich vornehmlich dem Porträt zu. Das Gemälde aus der Ermitage galt eine Zeitlang als Darstellung der Familie des berühmten Stillebenmalers Frans Snyders und später des Landschaftsmalers Jan Wildens. Beide Annahmen erwiesen sich als unrichtig. Aber wie dem auch sei – es ist das Bildnis der Familie eines Vertreters der Intelligenz Antwerpens, eines Menschen, der dem Künstler nahestand. Nur wenige Porträts van Dycks sind von solcher Unmittelbarkeit, Vertraulichkeit und Gefühlswärme erfüllt.

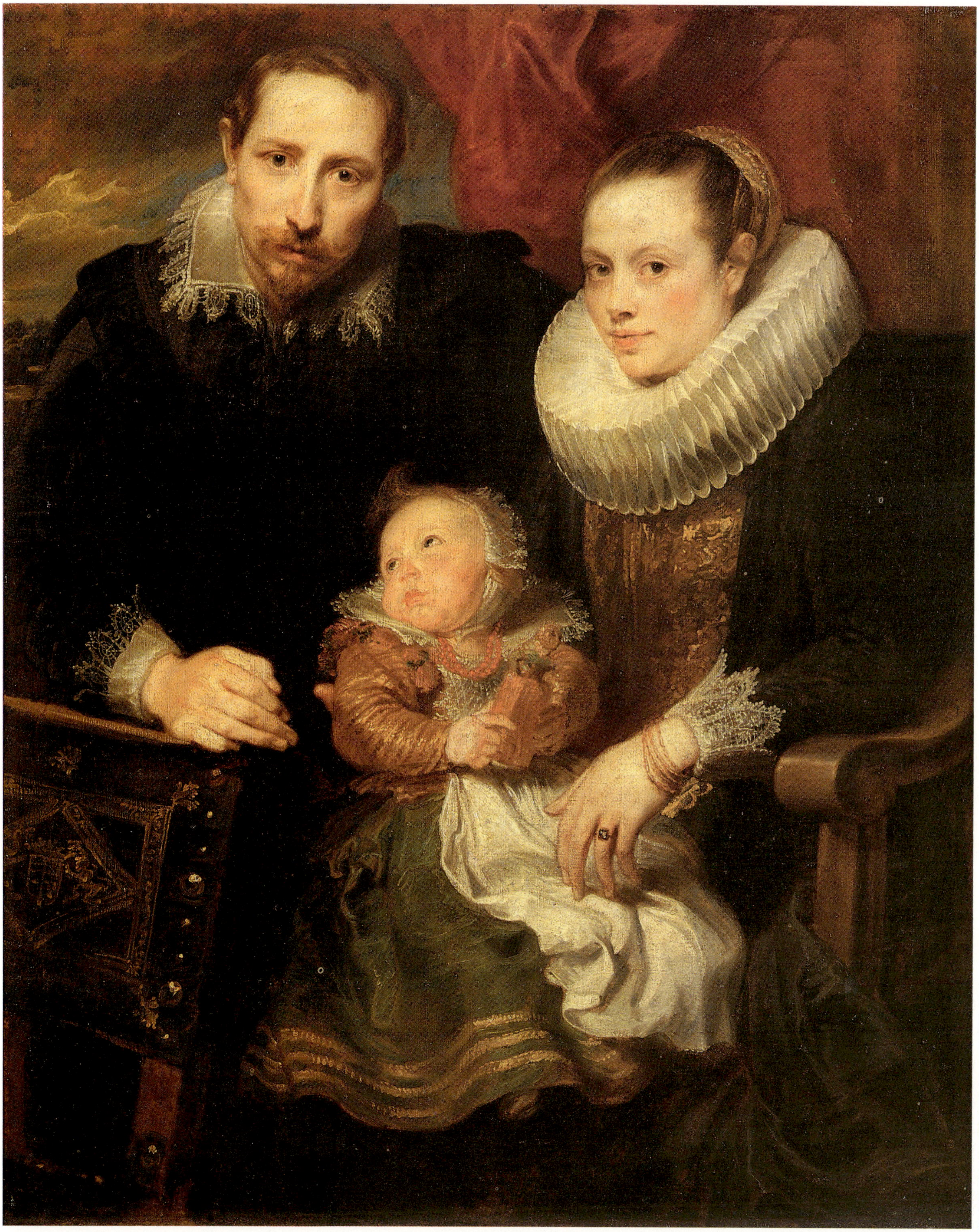

31 *Jacob Jordaens*
1593 Antwerpen – 1678 Antwerpen
Der Bohnenkönig. Um 1638
Öl auf Leinwand. 157 × 211 cm

Nach Rubens' und van Dycks Tod war Jacob Jordaens vierzig Jahre lang der führende Meister der flämischen Kunst. Er prägte seinen persönlichen, monumentalen und wirklichkeitsnahen Stil aus, indem er mythologische und allegorische Darstellungen schuf, vor allem aber Genreszenen malte, die häufig volkstümliche sprichwörtliche Redensarten zum Inhalt haben oder Feste wiedergeben. Immer erneut schuf er, in verschiedenen Varianten, Bilder zum Thema »Der Bohnenkönig« – Darstellungen des traditionellen Volksfestes am Dreikönigstag (6. Januar). Charakteristisch für diese Gemälde ist das Kühne, Dynamische der Komposition, ist die Vitalität der wiedergegebenen Menschen in Verbindung mit einem Überfluß an reizvollen Details. Mit energischen Pinselstrichen modellierte der Künstler die großen Figuren in kontrastreichem Helldunkel und leuchtender, satter Farbgebung. Das lebendige Kolorit, aus unzähligen fein nuancierten rotbraunen Abstufungen aufgebaut, verleiht einer solchen Genreszene, im Verein mit der turbulenten Bewegtheit der kraftvollen Formen, den Charakter eines bedeutsamen Ereignisses.

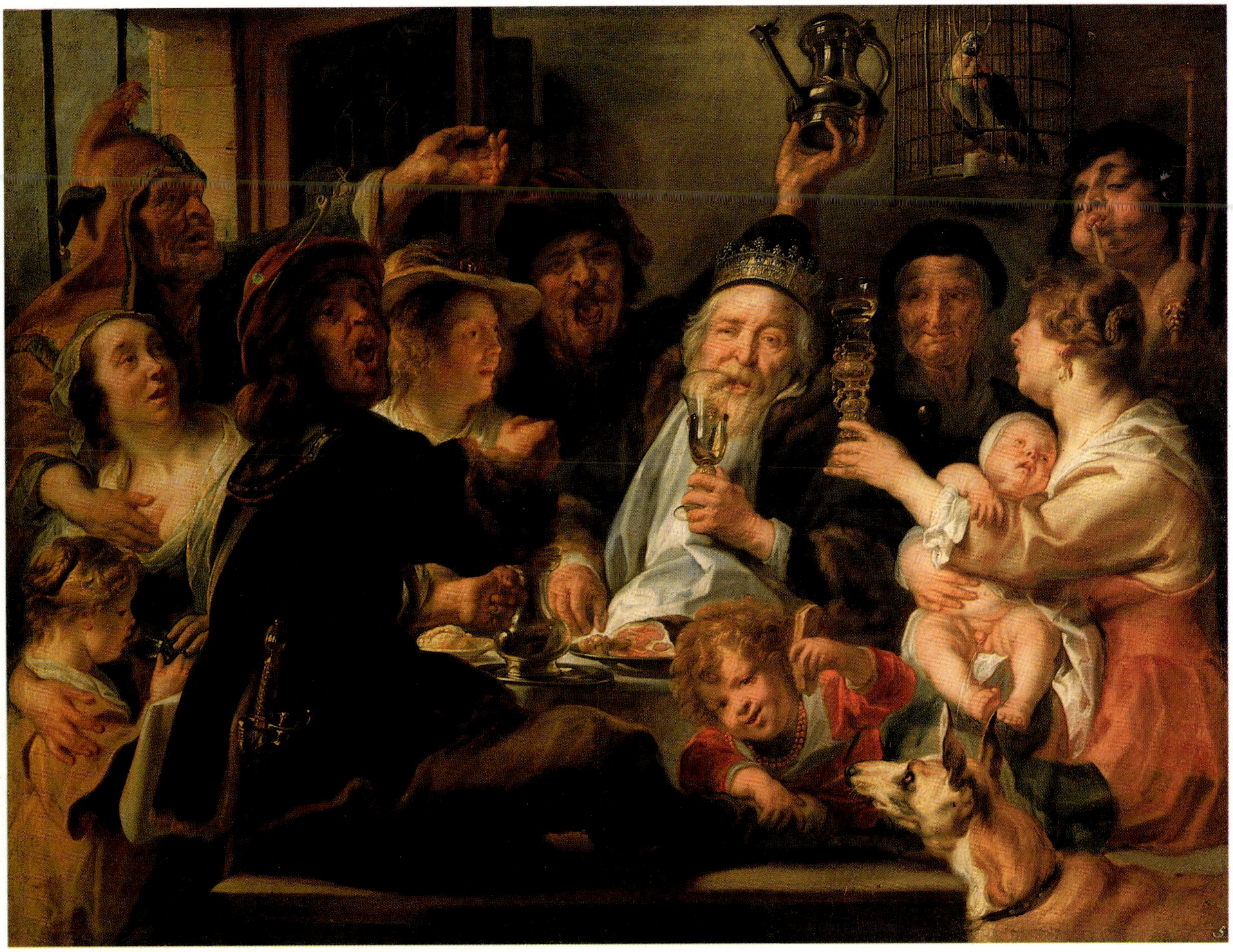

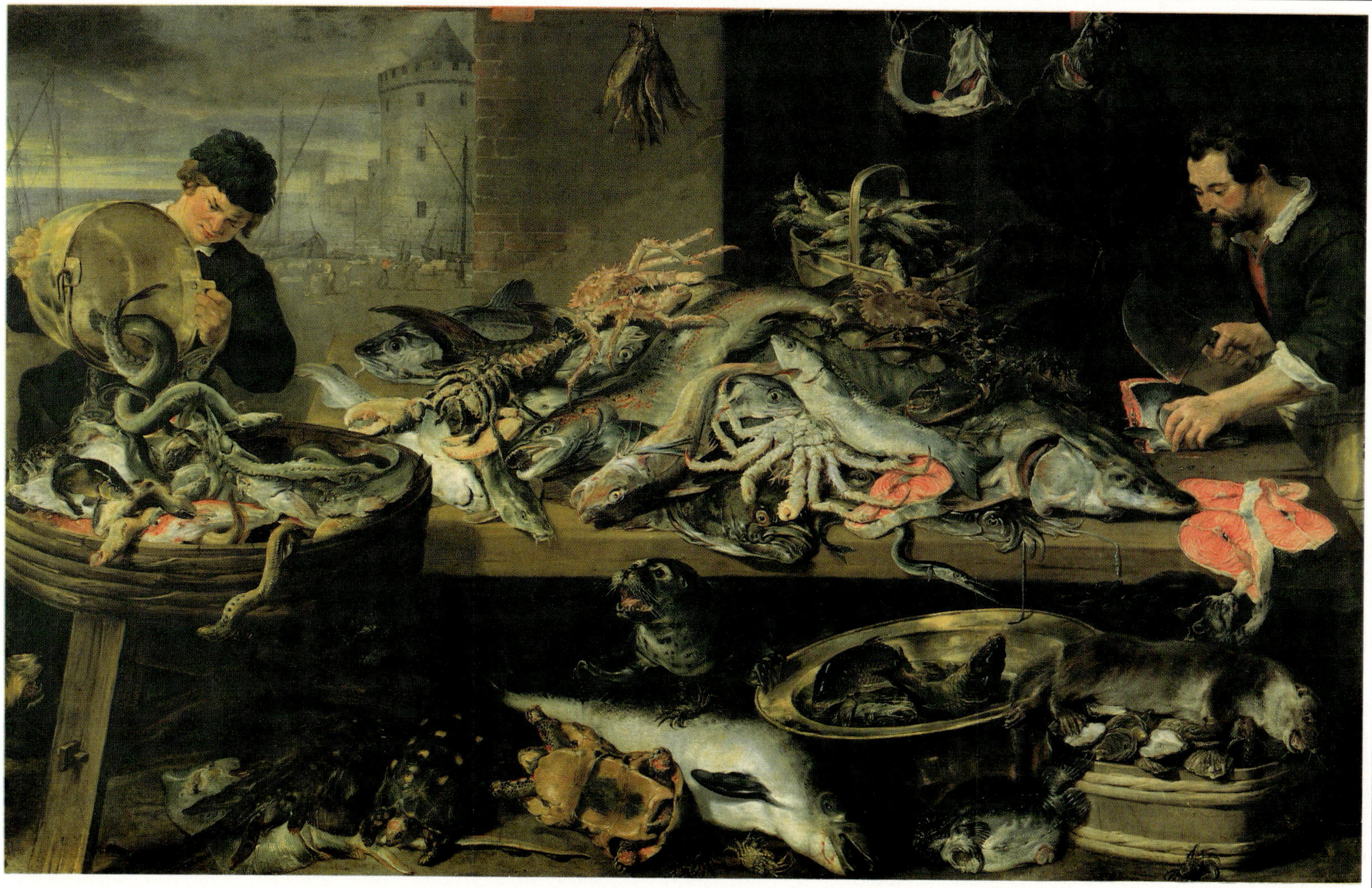

32 *Frans Snyders*
1579 Antwerpen – 1657 Antwerpen
Fischladen
Öl auf Leinwand. 210,5 × 340 cm

Den »Fischladen« und vier weitere, ähnlichen Motiven gewidmete Bilder des Künstlers hatte der Bischof Anthonis Triest für das Speisezimmer seines Palais in Brügge bestellt. Dieser Zyklus, aus monumentalen, großformatigen Kompositionen bestehend, gehört zu den bedeutenden Leistungen der Stillebenmalerei. In der flammenden Begeisterung, die aus diesen Werken spricht, gleicht die Bildfolge einem kaum zu übertreffenden Hymnus auf den Überfluß der Gaben der Natur. Anschaulich verkörpert der »Fischladen« die charakteristischen Züge der Kunst Frans Snyders' – die Pracht, die er bei der Wiedergabe der Gegenstände entfaltet, die Virtuosität, mit der er den kompositionellen Aufbau einer einheitlichen Bewegung unterwirft, und den Glanz der Farbverbindungen, die sich in diesem Falle aus dem Zusammenklang grünlicher und unterschiedlich abgestufter rosafarbener Töne ergaben. Die Figuren hat wahrscheinlich Cornelis de Vos in das Bild hineingemalt.

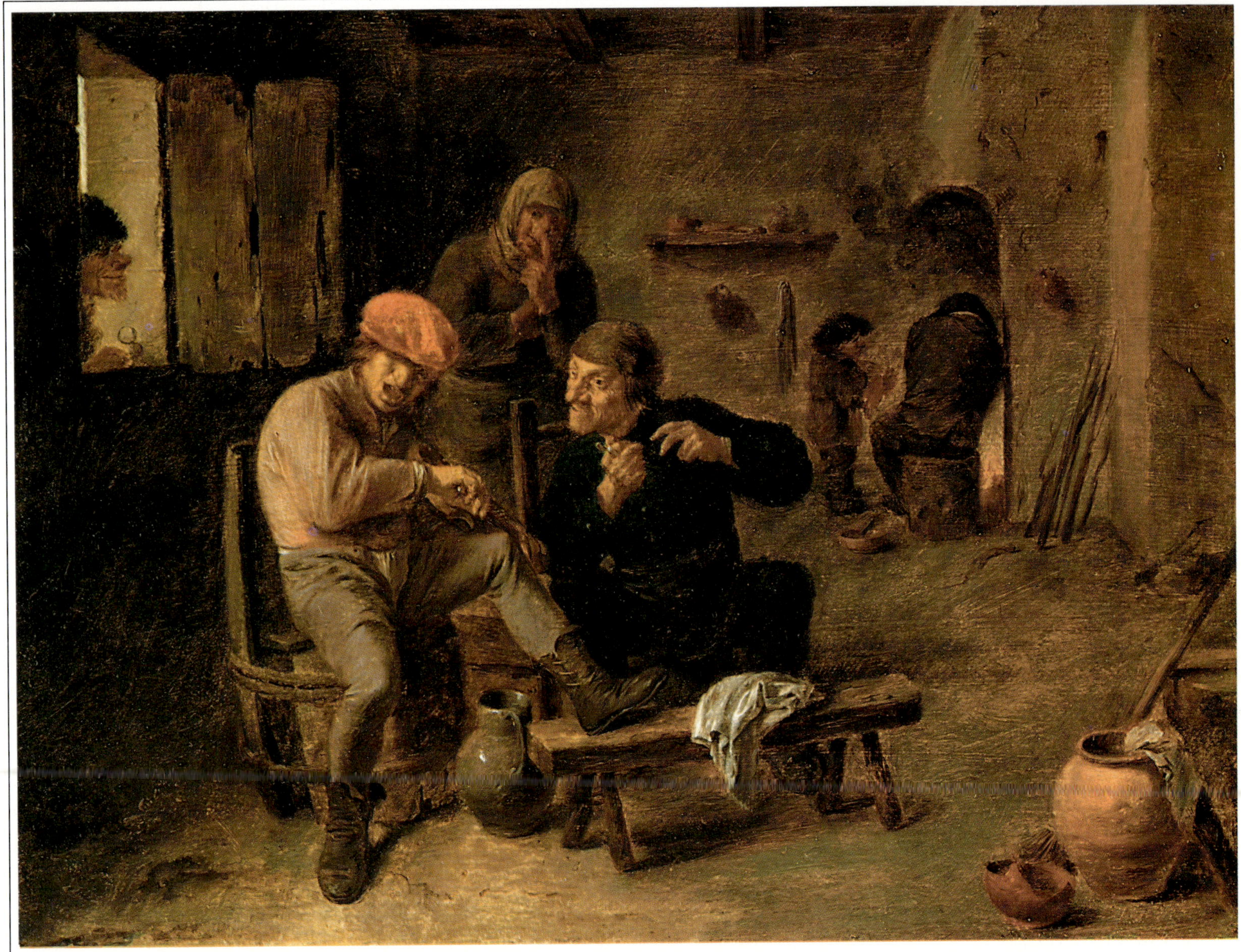

33 *Adriaen Brouwer*
Um 1606 Oudenaards – 1638 Antwerpen
Szene im Wirtshaus. Um 1632
Öl auf Holz. 25 × 33,5 cm

Die Besonderheiten der Kunst Brouwers waren in vielem dadurch bestimmt, daß er, ein gebürtiger Flame, seine Ausbildung in Holland erhielt. Wie die Brüder Ostade, mit denen er in Haarlem in der Werkstatt von Frans Hals in engem Kontakt stand, richtete er sein Schaffen auf die Darstellung des Volkslebens aus. Auch die Aufmerksamkeit, die Brouwer der Wiedergabe der Atmosphäre und den Nuancen der Beleuchtung widmete, verrät, ebenso wie die Vorliebe für die Darstellung stillebenhafter Details, den Einfluß der holländischen Kunst. Doch Brouwers Tendenz, dramatische Szenen wiederzugeben und die düsteren Seiten menschlichen Daseins zu betonen, führte weit über die Grenzen des holländischen Spezialistentums hinaus.

Das Bild »Szene im Wirtshaus« gibt ein improvisiertes »Konzert« wieder, bei dem zwei Bauern zum Spiel einer Geige singen und durchs Fenster ein neugieriger Zuhörer hereinschaut: Doch wie weit ist die hier vorherrschende schwermütige und unbehagliche Stimmung von der Idylle entfernt, die Adriaen van Ostade aus einem ähnlichen Motiv gemacht hätte! Die »Szene im Wirtshaus«, die in die reife Schaffensperiode des Künstlers gehört, zeichnet sich durch tiefgründige Charakterisierung der Personen aus, die Komposition wirkt streng durchdacht, der Farbklang satt, tief und warm, obwohl eine insgesamt silbrige Skala vorherrscht.

34 *David Teniers*
1610 Antwerpen – 1690 Brüssel
Affen in der Küche
Mitte der vierziger Jahre des 17. Jahrhunderts
Öl, von Holz auf Leinwand übertragen
36 × 50,5 cm

Die Darstellung von Tieren, die das Verhalten von Menschen parodieren, hat eine lange Tradition in der bildenden Kunst. Manchmal gewinnen solche Szenen den Charakter beißender Satire. Teniers ging es jedoch nicht darum, in solcher allegorischer Form menschliche Schwächen zu kritisieren. Nicht nur wegen seines Humors und seines phantasievollen Gegenstandes erscheint unser Bild so reizvoll, vielmehr besticht es auch durch die feine Farbnuancierung, die Weichheit der Helldunkel-Übergänge und den Reiz der stillebenhaften Details. Das Schaffen dieses Künstlers erreichte eine große thematische Breite, wobei er die Darstellung »vermenschlichter« Affen (vereinzelt auch Katzen) wiederholt aufgriff.

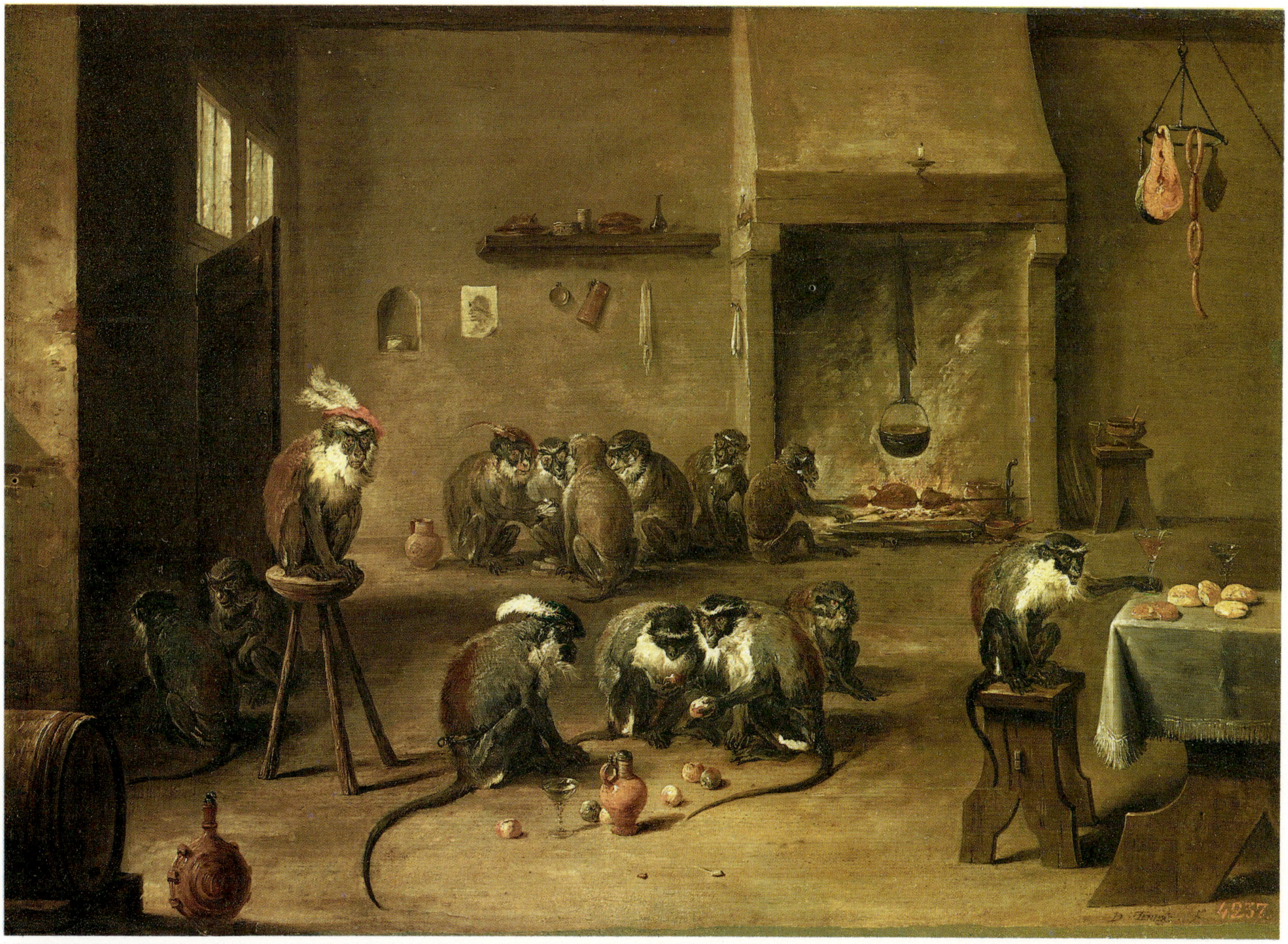

35 *Jan Fyt*
1611 Antwerpen – 1661 Antwerpen
Früchte und Papagei. 1645
Öl auf Leinwand. 58,3 × 90,7 cm

Die Stilleben Jan Fyts sind von ungewöhnlichem malerischen Reiz, denn dieser Künstler besaß eine besondere Gabe, große dekorative Kompositionen zu gestalten, d. h. er vermochte, noch einfühlsamer als seine Zeitgenossen, die ähnliche Bilder malten, die Beschaffenheit der einzelnen Gegenstände zu erfassen. Eine Zeitlang arbeitete er eng mit Snyders zusammen, aber sein Schaffen repräsentiert bereits eine neue Stufe der Stillebenmalerei. Er brachte eine intimere, individuellere Sicht der Wirklichkeit ein und bereicherte so dieses Genre der flämischen Kunst durch eine besondere Poesie. Auch sein silbriges Kolorit übertrifft die Farbgebung früherer Meister durch wesentlich feinere Nuancierung der Tonabstufungen und Helldunkel-Übergänge. Wenn damit auch die Bravour und die Dynamik des flämischen Stillebens geschwunden waren, so nahm Fyt durch die Erlesenheit seiner späten Werke bereits Erscheinungen der Kunst des 18. Jahrhunderts vorweg.

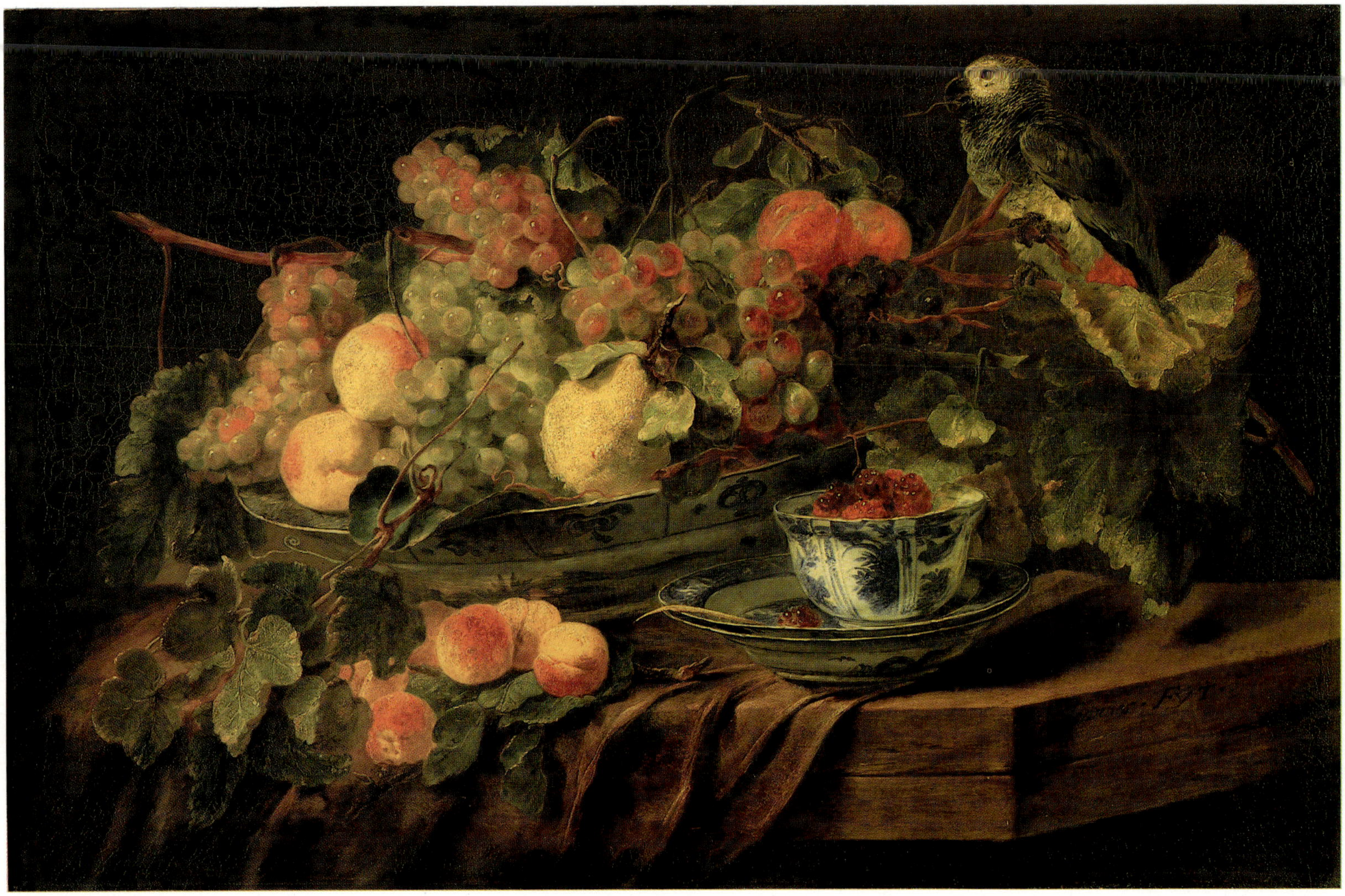

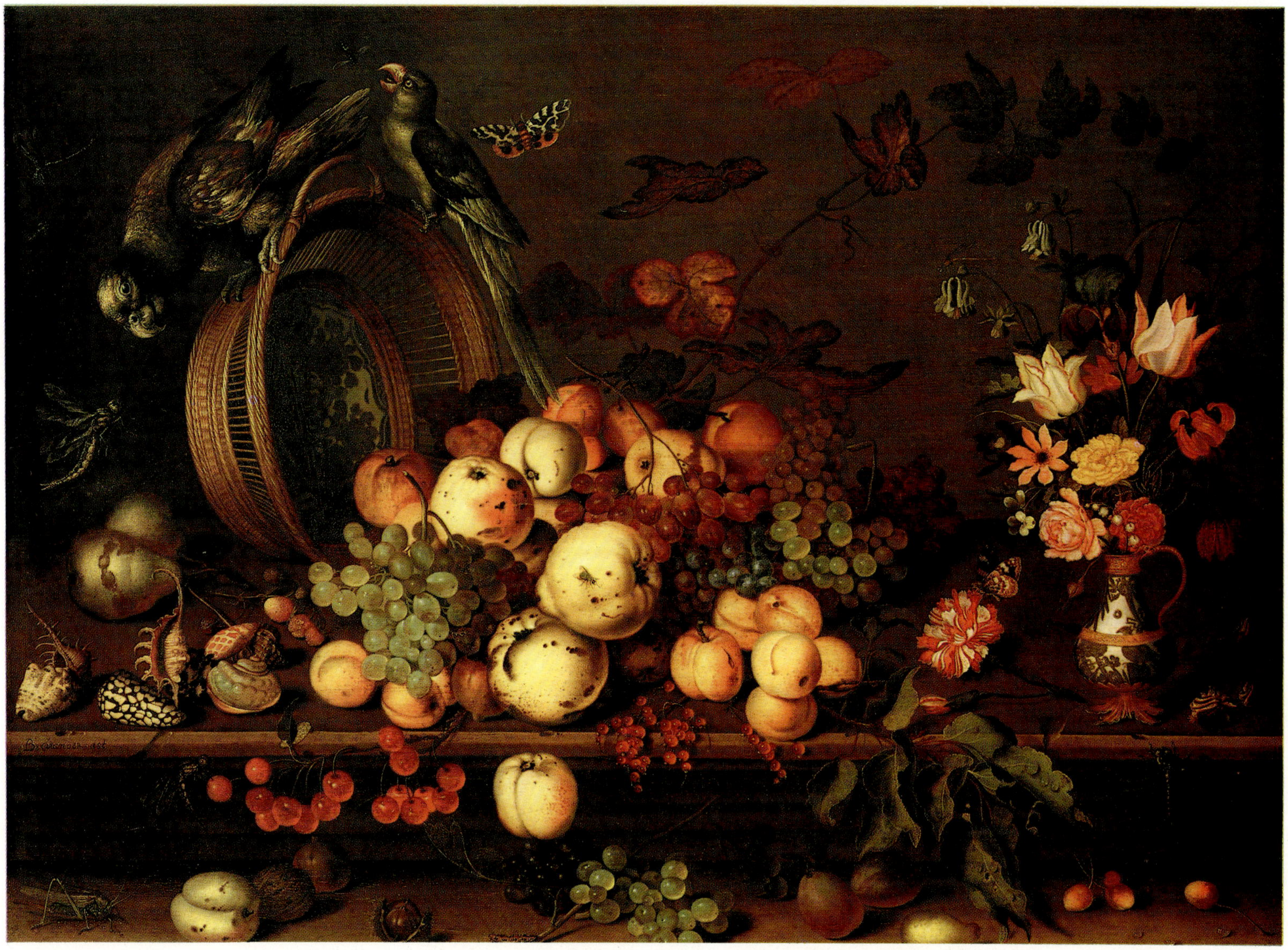

36 *Balthasar van der Ast*
1593 oder 1594 Middelburg – 1657 Delft
Stilleben mit Früchten
Zwanziger Jahre des 17. Jahrhunderts
Öl auf Holz. 75 × 104 cm

Dieses Gemälde gehört in das frühe Stadium der Herausbildung einer holländischen Stillebengattung, die durch Zusammenstellung etwas ausgefallener Gegenstände gekennzeichnet war: seltsame Muscheln, exotische Vögel und Früchte sowie Insekten und Blumen von buntschimmernder Leuchtkraft. Im Sinne flämischer Vorbilder fügte Balthasar van der Ast in sein Bild zwei in Streit geratene Papageien ein, die einen Korb umgekippt haben. Bemerkenswert ist dabei, daß die herauskollernden Früchte nur scheinbar Unordnung bewirken; ein kunstvolles Ordnungsprinzip herrscht bei der Verteilung der Gegenstände auf der bildparallelen, ohne große Tiefenwirkung gegebenen Ebene. Allerdings konzentrierte sich der Künstler so stark auf jeden einzelnen Gegenstand, daß die bunt zusammengewürfelten Einzelheiten noch kein einheitliches Ganzes bilden. Wenn die Lösung der schwierigen Aufgabe der Vereinheitlichung auch nachfolgenden Generationen von Stillebenmalern vorbehalten blieb, so sollte sich die hier erkennbare Vorliebe des Künstlers für die kleine Form und für winzige Details der gegenständlichen Welt doch als ein bedeutsamer nationaler Zug des holländischen Stillebens erweisen.

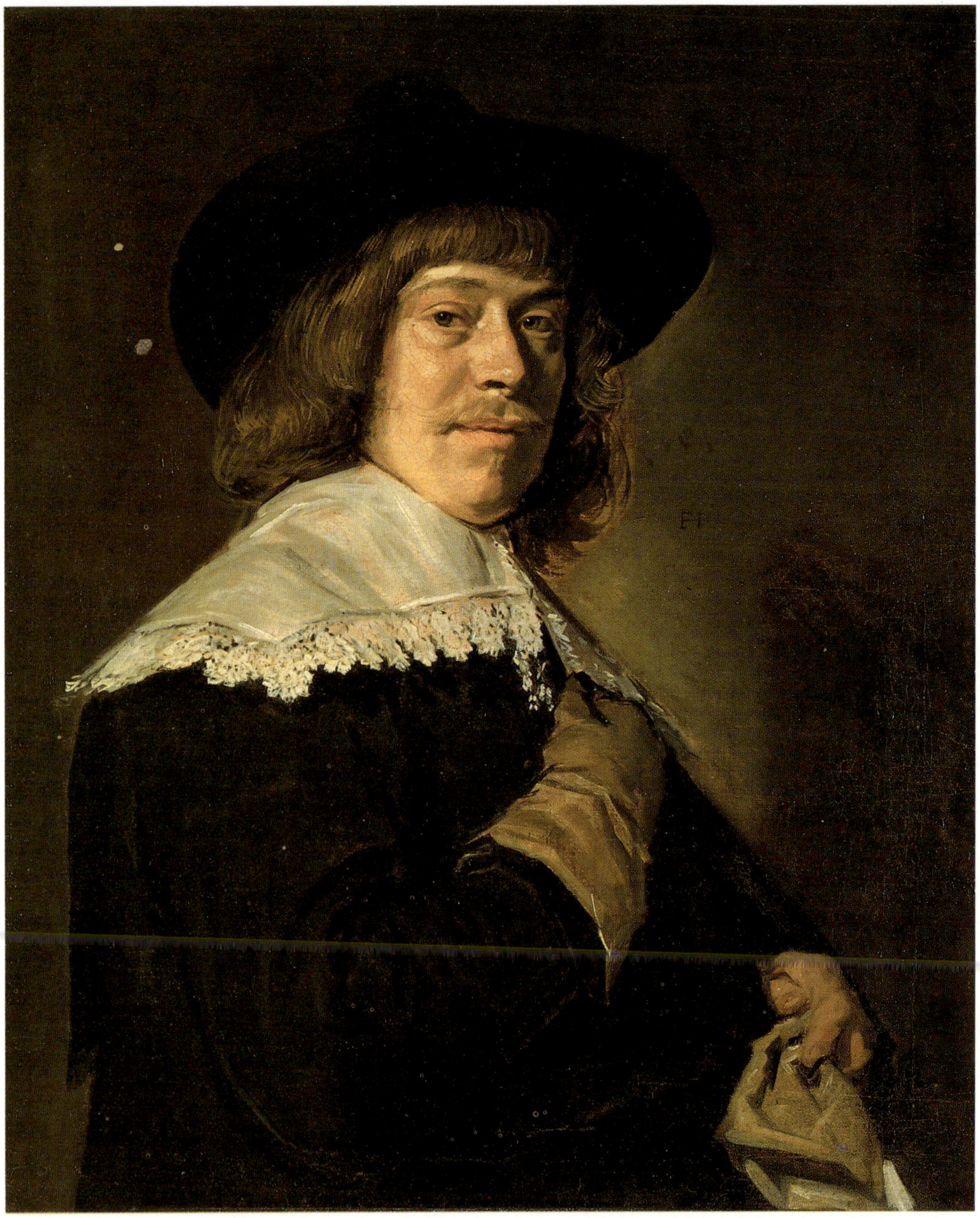

37 *Frans Hals*
Zwischen 1581 und 1585 Antwerpen – 1666 Haarlem
Bildnis eines jungen Mannes mit Handschuh in der Hand. Um 1640
Öl auf Leinwand. 80 × 66,5 cm

Frans Hals war vor allem Porträtist; er verkörperte den typischen Vertreter jener Generation, die entscheidende Siege im antifeudalen Befreiungskampf errungen hatte und eine aktive Tätigkeit in Wirtschaft, Politik und Wissenschaft wie auch im künstlerischen Leben der Zeit entfaltete. Man weiß nicht genau, wer der junge Mann auf dem Bilde ist; aus indirekten urkundlichen Quellen kann geschlossen werden, daß es sich um einen Arzt handelt. Der wichtigste Charakterzug des Dargestellten war offensichtlich eine gesteigerte Spannkraft. Die energische Wendung von Rumpf und Kopf verrät Willensstärke; lebendiger Glanz in den Augen, ein leichtes Lächeln und die Beweglichkeit der Hände vervollständigen den dynamischen Gesamteindruck. Frei und entschieden erscheint auch die malerische Handschrift des Künstlers. Die Pinselstriche, teils in leichtem Fluß gesetzt, wie auf dem Gesicht, teils gebrochen oder dünn und dann wieder großzügig und pastos aufgetragen, verraten bei Frans Hals stets Präzision und tiefen Ausdruck. Im Unterschied zu vielen seiner holländischen Malerkollegen verhielt sich der Künstler dagegen fast gleichgültig gegenüber der Struktur und den wahrnehmbaren Eigenschaften des Gegenständlichen.

Adriaen van Ostade, der gleichzeitig mit Adriaen Brouwer in der Werkstatt des Frans Hals gelernt hatte, steht seinem Lehrer wie auch seinem Mitschüler durch eine realistische Weltsicht nahe. Ähnlich wie Brouwer malte er fast ausschließlich Szenen aus dem Bauernleben. Von der anspruchslosen Szene mit den »Dorfmusikanten« geht jedoch, anders als bei Brouwer, eine Stimmung der Ruhe und Behaglichkeit aus.

In der Zeit seiner künstlerischen Reife wandte sich Adriaen van Ostade von der voreingenommenen, vergröberten und grotesken Darstellung einfacher Menschen ab, wie sie viele seiner Zeitgenossen gepflegt hatten und wie sie zunächst auch für ihn selbst typisch gewesen war. Eine warme, goldbraune Farbskala, verbunden mit weichem Helldunkel, läßt die Luft spürbar werden, die das Zimmer erfüllt, gibt die räumliche Tiefe wieder und macht das Eigentümliche der Beleuchtung in einem geschlossenen Raum anschaulich. Die Aufmerksamkeit, die Ostade dem Helldunkel als künstlerischem Mittel beimaß, um die Realität und die Ausdruckskraft der Formen stärker herauszuarbeiten, hängt zweifellos mit dem Einfluß zusammen, den die Kunst Rembrandts auf ihn ausübte.

38 *Adriaen van Ostade*
1610 Haarlem – 1685 Haarlem
Dorfmusikanten. 1645
Öl auf Holz. 39 × 30,5 cm

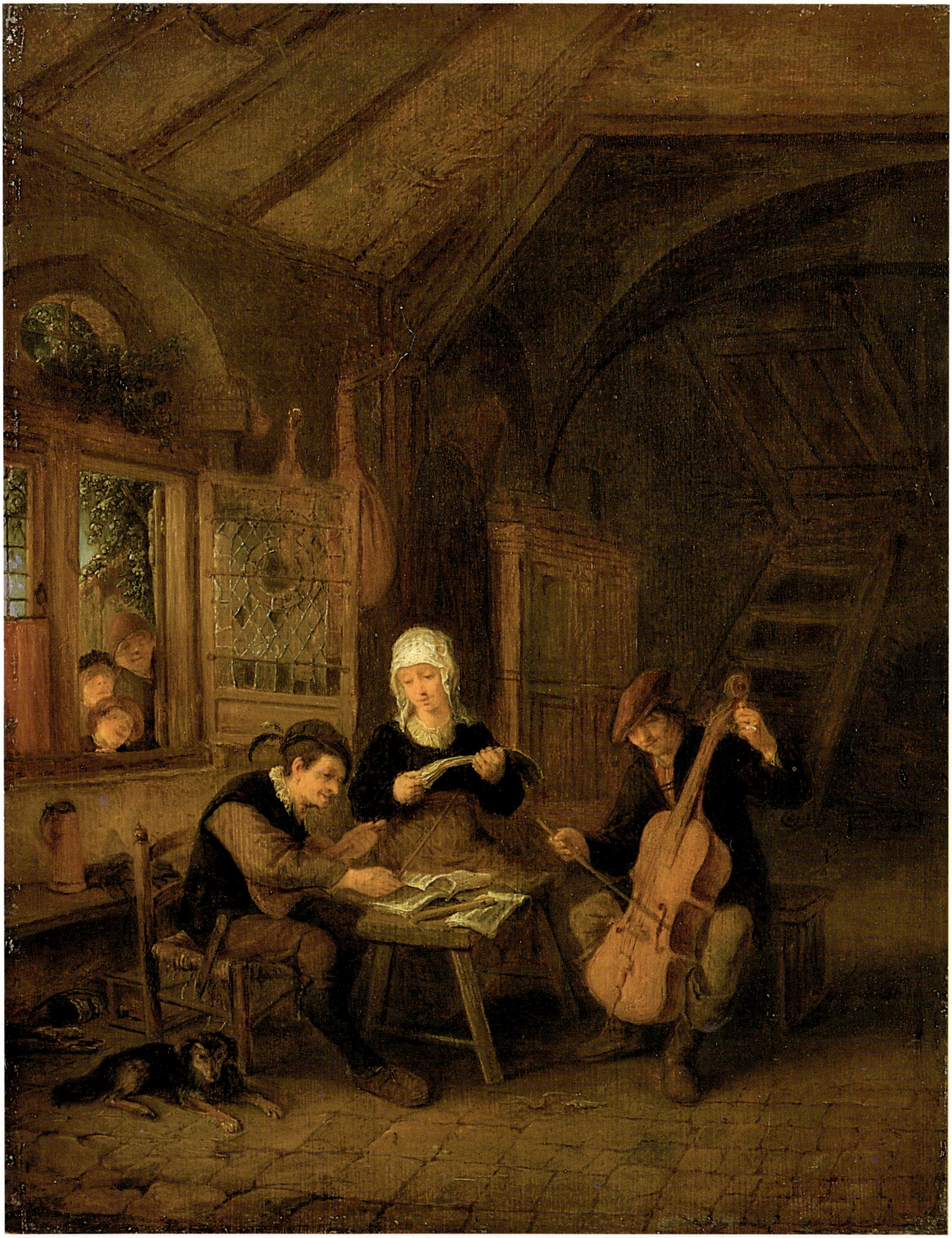

39 *Jacob Isaaksz van Ruisdael*
1628 oder 1629 Haarlem – 1682 Amsterdam
Häuschen am Hain. 1646
Öl auf Leinwand. 105 × 163 cm

Ruisdael hat hier die Umgebung seiner Heimatstadt Haarlem dargestellt. Solche waldigen Dünenlandschaften sind schon vor ihm gemalt worden: von Cornelis Vroom, Salomon van Ruisdael, Isaac van Ostade oder Jan van Goyen. Doch Jacob van Ruisdael drang tiefer und mit größerem Ernst als seine Vorgänger in das Wesen der Natur ein, er entwickelte eine grundsätzlich neue Landschaftsauffassung, indem er dynamische und statische Elemente, Luft, Wolken und Erde einander gegenüberstellte.

Überraschend wirkt an der wiedergegebenen Landschaft, wie der Künstler die Eigenschaften der Natur erfaßt hat; alles erscheint kompakt und wägbar: die struppigen Grasbüschel, der sandige Weg, die massiven, knorrigen Baumstämme und die wie aus der Erde wachsenden, schwerfälligen Bauernhäuser. Diesen Eindruck ruft der Künstler vor allem durch den reliefartigen, strukturbildenden Pinselstrich hervor, wobei sogar Spuren von Pinselhaaren auf der Leinwand zurückgeblieben sind. Geradezu fühlbar treten auch die von Feuchtigkeit getränkten Wolken und die Atmosphäre in Erscheinung. Durch die Kraft seiner Farben steigerte der Künstler den Kontrast zwischen Himmel und Erde, zwischen hell und dunkel, zwischen der Luft und der greifbaren Stofflichkeit.

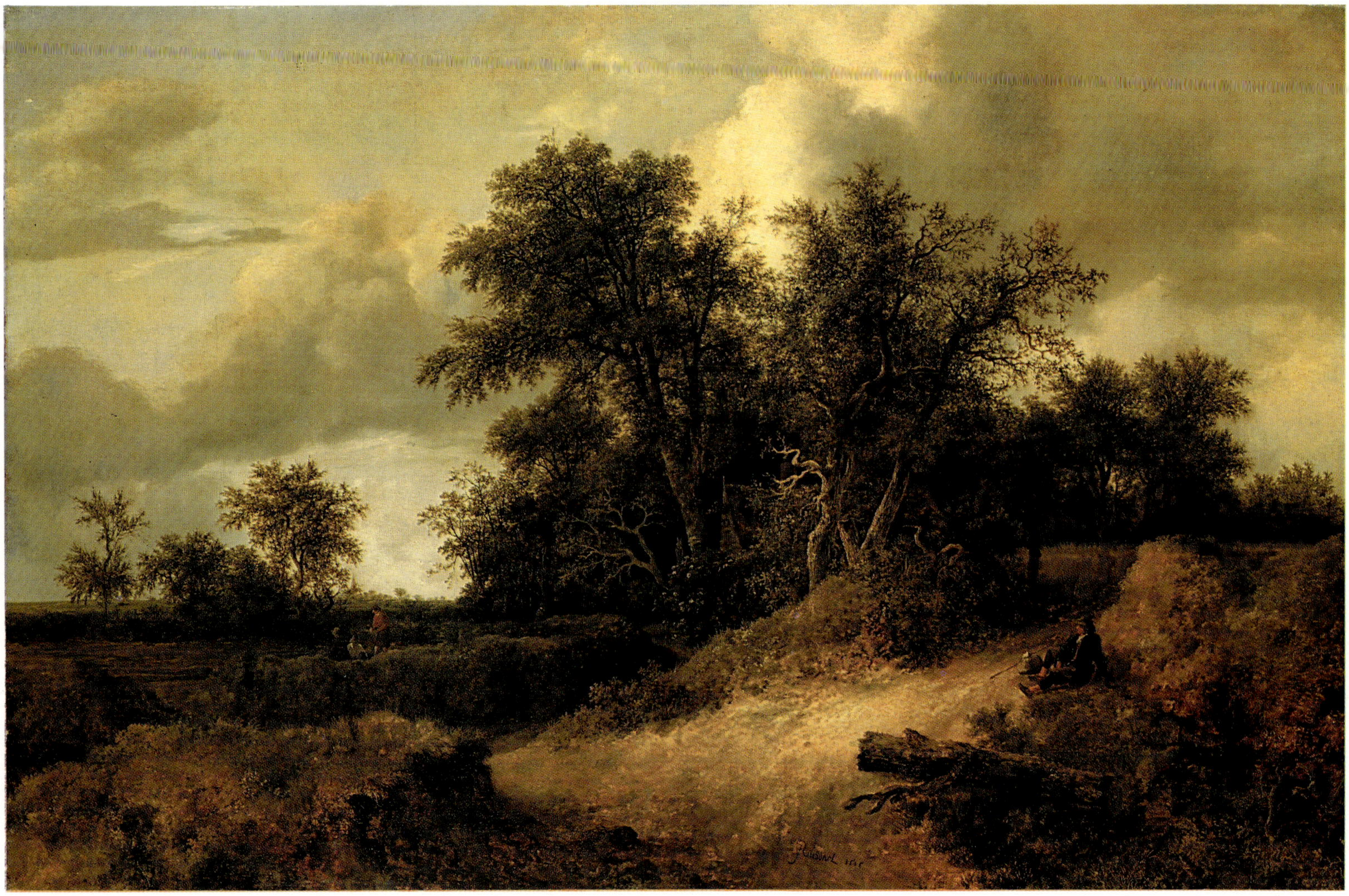

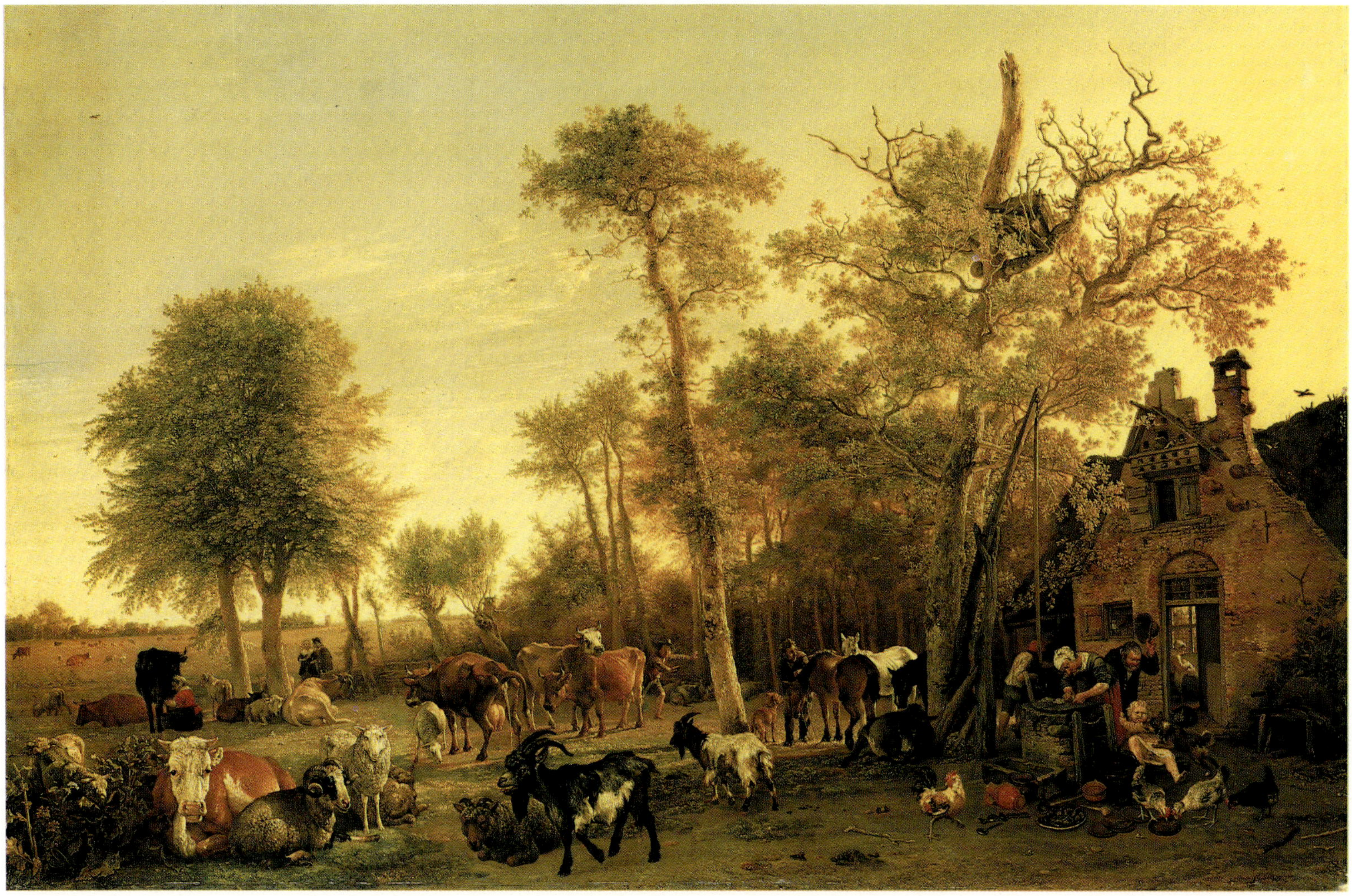

40 *Paulus Potter*
1625 Enkhuizen – 1654 Amsterdam
Die Farm. 1649
Öl auf Holz. 81 × 115,5 cm

Das wiedergegebene Bild, als das bedeutendste Werk dieses früh verstorbenen, hervorragenden holländischen Künstlers, offenbart das Talent Potters als Tiermaler wie als Landschafter. Nicht nur das Äußere der Tiere hat der Künstler absolut überzeugend dargestellt, sondern er hat auch ihren »Charakter«, ihre Gewohnheiten erfaßt. In dem Bild »Die Farm« erzeugt das goldene Licht, das die Landschaft – das Weidengrün und das Blattwerk – durchflutet, eine zusammenfassende Wirkung, zugleich ruft es eine lebensfrohe, gehobene Stimmung hervor.

Einige naturalistische Züge auf diesem Gemälde hatten für dessen Verbleib wesentliche Folgen: Die Gattin des Statthalters der Niederlande, Amalie van Solms, hatte »Die Farm« bei dem Künstler in Auftrag gegeben, doch wegen »unanständigen Verhaltens« einer der darauf dargestellten Kühe wies die hohe Dame das Bild zurück, woraufhin es außer Landes und schließlich nach Rußland gelangte.

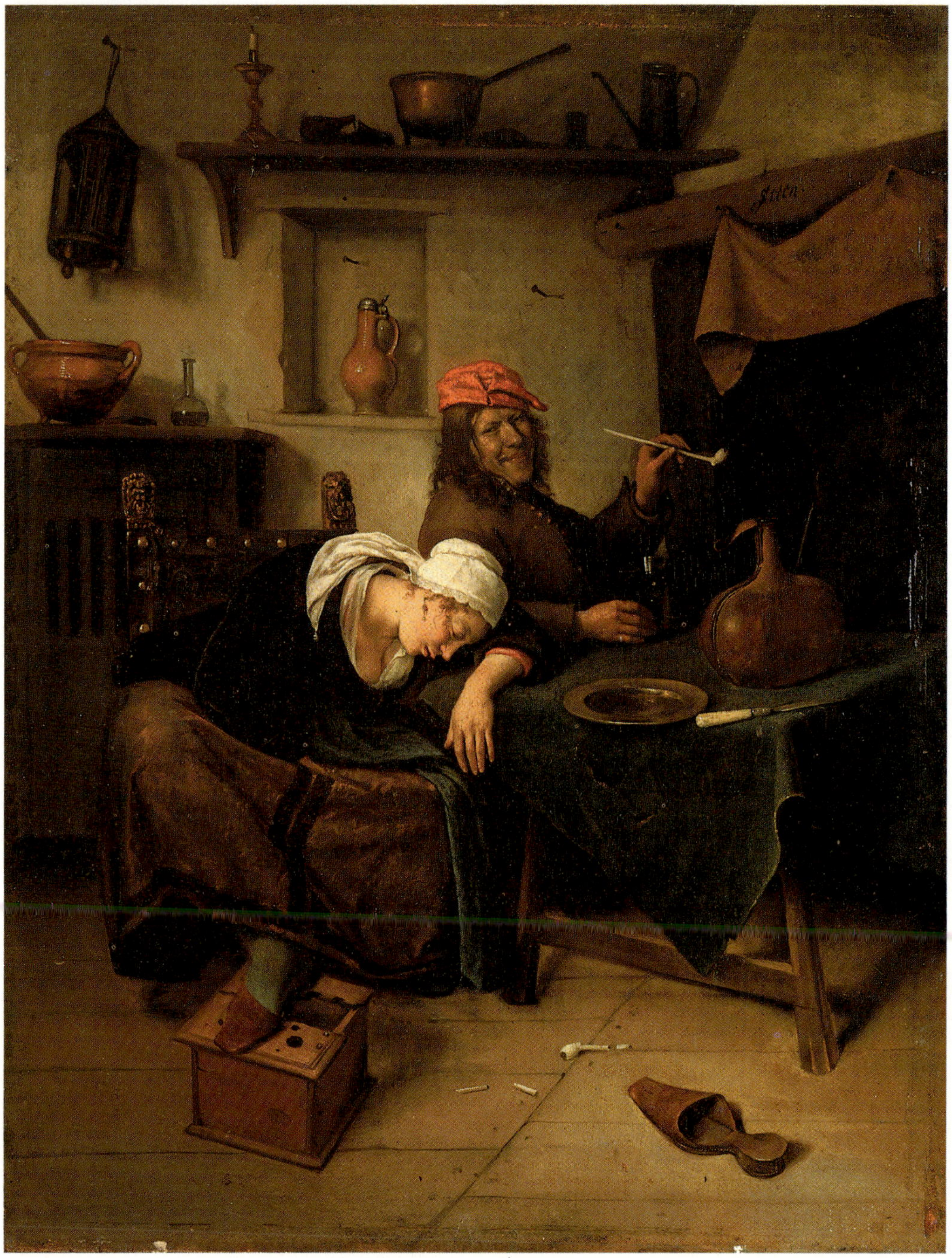

41 *Jan Steen*
1626 Leiden – 1679 Leiden
Die Zecher. Um 1660
Öl auf Holz. 39 × 30 cm

Das Gemälde entstand in der Blütezeit von Jan Steens Schaffen. In den Gestalten der Zecher hat der Künstler sich selbst und seine Frau Margaretha, die Tochter seines Lehrers, des Landschaftsmalers Jan van Goyen, dargestellt. Die Charaktere der agierenden Personen arbeitete er treffend heraus, doch offenbart das Bild zugleich seine besonderen Fähigkeiten, das Stoffliche der Dinge wiederzugeben. Die einfachen Gegenstände spielen in der Komposition eine wichtige, vielseitige Rolle. Gewinnen die schief aufgehängte Laterne, die zerbrochene Pfeife und der vom Fuß geglittene Pantoffel für die Erzählung und für die Charakterisierung der Zecher Bedeutung, so künden solche kaum bemerkbaren Details wie die Nägel in der Wand und auf dem Fußboden von dem gesteigerten Interesse an den Materialeigenschaften des Dargestellten.

Steens Können äußert sich in der festen Zeichnung, der einfachen, aber eindringlichen Komposition und vor allem in der Fähigkeit, die Details dem Ganzen unterzuordnen. Die meisterhafte Beherrschung des Helldunkels, das Farben und Formen zusammenfaßt, hatte er unter dem Einfluß Adriaen van Ostades entwickelt.

Das Bild gehört zu den bedeutendsten Werken Terborchs, ja zu den Perlen der holländischen Kunst überhaupt. Es stellt offensichtlich eine Szene bei einer Kupplerin dar – ein Thema, das in der holländischen Kunst des 17. Jahrhunderts nicht selten zu finden ist. Doch im Unterschied zu der Mehrzahl seiner Malerkollegen behandelte Terborch dieses Sujet sehr feinfühlig. Die Meisterschaft makelloser Zeichnung verbindet sich hier mit dem Geschmack eines brillanten Koloristen. Der Künstler baute seine Farbgebung auf dem weichen, harmonischen Zusammenklang von silbrig-grauen und strohgelben Tönen auf, deren Schönheit ihm Frans Hals erschlossen hatte; den edlen Wohlklang von Grau, Schwarz und Weiß jedoch, den er hinzufügte, hatte Terborch während seiner Spanienreise in den Werken von Velázquez für sich entdeckt.

Die frappierende illusionistische Wiedergabe der Struktur der Dinge (mit besonderer Vorliebe malte Terborch glänzende Seiden und Atlasstoffe) hebt ihn sogar unter den holländischen Malern hervor, die dafür berühmt waren, daß sie die gegenständliche Welt geradezu greifbar darzustellen vermochten. Doch im Unterschied zu manchen seiner Zeitgenossen wußte Terborch auch das Gefühlsleben seiner Gestalten mit Sensibilität und Verhaltenheit zu erfassen.

42 *Gerard Terborch*
1617 Zwolle – 1681 Deventer
Ein Glas Limonade. 1663–1664
Öl, von Holz auf Leinwand übertragen
67 × 54 cm

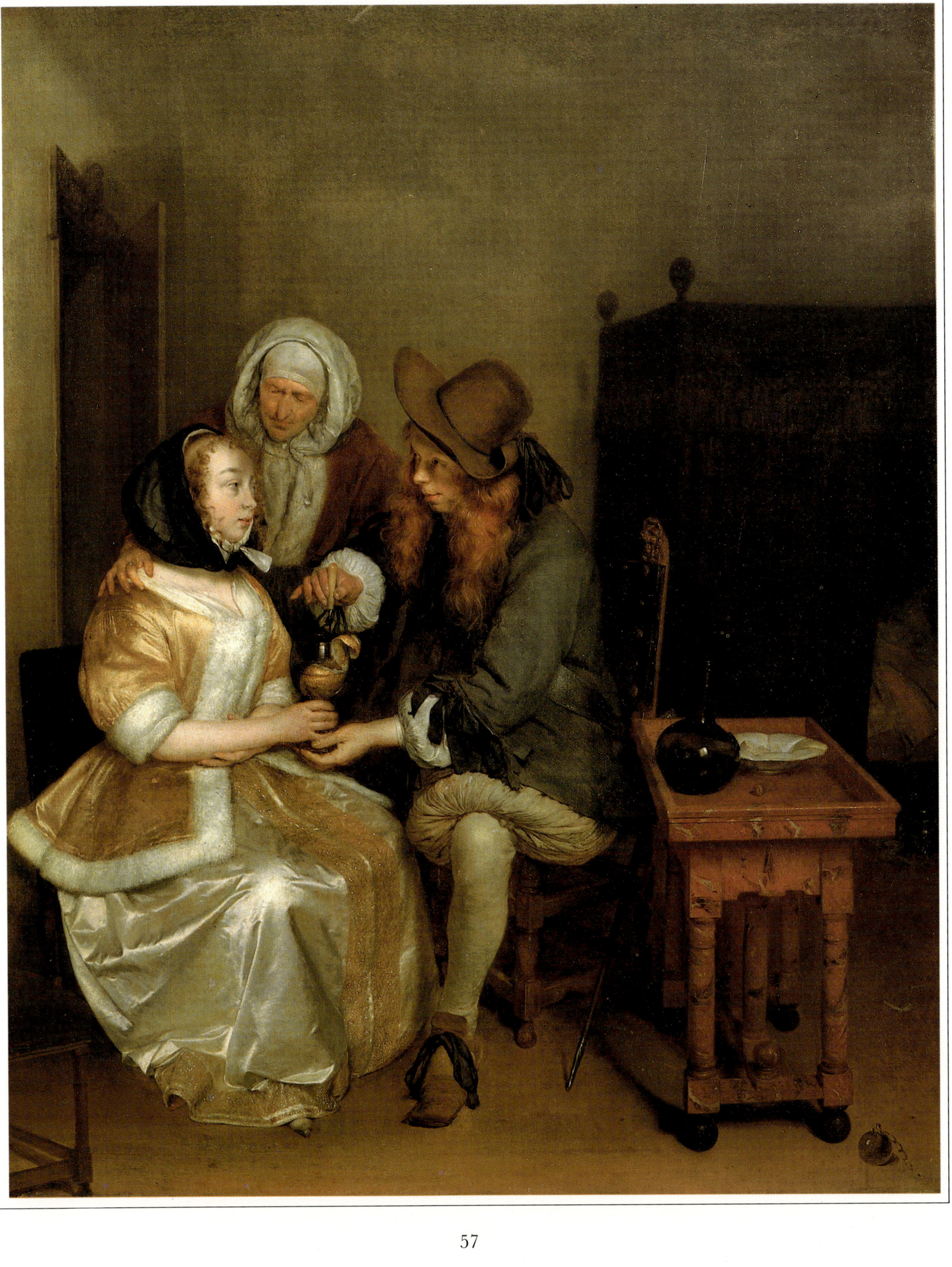

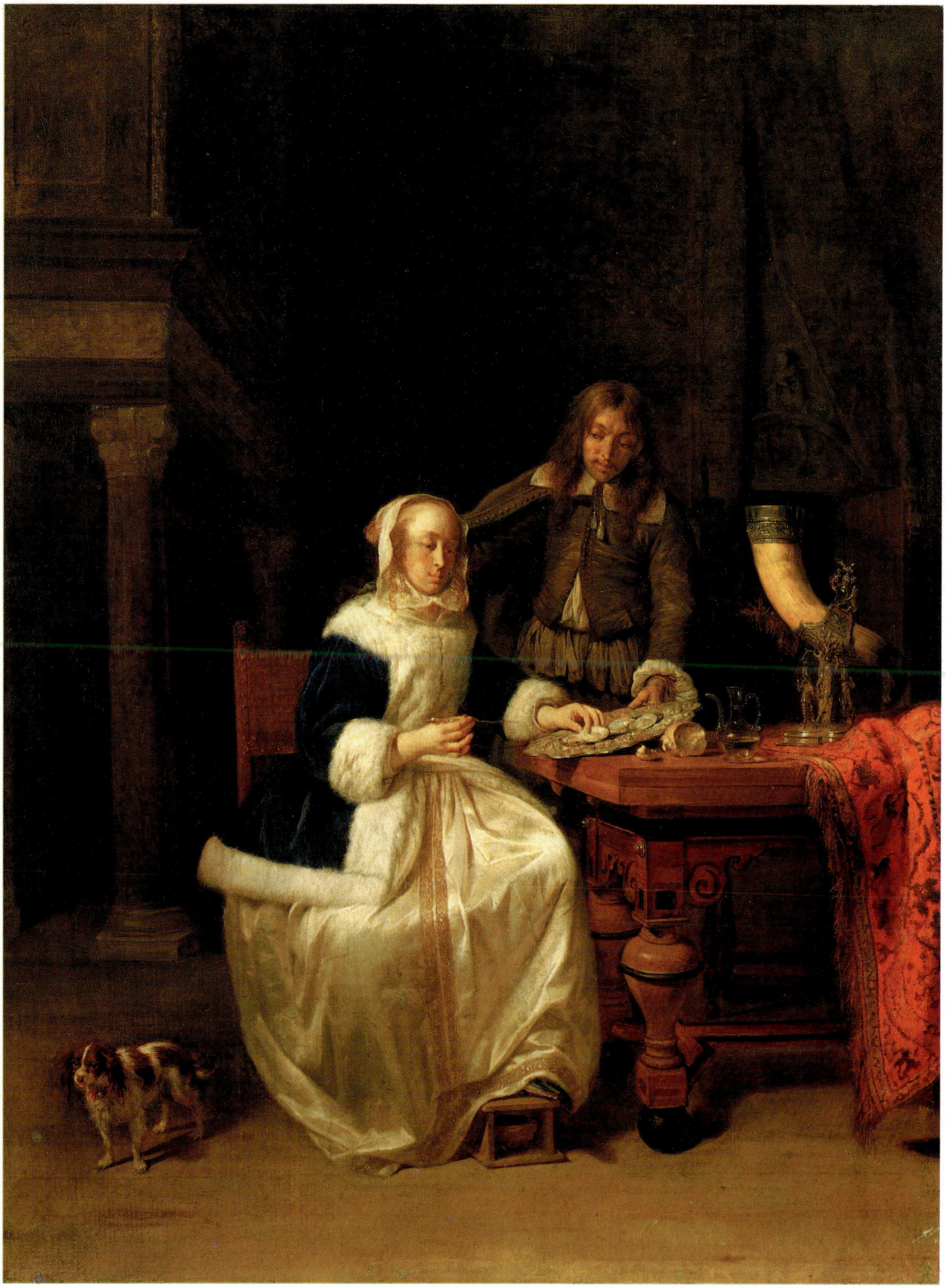

Feinfühlig vermochte Gabriel Metsu in seinem Schaffen die erzählerische Lebendigkeit und Volkstümlichkeit eines Jan Steen mit der distinguierten Vornehmheit eines Terborch und der Beschaulichkeit eines Pieter de Hooch zu verbinden; ebenso vereinte er das Helldunkel Rembrandts mit den koloristischen Errungenschaften Vermeers. Das »Frühstück« ist das bedeutendste Werk aus der späten Schaffenszeit Metsus. Dem Künstler ging es nicht darum, sich in die Psyche der Personen zu vertiefen; kaum artikuliert sich in dem wiedergegebenen Gemälde die für Tafelszenen mit Austern traditionelle Anspielung auf den Liebesdialog (den Austern wurde die Eigenschaft zugeschrieben, nicht nur den Durst anzuregen, sondern auch andere Begierden zu wecken). Doch wie schillern die Farben, wie übergängig gestaltet sich das Helldunkel, wie greifbar erscheinen die in ihrer Struktur unterschiedlichen Stoffe! Metsu erfaßte die Gegenstände so präzise, daß man sogar zu erkennen vermag, welches Originalgefäß ihm für das in Silber gefaßte Trinkhorn auf dem Tisch als Modell diente: Es gehörte früher der Amsterdamer Schützengilde und befindet sich heute im Amsterdamer Rijksmuseum.

43 *Gabriel Metsu*
1629 Leiden – 1667 Amsterdam
Frühstück. Um 1660
Öl auf Holz. 56 × 42 cm

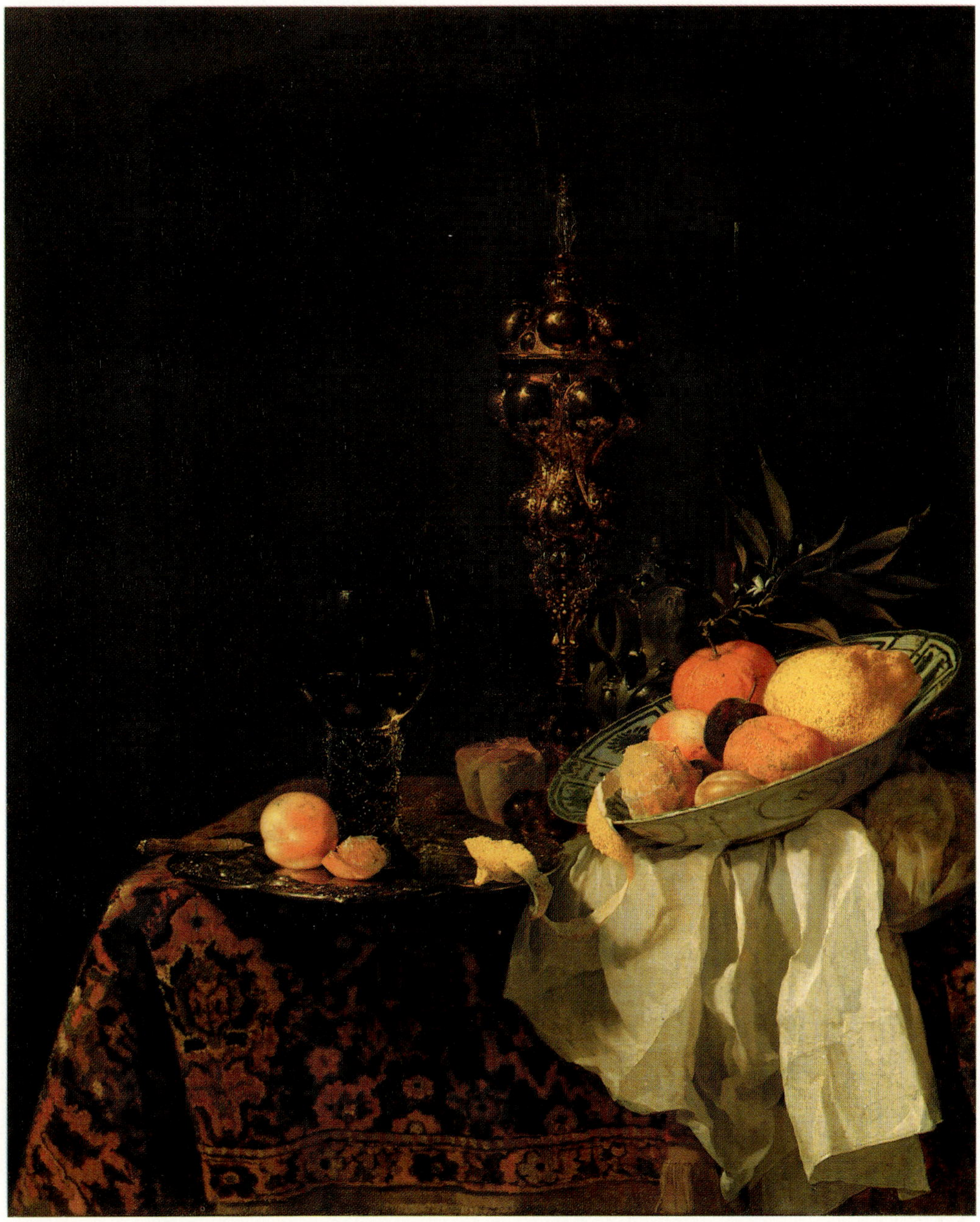

44 *Willem Kalf*
1622 Rotterdam – 1693 Amsterdam
Dessert. Um 1659
Öl auf Leinwand. 105 × 87,5 cm

Der Üppigkeit, die seit der Mitte des 17. Jahrhunderts in den Lebensstil der vornehmen holländischen Bürger eindrang, verlieh Willem Kalf in seinen Gemälden anschaulichen Ausdruck. Er war der bedeutendste holländische Stillebenmaler seiner Zeit, doch konzentrierte er sich weniger auf die Wiedergabe der Materialeigenschaften der Gegenstände, als vielmehr auf deren geschmackvolle Erlesenheit. Sein »Dessert« (wie auch andere seiner Arbeiten) macht die neuen Qualitäten deutlich, die sich im holländischen Stilleben durchsetzten: Kostbarkeit und Finesse, ausdrucksvolle Helldunkel-Modellierung, Plastizität und Bewegtheit, Sättigung und Tiefe der Farbe, die wie von innen heraus zu lodern scheint – ein alles zusammenfassendes und alles durchdringendes goldenes Kolorit. Dieses prächtige Stilleben trägt Züge, die den Einfluß der Kunst Rembrandts verraten.

45 *Pieter Claesz*
1596 oder 1597 Burgsteinfurt – 1661 Haarlem
Frühstück mit Schinken. 1647
Öl auf Holz. 40 × 61 cm

Pieter Claesz hat als erster holländischer Maler seine ganze Aufmerksamkeit auf die Darstellung von Gegenständen konzentriert, die den Menschen im Alltagsleben umgeben. Sein Hauptthema waren für kleine Mahlzeiten gedeckte Tische. In erlesenem Kolorit harmonieren die unterschiedlichen Gegenstände miteinander, die Lokalfarben ordnen sich einem feinen silbrigen Ton unter. Ein durchsichtiges Helldunkel modelliert weich das Plastische der Formen und erweckt, sehr verhalten, einen Eindruck von der unterschiedlichen strukturellen Beschaffenheit der Dinge.

In dieser Etappe der künstlerischen Entwicklung suchten die holländischen Meister vor allem nach Möglichkeiten, die gegenständliche Welt in ein Gesamtbild einzubinden – für Claesz ergaben sie sich durch die Einheitlichkeit des Farbtons und durch das Eingehen auf die Wirkungen des Lichtes und der Luft. Der Künstler hat eine ganz bestimmte Gattung der Stillebenmalerei hervorgebracht – die »monochromen Frühstücke«, die um die Mitte des 17. Jahrhunderts außerordentlich verbreitet waren.

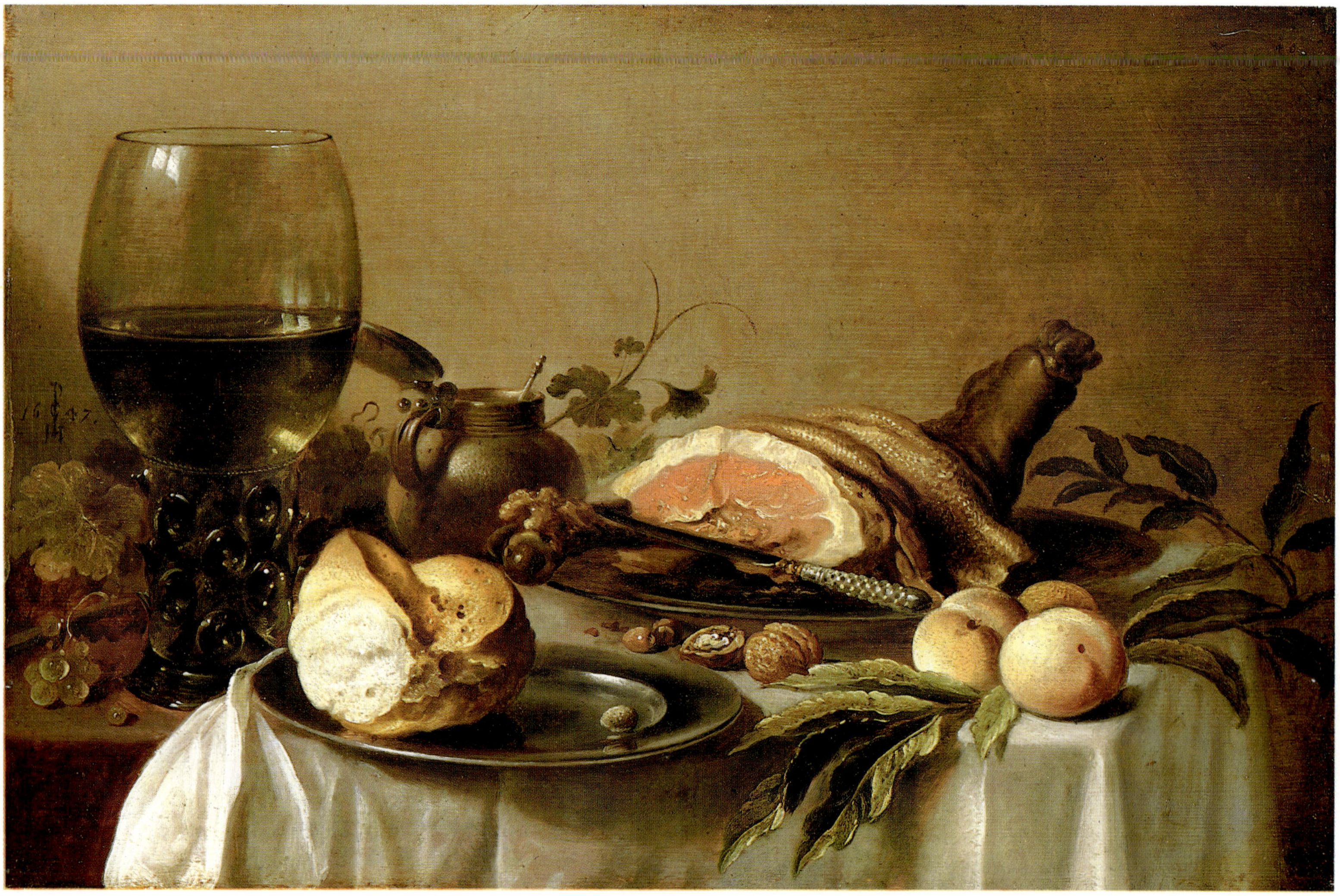

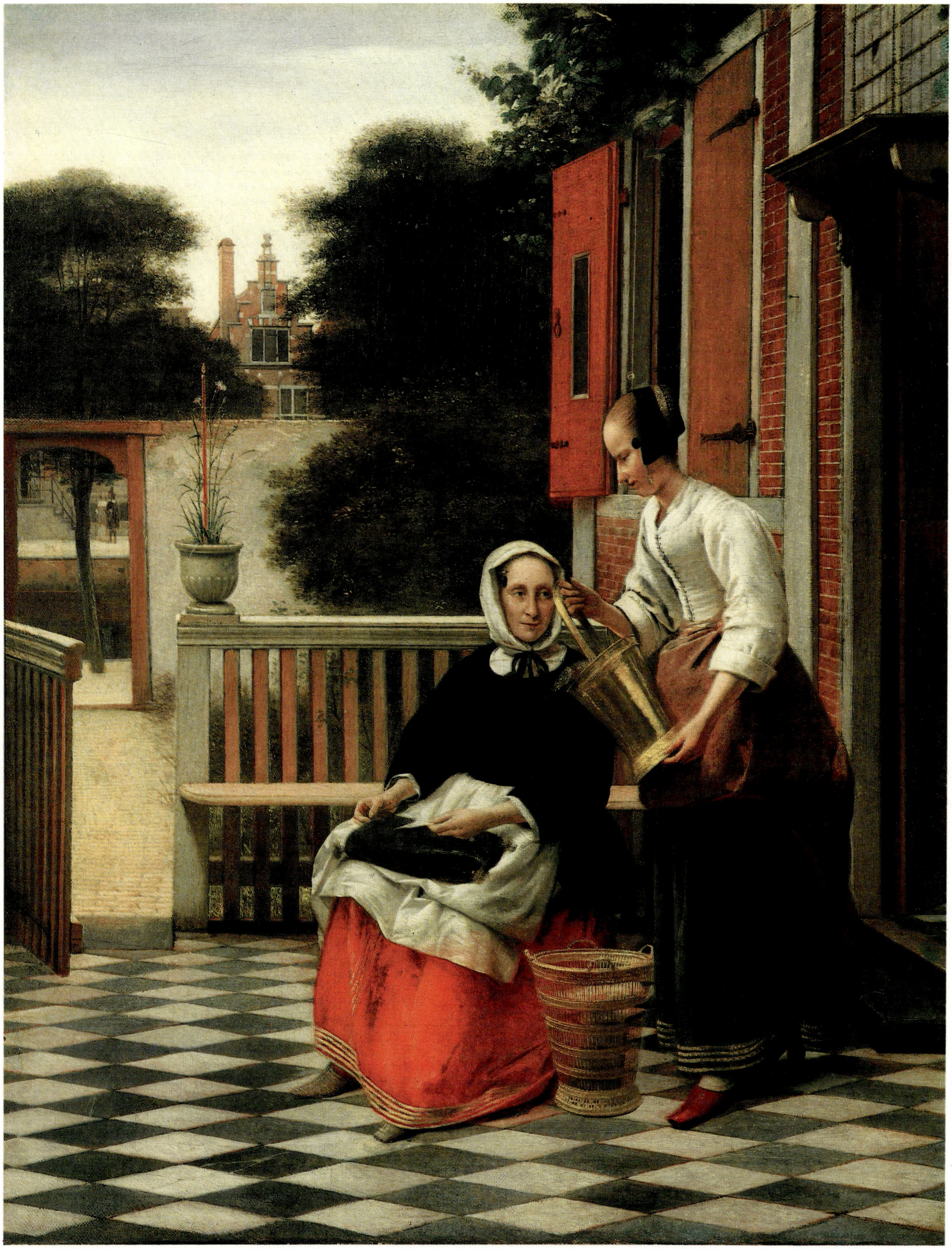

46 *Pieter de Hooch*
1629 Rotterdam – 1684 Amsterdam
Herrin und Magd. Um 1660
Öl auf Leinwand. 53 × 42 cm

Pieter de Hooch war unter den glanzvollen holländischen Genremalern in der zweiten Hälfte des 17. Jahrhundert derjenige, der tiefer als alle anderen das Wesen des häuslichen Lebens des holländischen Bürgertums erfaßte. Das Gemälde »Herrin und Magd« zeigt eine in sich abgeschlossene, auf Haus, Hof und Garten eingeschränkte Sphäre; doch der Künstler trachtete danach, in diesem Stück Welt eine wundervolle Harmonie von Mensch, Raum, Licht und Luft anschaulich zu machen. Die Stadt Delft, wo das Bild gemalt wurde, war bekannt für diesen friedlichen und beschaulich-gemessenen Lebensstil, der in dem Gemälde eingefangen ist, von dem eine Atmosphäre sorgloser Gelassenheit und behaglichen Wohlstands ausgeht. Pieter de Hooch vermochte den Raum übersichtlich zu begrenzen, wobei er das Liniengerüst fühlbar machte. Dieses Interesse an der genauen und eindringlichen Wiedergabe des Räumlichen war für die Delfter Maler allgemein typisch, wie etwa die Werke Jan Vermeers, Emanuel de Wittes und Hendrik van Vliets erweisen.

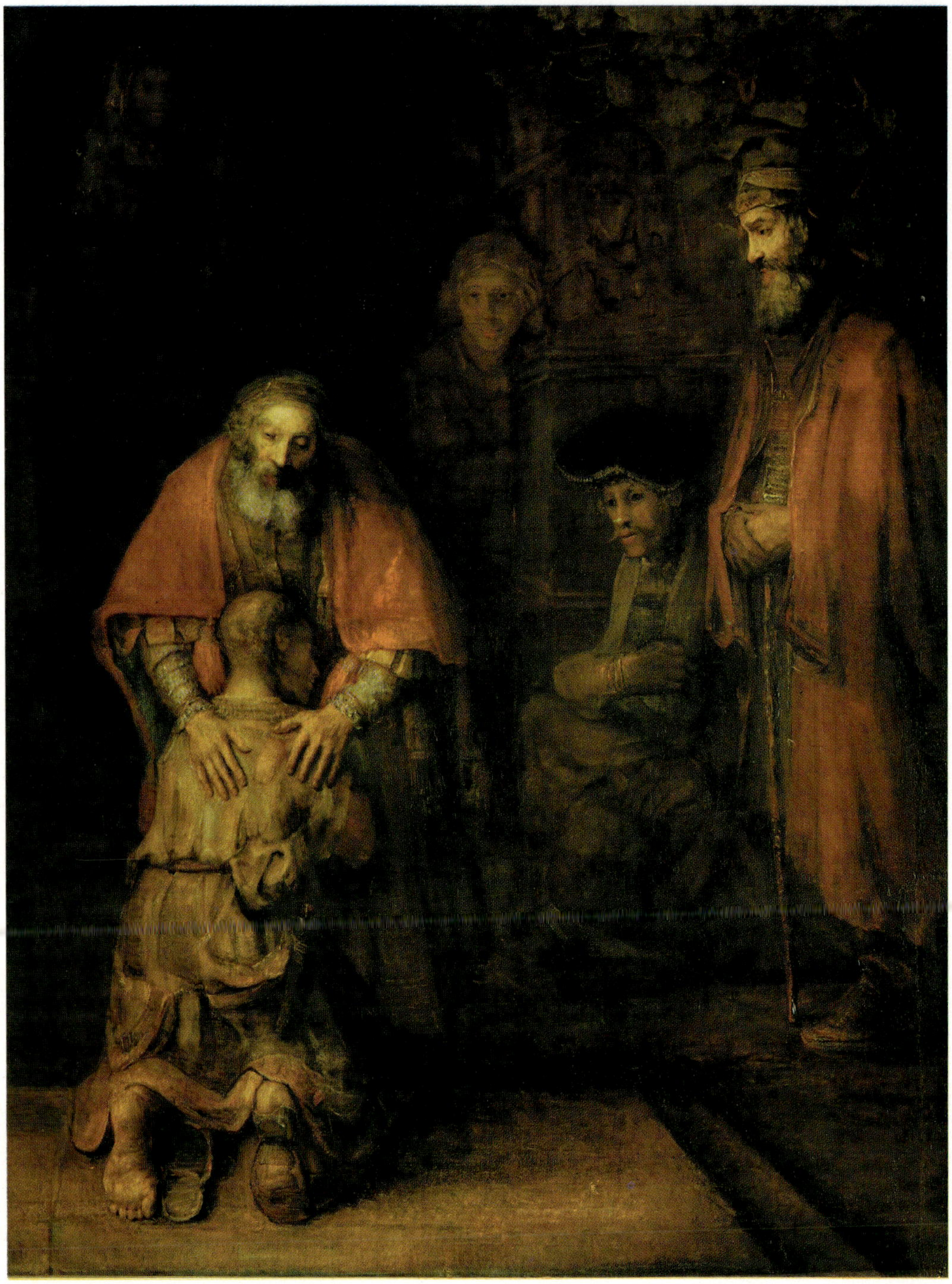

47 *Rembrandt Harmensz van Rijn*
1606 Leiden – 1669 Amsterdam
Die Heimkehr des verlorenen Sohnes. Um 1663
Öl auf Leinwand. 262 × 205 cm. Das Oberteil war ursprünglich abgerundet, die oberen Ecken sind später angesetzt worden

Das biblische Gleichnis von der Heimkehr des verlorenen Sohnes weckte Rembrandts Anteilnahme seit seiner Jugend; wiederholt behandelte er es in Radierungen und Zeichnungen. Doch erst in diesem späten Bild gelangte er zu jenem hohen Grad von Verallgemeinerung, die der Darstellung allgemein-menschliche Bedeutung verleiht. Die erhabene Idee verkörpert sich hier in einer schlichten, ausdrucksstarken Komposition. Vorherrschend sind die Vertikalen der ruhig stehenden Gestalten.

In dem warmen Glühen der Farben, die durch das Licht zu Leben erweckt werden, scheinen die Figuren aus dem dunklen Grund des Gemäldes hervorzuwachsen, und zwischen den gedämpften grünlich-braunen Tönen des Umfeldes glüht in einem Lichtstrahl wie der Widerhall eines überströmenden Gefühls das leuchtende Rot des väterlichen Umhangs auf. In diesem Bild erreichte die Malerei Rembrandts jene Weite, Freiheit und Differenziertheit, wie sie für seine späte Schaffensperiode so kennzeichnend sind.

48 *Rembrandt Harmensz van Rijn*
Danaë. 1636, vom Künstler 1646–1647 umgemalt
Öl auf Leinwand. 185 × 203 cm

Mehr als eineinhalb Jahrhunderte bildete dieses Gemälde den Gegenstand einer wissenschaftlichen Polemik unter den Fachleuten: Weder das Thema war klar, noch wußte man, wer dem Künstler als Modell gedient hatte. Eine umfassende Untersuchung in den letzten Jahrzehnten (Verwendung von Röntgenstrahlen, Heranziehen früher nicht berücksichtigter Dokumente) führte zu dem Ergebnis, daß Rembrandt das Bild übermalt hat, etwa zehn Jahre nachdem er es im Jahre 1636 vollendet hatte. Die Darstellung seiner früh verstorbenen Frau Saskia ersetzte er dabei durch die Figur der Haushälterin Geertghe Dircx. Die Untersuchung bestätigte außerdem, daß das Sujet dem antiken Danaë-Mythos entstammt. Die Eindringlichkeit der Gestaltung und die Wahrhaftigkeit des Gefühls erheben das Gemälde zu einem großartigen Meisterwerk.

Das Äußere des Modells ist weit entfernt von vollkommener Schönheit. Doch die Darstellung dieser in Liebe entflammten Frau zeugt von aufrichtiger Menschlichkeit, der Künstler verlieh dieser Gestalt etwas Erhabenes und Schönes. Die Idee glühenden menschlichen Gefühls ist mit allen künstlerischen Mitteln zum Ausdruck gebracht. Wie ein kostbarer Rahmen erscheint das reiche Lager mit der prunkvollen Drapierung; eine Woge von Licht umgibt die Gestalt der Danaë und vermittelt eine strahlende Atmosphäre. Die Farbskala, in der sich grüne, tiefrote, goldene und weißliche Töne vereinen, verstärkt die festliche Wirkung des Bildes.

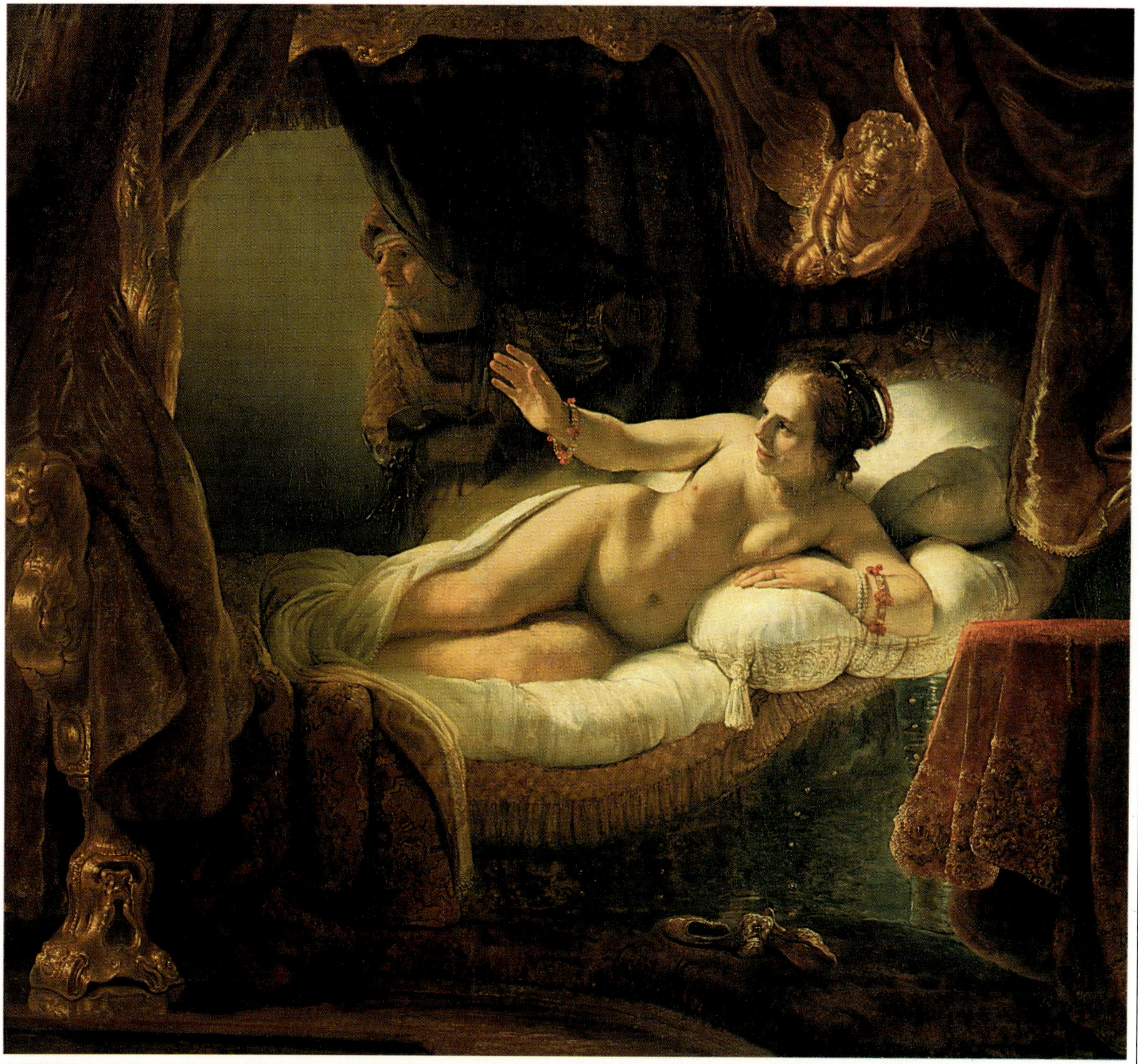

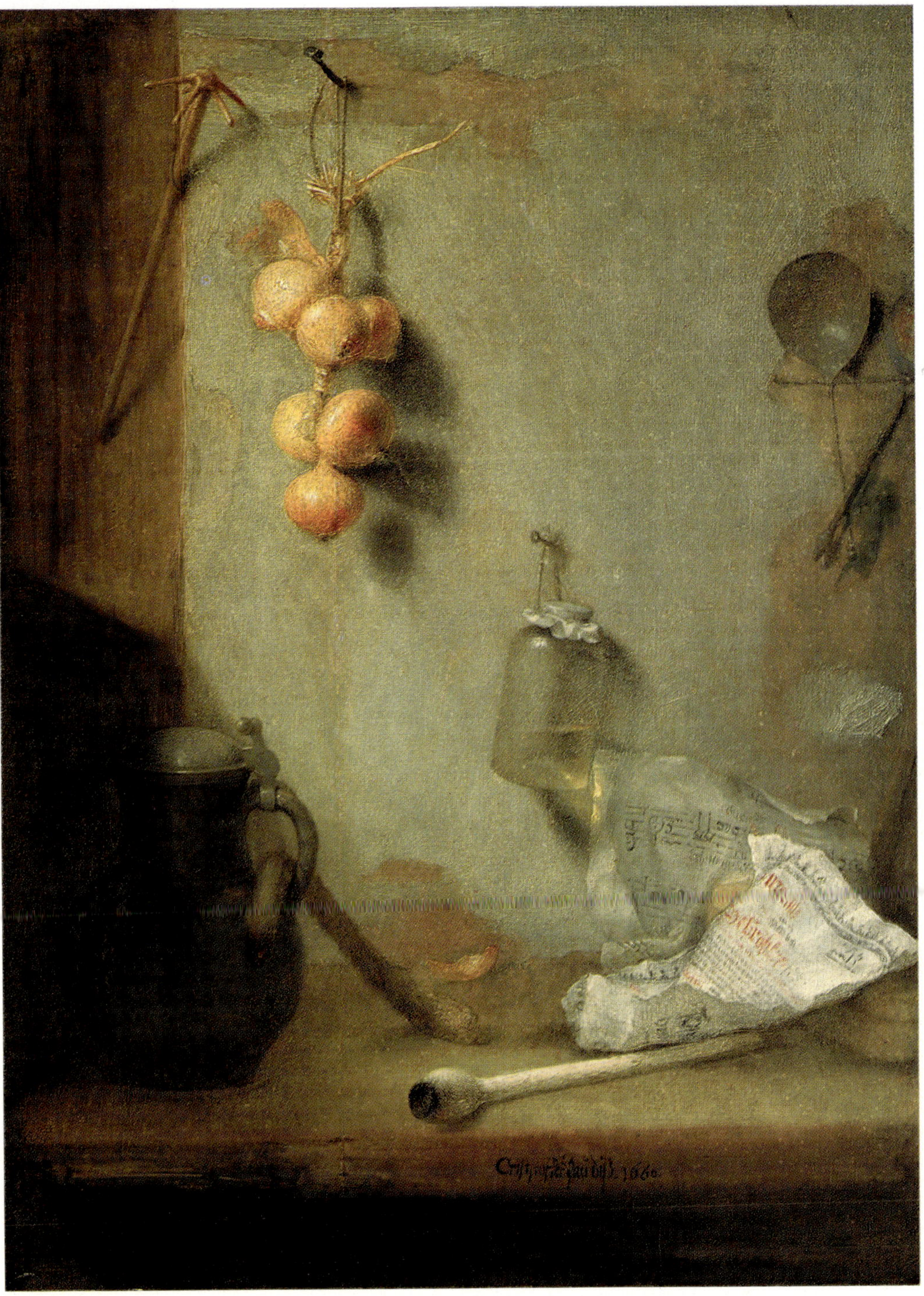

49 *Christoph Paudiß*
Um 1625 Hamburg – 1666 Freising
Stilleben. 1660
Öl, von Holz auf Leinwand übertragen
62 × 46,5 cm

Der deutsche Künstler Christoph Paudiß hat Porträts, Genreszenen und religiöse Kompositionen geschaffen, doch sein ganzes Können entfaltete er in seinen Stilleben bei der Darstellung der gegenständlichen Welt. Diese Bilder mit ihrer vibrierenden Atmosphäre und dem übergängigen, scharfe Grenzen verwischenden Helldunkel zeigen weniger die konkrete Erscheinung der einzelnen Dinge als vielmehr den untrennbaren Zusammenhang zwischen materiellen Gegebenheiten und den konkreten Licht- und Luftverhältnissen des räumlichen Umfeldes. So schuf der Künstler eigenständige kleine Interieurs, in denen unauffällige Gegenstände den Weltgesetzen unterworfen sind. Die Fähigkeit, Alltägliches zu poetisieren, hatte sich Paudiß in Holland aneignen können, wo er einige Zeit weilte. Offenbar machte er sich insbesondere mit dem Schaffen Rembrandts vertraut, von dem er lernte, das Helldunkel zum tragenden Ausdrucksmittel zu erheben.

Gegenüber manchen prunkvollen Tendenzen in der französischen Kunst des 17. Jahrhunderts zeichnet sich die Malerei der Brüder Le Nain durch Verhaltenheit, Ernst und Tiefe aus – offenbar im Ergebnis des Einflusses, den niederländische Gemälde mit bäuerlicher Thematik auf die Künstler ausübten. Es wird angenommen, daß die besten unter den aus der gemeinschaftlichen Werkstatt der drei Brüder Le Nain hervorgegangenen Bilder von Louis stammen, der ohne Zweifel der Fähigste von ihnen war. Zu diesen Arbeiten gehört »Die Familie der Milchverkäuferin«.

Das Gemälde besticht durch seine Gefühlswärme und die wahrheitsgetreue Charakterisierung; man spürt die achtungsvolle Sympathie, die der Künstler seinen Helden – einfachen Bauern – entgegenbrachte. Ohne Beschönigung stellte er sie dar, doch erfaßte er ihren Edelmut und ihre hohe menschliche Würde. Die Figuren ordnete er im Vordergrund vor einer niedrigen, rasch abfallenden Fernlandschaft an und verlieh ihnen auf solche Weise etwas Monumentales, Gewichtiges. Eine feine, silbriggraue Farbskala herrscht in dem Bild vor, das dadurch einen poetischen Zug erhält.

50 *Louis Le Nain*
Um 1593 Laon – 1648 Paris
Die Familie der Milchverkäuferin
Vierziger Jahre des 17. Jahrhunderts
Öl auf Leinwand. 51 × 59 cm

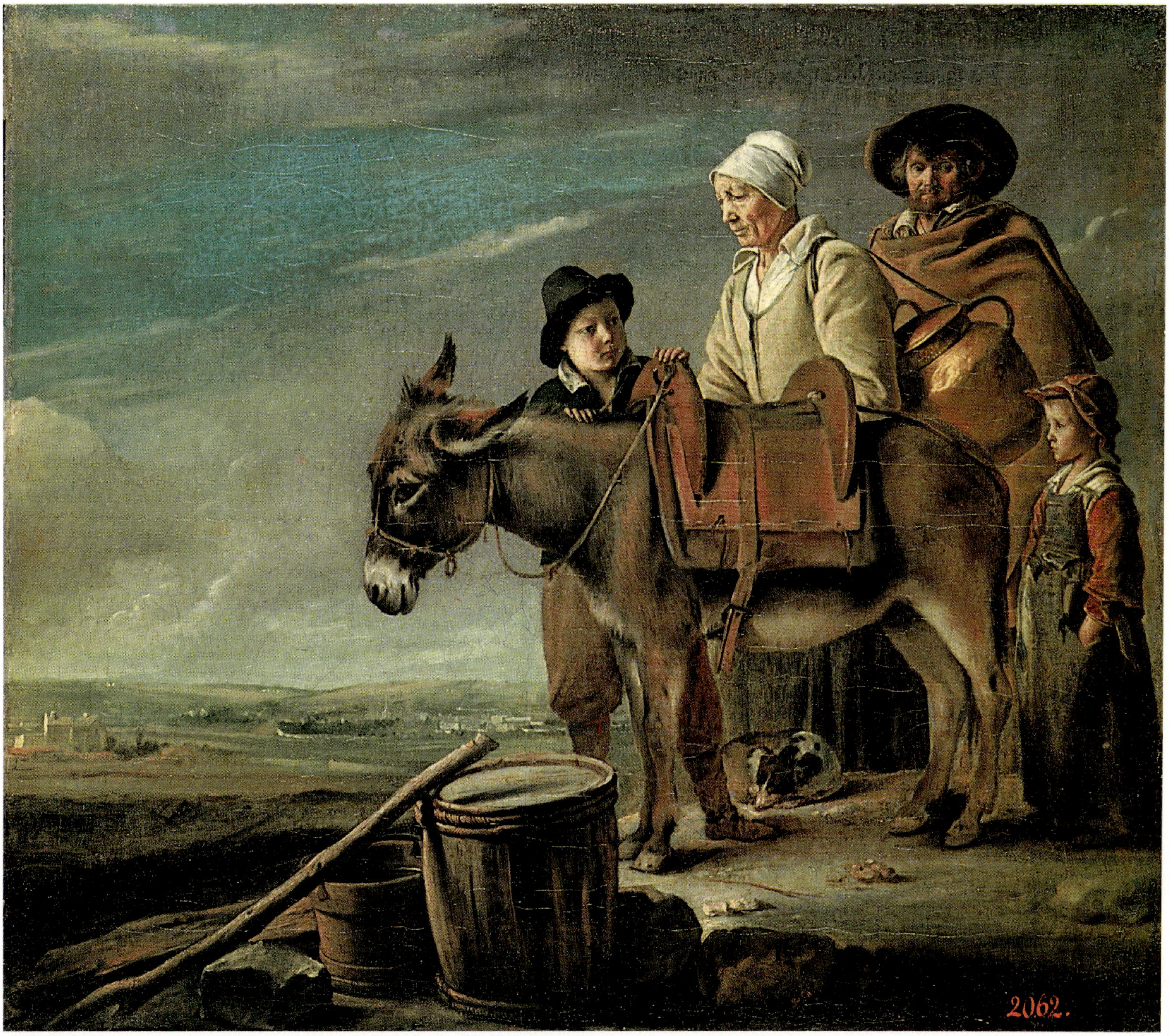

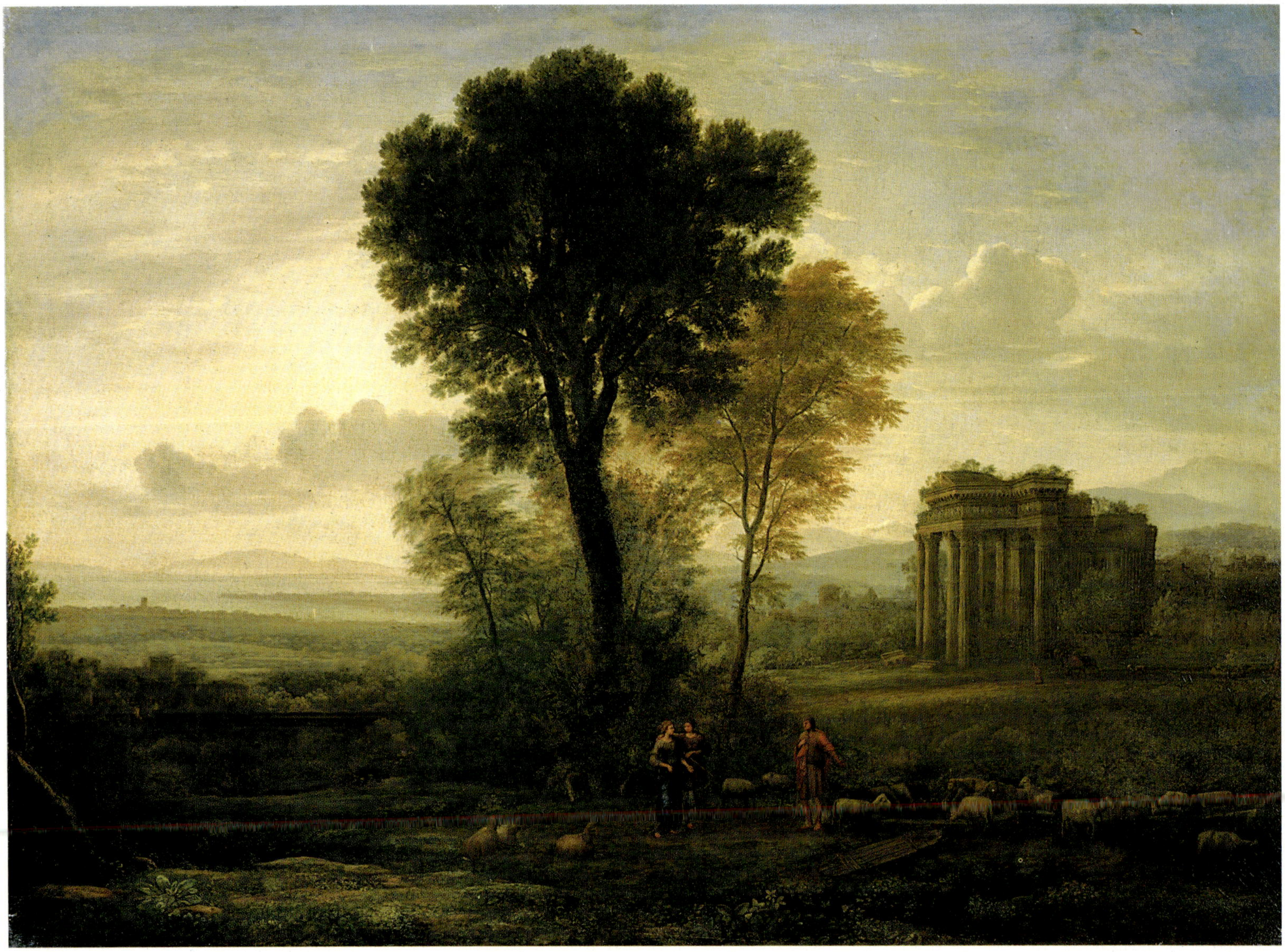

51 *Claude Lorrain*
1600 Chamagne (Lothringen) – 1682 Rom
Der Morgen. 1666
Öl auf Leinwand. 113 × 157 cm

»Der Morgen« gehört mit drei weiteren, ebenfalls in der Ermitage befindlichen Landschaften zu einer Bildfolge der vier Tageszeiten, wobei jedoch Grund zu der Annahme besteht, daß die Bilder erst im 18. Jahrhundert zu einem solchen Zyklus zusammengefaßt worden sind. Die Landschaften des französischen Malers Claude Gellée bzw. Claude Lorrain – »der Lothringer«, wie Lorrain nach seiner Herkunft genannt wird – sind von jener ungewöhnlichen Klarheit, die für die klassizistische Landschaftskunst allgemein charakteristisch ist. Doch im Unterschied zu den heroischen Landschaften Poussins verraten Lorrains Naturdarstellungen stets elegisches Gefühl. Die Kompositionen sind mit der Frische der Naturbeobachtung festgehalten, wirken aber bei aller Originalität streng durchdacht und gewinnen einen erhabenschönen, ruhigen und majestätischen Charakter. Die biblischen Gestalten – Jakob mit seinen Frauen Lea und Rahel – hat der Italiener Filippo Lauri in das Bild hineingemalt (einen großen Teil seines Lebens verbrachte Lorrain in Italien).

52 *Nicolas Poussin*
1594 Les Andelys – 1665 Rom
Tancred und Herminia. Etwa 1631–1633
Öl auf Leinwand. 98,5 × 146,5 cm

Poussin, der Begründer einer klassizistischen Strömung in der europäischen Kunst des 17. Jahrhunderts, holte sich häufig Anregungen aus Torquato Tassos romantischer Dichtung »Das befreite Jerusalem« mit seinen ritterlichen Heldentaten und Liebesschicksalen. Auch das Motiv des prächtigen Gemäldes in der Ermitage-Sammlung beruht auf einer Episode aus dieser Dichtung. Der Künstler ging in seinen Werken stets auf das moralische Problem ein, das dem Sujet zugrundeliegt. In diesem Fall handelt es sich um eine junge Araberin, die in einem Ausbruch von Mitleid und Liebe ihr herrliches Haar opfert, um die Wunden des am Boden liegenden christlichen Ritters zu verbinden.

Strenge Logik der künstlerischen Aussage und Klarheit der Komposition zeichnen das gesamte Schaffen Poussins aus. Doch so leidenschaftlich-vital und lyrisch-gefühlvoll wie die Gestalten auf dem wiedergegebenen Bild gebärden sich Poussins Figuren bei weitem nicht in allen seinen Werken. Das prächtige Kolorit, das die emotionale Ausdruckskraft des Gemäldes erhöht, und die Struktur der Dinge zeugen davon, daß Poussin sich an der venezianischen Malerei geschult hat.

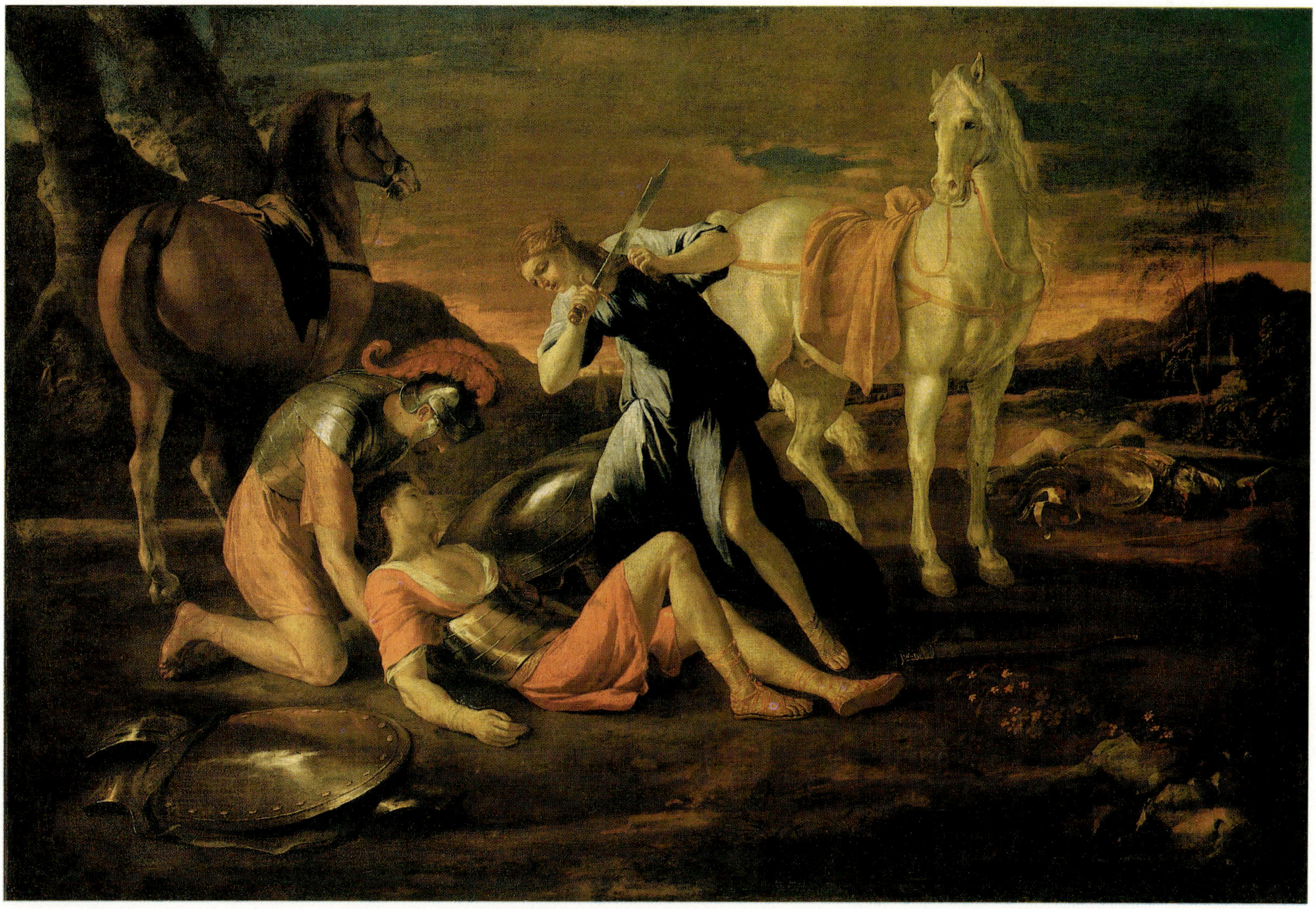

53 *Alessandro Magnasco*
1667 Genua – 1749 Genua
Bacchanal. Zwischen 1710 und 1720
Öl auf Leinwand. 110,5 × 167 cm

Die bravouröse, kühne und freie Malweise Magnascos war bestens dazu geeignet, eine so phantastische und irreale Szenerie wie das wiedergegebene Bacchanal zu vergegenwärtigen. Den Architekturhintergrund hat ein anderer Meister, Clemente Spera, ausgeführt. Die gesteigerte Dynamik, das Bizarre der Formen, das komplizierte Spiel von Licht und Schatten und die gesamte grau-braune Farbskala sind innerhalb der Komposition für die Staffage ebenso wie für die Landschaft kennzeichnend. Das »Bacchanal« gehört zu einer aus vier Bildern bestehenden Folge, von denen zwei gespenstische bacchantische Szenen zeigen und die beiden anderen in einer nicht weniger bizarren Szenerie die Rast von Banditen darstellen. Drei dieser Gemälde befinden sich in der Ermitage, das vierte (es ist das andere »Bacchanal«) im Staatlichen Puschkin-Museum der bildenden Künste in Moskau.

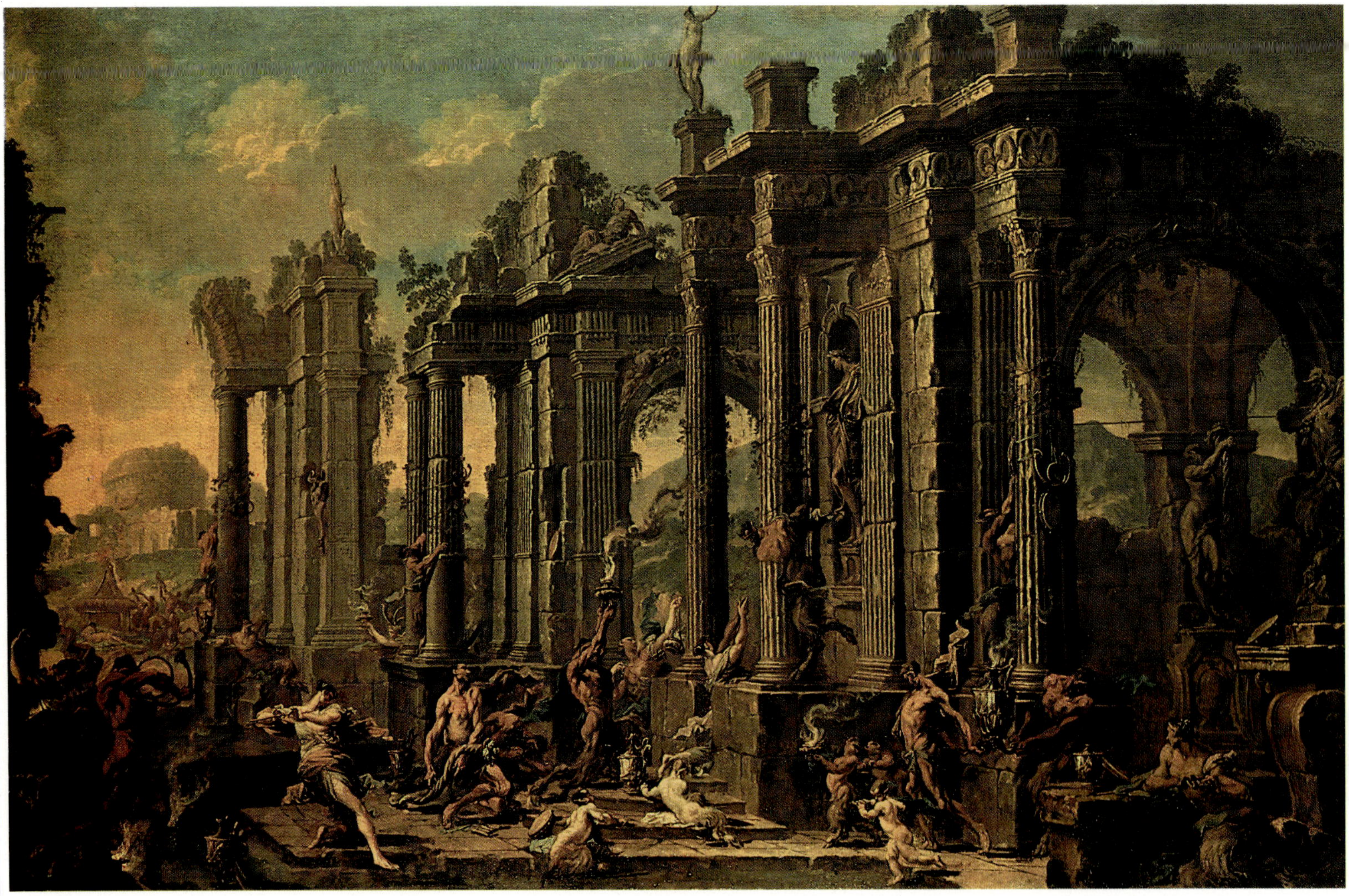

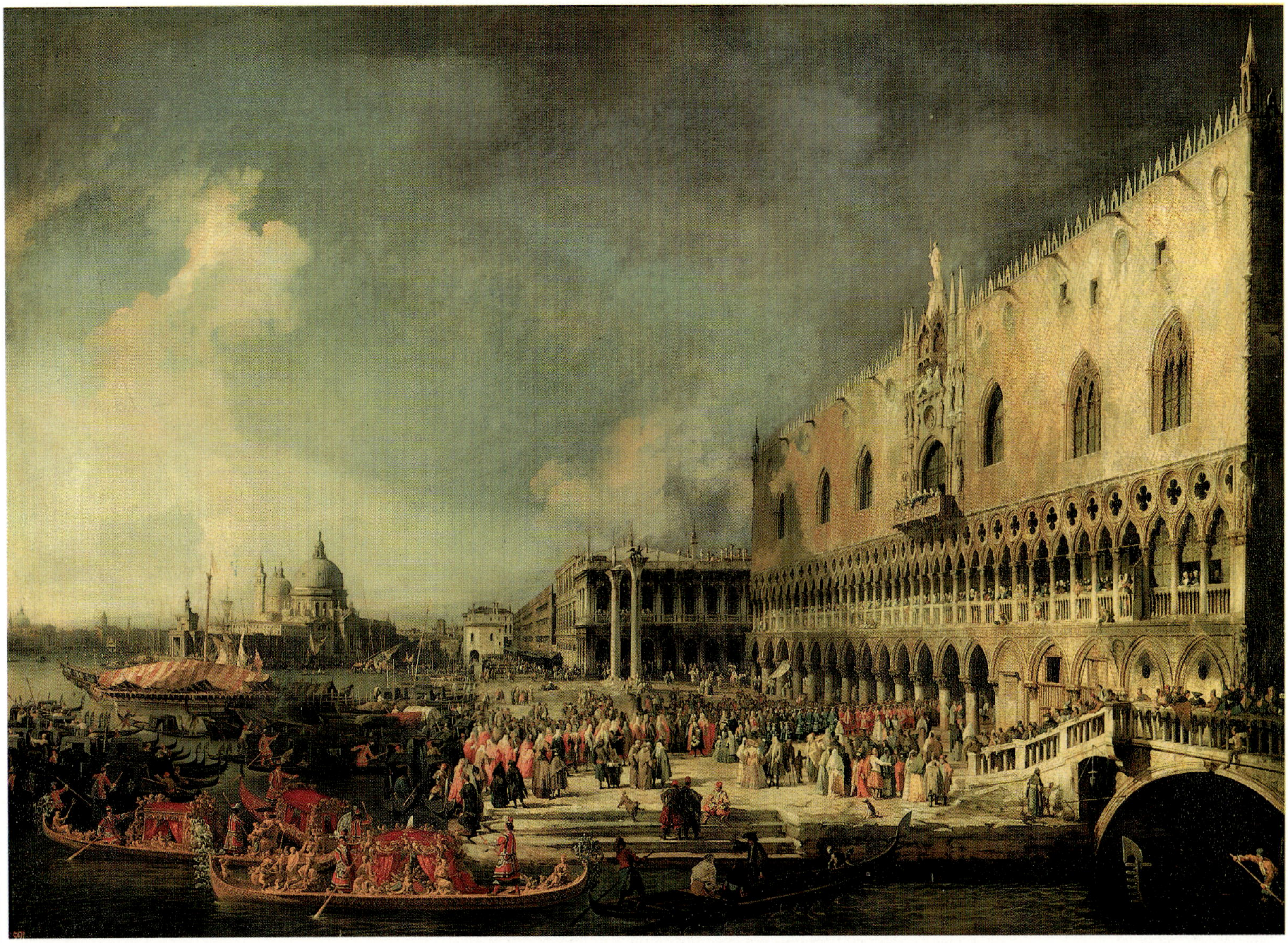

54 *Canaletto (Antonio Canale)*
1697 Venedig – 1768 Venedig
Empfang des französischen Gesandten in Venedig
Vierziger Jahre des 18. Jahrhunderts
Öl auf Leinwand. 181 × 259,5 cm

Die Handlung spielt sich am Ufer vor dem Dogenpalast ab, dem Regierungszentrum der Republik Venedig. Dargestellt ist die Ankunft des französischen Gesandten Jacques-Vincent Languet, Comte de Gergi, am 4. November 1726. Doch nach der Art der Ausführung des Bildes zu urteilen – es fehlen starke perspektivische Verkürzungen und Helldunkel-Kontraste, wie sie für die frühe Schaffensperiode des Künstlers charakteristisch waren –, entstand das Gemälde erst einige Zeit nach dem Ereignis selbst.

Canaletto hat das Genre der dokumentarisch-getreuen Stadtansichten, der Veduten, entwickelt und bereichert. In dem wiedergegebenen Werk hat er die Komposition des Bildes »Empfang des Lord von Manchester durch den venezianischen Dogen« aufgegriffen, das von seinem älteren Zeitgenossen und Lehrer Luca Carlevaris stammt. Die Palette Canalettos ist hier hell, die Gebäude sind deutlich sichtbar in der kristallklaren Luft. Das Gegenstück zu diesem Gemälde – »Abfahrt des venezianischen Dogen zur Vermählung mit dem Adriatischen Meer« – befindet sich im Staatlichen Puschkin-Museum der bildenden Künste in Moskau.

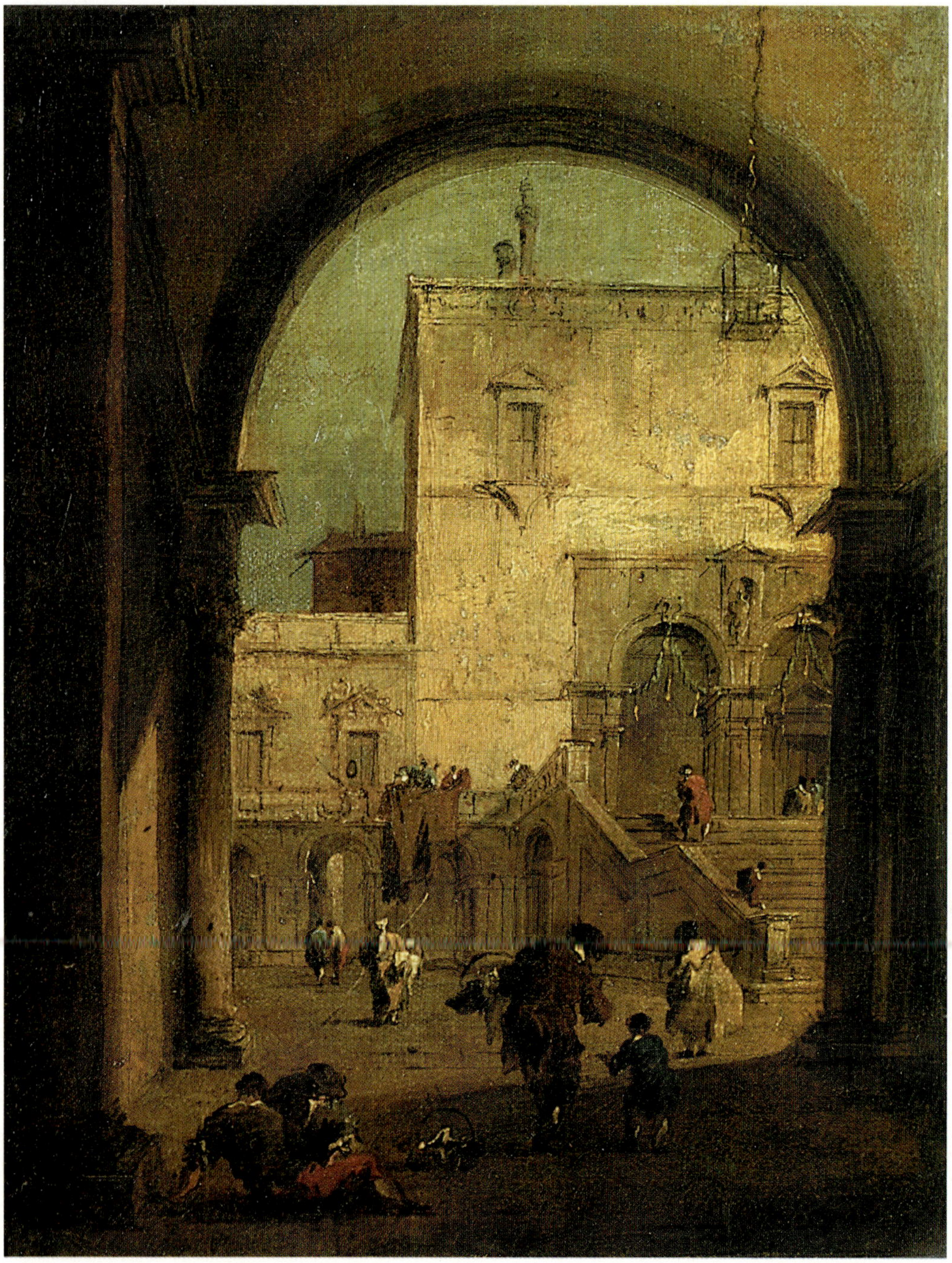

55 *Francesco Guardi*
1712 Venedig – 1793 Venedig
Ansicht des Palastplatzes
Öl, von Holz auf Leinwand übertragen
27 × 23 cm

Francesco Guardi schuf historische Kompositionen und Porträts; sogar Möbel und Theatervorhänge hat er bemalt. Seinen Ruhm erwarb er jedoch durch Architekturlandschaften, denen er sich seit den vierziger Jahren fast ausschließlich zuwandte; meist stellte er unterschiedliche Ansichten seiner Heimatstadt mit ihren Plätzen und Kanälen an Feier- und Werktagen dar.

Diese Bilder wirken äußerst malerisch, mit Konturen, die sich in der Luft aufzulösen scheinen. Selbst die geringsten Schattierungen und Vibrationen, die sich aus der feuchten Atmosphäre Venedigs ergeben, erhaschte der Künstler in dem zarten Spiel des Lichtes und der Reflexe. Auf dem Gemälde »Ansicht des Palastplatzes« ersteht die Stadt Venedig in ihrer ganzen strahlenden Schönheit. Sogar die dichtesten Schatten bleiben noch durchsichtig, belebt von winzigen goldenen Lichtreflexen. Malerisch pikant erfaßte Straßenszenen verstärken den Zauber solcher Landschaften Guardis.

56 *Giovanni Battista Tiepolo*
1696 Venedig – 1770 Madrid
Maecenas stellt Kaiser Augustus die Freien Künste vor. 1743
Öl auf Leinwand. 69,5 × 89 cm

Dieses Bild, ein für Tiepolo verhältnismäßig kleines Format, wirkt beeindruckend durch die Betonung des Gefühlsmäßigen, durch sein strahlendes Kolorit, durch malerische Freiheit und durch die vollendete Wiedergabe von Licht und Luft. Menschen, Architekturen und Statuen, alles mit leichtem, durchsichtigem Pinselstrich hingemalt, scheinen in sonnendurchtränkte Luft eingetaucht zu sein, und es ist, als lösten sich die Konturen der fernen Gebäude in goldenen Rauch auf. Unter den Freien Künsten, die Maecenas dem Kaiser Augustus vorstellt, personifizieren die Frauengestalten Malerei, Plastik und Architektur, während der alte, blinde Homer, der sich auf einen jungen Blindenführer stützt, die Dichtkunst vertritt.

Das Gemälde entstand im Auftrag von Graf Heinrich von Brühl, und aus dessen Sammlungsbestand wurde das Bild 1769 für die Ermitage erworben. Die Stellung dieses Ministers am sächsischen Hof ähnelte derjenigen des Maecenas am Hofe des römischen Kaisers Octavian Augustus. Als echter Kenner wußte Brühl die Kunst zu schätzen; u.a. leitete er den Ankauf von Gemälden für die Dresdener Galerie. Um die in dem Bild enthaltene allegorische Anspielung noch mehr zu verdeutlichen, ist im Hintergrund das Brühlsche Palais dargestellt.

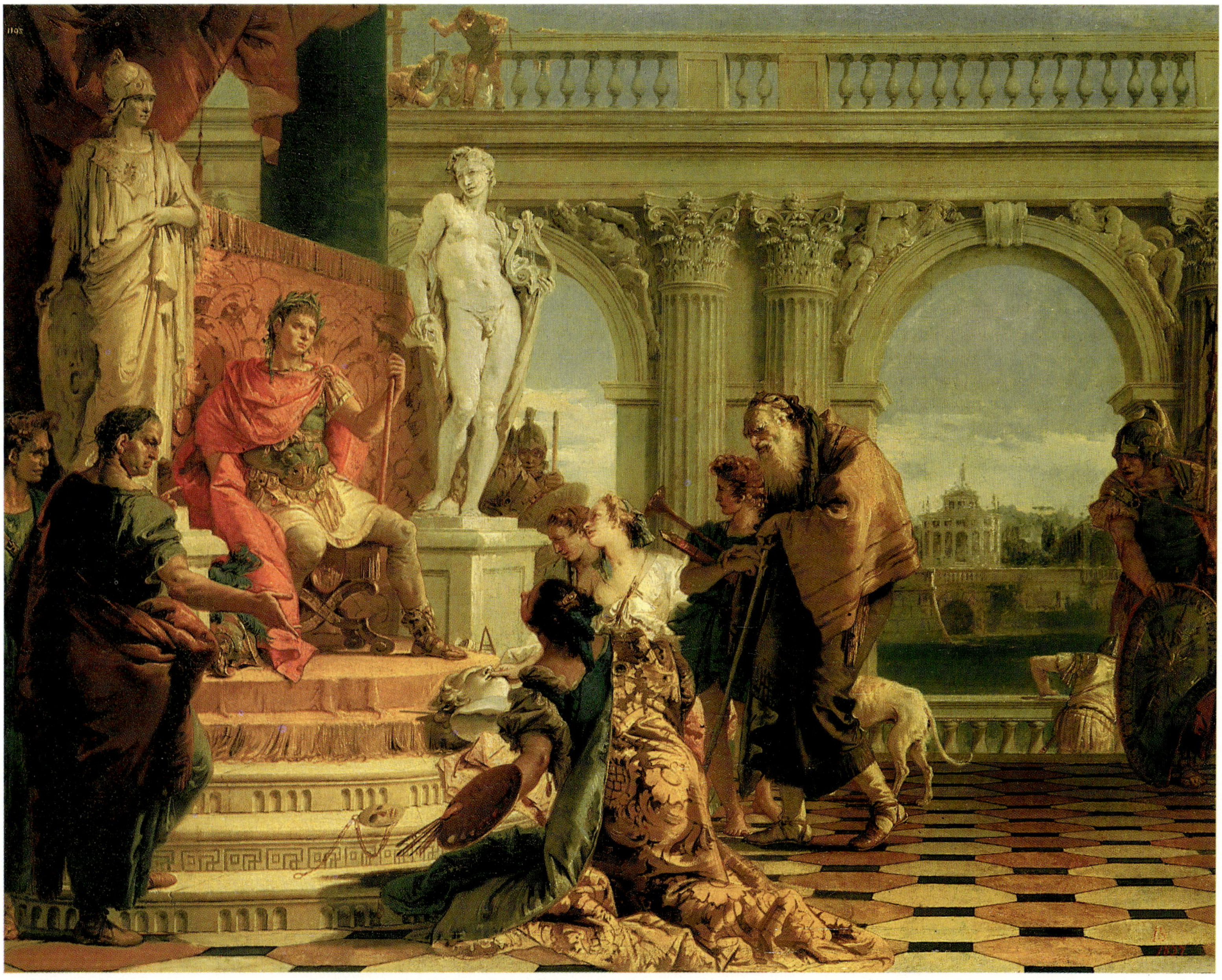

57 *Antoine Watteau*
1684 Valenciennes – 1721 Nogent-sur-Marne
Ein verwirrender Antrag. Um 1716
Öl auf Leinwand. 65 × 84,5 cm

Watteau war der Begründer des Genres der »galanten Feste« (der Szenen mit Kavalieren und Damen, die sich den Vergnügungen der Welt hingeben). Sein Schicksal ist mit dem Leben der französischen Aristokratie in der Epoche der Régence verbunden. Der kränkliche, zu Ironie und Wehmut neigende Künstler errichtete sich ein Reich fabulierfreudiger Poesie; seine Bilder reflektieren dabei die für den Adel jener Zeit typische Sucht nach Lustbarkeit und die Vorliebe, Feste zu feiern.

Das Gemälde der Ermitage weist kein erzählerisch wirksames Sujet auf. Die Bewegungen des Paares in der Mitte – eine junge Dame weicht ein wenig vor dem feurig auf sie einredenden Kavalier zurück – regten einen Stecher des 18. Jahrhunderts an, unter eine Nachbildung des Gemäldes den Titel »Ein verwirrender Antrag« zu setzen – woher dessen Bezeichnung rührt. Das Bild scheint Watteaus Traum von einer schönen, ruhigen, mit leiser Musik und zärtlichen Gefühlen erfüllten Welt widerzuspiegeln. Graziöse Gestalten bilden rhythmisch verbundene Gruppen. Mit feinen, gleichsam vibrierenden Pinselstrichen trug der Maler die Farbe auf, wodurch die erlesenen Töne der Kleidung vor der silbrigen, rosafarben schattierten Landschaft flimmern. Diese Landschaft gleicht eher einer Theaterdekoration als der wirklichen Natur. Die Gefühle der Menschen bleiben verborgen, doch es klingt unverkennbar ein wehmütiger Zug an. Eine Untersuchung des Gemäldes mit Röntgenstrahlen machte deutlich, daß Watteau nach der besten kompositorischen Lösung suchen mußte. Er hat an dem Bild so lange geändert, bis er zu der endgültigen Variante gelangt war.

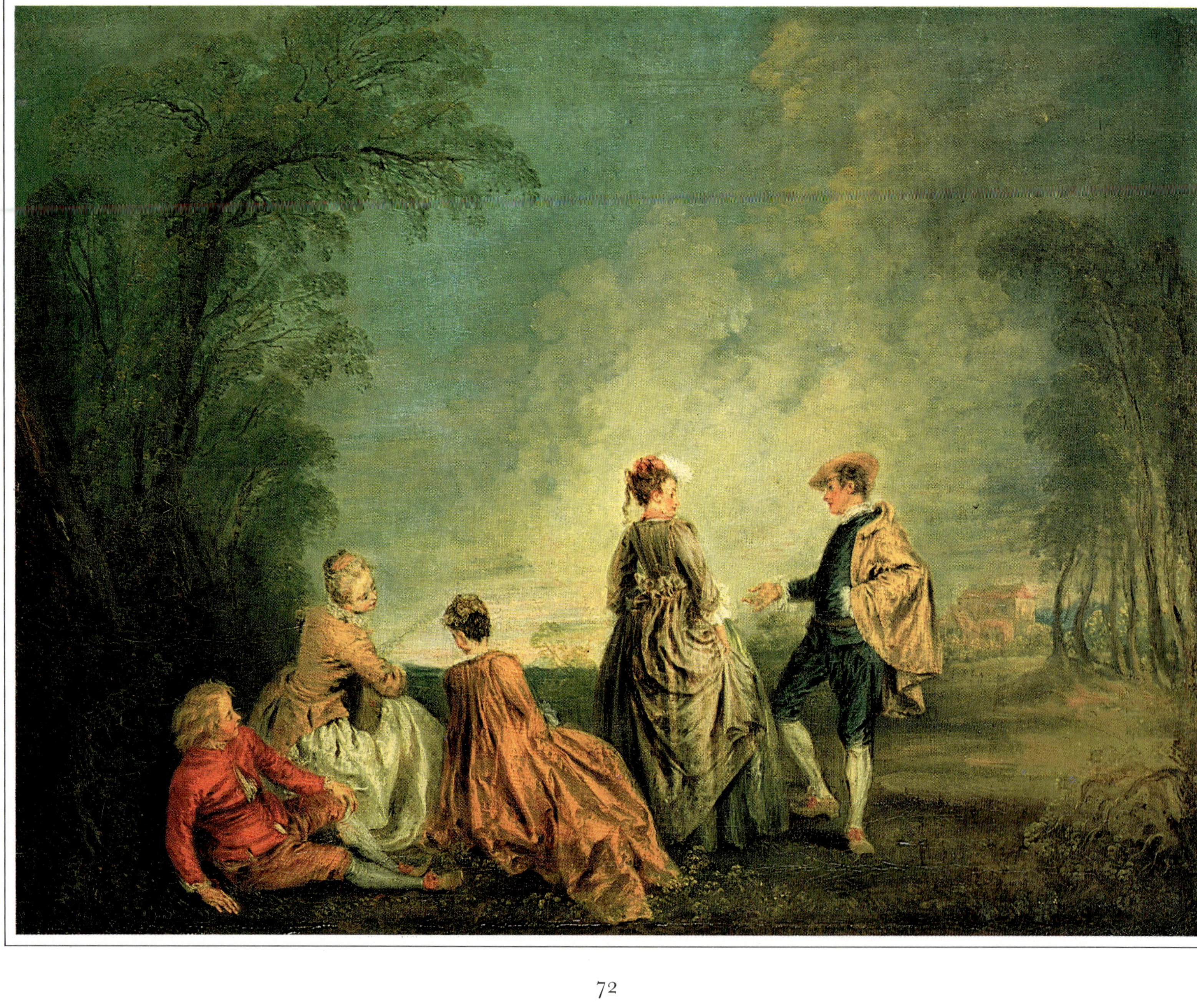

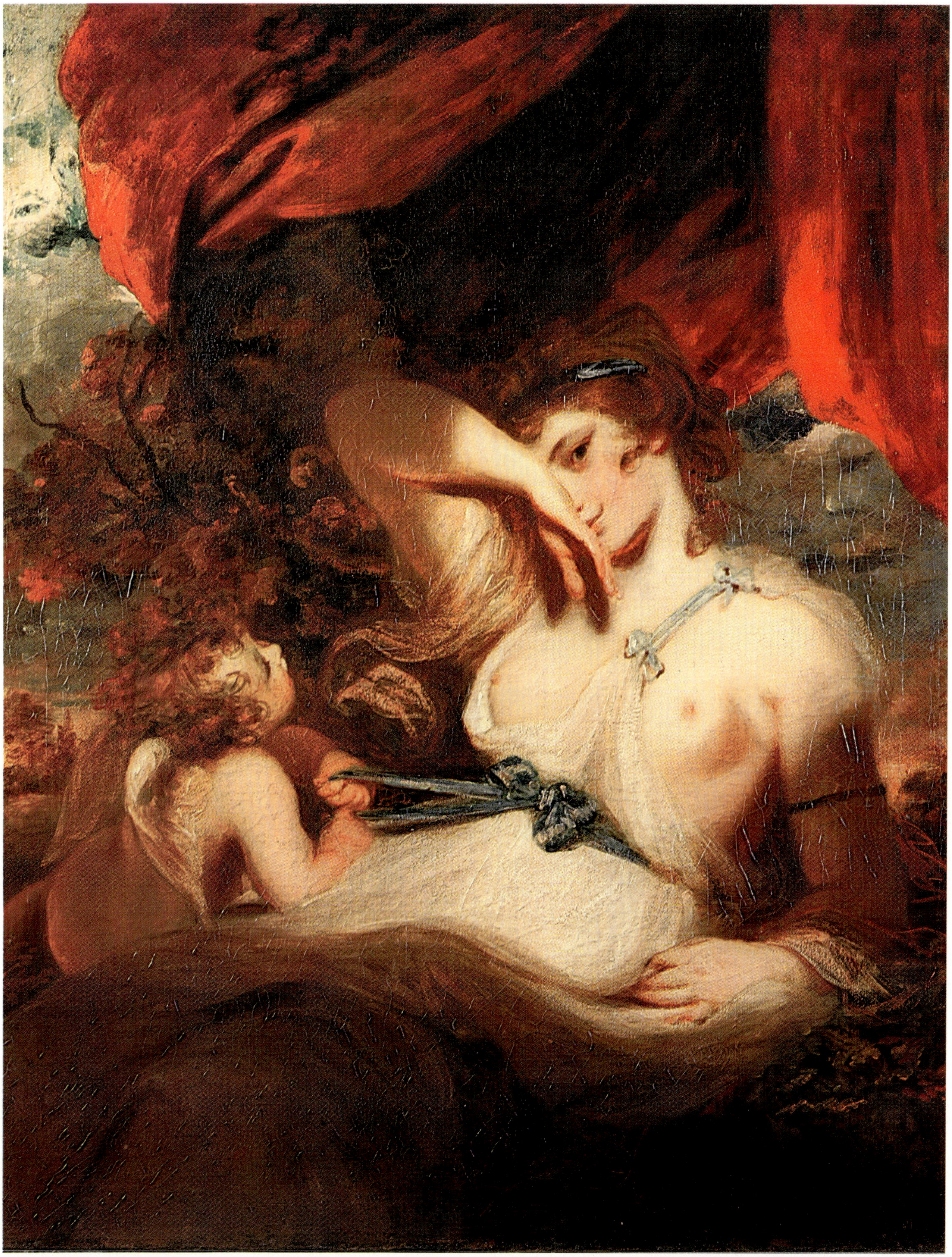

58 *Joshua Reynolds*
1723 Plympton – 1792 London
Amor löst Venus den Gürtel
Zwischen 1784 und 1788
Öl auf Leinwand. 127,5 × 101 cm

Joshua Reynolds war das Haupt der englischen Porträtisten-Schule, doch sein Interesse galt auch der »historischen« Malerei, wobei er sich insbesondere als Meister der weiblichen Aktdarstellung erwies. Als Modell für die Venus des Bildes aus der Ermitage diente dem Künstler augenscheinlich Lady Hamilton, eine berühmte Schönheit seiner Zeit. Reynolds folgt bei diesem Gemälde offensichtlich dem Vorbild der venezianischen Meister: Die Farbskala – tiefe rote und weiße, dunkelbraune und grüne Töne – erinnert ebenso wie die Struktur der Farbschicht an Tizian. Doch das Graziöse, Elegante seiner Venus zeugt von raffinierten, typisch englischen Schönheitsauffassungen, wobei sich im Ausdruck Koketterie mit Verschmitztheit mischt.

59 *Thomas Gainsborough*
1727 Sudbury – 1788 London
Dame in Blau. Anfang der achtziger Jahre des 18. Jahrhunderts
Öl auf Leinwand. 76 × 44 cm

Neben Reynolds steht Thomas Gainsborough an der Spitze der englischen Maler des 18. Jahrhunderts. Er schuf Porträts und Landschaftsbilder sowie – gegen Ende seines Lebens – auch Genredarstellungen. Seine Malerei strahlt Eleganz und natürlichen Charme aus, weshalb Gainsborough als Hauptmeister des englischen Rokoko gilt. Wer dem Künstler zu dem hier wiedergegebenen Bild Modell saß, wissen wir nicht; früher hielt man das Werk, freilich ohne ausreichende Begründung, für ein Porträt der Herzogin von Beaufort. Fest steht, daß das Gemälde jenem ebenso repräsentativen wie psychologisch eindringlichen Typus des Bildnisses entspricht, den Gainsborough selbst geschaffen hat.

Die »Dame in Blau«, die in die späte Schaffenszeit des Künstlers gehört, bietet ein glänzendes Beispiel für die wundervolle »blaue Manier« des Malers. Die Verbindung verschiedener Abstufungen blauer, weißer und silbriger Töne mit dem ganz leichten Rosa des Inkarnats ergibt eine Harmonie kalter Farben. Das Bildnis ist leicht und flüssig gemalt, zusammenfassende Pinselzüge geben Gesicht und Körper wieder, während die Pinselführung beim Haar und beim Kopfputz in einzelne, an Pastellmalerei erinnernde Striche übergeht. Überhaupt ähnelt das Bild hinsichtlich seines Kolorits einem Pastell.

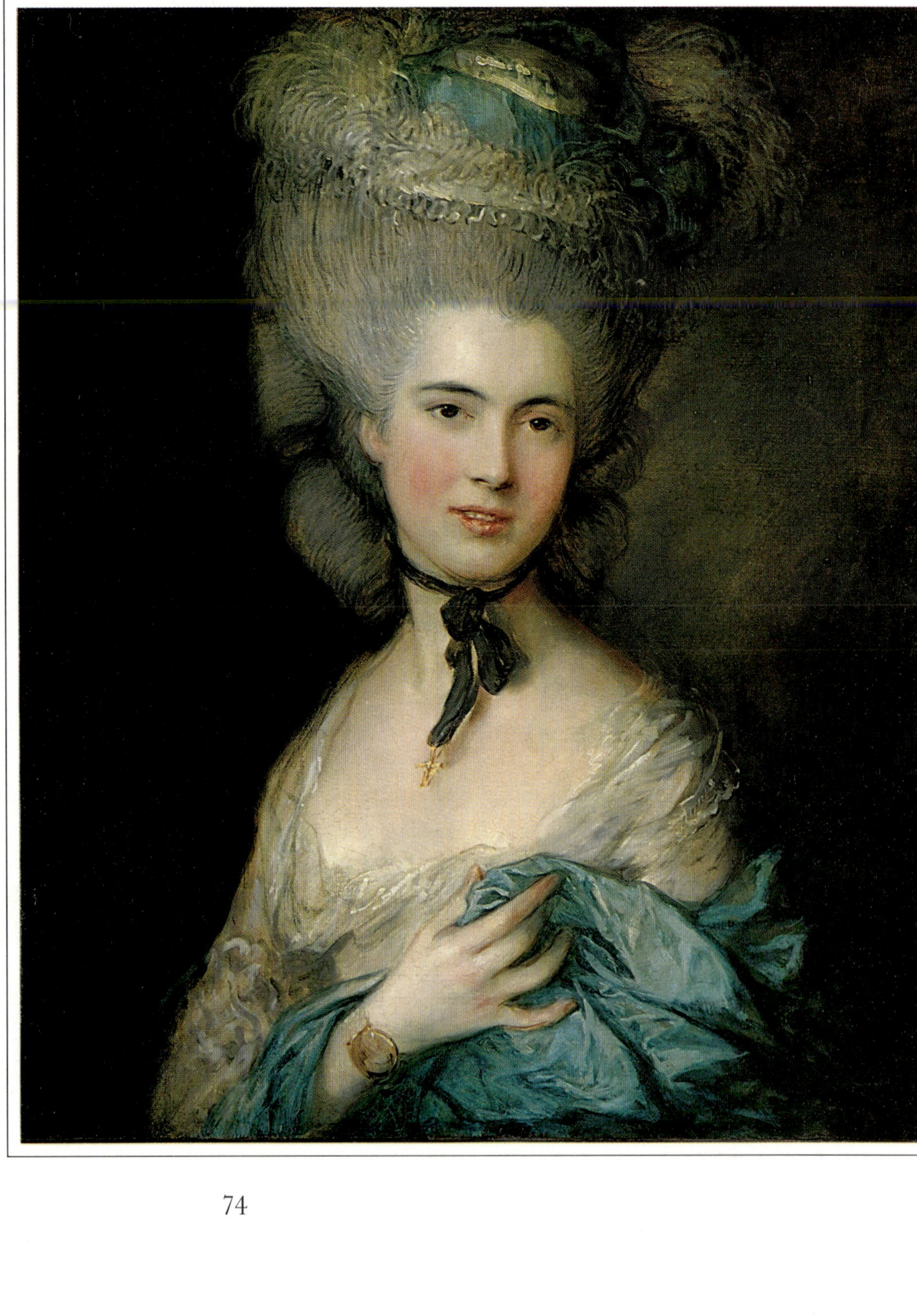

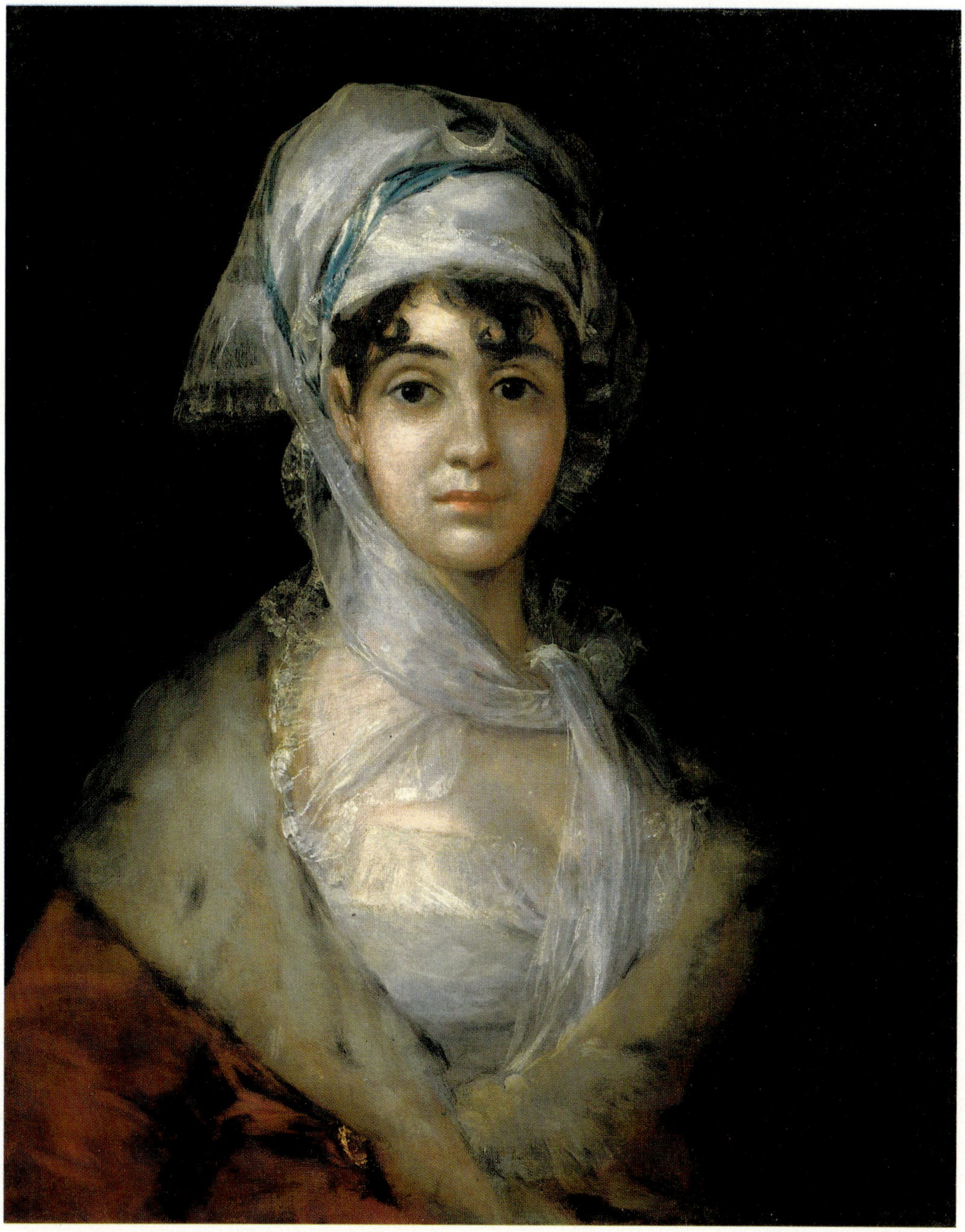

60 *Francisco de Goya*
1746 Fuendetodos – 1828 Bordeaux
Bildnis der Antonia Sarate. Um 1811
Öl auf Leinwand. 71 × 58 cm

Goyas Werk ist durchdrungen von Wahrheitsliebe und Leidenschaftlichkeit, namentlich auch sein Schaffen als Porträtist; wenn er seine Modelle charakterisierte, verbarg er weder Sympathie noch Antipathie. Und wenn er Bildnisse von Mitgliedern der königlichen Familie oder von dem allgewaltigen Minister Godoy schuf, so wirken diese Werke wie unverhüllte Satiren. Die Gestalt der Schauspielerin Antonia Sarate vom Madrider Theater, mit der den Künstler eine geistige Verwandtschaft verband, ist von tiefem, bewegendem Gefühl erfüllt. Vielleicht hat er die Schauspielerin in einer ihrer Rollen wiedergegeben; darauf deuten die Hermelinmantille und der Halbmond im Kopfschmuck. Bereits 1805 malte Goya ein Bildnis der Antonia Sarate (Privatsammlung Blessington). In dem Gemälde der Ermitage geht von der bleichen, zerbrechlichen Frau mit den großen, traurigen Augen etwas wie Unruhe und düstere Vorahnung aus. Kurz nachdem der Künstler das Porträt gemalt hatte, starb die Schauspielerin an Tuberkulose, und zweifellos wußte Goya um ihre schwere Krankheit.

61 *Jean-Baptiste Siméon Chardin*
1699 Paris – 1779 Paris
Stilleben mit Attributen der Kunst. 1766
Öl auf Leinwand. 112 × 140,5 cm

Dieses Stilleben ist für Chardins Schaffen ungewöhnlich. Es war als Supraporte gedacht, sollte also über einer Tür aufgehängt werden. Katharina II. hatte es bei dem Künstler für die Innenausstattung der damals gerade in Bau befindlichen Akademie der Künste in Petersburg bestellt. Daher rührt die durch das ursprüngliche Format bedingte verschnörkelte Rocaillelinie am oberen Rand des Bildes. Erst später erhielt das Stilleben durch eine Ergänzung im oberen Teil die heutige rechteckige Form.

Die dargestellten Gegenstände haben allegorische Bedeutung: Die mit Farben besetzte Palette und der Pinsel symbolisieren die Malerei, die Merkurstatuette die Bildhauerkunst und die Pläne und Zeichenutensilien die Architektur. Unverkennbar prägt sich zudem in der Komposition der Charakter der Supraporte aus: So erinnert insbesondere die in der Mitte des Bildes angeordnete Statuette an einen Skulpturaufsatz, wie er über Türöffnungen traditionell war. Doch trotz all dieser Merkmale erscheint das Stilleben insgesamt als eine glaubwürdige Wiedergabe des Arbeitstisches Chardins. Der Künstler ging also auch hier nicht von seiner realistischen, auf intensivem Naturstudium beruhenden Methode ab, und so verbindet sich die streng durchdachte Komposition mit der malerischen Wiedergabe der Struktur und des Volumens der Gegenstände, wobei zugleich der unabdingbare Zusammenhang mit den jeweils gegebenen Licht- und Luftverhältnissen spürbar wird.

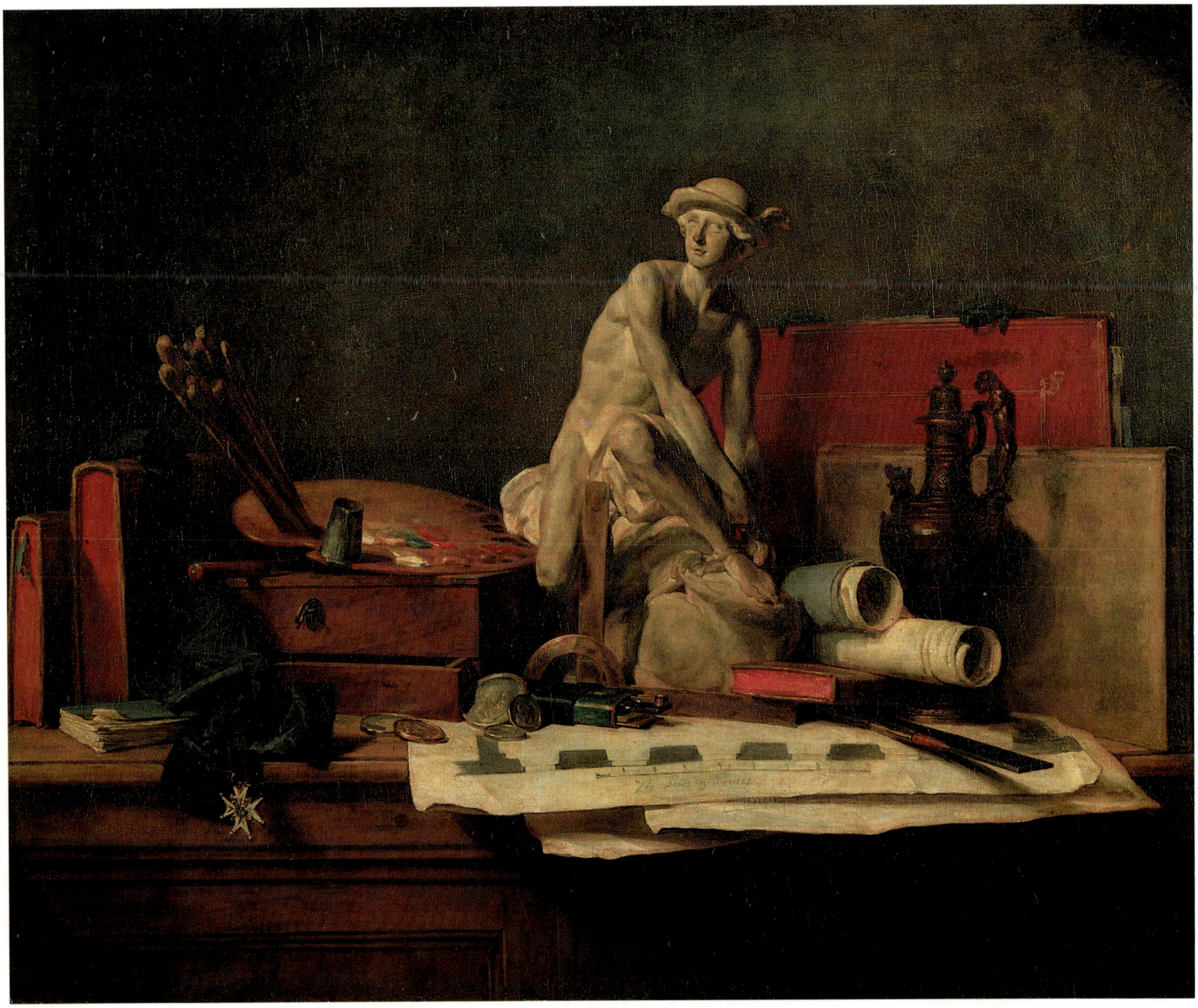

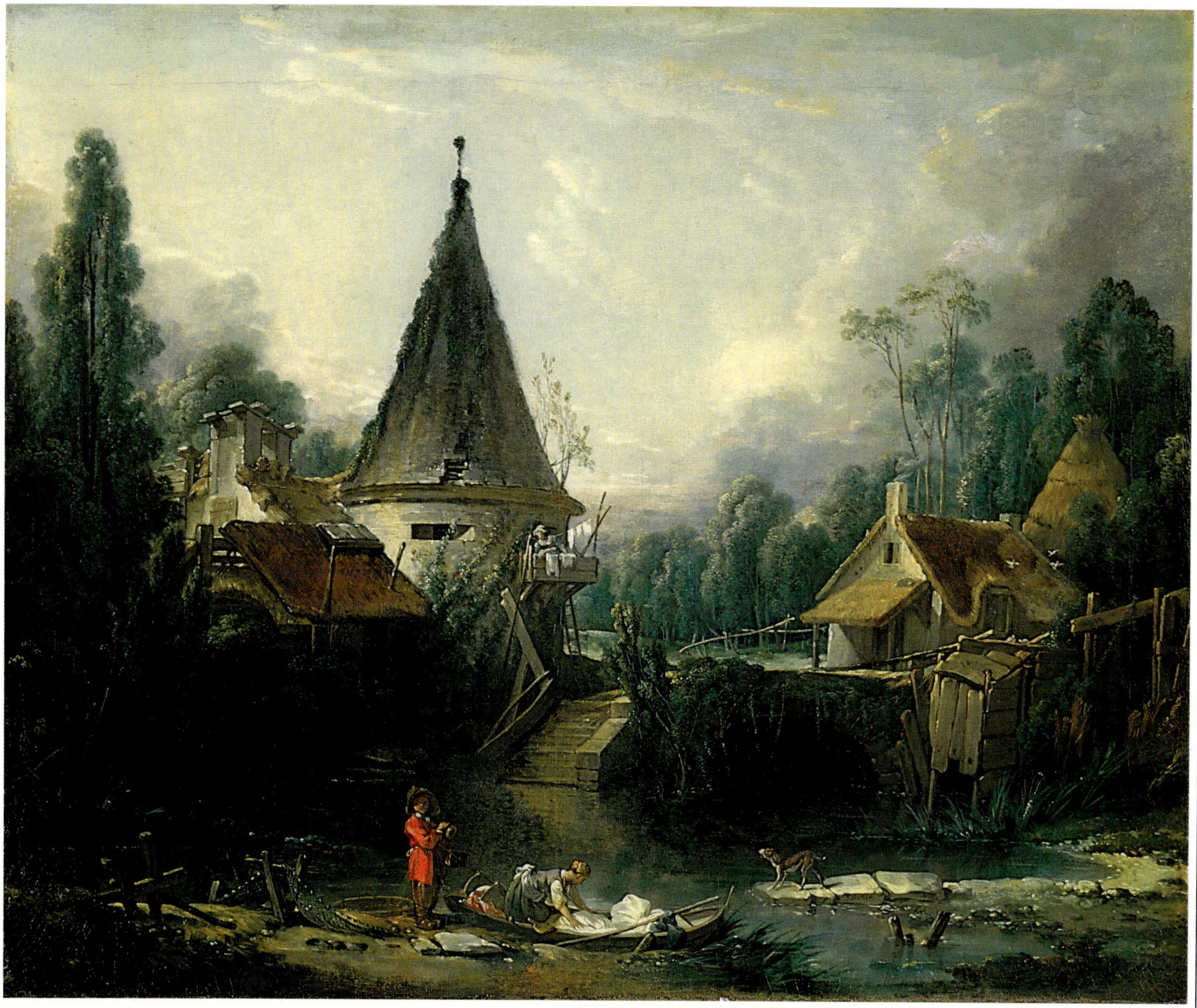

62 *François Boucher*
1703 Paris – 1770 Paris
Landschaft in der Umgebung von Beauvais
Anfang der vierziger Jahre des 18. Jahrhunderts
Öl, von Holz auf Leinwand übertragen
49 × 58 cm

Der Name dieses Künstlers wurde zum Inbegriff für das Schillernde, Leichtlebige in der französischen Kunst zur Zeit Ludwigs XV. Als virtuoser Zeichner und bezaubernder Kolorist gestaltete Boucher die Wirklichkeit in der Weise um, daß ein unterhaltsamer, schöner Anblick entstand, in den figürlichen Kompositionen mit einem guten Schuß Erotik. Die »Landschaft in der Umgebung von Beauvais« gibt zweifellos ein bestimmtes Gelände aus dem Umkreis jener Stadt wieder, in der Boucher als Direktor der Königlichen Gobelinmanufaktur tätig war. Doch die bizarren Konturen der Häuser und Bäume, die rosablauen Fernen und die unnatürlich bläulichen Grüntöne, die durch ihre Dekorativität und Feinheit faszinierend wirken, entfernen sich weit von der Realität. Indirekte urkundliche Angaben machen es wahrscheinlich, daß diese Darstellung in großem Maßstab für die Königliche Oper gemalt worden ist.

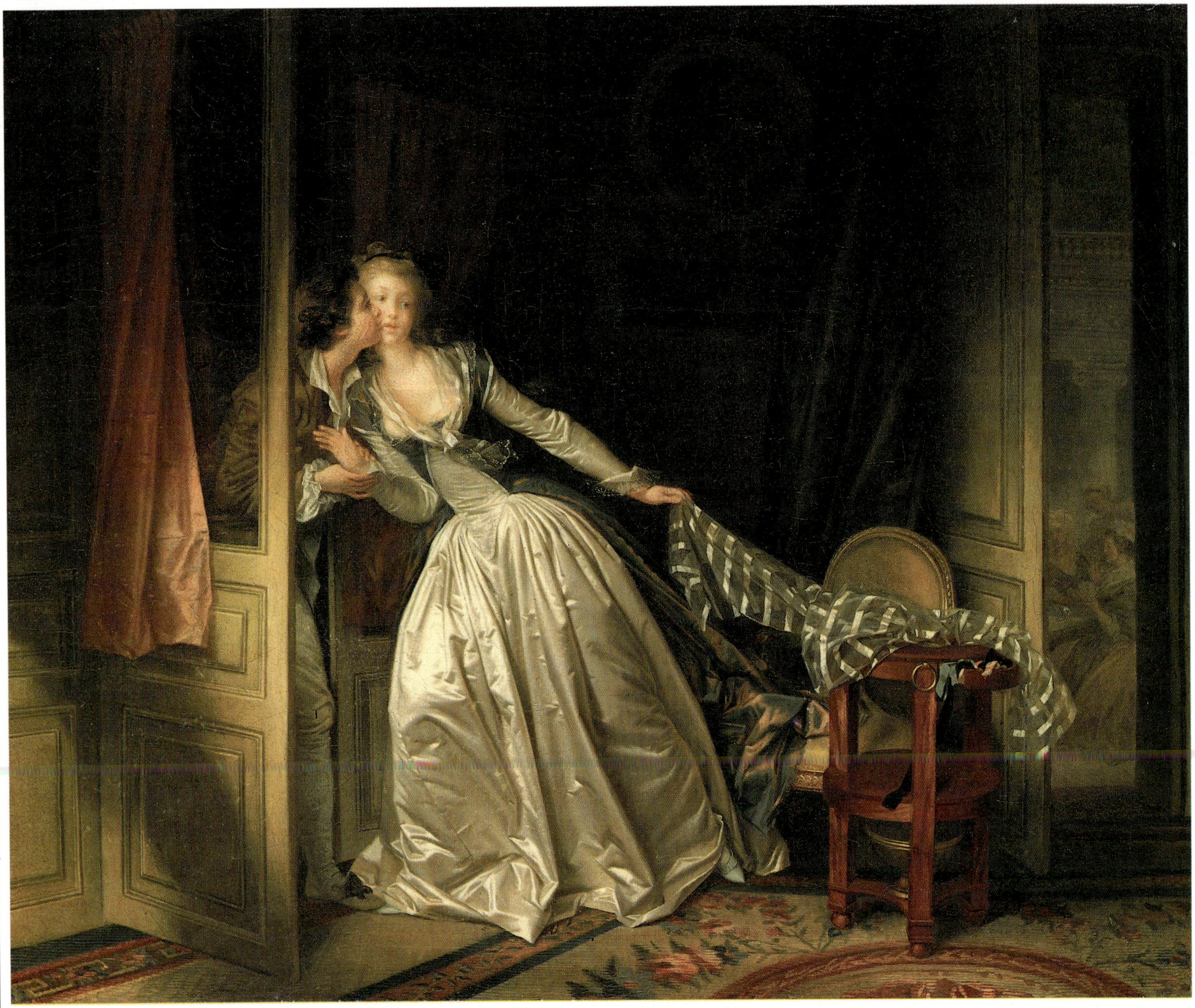

63 *Jean-Honoré Fragonard*
1732 Grasse – 1806 Paris
Der heimliche Kuß. Ende der achtziger Jahre des 18. Jahrhunderts
Öl auf Leinwand. 45 × 55 cm

Fragonard, Schüler und Nachfolger Bouchers, malte gern Liebesszenen. Stets galt sein Interesse lebendigen Äußerungen natürlicher Gefühle im Alltagsleben. In seiner früheren Schaffenszeit pflegte er eine temperamentvolle und breite malerische Manier, die der Gefühlsbetontheit seiner Gestalten entsprach. Später reifte seine Malweise zu strenger Verhaltenheit, wobei sich der Künstler in diesen späten Bildern, so auch in dem hier wiedergegebenen, vornehmlich der feinen Nuancierung des Kolorits widmete. Fragonard gelangte zu einer geradezu »holländischen« Auffassung von Farbe und Form, viel stärker als im Frühwerk trat auch die Wiedergabe von Details und gegenständlich-struktureller Eigenschaften in den Vordergrund. »Der heimliche Kuß« bildet offenbar das Gegenstück zu einem heute nicht mehr vorhandenen Gemälde, das nur noch durch einen Stich bekannt ist: »Der Ehevertrag«. Die Gesichtszüge des dargestellten Mädchens ähneln denen der Tochter des Künstlers, Rosalie.

64 *Hubert Robert*
1733 Paris – 1808 Paris
Die Flucht. Um 1780
Öl auf Leinwand. 50 × 42 cm

In diesem Gemälde verbinden sich erlesene Dekorativität, wie sie der französischen Landschaftsmalerei des 18. Jahrhunderts eigen war, mit überzeugender Wiedergabe der Luftperspektive und feiner Farbnuancierung. »Die Flucht« ist eines der zahllosen Bilder Roberts, die auf einem literarischen Sujet beruhen. Dabei legte der Künstler Wert darauf, dem Betrachter den Sinn des Dargestellten zu erschließen: Wie in den Stein gemeißelt, sind rechts über dem Brückenbogen Zeilen aus der dritten Ekloge von Virgils »Bucolica« zu lesen, denen die wiedergegebene Szene ihr Thema verdankt. Das Gemälde erweist sich als aufschlußreiches Beispiel für die im 18. Jahrhundert in der Literatur, auf dem Theater und ebenso in der bildenden Kunst vorherrschenden Begeisterung für bukolische Motive. Es war jene Zeit, in der man dem moralischen Verfall in den lärmerfüllten Städten gern die Idylle des scheinbar glücklichen und friedlichen ländlichen Lebens gegenüberstellte. Und so illustrierte selbst Hubert Robert, ein berühmter Maler von Architekturlandschaften, eine Dichtung Virgils.

In der Ermitage befindet sich auch das Gegenstück zur »Flucht«: »Die Nesträuber«, nach einem anderen Sujet aus dieser Dichtung. In beiden Bildern zeigt sich jedoch, trotz der Hirtenthematik, wenig Idyllisches: Das abgebildete Gemälde ist von unruhiger Dynamik erfüllt, es erscheint von Geheimnis umwittert, wobei deutlich wird, wie weit der Künstler seiner Zeit vorauseilte, da er hier schon an der Schwelle der Romantik steht.

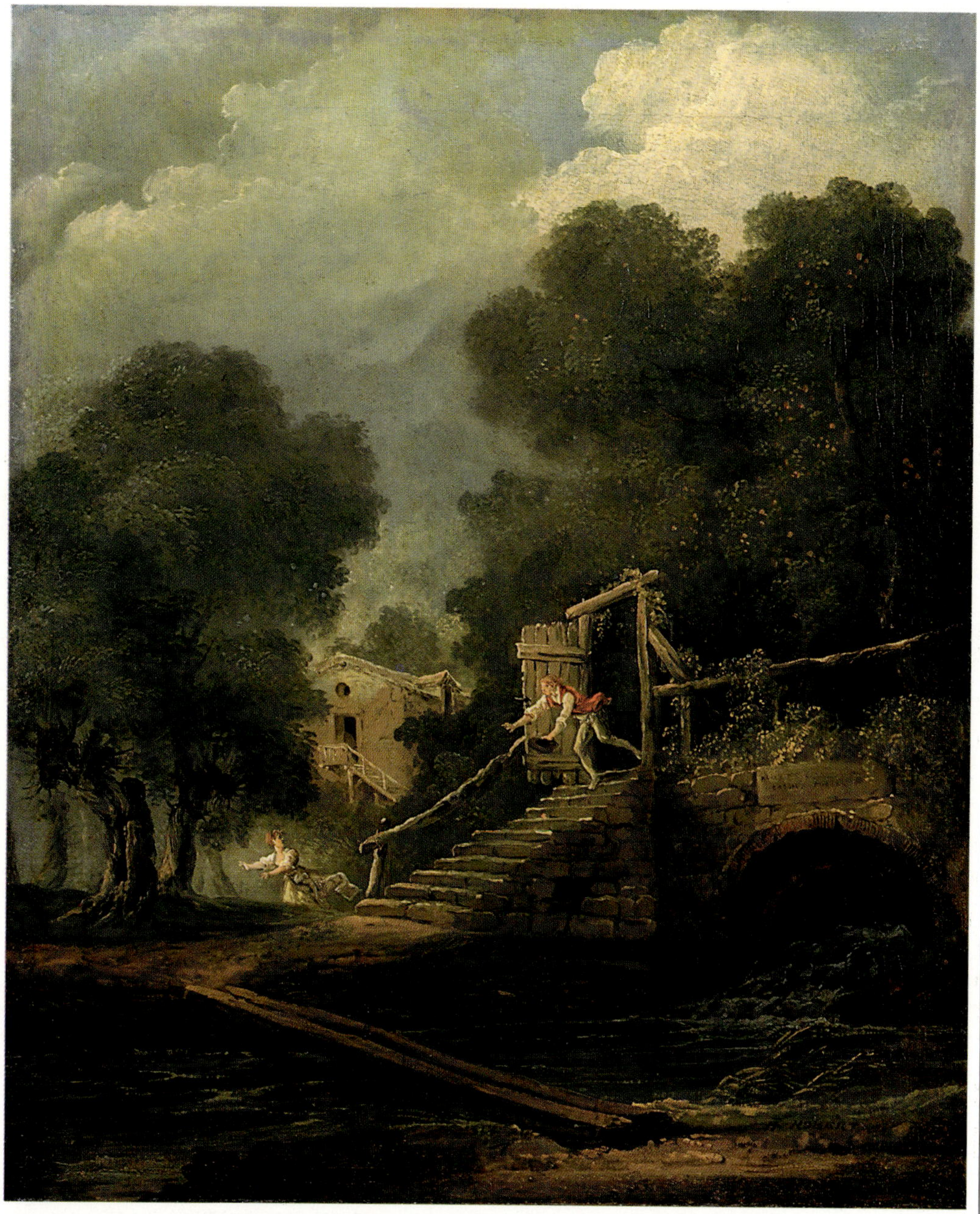

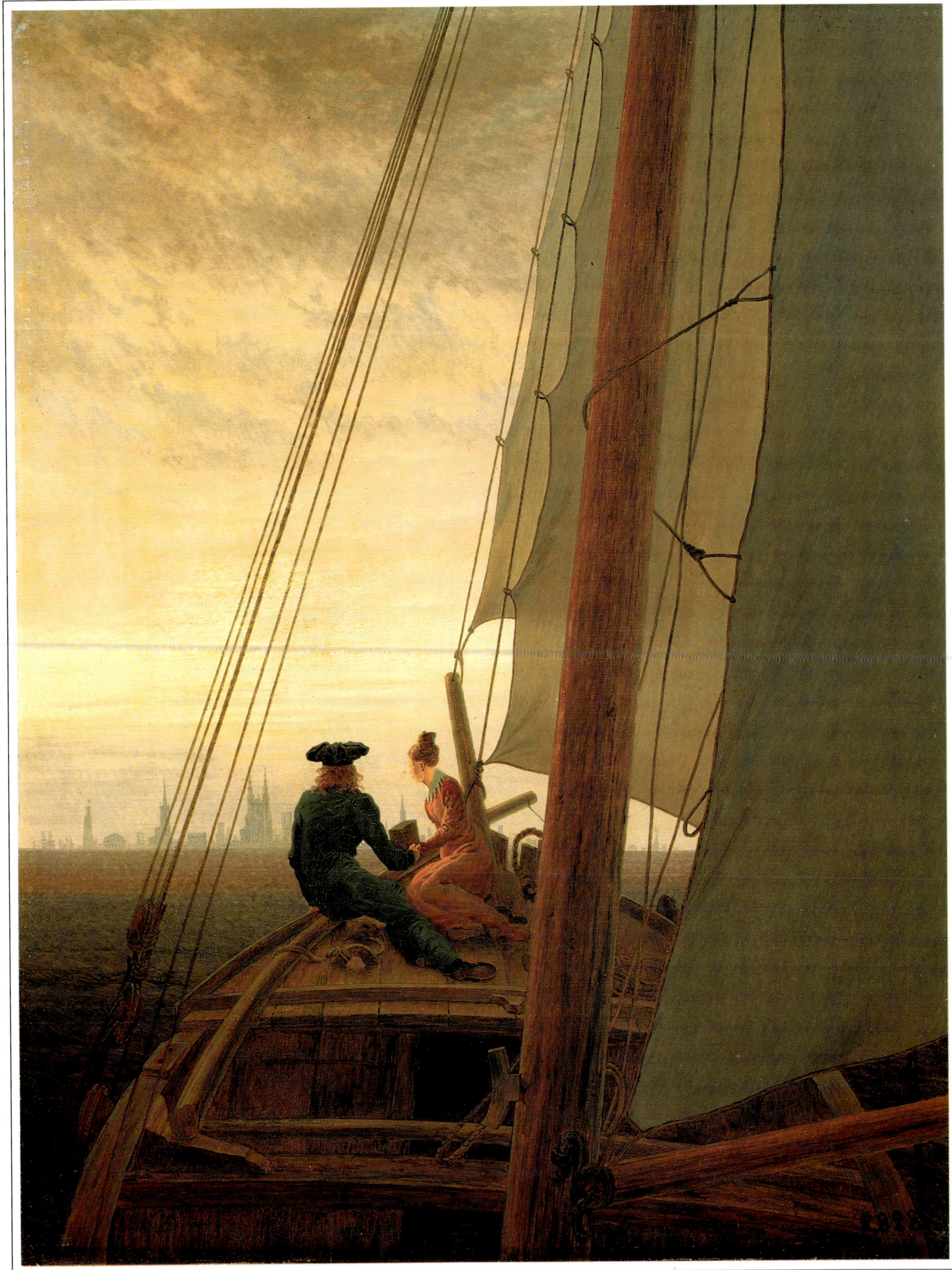

65 *Caspar David Friedrich*
1774 Greifswald – 1840 Dresden
Auf dem Segler. Etwa 1818–1820
Öl auf Leinwand. 71 × 56 cm

Poetischer Gehalt, rhythmische Komposition und ein gefühlsbetontes Kolorit zeichnen die Landschaften des Hauptvertreters der deutschen Romantik, Caspar David Friedrich, aus, in denen die Wiedergabe der Naturwirklichkeit untrennbar mit der Darstellung der inneren Welt des Menschen, seiner tiefen seelischen Gemütsbewegungen verschmilzt. Das Gemälde »Auf dem Segler« entstand nach einer Reise, die der Künstler mit seiner jungen Frau in seine Heimat, nach Greifswald und Rügen, unternahm. Obwohl sich das Bild somit auf ein reales Ereignis aus dem Leben des Künstlers bezieht, enthält es doch eine symbolische Aussage, wie sie für Friedrichs Kunst besonders charakteristisch war: Der Segler auf dem Meer versinnbildlicht das Leben mit all seinen Unbeständigkeiten, die Stadt, die sich am diesig verhüllten Horizont abzeichnet, den Hafen der Ruhe nach allen Wechselfällen menschlichen Daseins. Auch die in der Ferne sichtbaren Architekturmotive aus Stralsund, Greifswald und Dresden dienen dem symbolischen Gehalt des Bildes.

Der Ankauf von Werken Caspar David Friedrichs für die Ermitage geht auf einen Atelierbesuch des damaligen Großfürsten Nikolai, des späteren Zaren Nikolaus I., im Dezember 1820 zurück. Wenig später kaufte in dessen Auftrag der russische romantische Dichter W. A. Shukowski, der Lehrer A. S. Puschkins, die heute noch in der Ermitage befindlichen Gemälde C. D. Friedrichs und anderer Dresdener Romantiker an.

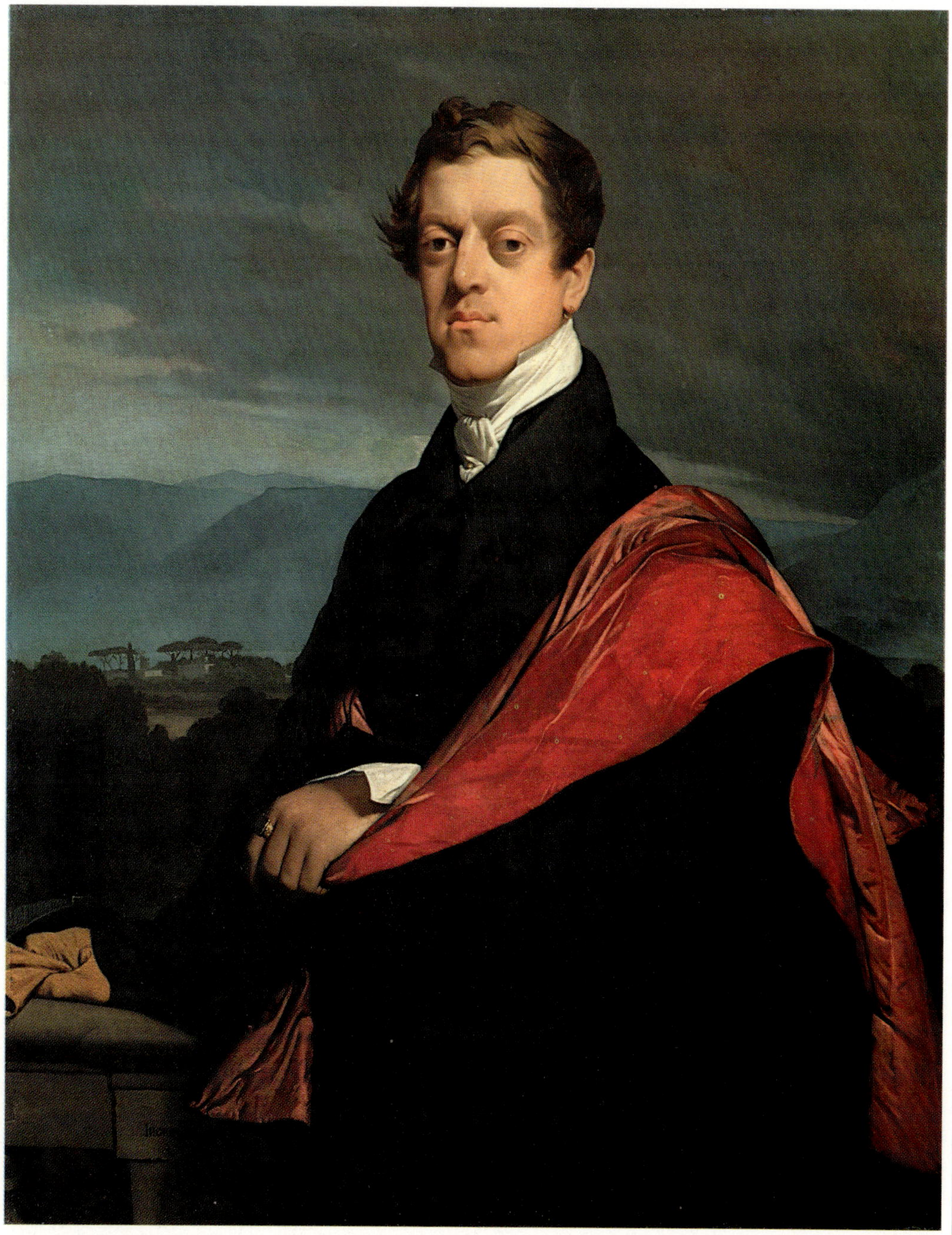

66 *Jean Auguste Dominique Ingres*
1780 Montauban – 1867 Paris
Bildnis des Grafen N. D. Gurjew. 1821
Öl auf Leinwand. 107 × 86 cm

Das Bildnis des Grafen Nikolai Dmitrijewitsch Gurjew (1792–1849) entstand während eines Aufenthalts in Florenz, wo Ingres durch Vermittlung eines Freundes, des Bildhauers Lorenzo Bartolini, mit dem russischen Diplomaten Bekanntschaft schloß. Die knappen Konturen, von zusammenfassender Wirkung bei der Naturwiedergabe, die Klarheit der Formen, makellos exakt, flexibel und sparsam in der durch bewundernswerte Rhythmik auffallenden Zeichnung, sind für die Kunst Ingres' typisch. Er war einer der besten Porträtisten der Weltkunst, und auch dieses Bildnis läßt seine ausgeprägte Beobachtungsgabe, verbunden mit einer eindringlichen Fähigkeit zum Ausloten des Psychologischen erkennen. Die imposante schwarzgekleidete Figur bildet eine pyramidenförmige Silhouette, deren Konturen die Linien der dunkelgrünen Pinien und kaltblauen Hügel durchbrechen. Auch die Linienführung des in kühlem Himbeerrot leuchtenden Umhangfutters unterstreicht das Höhenstreben, so daß durch Komposition und Farbgebung das ausgeprägt Arrogante der Erscheinung des von oben herabblickenden Aristokraten Nachdruck gewinnt.

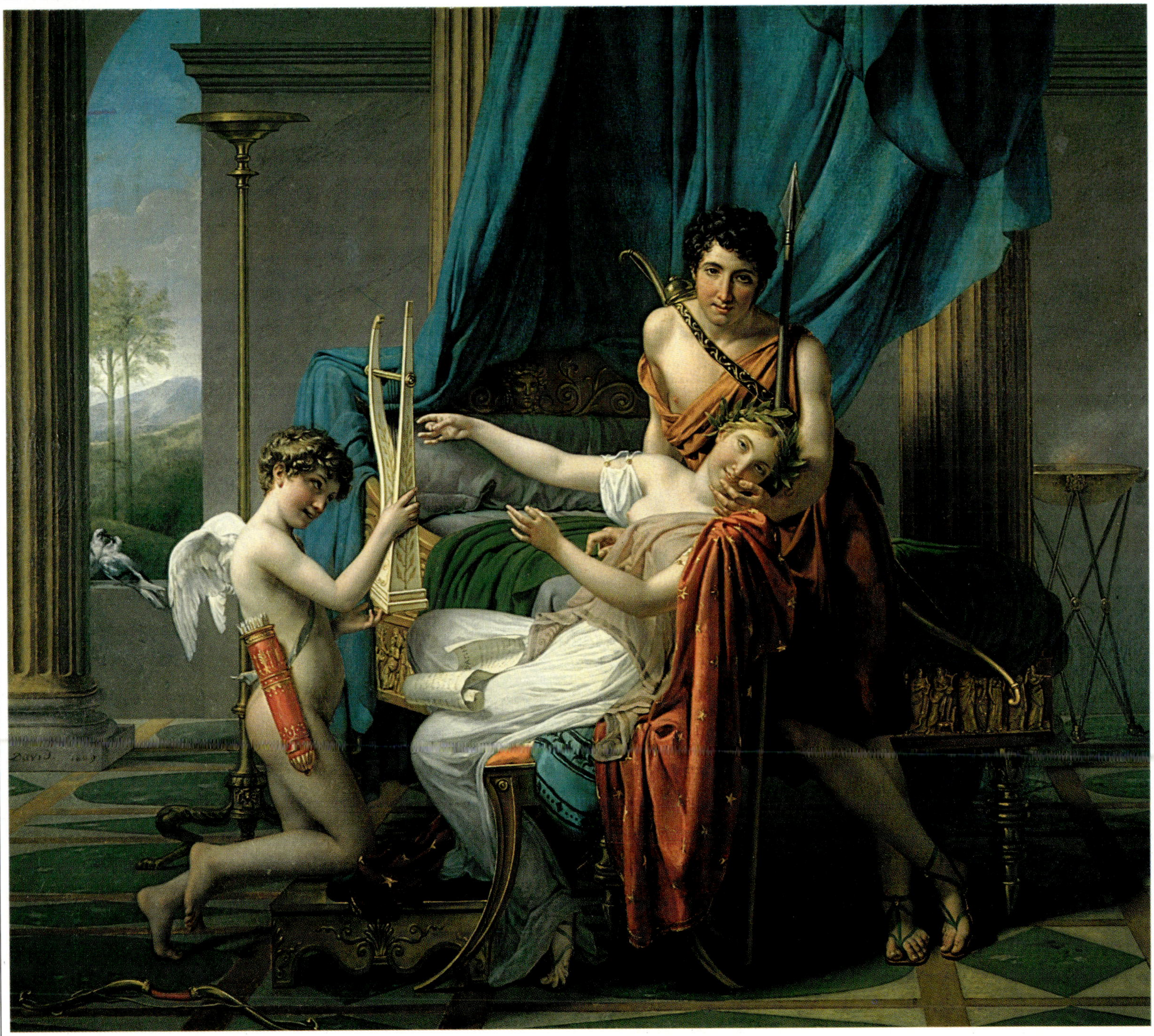

67 *Jacques-Louis David*
1748 Paris – 1825 Brüssel
Sappho und Phaon. 1809
Öl auf Leinwand. 222 × 260 cm

Strenge Zeichnung, klarer Umriß und ausgeprägt plastische Formgebung – die charakteristischen Züge der Kunst dieses bedeutenden klassizistischen Meisters – zeichnen auch das Gemälde »Sappho und Phaon« aus. David hatte lebhaften Anteil an den Geschehnissen der Französischen Revolution genommen und sich zu einem Künstler entwickelt, der von dieser heroischen Epoche in würdiger Weise zu künden vermochte. Das Gemälde aus der Ermitage gehört jedoch in die nachrevolutionäre Schaffenszeit Davids, als in seinen Werken das heroische Pathos abklang und eine kühlere Manier seine Historienbilder und mythologischen Darstellungen bestimmte. Was hier bei der Wiedergabe von Gefühlen naiv und süßlich erscheint und in den Posen und Gesten der Gestalten affektiert wirkt, machen die Perfektion des architektonisch-kompositionellen Aufbaus und die Vollkommenheit in der Modellierung der plastisch erscheinenden Formen wett. Mit besonderer Sorgfalt und Wahrheitsliebe hat David die Einrichtung und die häuslichen Gebrauchsgegenstände nachgebildet.

68 *Eugène Delacroix*
1798 Charenton-Saint-Maurice – 1863 Paris
Löwenjagd in Marokko. 1854
Öl auf Leinwand. 74 × 92 cm

Die Reise, die Delacroix im Jahr 1832 nach Nordafrika unternahm, hinterließ bei dem Künstler einen unauslöschlichen Eindruck. Einige hundert Zeichnungen und Aquarelle, die er damals schuf, dienten ihm in seinem ganzen weiteren Leben als Quelle der Inspiration. Sein bedeutendstes Werk zur afrikanischen Thematik ist das Bild »Löwenjagd in Marokko« (1855), das sich im Museum von Bordeaux befindet. Ihm gingen eine Reihe kleinerer Gemälde und Skizzen voraus, unter denen das Bild in der Ermitage das interessanteste ist. Delacroix hat hier den spannenden Augenblick festgehalten, in dem die beiden Araber sich, auf allen Vieren kriechend, an das Tier heranschleichen. Das Ganze ist von äußerster Dynamik; tiefrote Töne stehen in hartem Gegensatz zu einem hellen und einem dunklen Blau. Mit freiem Pinselstrich sind unruhige, dunkel getönte Partien auf helle aufgesetzt. Furios wirkt die Zeichnung, der Künstler deformierte und übertrieb die Körperformen, um die Schnelligkeit und die Art der Bewegung der Männer zu erfassen.

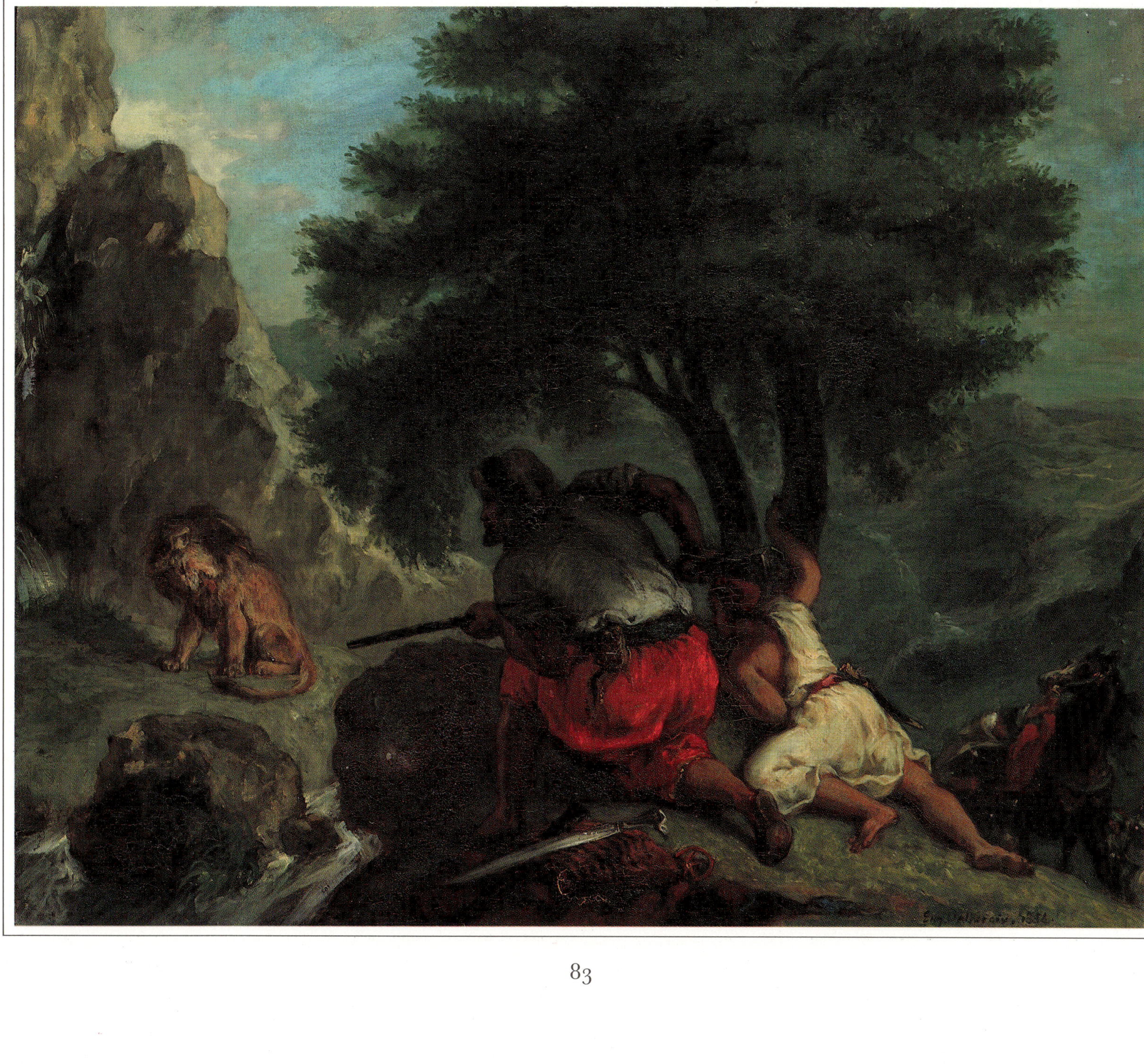

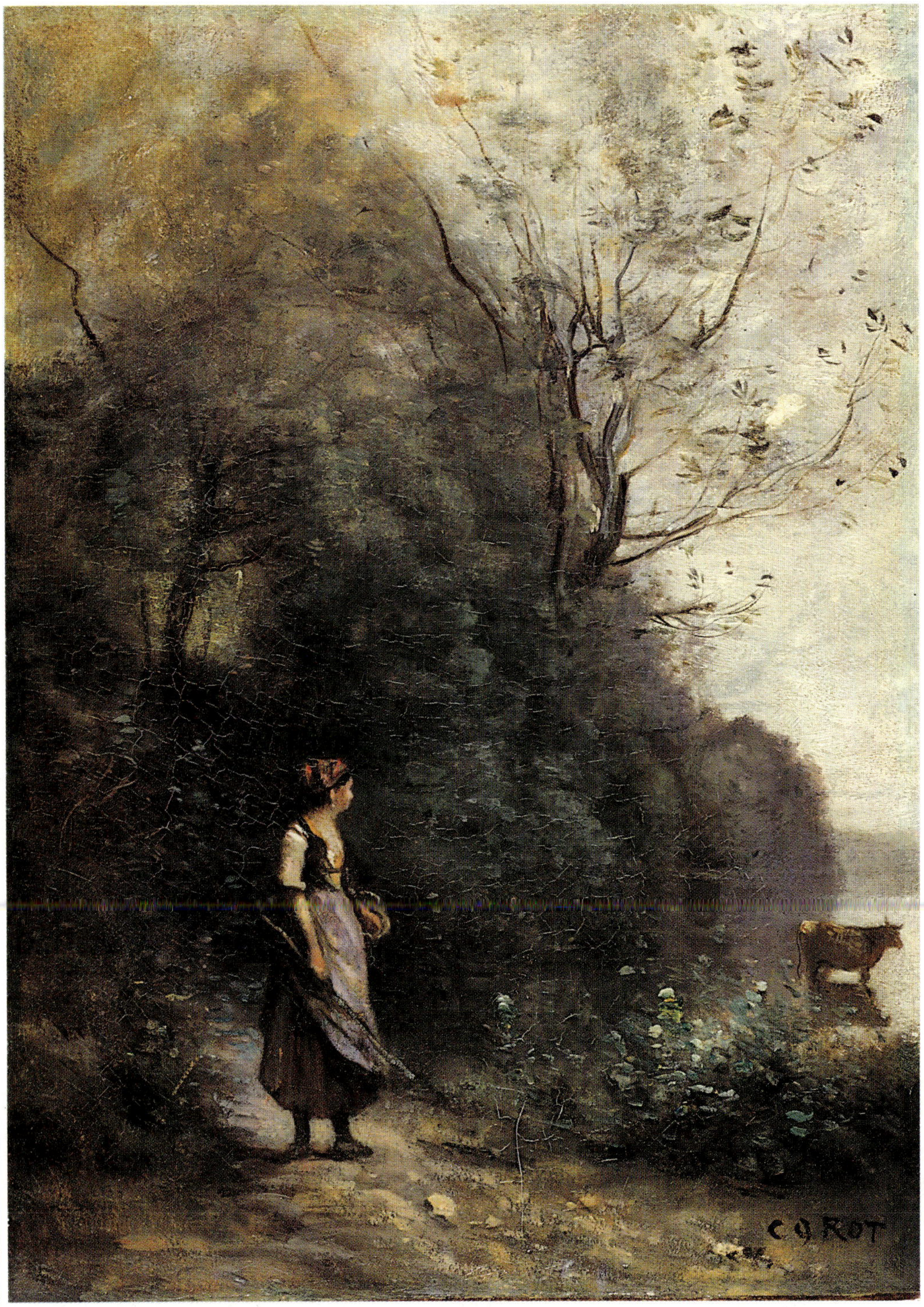

69 *Jean-Baptiste Camille Corot*
1796 Paris – 1875 Paris
Bäuerin, eine Kuh am Waldrand hütend
1865–1870
Öl auf Leinwand. 47,5 × 35 cm

Corots Werk zeichnet sich durch silbriges Kolorit und klassische Komposition aus. Seine Landschaften strahlen Ruhe aus – Stürme und Unwetter, wie sie die Romantiker bevorzugten, gibt es bei ihm kaum. »Ich bin für immer in die Schönheit der Natur verliebt«, sagte Corot einmal, und diese Liebe verlieh seinen Landschaften eine intime Note, eine lyrische Stimmung.

Die Landschaft mit der Bäuerin, die eine Kuh hütet, ist nach der Natur gemalt. Komposition und koloristische Wechselbeziehungen sind bis ins letzte wohlerwogen (so steht etwa der rote Ton des Käppchens der Frau nicht nur harmonisch neben den grauen und hellblauen Nuancen der Umgebung, sondern er findet auch Entsprechungen in den verstreuten rosafarbenen Lichtreflexen), doch das stört in keiner Weise den Eindruck der Frische.

Mit seiner Vorliebe für die Schönheiten der heimatlichen Natur stand Camille Corot der Barbizon-Schule der Landschaftsmaler nahe.

70 *Jean François Millet*
1814 Gruchy – 1875 Barbizon
Reisigträgerinnen. Um 1858
Öl auf Leinwand. 37,5 × 29,5 cm

Millet, der selbst Abkömmling einer bäuerlichen Familie war und erst im Alter von zwanzig Jahren eine Ausbildung als Maler aufnahm, widmete sein Schaffen der Darstellung des Lebens der französischen Bauern. Dabei war er, nach seinen eigenen Worten, bestrebt, die »wahre Menschlichkeit« und »tiefe Poesie« der Arbeit wiederzugeben. Seine Gestalten sind von klassischer Einfachheit und Monumentalität. Folgende Zeilen Millets scheinen unmittelbar auf das wiedergegebene Gemälde bezogen zu sein: »Betrachten Sie jene, die sich dort im Dunkeln bewegen … es sind, stets und immerdar, nur arme Leute. Da eine Frau – sie ist völlig gebeugt, trägt ihre Bürde Gras; dort eine andere, die sich, erschöpft unter der Schwere des Reisigs, dahinschleppt. Sie sind herrlich von fern, ihre Schultern wippen gemessen unter der Schwere, die Dämmerung verschluckt ihre Formen; das ist etwas Schönes und Großes, irgendwie Geheimnisvolles.«

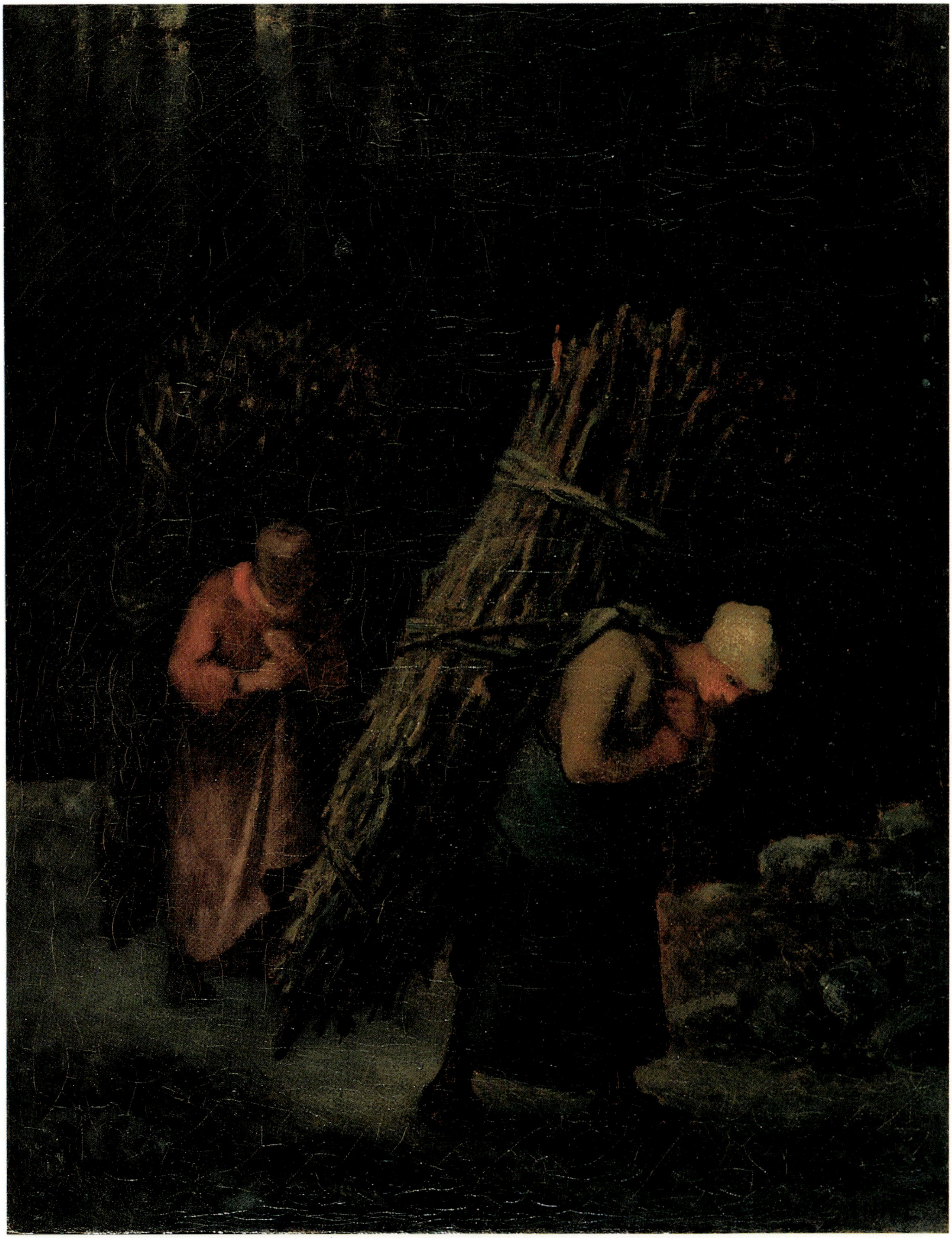

71 *Théodore Rousseau*
1812 Paris – 1867 Barbizon
Blick auf die Umgebung von Grandville. 1833
Öl auf Leinwand. 85 × 165 cm

Théodore Rousseau durchreiste die Provinzstädte und Dörfchen Frankreichs, wobei er »in einfachen Dorfgasthäusern wohnte und all die Zeit ständigen Umgang mit der ansässigen Bevölkerung suchte, mit den Fischern, Bauern und Seeleuten, um den Menschen unter seinem Heimathimmel zu beobachten und alle Gegenstände seiner unmittelbaren Umgebung kennenzulernen«, wie der Freund und Biograph des Künstlers, Sensier, schrieb.

Der »Blick in die Umgebung von Grandville« ist eines der ersten Gemälde, in denen Rousseau neue Prinzipien der realistischen Widerspiegelung der Natur anwandte. Diese hatten sich bei einer Gruppe französischer Landschaftsmaler, der Schule von Barbizon, herausgebildet. Ohne Ausschmückung stellte Rousseau die heimatliche Landschaft in einem weiten Panorama dar. Zugleich zeigte er in dem Bild die Welt der Arbeitenden, deren unermüdliche Tätigkeit deutliche Spuren in der Landschaft hinterlassen hat: Der sandige Weg ist von den Rädern eines Wagens aufgewühlt, in der Ferne sieht man gepflügte Äcker und zwischen den Bäumen die Wände ärmlicher Hütten. Durch die detaillierte Darstellung und die Fähigkeit, die Materialität der Gegenstände greifbar wiederzugeben, vermittelt Rousseau ein Bild der Natur, das verallgemeinernd wirkt, zugleich aber unwiederholbar bleibt, d. h. nur an dieser einen von ihm wiedergegebenen Stelle existiert hat.

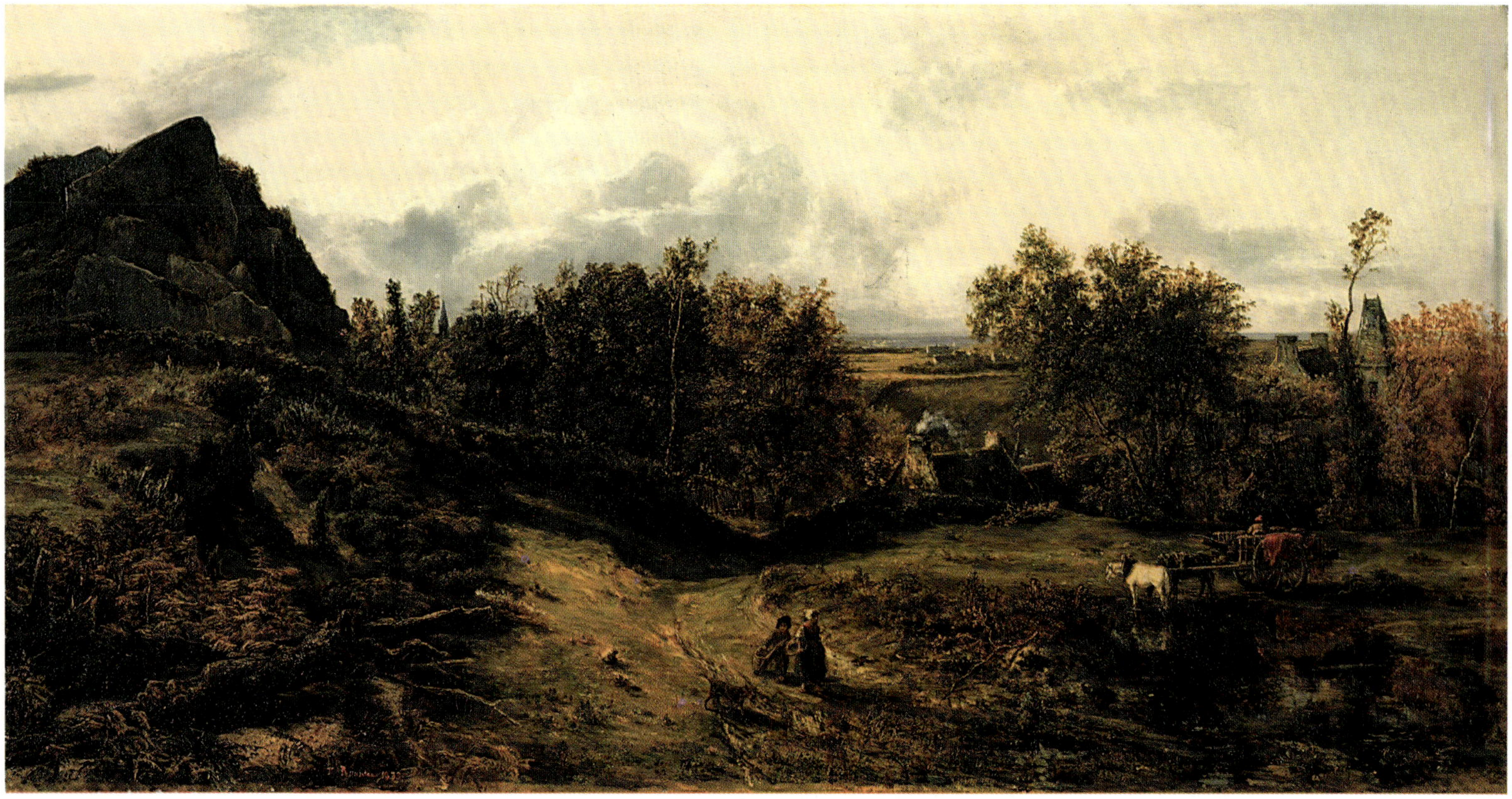

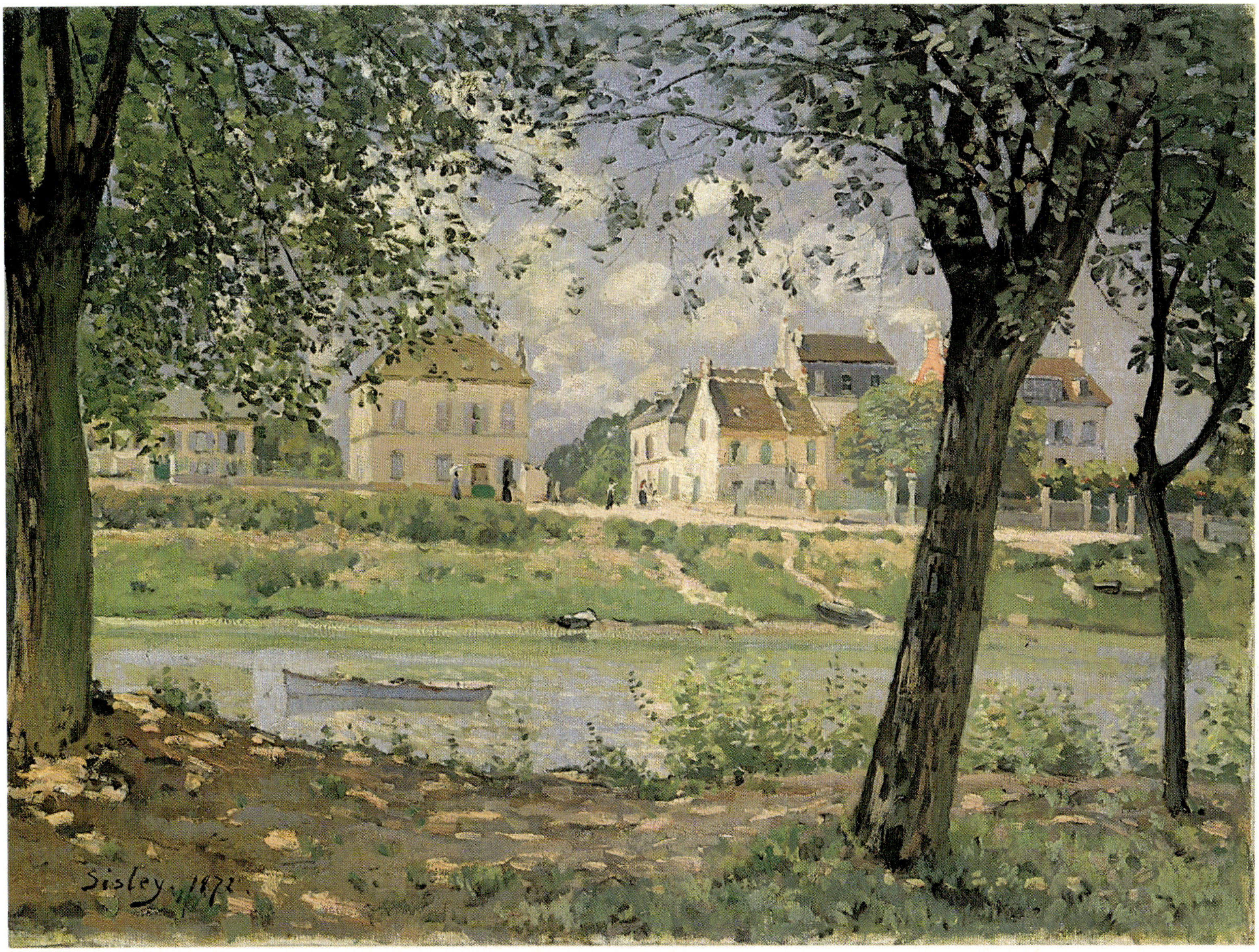

72 *Alfred Sisley*
1839 Paris – 1899 Moret-sur-Loing
Das Städtchen Villeneuve-la-Garenne. 1872
Öl auf Leinwand. 59 × 80,5 cm

Sisley arbeitete vor allem in Paris und Umgebung, hier bildete sich seine impressionistische Malweise heraus. Er kam mit Monet, Renoir und Pissarro zusammen und nahm an den Ausstellungen der Impressionisten teil. Von Geburt Engländer, wurde er einer der bedeutendsten Maler, die sich der Darstellung der Landschaft der Île-de-France widmeten. 1872 schuf er hier eine Reihe von Ansichten der kleinen Stadt Villeneuve-la-Garenne, unter anderem das in der Ermitage befindliche Bild.

In diesem Gemälde zeigt sich Sisley noch den Traditionen der französischen Malerei aus der ersten Jahrhunderthälfte verpflichtet. Um die räumliche Tiefe der Landschaft wiederzugeben, wählte er einen kulissenartigen Aufbau: er zeigt den Himmel durch ein Netz von Zweigen und Blättern, den Fluß hinter Ufergebüsch und die Häuser von Bäumen umgeben. Doch er nutzt eine solche »Kulisse« zugleich zu Kontrastwirkungen, da das dunkle Umfeld die Landschaft desto leuchtender und lichter hervortreten läßt.

73 *Pierre Auguste Renoir*
1841 Limoges – 1919 Cagnes-sur-Mer
Bildnis der Jeanne Samary. 1878
Öl auf Leinwand. 173 × 103 cm

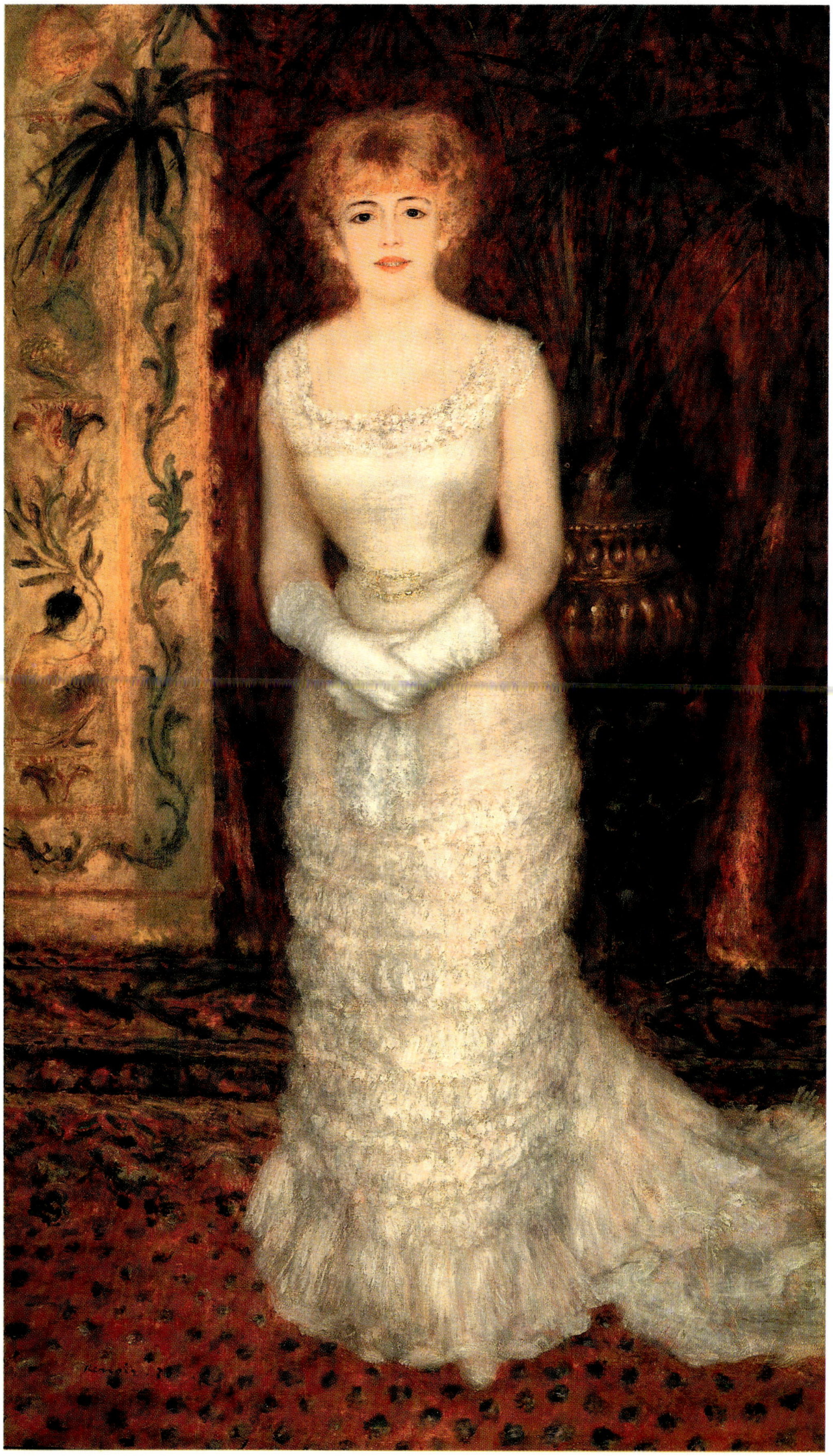

Jeanne Samary (1857–1890) war eine bekannte Schauspielerin der Comédie Française. Dieses repräsentative Bildnis, das sie im Theaterfoyer zeigt, hat Renoir für den Salon des Jahres 1879 gemalt. Daher rührt der Anflug des Repräsentativen bei der Darstellung dieser Dame im Abendkleid. Ein Jahr zuvor hatte der Künstler zwei andere, ungezwungener wirkende Porträts der Samary geschaffen (eines befindet sich in der Comédie Française in Paris, das andere im Staatlichen Museum der bildenden Künste A. S. Puschkin in Moskau). Doch so sichtbar er sich auf unserem Gemälde einer strengen, traditionellen Kompositionsweise bediente, so wußte er dem Bild der jungen Frau doch den Reiz des Unbefangenen zu bewahren. Markante Konturen mied er ebenso wie Helldunkel-Modellieren; statt dessen malte er weiche, kaum merkliche Übergänge durchsichtiger rosafarbener Töne, wodurch er der Gestalt etwas bezaubernd Weibliches verlieh.

74 *Paul Cézanne*
1839 Aix-en-Provence – 1906 Aix-en-Provence
Stilleben mit Drapierung. Um 1899
Öl auf Leinwand. 53 × 72 cm

Nie ging es Cézanne darum, für seine Stilleben neue Gegenstände zu verwenden, vielmehr mühte er sich um das Nebeneinander unterschiedlicher Volumina, um die objektiven Gesetze des Verhältnisses von Körper und Raum. Er kombinierte die Dinge auf verschiedene Art, indem er sie durch das Spiel der Komplementärfarben aufeinander bezog; dabei erreichte er zugleich einen klaren Bildbau.

In dem Gemälde der Ermitage hat der Künstler drei Elemente einander gegenübergestellt – zum einen die Früchte in ihrer ganz bestimmten Beschaffenheit und Plastik und mit ihrem Gewicht, zum anderen das Leinentischtuch, zufälliger im Spiel der Formen, und schließlich die kompakte, in kräftigen Falten sich brechende Draperie. Dieses Stilleben stammt aus der späten Schaffenszeit des Künstlers, als er den statischen Charakter früherer Kompositionen überwand und danach strebte, die Gegenstände gruppenweise in rhythmischer Dynamik anzuordnen. Im Herbst 1899 schuf Cézanne in Paris einige große Stilleben; eins davon ist offenbar unser Bild.

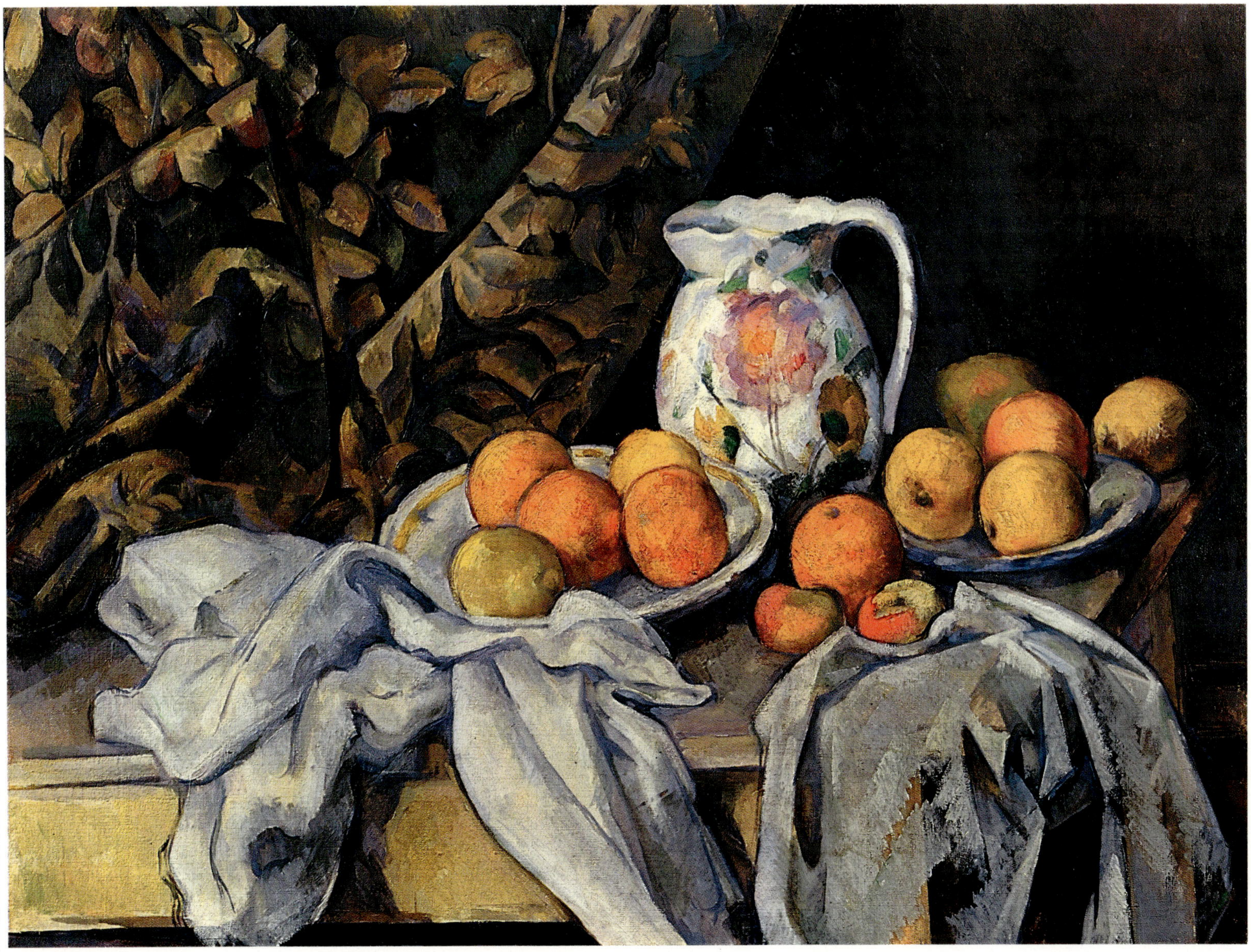

75 *Vincent van Gogh*
1853 Groot Zundert – 1890 Auvers-sur-Oise
Fliederstrauch. 1889
Öl auf Leinwand. 72 × 92 cm

Das Gemälde zeigt eine Gartenecke des Hospitals für Geisteskranke in Saint-Rémy, in dem van Gogh am 8. Mai 1889 Aufnahme fand. Den kleinen Weg, gesäumt von blühenden Schwertlilien, die Büsche und die niedrige Ziegelmauer können wir auch auf anderen Werken des Künstlers antreffen (vor allem auf dem Bild »Garten von Saint-Rémy«, Otterlo). Der »Strauch« aus der Ermitage ist offenkundig eines der beiden Gemälde, über die van Gogh seinem Bruder Theo einen Tag nach der Ankunft im Hospital schrieb: »Ich arbeite an zwei ... Bildern: violette Schwertlilien und ein Fliederstrauch. Beide Motive habe ich im Garten entdeckt.« Das andere Bild – »Schwertlilien« – befindet sich in einer Privatsammlung in New York.

Die differenzierten, einzeln gesetzten Pinselstriche und die Dynamik der Formen geben das leise Beben des Blattwerks in der Atmosphäre eines sonnigen südfranzösischen Sommertages unmittelbar wieder. In der Art des Farbauftrags zeigt sich van Gogh noch dem Impressionismus verpflichtet, doch die emotional wirkende Ausdruckskraft der Malstruktur und die satte Farbigkeit erweisen sich als typische Merkmale der späten Schaffensperiode des Künstlers.

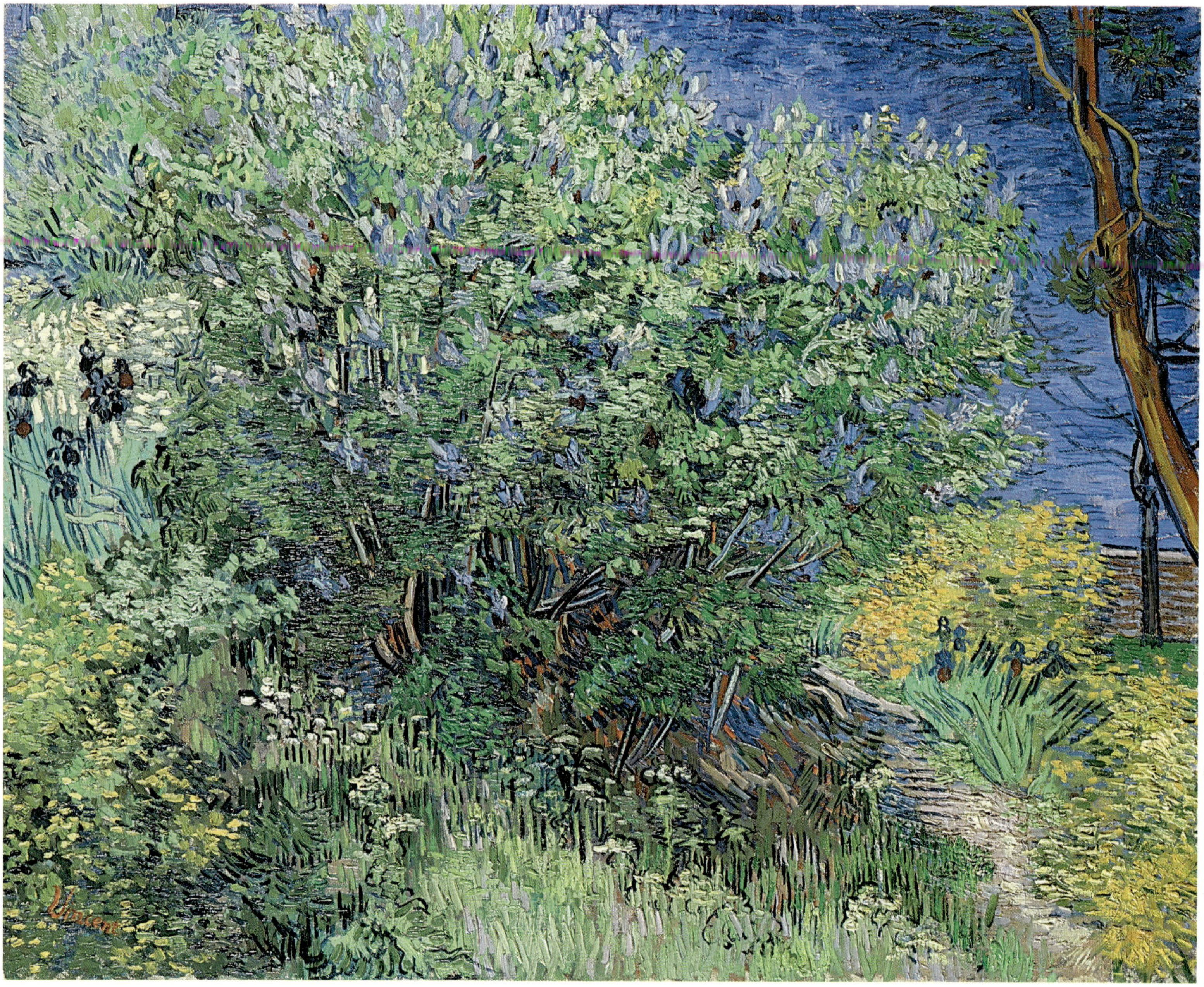

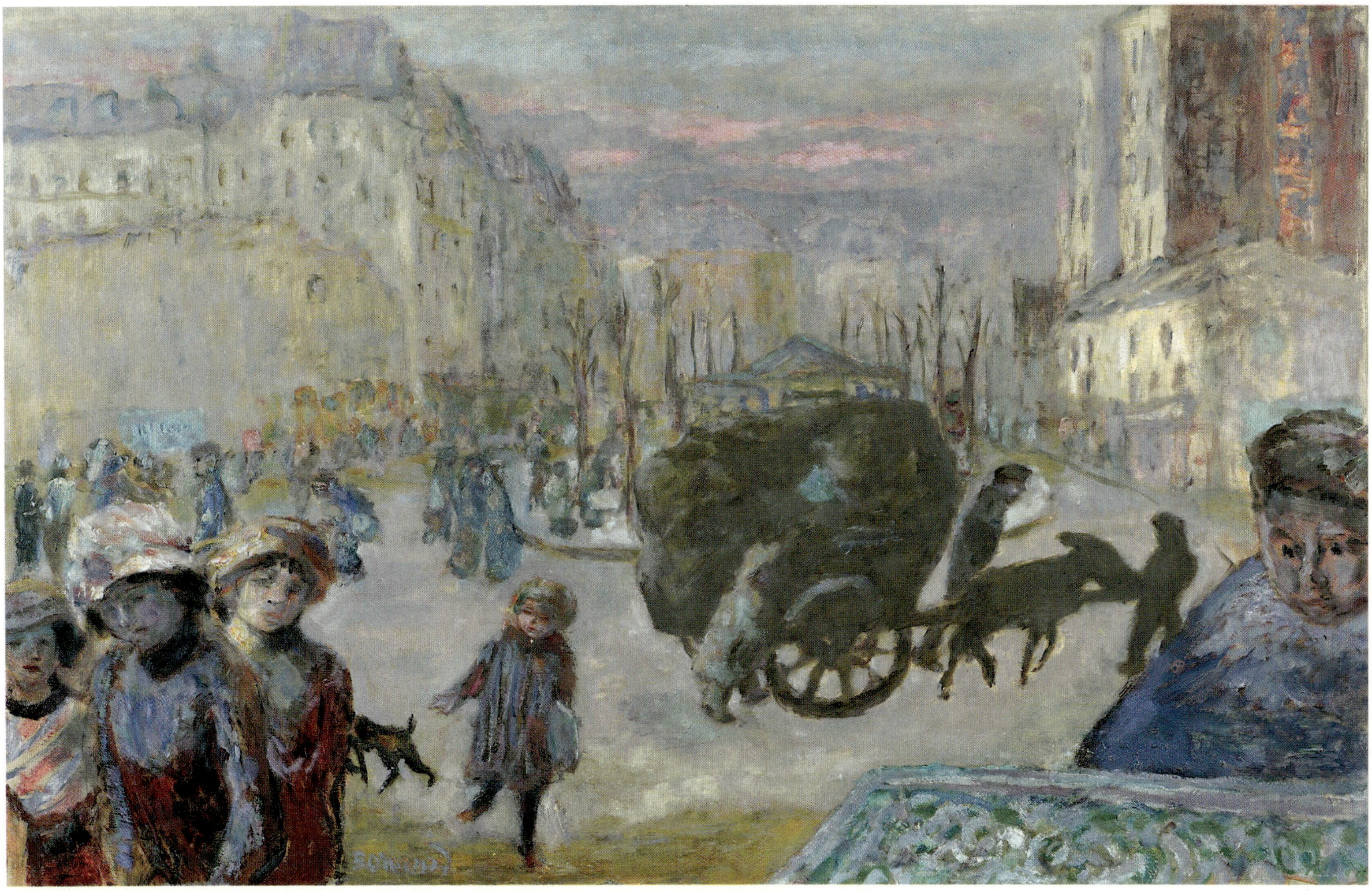

76 *Pierre Bonnard*
1868 Fontenay-aux-Roses – 1947 Le Cannet
Morgen in Paris. 1911
Öl auf Leinwand. 76,5 × 122 cm

Bonnards Schaffen ist eng mit den Errungenschaften der Impressionisten verbunden. Ihnen verdankte er vor allem seine brillante Technik beim Erfassen vibrierender Farbwirkungen unter dem Einfluß von Licht und Luft. Das Beispiel der Impressionisten führte ihn auch zur Darstellung von Pariser Straßenszenen, wobei er die Passanten in den Vordergrund rückte und dabei auch etwas von ihrer individuellen Persönlichkeit, ihrem Charakter zum Ausdruck brachte.

Besonders in den Jahren nach 1900 widmete sich Bonnard Motiven des Straßenlebens, später traten Interieurszenen, namentlich Darstellungen von Frauen bei der Toilette, sowie Stilleben in den Vordergrund. Das Gemälde »Morgen in Paris« steht noch den frühen Arbeiten des Künstlers nahe; in den Hauptmotiven ähnelt es der Farblithographie »Gemüsehändler«, die 1895 entstanden ist (Metropolitan Museum New York). Das Bild scheint aus einzelnen Figuren und Gruppen zusammengesetzt zu sein, die um einen Heukarren in der Mitte angeordnet sind. Die kompositionelle Einheit ist auch durch die geschickte Handhabung der Farben erreicht – neutrale graue Töne stehen leuchtenden Akzenten in reinem Gelb, Rot und Blau gegenüber. In der Ermitage befindet sich zu diesem »Morgen in Paris« auch ein Gegenstück: »Abend in Paris«.

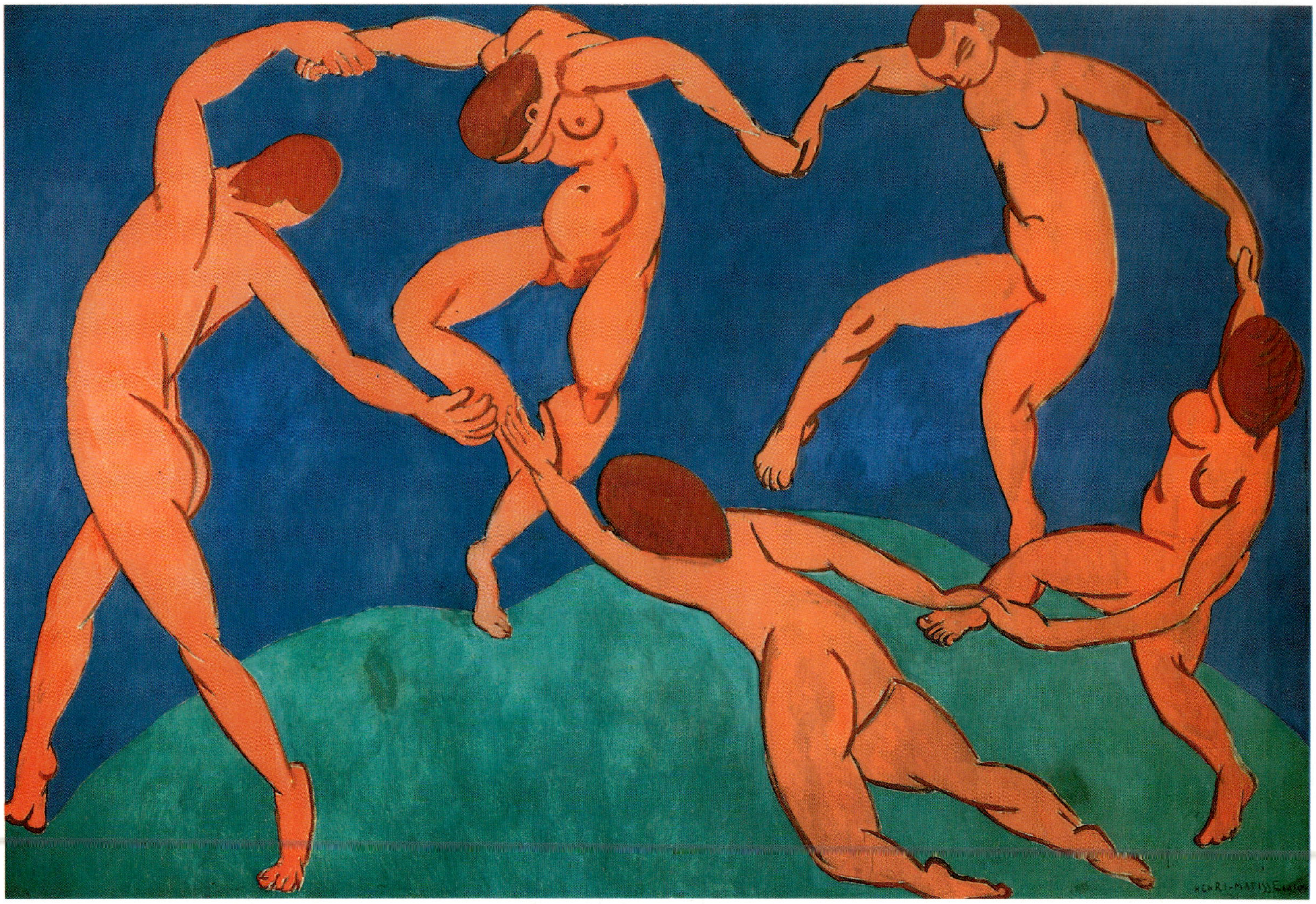

77 *Henri Matisse*
1869 Le Cateau – 1954 Nizza
Der Tanz. 1910
Öl auf Leinwand. 260 × 391 cm

Das Gemälde »Der Tanz« gehört, wie das Gegenstück »Die Musik«, zu den besten und bedeutendsten Werken des Künstlers. Die Idee für die beiden Bilder entstand unter dem Eindruck von Volkstänzen, die Matisse in Südfrankreich beobachtet hatte. Das Grundmotiv – ein Kreis sich bewegender Figuren – kommt bereits 1906 in dem Gemälde »Die Freuden des Lebens« vor. Danach schuf Matisse viele Skizzen zu dem Thema, doch erst in dem Bild der Ermitage hat es seinen vollendeten Ausdruck gefunden.

Das ist nicht die Darstellung eines bestimmten Tanzes, das ist die Verkörperung des Tanzes an sich. Der Künstler war bestrebt, mit möglichst einfachen, unaufwendigen Mitteln höchste Wirkung zu erreichen. Durch die Synthese von Farbe und Licht – den wichtigsten Elementen des Gemäldes – erzielte er eine erstaunliche Ausdruckskraft. Dabei verwendete er nur drei Farben – ein Lasurblau für den Himmel, ein intensives Rosa für die Figuren und ein Grün für den Hügel. Doch die Verbindung ist so effektvoll, daß sich die Intensität jeder einzelnen Farbe erhöht. Von der schnellen, wirbelnden Bewegung scheinen die Menschen geradezu besessen zu sein, dennoch wirkt das Bild harmonisch, da die zentripetalen und zentrifugalen Kräfte ausgewogen und die Figuren zu einer unlösbaren Einheit zusammengeführt sind.

78 *Albert Marquet*
1875 Bordeaux – 1947 Paris
Marina (Neapel). 1909
Öl auf Leinwand. 61,5 × 80 cm

Marquet malte dieses Bild, das zu seinen schönsten gehört, im Sommer 1909. Es war jene Zeit, in der sein Malstil ein Höchstmaß an Klarheit erreichte. Die Komposition beruht auf der Wechselwirkung einiger weniger grauer und blauer Töne, mit denen der Künstler den Himmel, die lockere Wolkenkette, die Berge und das über und über sonnenflimmernde Wasser wiedergab. Schiffe und Kähne sind als dunkle Silhouetten kühn vor den hellen Hintergrund von Wasser und Himmel gesetzt. Die Entschiedenheit der Komposition bewirkt ein Gefühl der Klarheit und der Stille, ja, beinahe einer gewissen Erstarrung; die Linie des fernen Ufers wird durch die parallel dazu angeordneten Dampfer und die horizontalen Farbreflexe des Wassers unterstrichen. Nur der Ruderer auf der Barke im Vordergrund hat durch die Diagonalwirkung seines angespannt zurückgelegten Körpers etwas Dynamisches.

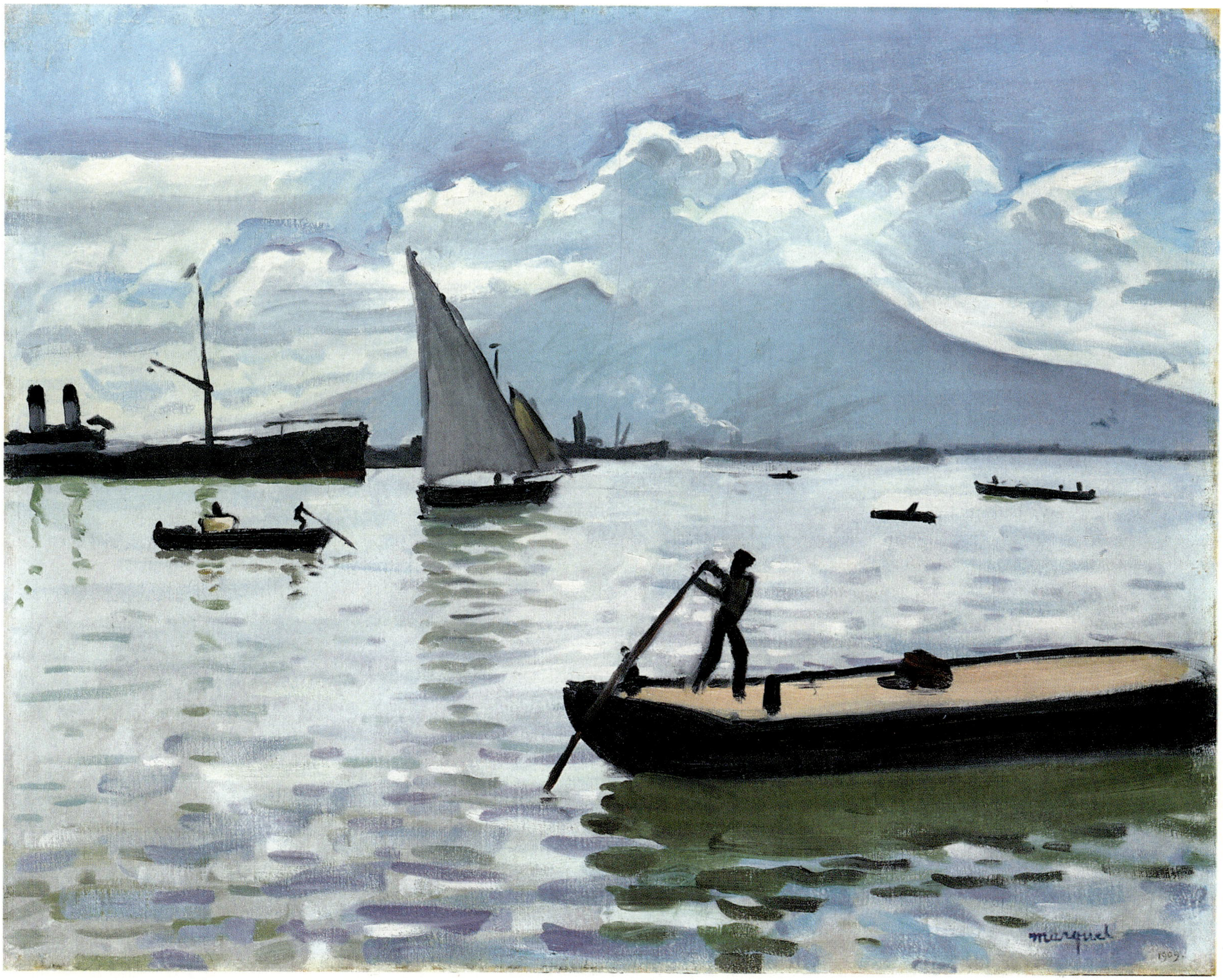

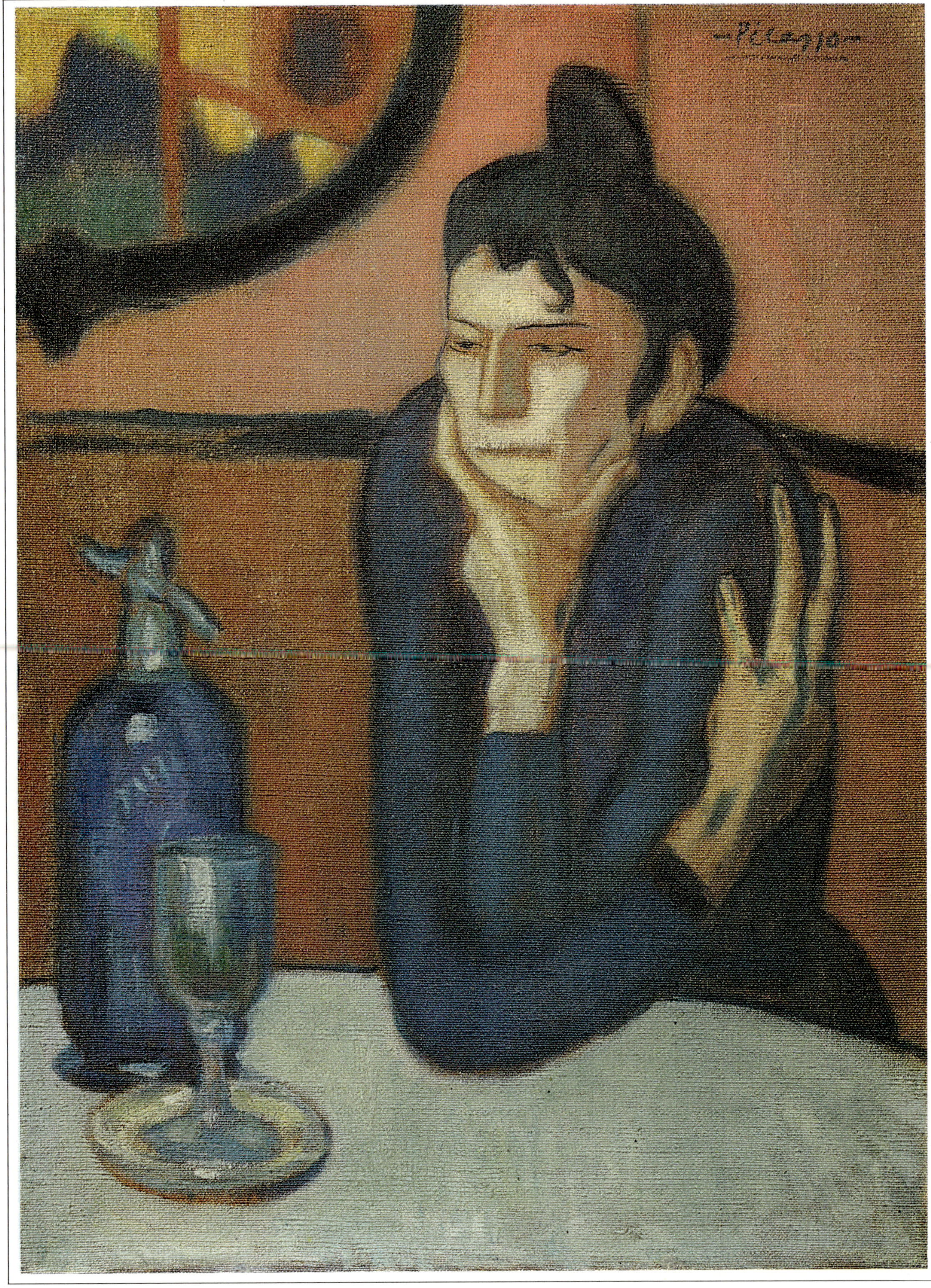

Picasso

Picassos Begabung trat bereits sehr früh zutage. Im Alter von 15 Jahren arbeitete er mit der Sicherheit eines reifen Künstlers, und daß er die »Absinthtrinkerin« als Zwanzigjähriger gemalt haben soll, ist fast unvorstellbar. Pariser Caféhausszenen dienten den Künstlern des 19. Jahrhunderts seit Degas häufig als Sujet. Doch bei Picasso erhielt das Thema einen tragischen Klang; mit erschütternder Ausdruckskraft gestaltete er die Tragödie der Vereinsamung.

Die Flächenhaftigkeit von Wand und Tisch – wie auch das Kolorit in seinem Zusammenklang von blauen und rötlichbraunen Tönen – erinnert an die Malerei Gauguins; die Intensität der Linienführung läßt dagegen mehr an van Gogh denken. Doch das Schaffen Picassos gehört einer neuen Kunstära an. Entschieden hebt sich der Künstler von seinen Vorgängern durch die Ausdruckskraft der wiedergegebenen Gestalt ab, wobei er das ungemein Emotionale der Linienführung durch eine Deformierung von bisher unbekannter Kühnheit erreichte. Picasso, ein hervorragender Zeichner, verzerrte bewußt die Proportionen der Hand, die mit unmäßig langen Fingern die Schulter fest umfaßt. Die Linie von Arm und Schulter, nahezu ein reines Oval, umschließt die zusammengedrängte Figur, sondert sie von der Welt ab. Ein Mindestmaß an Mitteln genügte dem Künstler, um dem Gesicht einen Ausdruck der Verbitterung zu geben.

79 *Pablo Picasso*
1881 Malaga – 1973 Mougins
Absinthtrinkerin. 1901
Öl auf Leinwand. 73 × 54 cm

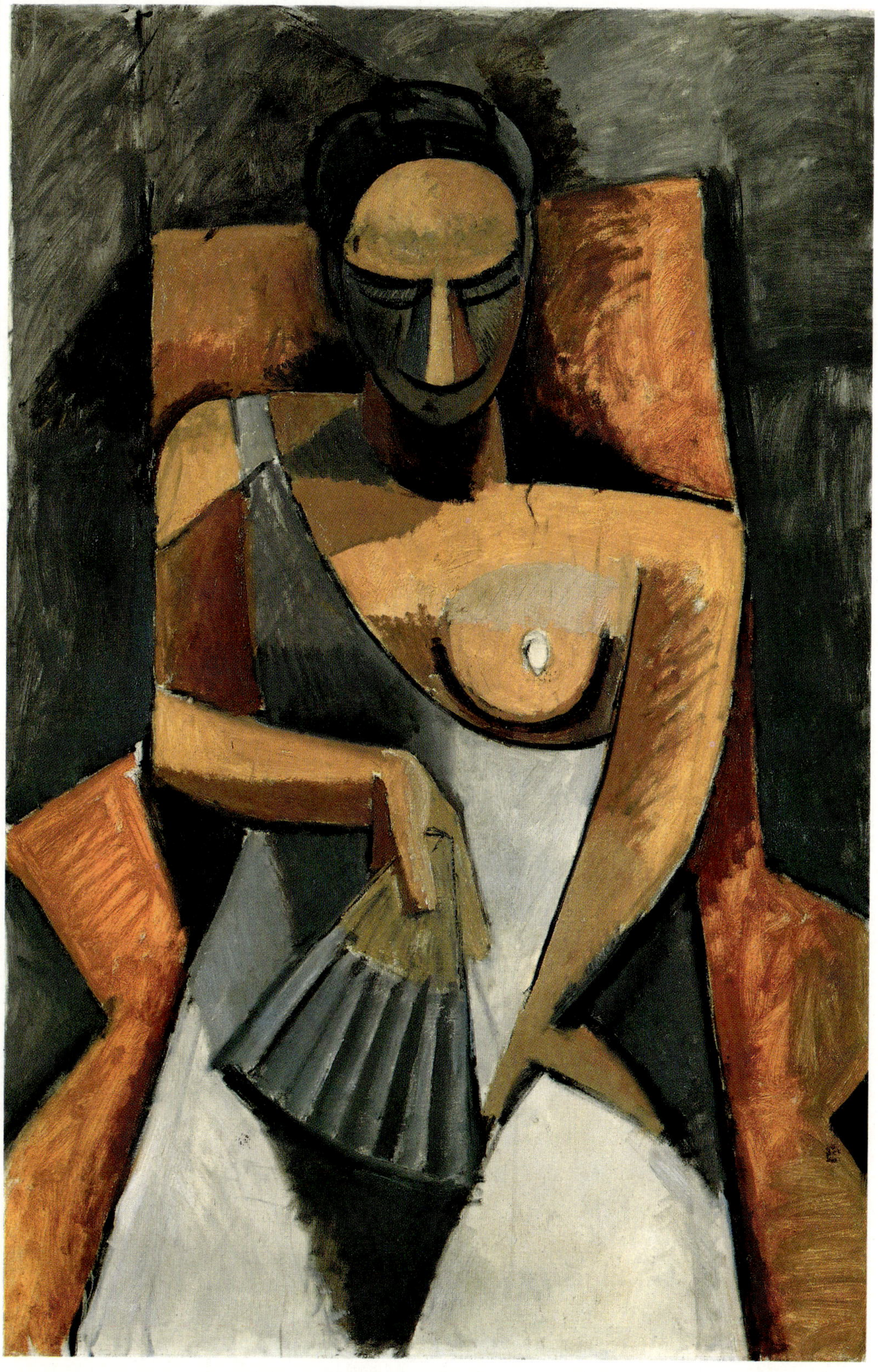

80 *Pablo Picasso*
Frau mit Fächer (Nach dem Ball). 1908
Öl auf Leinwand. 150 × 100 cm

Das Motiv einer halbbekleideten Frau, die sich nach einem Ball ausruht, kommt in der akademischen Salonkunst häufig vor. Picasso aber hat dieses banale Sujet in einer Art ironischer Paraphrase behandelt. Hier zeigt sich die Frauengestalt nicht als ermüdete Dame von Welt, sondern als Verkörperung ungewöhnlicher Kraft. Ihre Gestalt erinnert an eine Negerskulptur.

»Frau mit Fächer« ist eines der besten Beispiele für Picassos Stil des Jahres 1908. Die vereinfachende Abstraktion der Formen ist bis zum äußersten getrieben; die Figur erscheint auf geometrische Grundformen zurückgeführt, die durch dichte Schattengebung betont sind. Der Rhythmus der Komposition beruht auf dem Kontrast eckiger und runder Linien, wobei das Asymmetrische der Schultern etwas von dem vorwegnimmt, was der Künstler in der Folgezeit gestalterisch in Angriff nehmen sollte – die simultane Darstellung der Gegenstände von verschiedenen Blickpunkten aus. Doch die Geschlossenheit des Bildaufbaus wird dadurch keineswegs beeinträchtigt.

81 *Antonio Rossellino*
1427 Settignano – 1479 Florenz
Madonna mit dem Kind
Mitte des 15. Jahrhunderts
Relief, Marmor. 67 × 54 cm

Antonio Gambarelli (genannt Rossellino – »der Rotblonde«), der einer Bildhauerfamilie angehörte, war der begabteste unter mehreren Brüdern. Bereits in jugendlichem Alter stieg er zum Leiter der Familienwerkstatt auf, freilich vor allem deshalb, weil sein älterer Bruder – und offenbar auch Lehrmeister – sich für den Architektenberuf entschieden hatte. Einigen Quellen zufolge war Antonio außerdem Schüler Donatellos, doch selbst wenn dies nicht der Fall gewesen sein sollte, so steht fest, daß dieser große Bildhauer sein Schaffen sichtlich beeinflußt hat. Die Darstellung der »Madonna mit dem Kind« war ein Lieblingsthema des Künstlers, der sich, als das Relief der Ermitage-Sammlung entstand, auf dem Höhepunkt seines Wirkens befand. Kleidung und Frisur der Madonna wie auch die gleichsam aus dem Leben gegriffenen, konkret wiedergegebenen Einzelheiten bezeugen, daß der Bildhauer Maria als junge Mutter und als Zeitgenossin aufgefaßt hat; ebenso realistisch wirkt das rundliche, etwas plumpe Kind. Doch das Edle der Gestalt, die geistige Reinheit, von der diese junge Mutter erfüllt ist, wie auch die hieratische Feierlichkeit ihrer Bewegungen lassen keinen Zweifel daran, daß der Künstler sie zur Madonna erhöht hat. Eine wesentliche Rolle spielt das Helldunkel: Die geschickte Verteilung der Schatten, die sich aus genau berechneten Verkürzungen ergeben, verleiht dem ziemlich flachen Relief den Eindruck von räumlicher Tiefe.

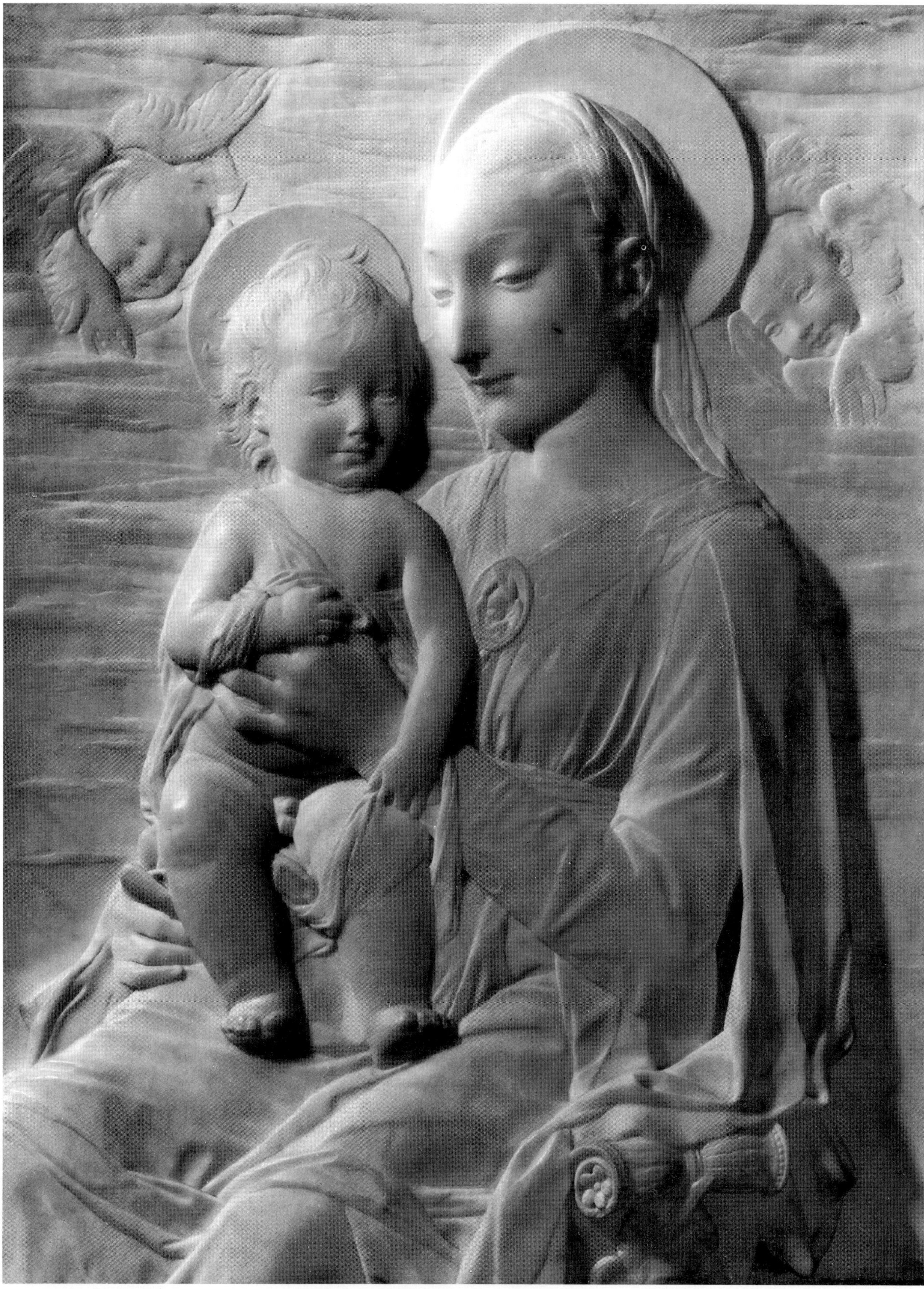

82 *Michelangelo Buonarroti*
1475 Caprese bei Arezzo – 1564 Rom
Hockender Knabe. Zwischen 1520 und 1534
Marmor. Höhe 54 cm

Die Skulptur stellt einen sitzenden Knaben mit gesenktem Haupt dar, der mit beiden Händen die Zehen seines rechten Fußes umklammert. Diese krampfhafte Geste und die angespannte Haltung legen den Gedanken nahe, daß der Knabe an einer Krankheit leidet. Die Entstehungszeit des Bildwerkes und seine Deutung sind umstritten. Die einen sehen einen Zusammenhang mit der Arbeit Michelangelos am Grabmal des Papstes Julius II. und datieren sie somit in eine frühere Schaffensperiode des Bildhauers, andere dagegen in eine spätere, als im Werk des Meisters der Ausdruck tiefer Tragik vorherrschte. Offenbar trifft die letztere Annahme zu, denn es gibt Gründe zu der Vermutung, daß dieser »Hockende Knabe« mit den Medici-Grabmälern in der Florentiner Kirche San Lorenzo in Verbindung zu bringen ist: Nach dem nur unvollständig verwirklichten ursprünglichen Projekt sollten hier auch hockende Figuren Aufstellung finden, um den Eindruck von Krankheit und Tragik zu verstärken.

Erstaunlich ist die meisterhafte Wiedergabe des menschlichen Körpers, der in einer äußerst komplizierten Haltung dargestellt ist, und der erschütternde Ausdruck in jeder Bewegung, die Anspannung jedes Muskels. Diese Wirkung verstärkt sich noch durch die rauhe Oberfläche des Marmors, wobei es scheint, als seien es wirkliche Muskeln, denen der Stichel des Bildhauers nachgegangen ist.

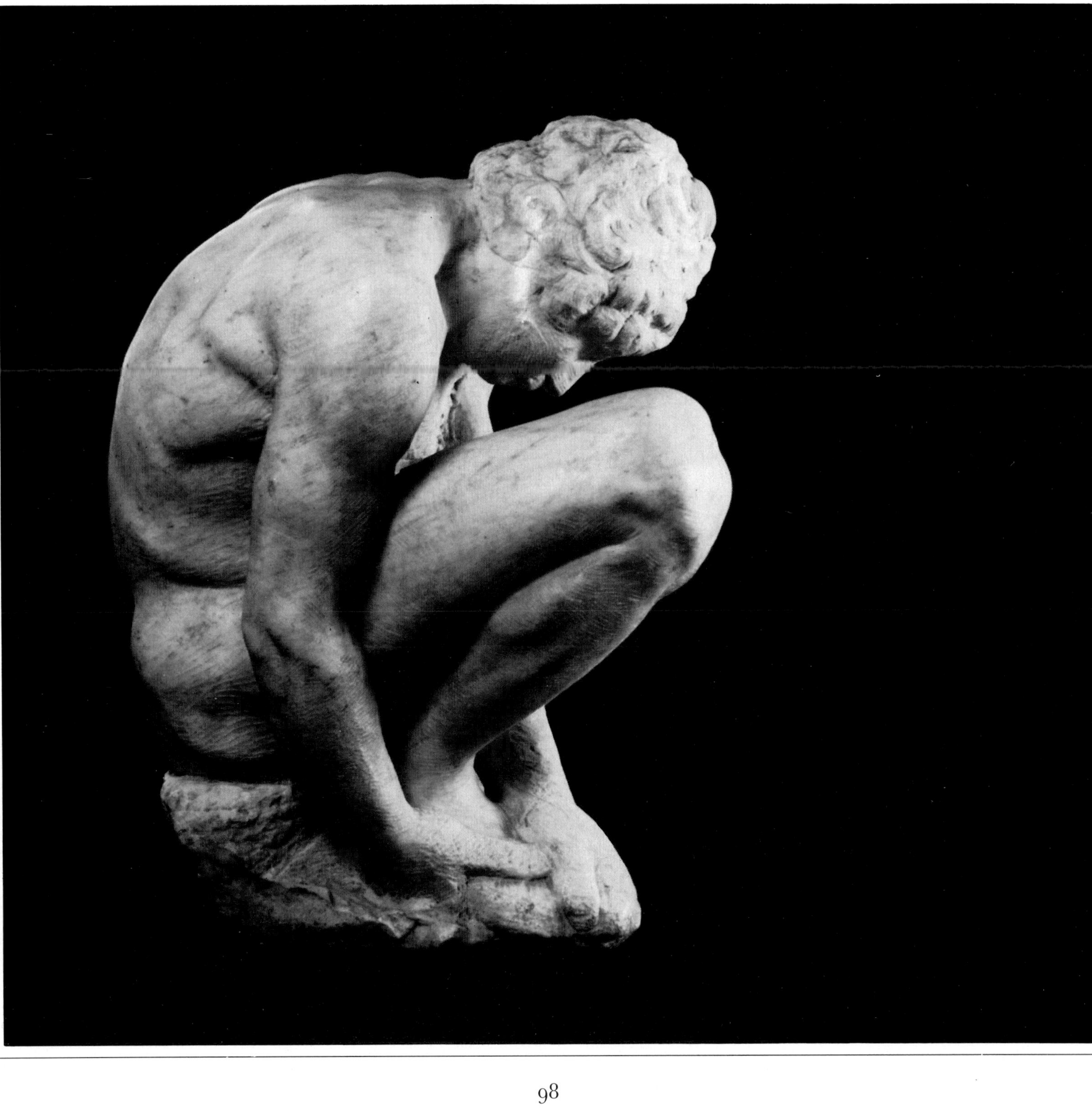

Die Mehrzahl seiner plastischen Porträts schuf der bedeutende Barockmeister Bernini in seiner Frühzeit, vorwiegend schon zu Anfang der zwanziger Jahre; später fertigte er kaum noch Auftragsbildnisse an. Doch das Interesse am Porträt verlor er nie, etwa auch am gemalten und gezeichneten Selbstbildnis. Die Ermitage besitzt das einzige skulptierte Selbstporträt des Meisters; er führte es in Terrakotta aus. Solche Ton-»bozzetti« spiegeln seine künstlerischen Ideen auf besonders lebendige und unmittelbare Art wider.

Nach dem Alter zu urteilen, in dem sich Bernini hier dargestellt hat, gehört das »Selbstbildnis« der Ermitage in die siebziger Jahre, also in seine späte Schaffensperiode. Die Wiedergabe ist voller Dynamik, hervorgerufen durch die zusammengezogenen Brauen, den durchdringenden Blick, dessen Lebendigkeit die bohrenden Pupillenpünktchen bewirken, und das in leichte Unordnung geratene, wie vom Winde zerzauste Haar. Es ist, als habe der Künstler hier einen flüchtigen, aus dem großen Lebensstrom herausgegriffenen Zustand des Menschen dargestellt. Zu dem Eindruck besonderer Beweglichkeit trägt auch die Weichheit des Materials bei, das die wellenförmigen, gewundenen Stichelspuren deutlich hervortreten läßt – ein Beweis für Berninis schöpferisches Temperament.

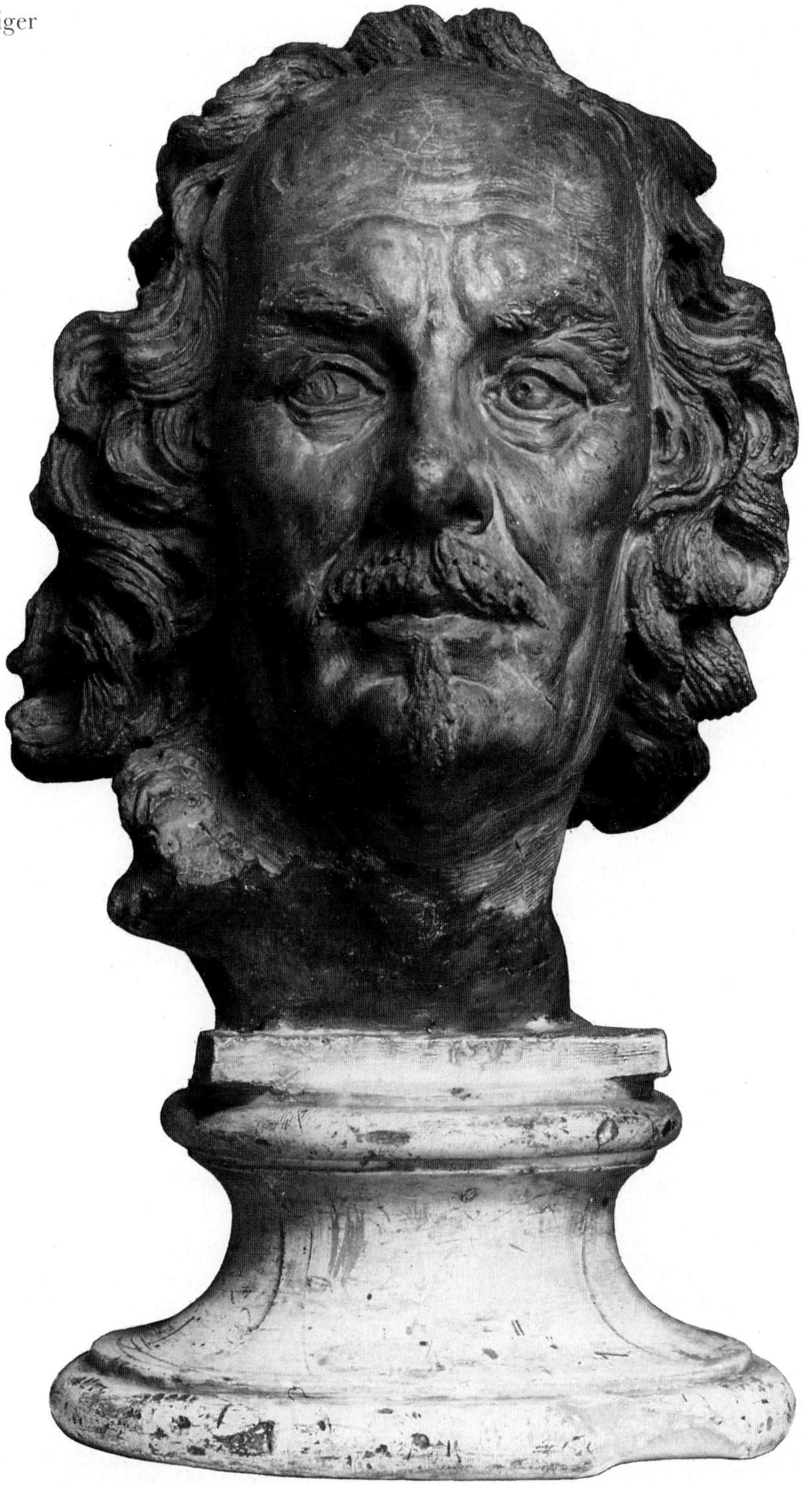

83 *Gianlorenzo Bernini*
1598 Neapel – 1680 Rom
Selbstbildnis
Siebziger Jahre des 17. Jahrhunderts
Terrakotta. Höhe 46 cm

84 *Antonio Canova*
1757 Possagno – 1822 Venedig
Amor küßt Psyche. 1796
Marmor. Höhe 137 cm

Die Geschichte, die Apuleius über Amor und Psyche niedergeschrieben hat, regte viele Künstler an. Antonio Canova stellte in dieser Skulptur jenen Augenblick dar, in dem der Gott der Liebe seine junge Frau Psyche durch einen Kuß aus tödlichem Schlaf erweckt. Das Modell zu dieser berühmten Gruppe entstand bereits zwischen 1783 und 1787, als Canova, Begründer und Hauptmeister des Klassizismus in Italien, in seinem Schaffen noch den Formen des Rokoko folgte. Die Gruppe, auf eine Sicht von allen Seiten berechnet, entwickelt sich in zahlreichen Ebenen, die Konturen vermeiden jede Geschlossenheit, und die Haltung der Figuren bleibt ohne Standfestigkeit, was zu einem Eindruck von Bewegtheit, Eleganz und Leichtigkeit beiträgt. Mit der Zeit schwanden diese Züge aus Canovas Kunst und machten klassischer Strenge und Kühle Platz.

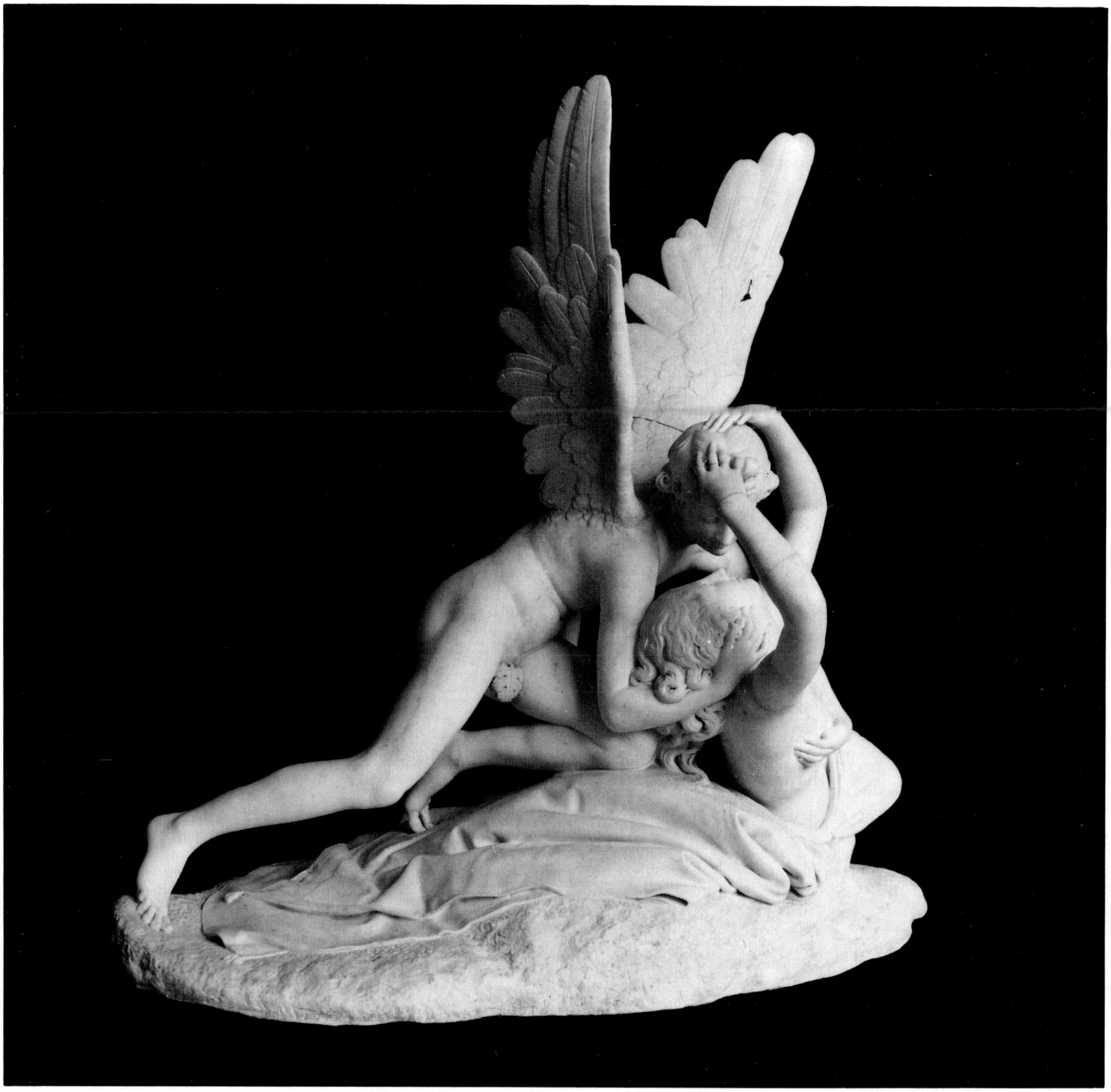

85 *Giuseppe Mazzuola*
1644 Volterra – 1725 Rom
Tod des Adonis. 1709
Marmor. Höhe 173 cm

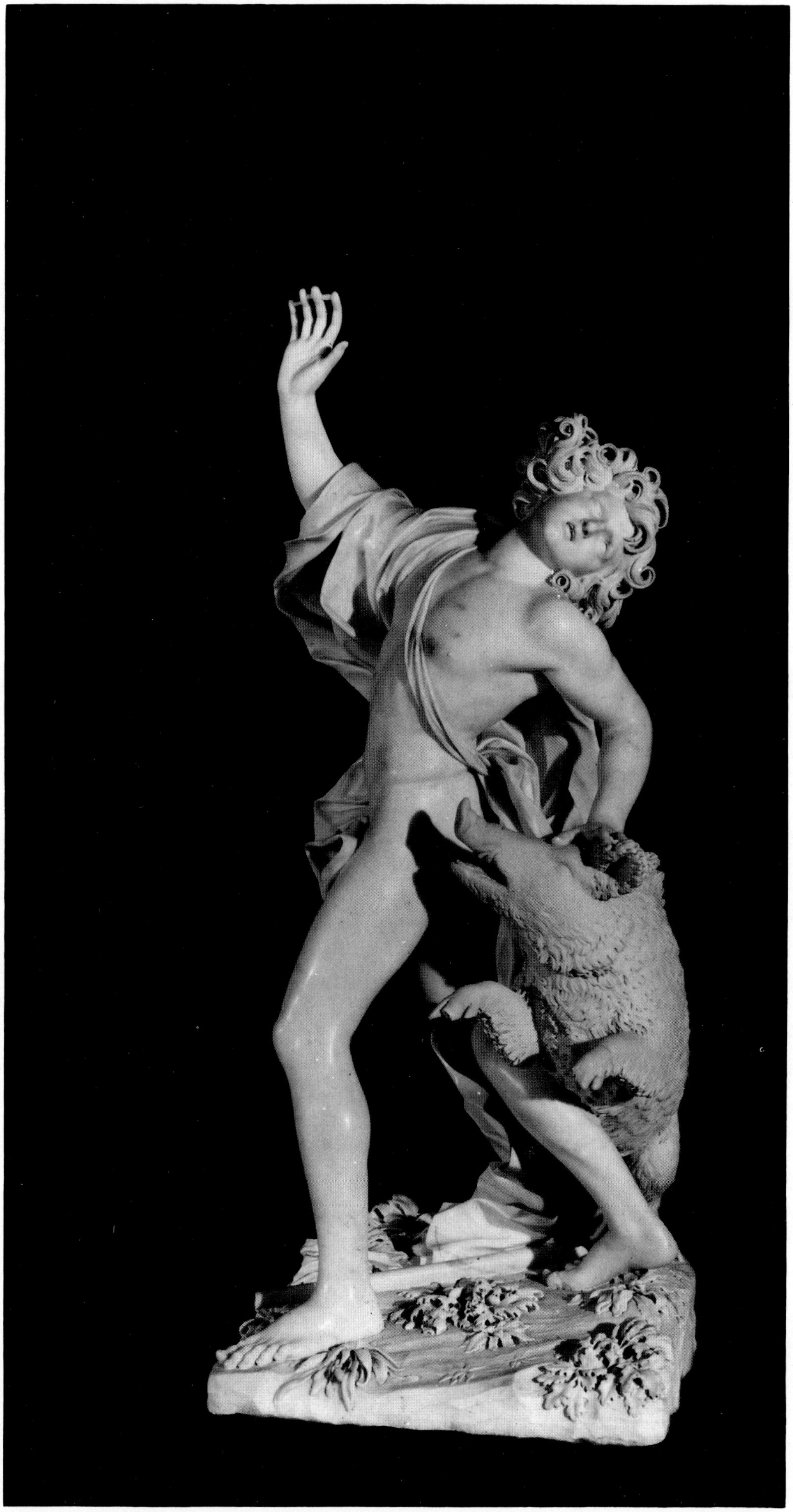

Lion Pascoli, der in den dreißiger Jahren des 18. Jahrhunderts ein Buch mit Lebensbeschreibungen zeitgenösssischer Künstler herausgegeben und in ihm dem Bildhauer Giuseppe Mazzuola einen bedeutenden Raum gewidmet hat, berichtete von einer »berühmten Statue des Adonis«: Mazzuola habe diese Skulptur für sich persönlich schaffen wollen und lange an ihr gearbeitet. Gegen Ende seines Lebens habe er sie jedoch an den Kardinal Barberini verkauft. Das weitere Schicksal des Werkes blieb lange Zeit unbekannt, bis 1923 auf dem Treppenabsatz eines Hauses in Petrograd, dem heutigen Leningrad, eine Skulptur gefunden wurde, die den »Tod des Adonis« darstellt und die volle Signatur Giuseppe Mazzuolas sowie das Datum 1709 trägt. Sie wurde in die Ermitage überführt. Da keine anderen Arbeiten Mazzuolas zum Adonis-Thema bekannt sind, darf als sicher gelten, daß es sich um jene berühmte, von Pascoli beschriebene Statue handelt.

Die Skulptur, beeindruckend durch ihre Monumentalität, durch die Freiheit der Komposition und durch die virtuose Ausführung, gehört in die beste Schaffenszeit des Künstlers. Unverkennbar verrät sie den Einfluß Berninis, dem Mazzuola ohne Zweifel nacheiferte, ja, am Grabmal für Papst Alexander VII. arbeitete er als Berninis Gehilfe mit.

Der Bildhauer legte die Gruppe spiralförmig an, so daß sie von allen Seiten zu betrachten ist. Die wehenden Falten des Umhangs und die wirbelnden Locken des schönen Jünglings rufen den Eindruck hervor, als bewege er sich in einer plötzlichen Aufwallung, wobei diese freilich einer letzten Regung gleichkommt. Der Kopf des Adonis ist bereits nach hinten herabgesunken, die Augen sind halb geschlossen, und zu seinen Füßen wachsen Büschel von Anemonen, also jener Blume, in die Aphrodite ihren Geliebten nach dessen Tod verwandelte.

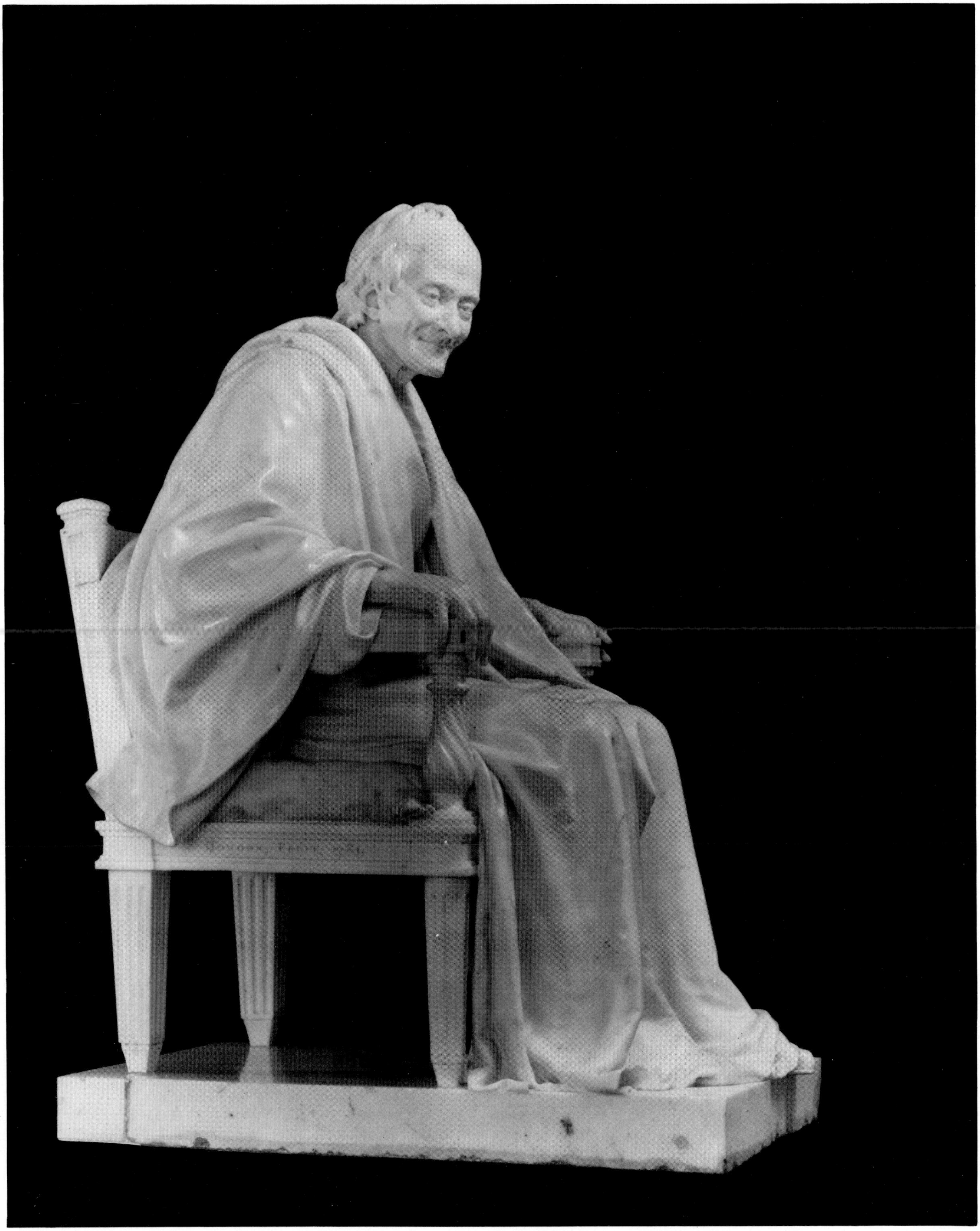

86 *Jean-Antoine Houdon*
1741 Versailles – 1828 Paris
Voltaire, im Sessel sitzend. 1781
Marmor. Höhe 138 cm

Die Voltaire-Figur Houdons ist eines der bekanntesten Werke in der Geschichte der Porträtplastik. Ganz dem Geist des Klassizismus entsprechend stellte Houdon den Philosophen nicht in zeitgenössischer Kleidung dar: Voltaire sitzt in einem der Antike nachempfundenen Sessel, umhüllt von einem weiten Umhang (offensichtlich einem etwas umgewandelten dicken Hausmantel), der an ein römisches Gewand erinnert. Breite Falten umreißen weich die Figur des Alten und verleihen ihr zugleich Monumentalität. Das Kopfband gemahnt an den Ruhmeskranz, mit dem Voltaire kurz zuvor in der Comédie Française geehrt worden war. Auf diese Weise entstand ein heroisiertes Bild des Dichter-Philosophen, das seine besondere Ausdruckskraft auch dadurch gewinnt, daß die Oberfläche der Kleidung zum Glänzen gebracht, das Gesicht aber unpoliert gelassen ist. Houdon vermochte in dem augenblickhaft erfaßten Ausdruck des klugen Gesichtes den Reichtum inneren Lebens einzufangen, einen Begriff von Voltaires gewaltiger geistiger Kraft zu geben. So verallgemeinert das Bildnis des großen Philosophen und Schriftstellers wirkt, so tritt doch durch die psychologische Charakterisierung die Eigenheit der individuellen Erscheinung verstärkt hervor.

Es gibt zwei Exemplare von diesem Marmorbildwerk; das in der Ermitage aufbewahrte Stück hatte Katharina II. – die sich das Ansehen einer aufgeklärten Monarchin geben wollte – bei Houdon bestellt; die andere Skulptur befindet sich in den Räumen der Comédie Française in Paris.

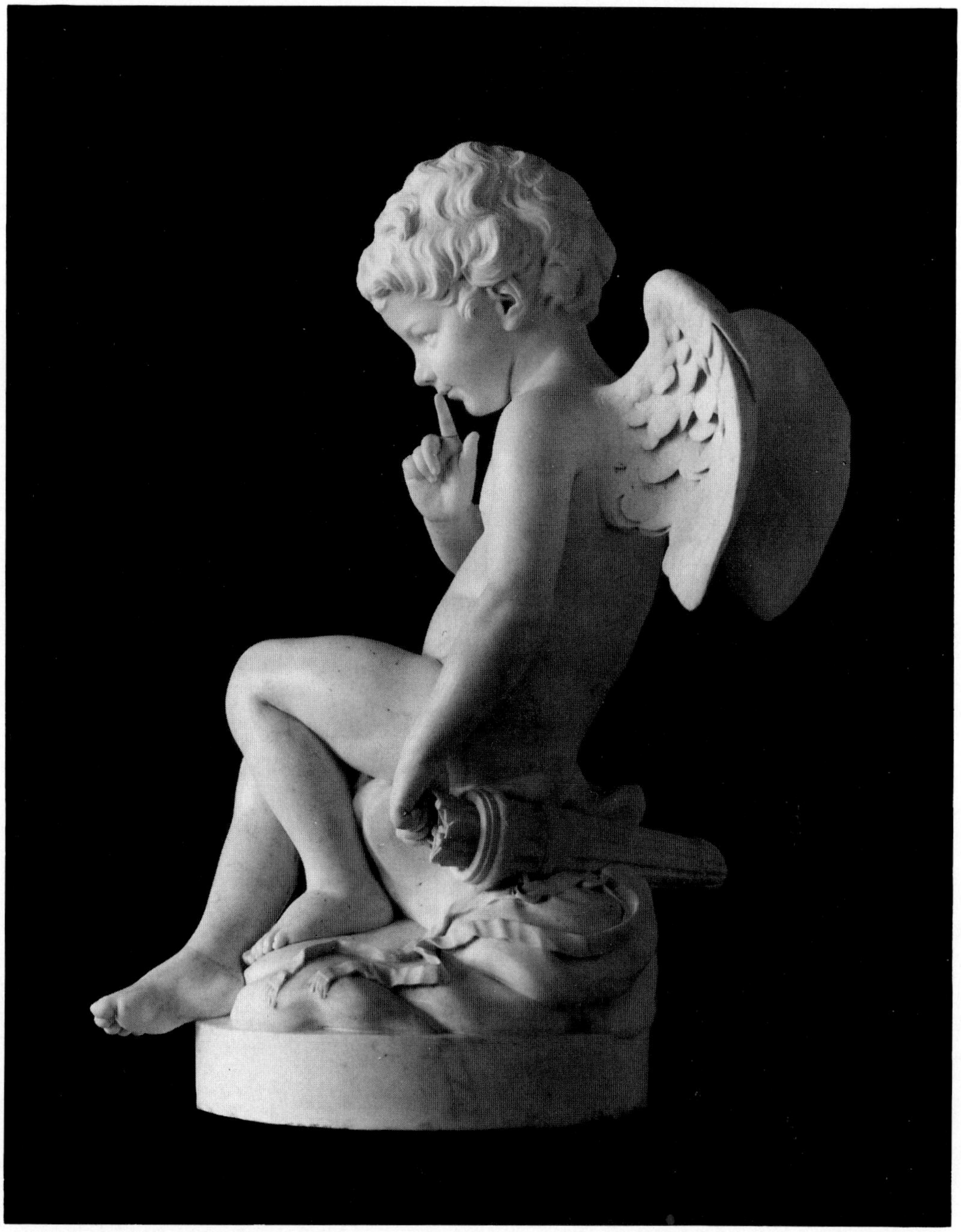

87 *Etienne-Maurice Falconet*
1716 Paris – 1791 Paris
Drohender Amor. 1757
Marmor. Höhe 98 cm

Bei dieser Skulptur handelt es sich um eine typische Arbeit aus der ersten Schaffensperiode Falconets, als er den Prinzipien des Rokoko folgte. Höchst charakteristisch für diese Zeit ist die Darstellung des verschmitzt-übermütigen kleinen Liebesgottes. Der Tradition folgend, zeigt der Bildhauer Amor als hübsches Kind mit rundlichem Körper, rundem Gesichtchen und lockigem Haar. Der Liebesgott sitzt auf einer Wolke, sein Blick ist nach unten, auf die Erde gerichtet, wo sich das Opfer seiner List befindet. Mit großer Natürlichkeit und Überzeugungskraft sind auch die Besonderheiten im anmutigen Körperbau eines Kindes wiedergegeben. Das erste Exemplar der Statue »Drohender Amor« war für den Mittelpunkt eines kleinen Pavillons bestimmt, eines »Liebestempels« im Park des Palastes der Marquise de Pompadour, in deren Auftrag Falconet das Bildwerk schuf. Daher rührt nicht nur der runde Sockel, sondern auch die ganze Anlage der Skulptur, die von verschiedenen Standpunkten aus betrachtet werden kann.

88 *Bertel Thorvaldsen*
1770 Kopenhagen – 1844 Kopenhagen
Bildnis der Gräfin
Jelisaweta Osterman-Tolstaja. 1815
Marmor. Höhe 138 cm

Dem Bildnis der Osterman-Tolstaja mangelt es gewiß nicht an Imposantheit; dennoch verlieh der Künstler seiner Skulptur zugleich individuelle Gesichtszüge, gab der Gestalt einen nachdenklichen Ausdruck und eine elegante, ungezwungene Haltung, so daß das Werk Porträtcharakter erhielt. Das Thorvaldsen-Museum in Kopenhagen bewahrt das kleine Gipsmodell der Ermitage-Statue. Hier ist die Dame sitzend gezeigt, wobei sie sich mit beiden Ellenbogen auf die Sessellehne stützt und einen Blick über die Schulter wirft – eine Darstellung, die sich dem Porträttyp des französischen Empire annähert, während die endgültige Fassung strenger und klassischer erscheint. Thorvaldsen hat dieses Bildnis während seines Aufenthaltes in Rom geschaffen.

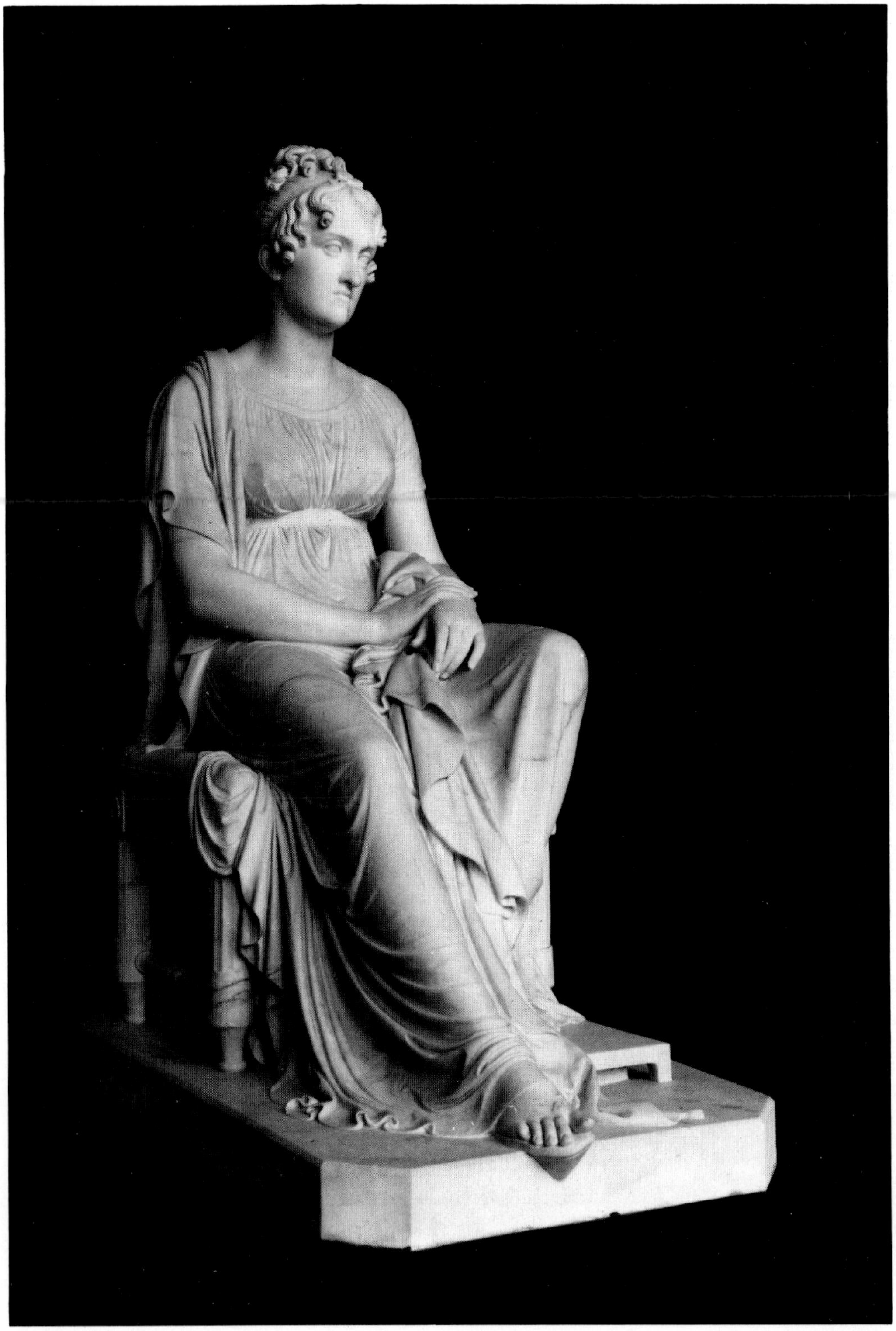

89 *Auguste Rodin*
1840 Paris – 1917 Meudon
Ewiger Frühling
Achtziger Jahre des 19. Jahrhunderts
Marmor. Höhe 77 cm

Im Jahre 1880 erhielt Rodin den Auftrag, eine Umrahmung für den Haupteingang des Gebäudes des künftigen Museums der dekorativen Künste in Paris zu schaffen. Der Künstler nahm sich eine große Reliefkomposition vor: die Darstellung der »Höllenpforte«. Er wollte dabei die verwirrende Vielfalt menschlichen Lebens und das Tragische allen Daseins verkörpern. Das Ganze umfaßte eine Fülle von Motiven, von denen eine beträchtliche Anzahl den Charakter selbständiger Werke annahm, so auch die Gruppe »Ewiger Frühling«, die im Zusammenhang mit den Arbeiten an der »Höllenpforte« entstanden ist. Im Unterschied zu den meisten Reliefs der grandiosen Komposition, die dramatische Themen behandeln, veranschaulicht dieses Bildwerk ein poetisches menschliches Gefühl – die Liebe. In seinem Schaffen tritt Rodin als ein Bahnbrecher des »Impressionismus« in der Plastik hervor. Es ging ihm um das Atmosphärische, das die Formen umgibt, wobei er entschiedene Grenzen verwischte und jeden scharfen Übergang von den Figuren zum Hintergrund vermied. Dieses Zerfließende der Konturen, die sich im Strom des Lichtes aufzulösen scheinen, schafft den Eindruck, als seien die Figuren von Luft umhüllt.

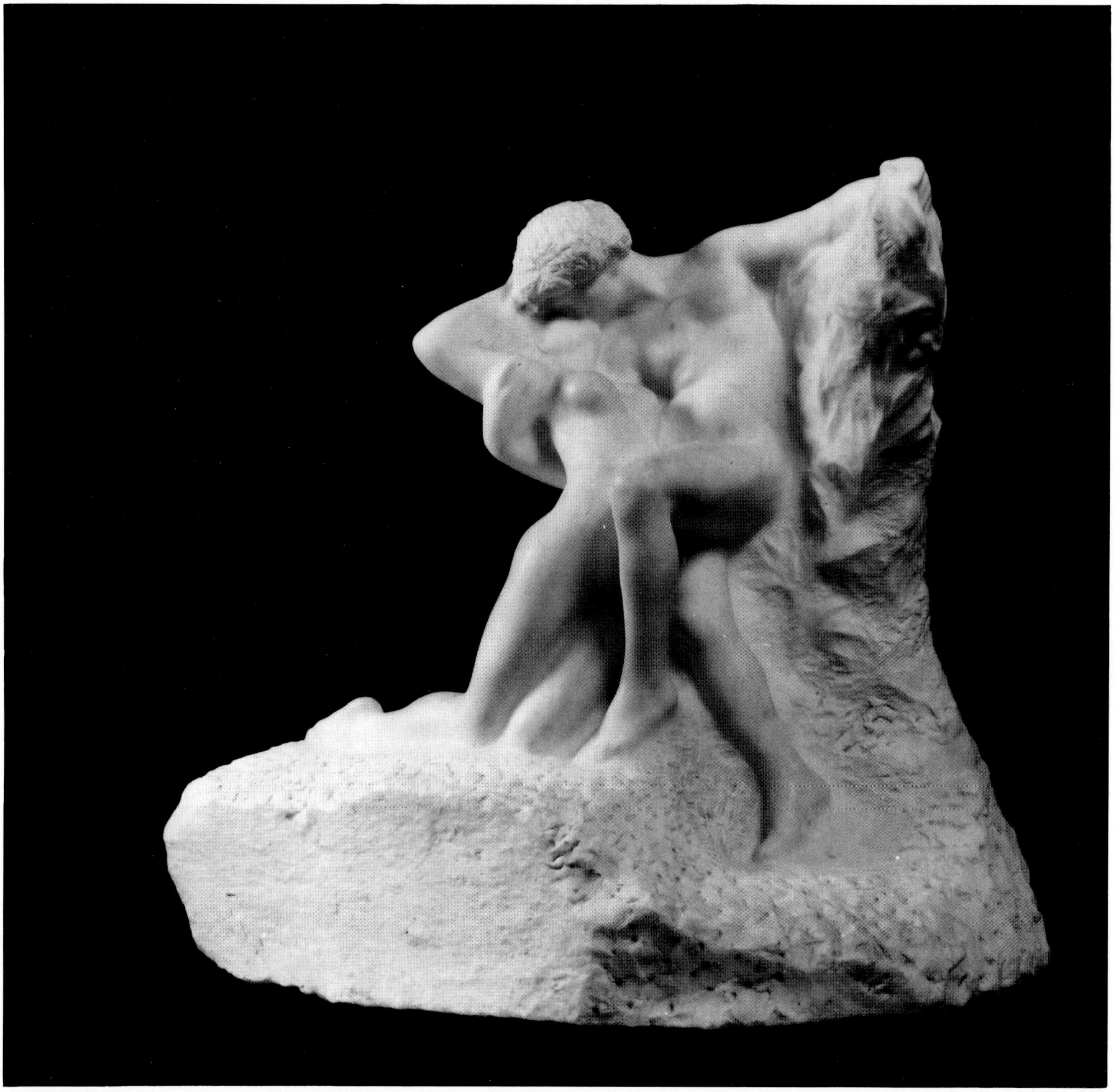

Aristide Maillol, einer der bedeutendsten Bildhauer seiner Zeit, war Autodidakt. Mit Holzschnitzereien im Geiste Gauguins und mit Kleinplastiken aus Ton und Wachs beginnend, ging er zum Bronzebildwerk und – seltener – zur Steinskulptur über. Maillols Hauptthema war die Darstellung des Frauenkörpers. Sein Schaffen bildete zu dem seines älteren Zeitgenossen Rodin einen deutlichen Gegensatz. Die Volumen seiner Figuren sind sorgfältig ausgewogen, doch rufen seine Werke den Eindruck von Spontaneität und schwebender Leichtigkeit hervor, wobei die Silhouette zugleich kompakte, in ihrem Gewicht erlebbare Formen umreißt. Im Gegensatz zu der »analytischen« Kunst Rodins ist Maillols Schaffen synthetisch; dieser Bildhauer unterwirft das Zufällige der natürlichen Formen seinem Stil und vereint somit Wahrheitsliebe mit edler Vollkommenheit. Stets gibt er seine Gestalten in ganz einfacher Bewegung – stehend, ruhig schreitend, sitzend oder kniend. In ihrem harmonischen Körperbau sind sie zugleich erhaben und kerngesund, dabei immer voller Sinnlichkeit, wie die Natur selbst.

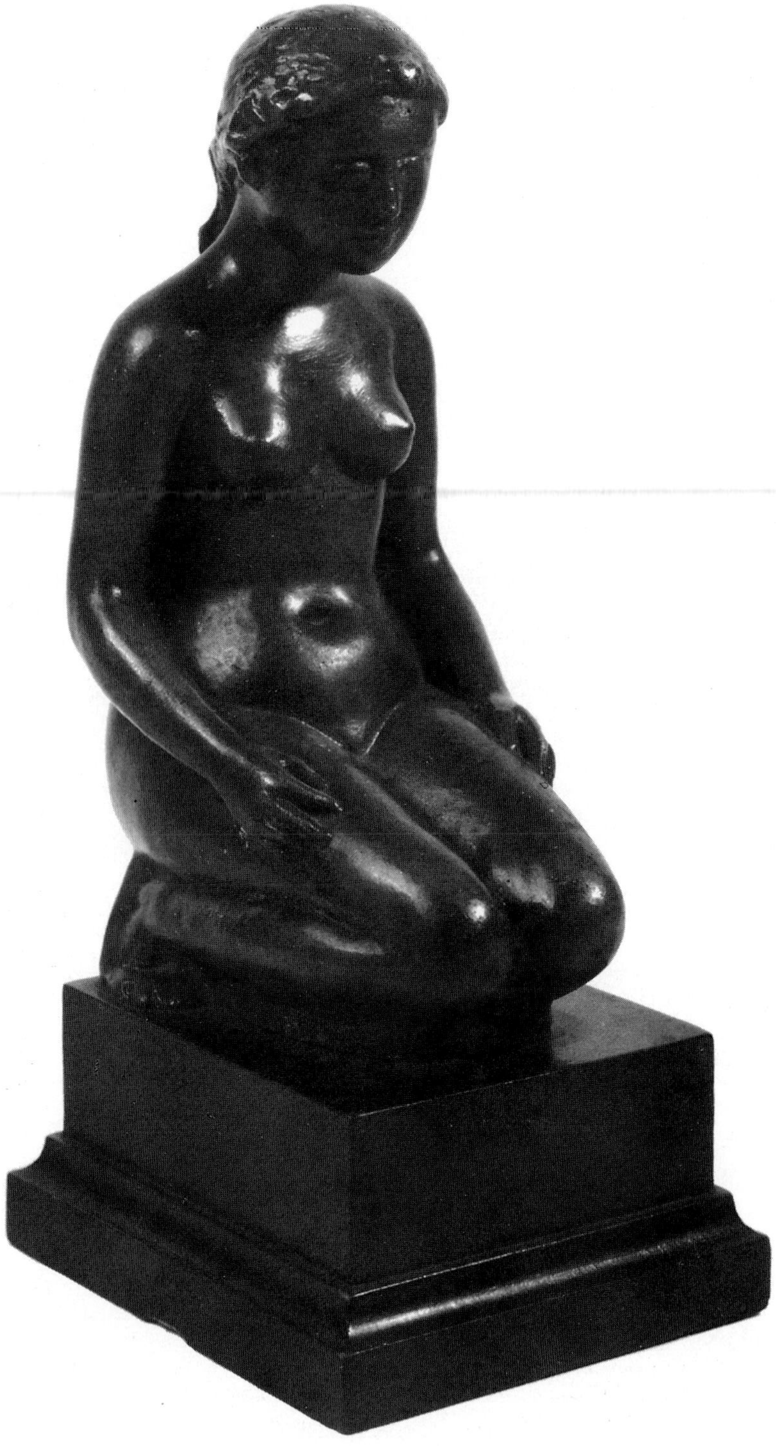

90 *Aristide Maillol*
1861 Banyuls-sur-Mer – 1944 Marly-le-Rois
Kniendes Mädchen. Etwa zwischen 1900 und 1910
Bronze. Höhe 18 cm

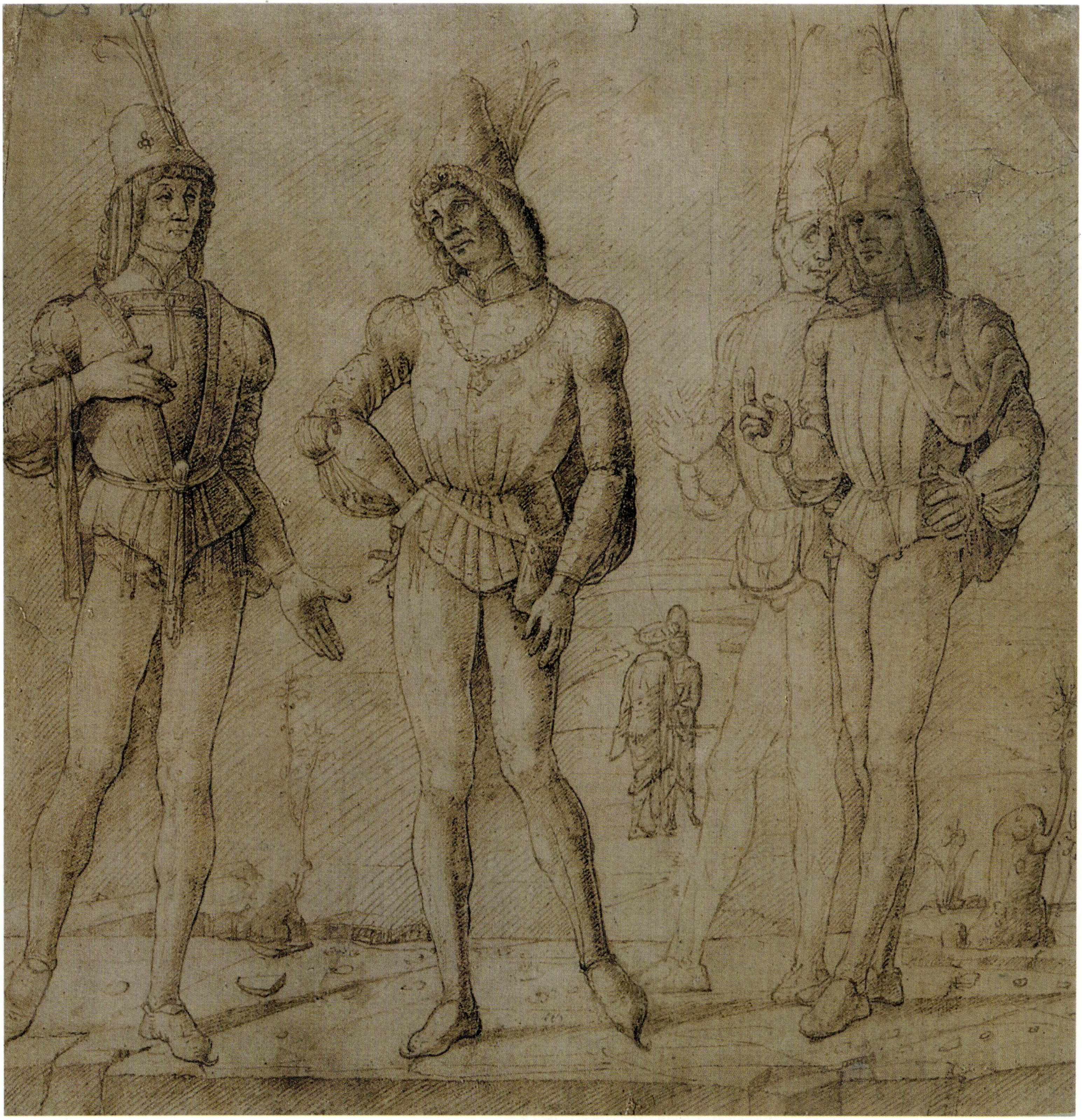

91 *Ercole de Roberti*
Zwischen 1451 und 1456 Ferrara – 1496 Ferrara
Gruppenbildnis der herzoglichen Familie d'Este
Um 1492
Papier, Feder in Braun. 20,5 × 21,0 cm
(obere Ecken angesetzt)

Zu Beginn unseres Jahrhunderts wurde diese Zeichnung Ercole de Roberti zugeschrieben, einem bekannten Meister der Schule von Ferrara, wobei es gelang, die dargestellten Personen als Mitglieder der herzoglichen Familie d'Este von Ferrara zu identifizieren. Wie sich herausstellte, ist in der Mitte der Herzog Ercole I. d'Este (1433 bis 1505) wiedergegeben, links von ihm sein jüngerer Bruder Sigismondo, rechts sein Sohn und Nachfolger Alfonso (1486–1535) und hinter ihm möglicherweise ein weiterer Sohn, Ferrante, von dem sich keine Porträtdarstellungen erhalten haben.

Der Zeichenstil Robertis entspricht den Wesensmerkmalen des klassischen Kupferstichs, wie sie für die Übergangsphase von der Gotik zur Renaissance charakteristisch waren: ausdrucksvoll betonte Konturen und feine Modellierung der Formen durch parallele schräge Strichelung.

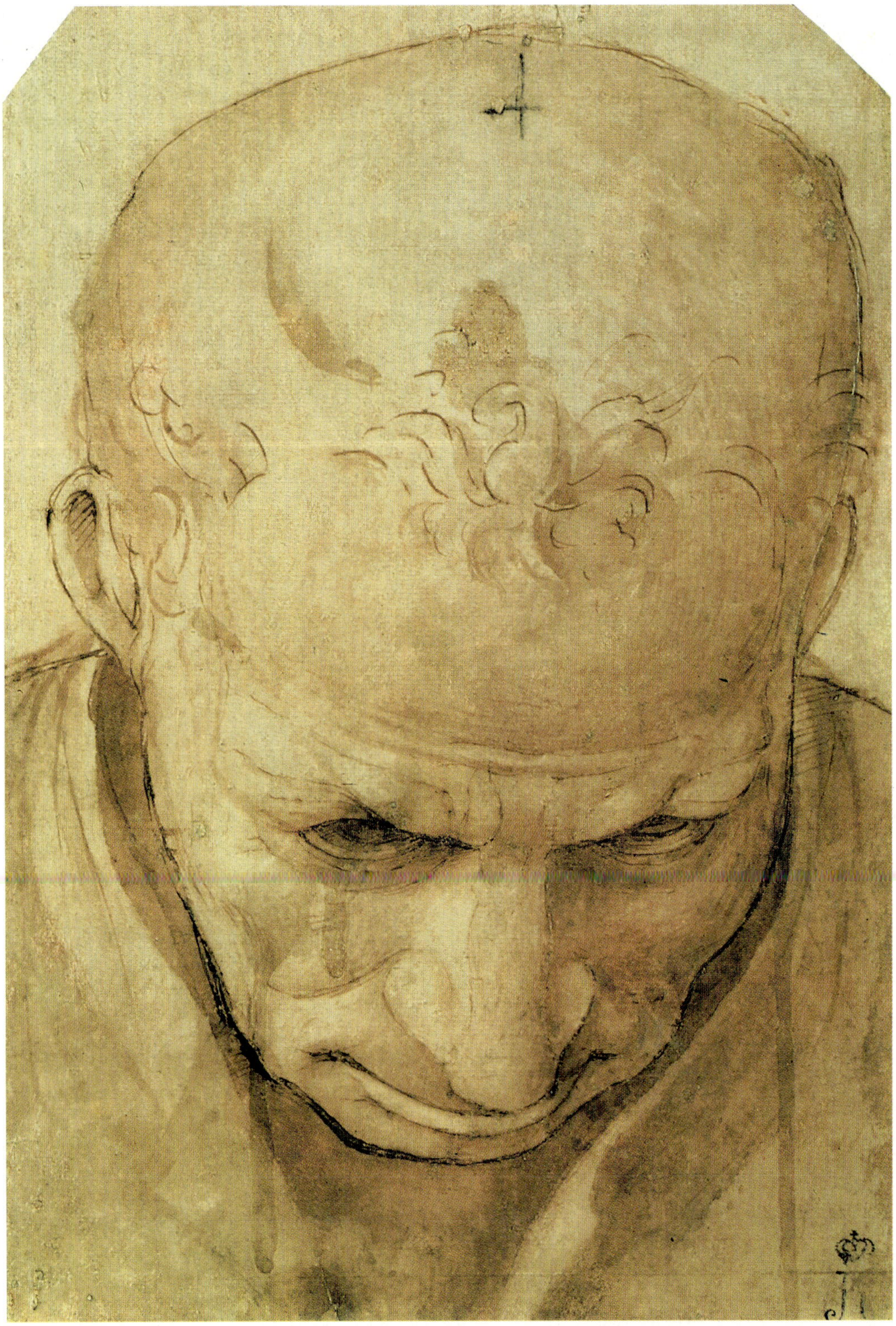

92 *Piero di Cosimo*
1461 oder 1462 Florenz – um 1521 Florenz
Kopfstudie eines älteren Mannes
Ende der achtziger Jahre des 15. Jahrhunderts
Papier, Feder in Braun laviert. 26,9 × 18,7 cm
(obere Ecken angeschnitten)

Auf der Zeichnung ist ein älterer Mann dargestellt, höchstwahrscheinlich ein Mönch mit ausrasierter Tonsur. Wir blicken auf einen mächtigen, plastisch herausgearbeiteten Schädel. Diese Art Monumentalität, die meisterhafte Wiedergabe einer komplizierten Verkürzung, die Entschiedenheit der Linie und das Plastische der Modellierung sind für die florentinische Kunst des 15. Jahrhunderts typisch. Die Zeichnung wurde Piero di Cosimo zugeschrieben, einem florentinischen Künstler des Quattrocento, der am Hof des Lorenzo de' Medici tätig war.

Die Zeichnung gibt den ältesten der Gebrüder Dumonstier wieder – Etienne (1540 bis 1603), der wie Pierre Porträtmaler bei Hofe war. Das Blatt ist eine Vorstudie nach der Natur zu einem Doppelbildnis der Brüder, dessen Komposition Pierre in der Zeichnung »Bildnis Etienne und Pierre Dumonstier« festgehalten hat (sie befindet sich ebenfalls in der Ermitage). Im 16. Jahrhundert erreichte die französische Porträtzeichnung eine bis dahin nie gekannte Blüte und weite Verbreitung. Der König, seine Familie und die Höflinge gaben Porträts nicht nur als Gemälde, sondern auch als Zeichnungen in Auftrag. Solche gezeichneten Bildnisse sammelte man, sie wurden als kleine Repräsentationsgeschenke angefertigt. Übrigens sollten sie auch eine unheilvolle Rolle spielen, als in der Bartholomäusnacht bestimmte Hugenotten nach solchen Porträts identifiziert wurden und dadurch zu Tode kamen.

Die Bildniszeichnung in der zweiten Hälfte des 16. Jahrhunderts verrät eine bis dahin ungewohnte realistische Tendenz: Die Schärfe der Beobachtung wirkt erstaunlich, weil hier nicht nur die äußere Erscheinung, sondern auch die innere Welt des Modells erfaßt ist. Das Bildnis nimmt Züge psychologischer Ausdruckskraft an. Auch die Technik des gezeichneten Porträts erlebt eine Bereicherung: Leichte, mit farbiger Kreide gegebene Tönungen verleihen diesen Blättern etwas Weiches, Malerisches. Die Eleganz der Linienführung verbindet sich mit farblicher Erlesenheit.

93 *Pierre Dumonstier*
Nach 1540 – nach 1600
Bildnis Etienne Dumonstier. Um 1570
Papier, schwarze Kreide, Rötel,
leichtes Pastell. 40 × 27 cm

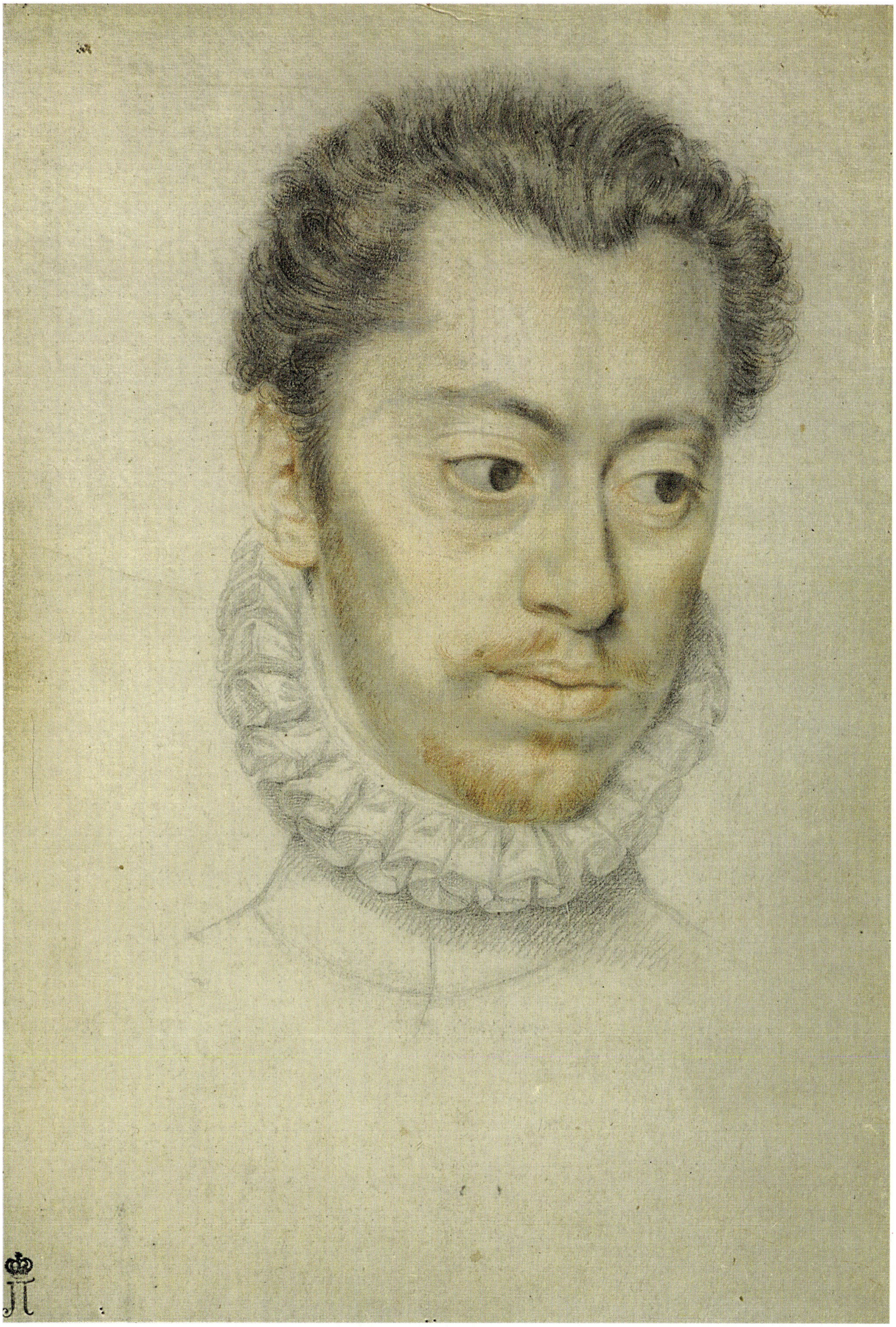

94 *Albrecht Dürer*
1471 Nürnberg – 1528 Nürnberg
Madonna mit dem Kind. Um 1515
Karton, Kohle. 42 × 24 cm (auf allen Seiten angeschnitten, besonders stark links und unten)

Der geniale Maler, Stecher und Zeichner Albrecht Dürer, Haupt der deutschen Renaissancekunst, verkörperte in seinem Schaffen die fortschrittlichen Bestrebungen der Reformationszeit und der Zeit des deutschen Bauernkriegs. Die »Madonna mit dem Kind« ist Teil eines Kartons für die Glasmalerei der Kapelle der Familie Pfinzing in der Nürnberger Sebalduskirche. Nach diesem Dürerschen Karton kam in der zweiten Hälfte des Jahres 1515 in der Werkstatt des Veit Hirschvogel die Vitrage zur Ausführung. Sie galt dem Gedenken an Sigfried Pfinzing, der 1514 verstorben war, und da sie sich bis in unsere Tage erhalten hat, können wir uns ein Bild von der ursprünglichen Gesamtkomposition des Blattes machen: Die Madonna steht in voller Größe auf einem Halbmond, dem Symbol ihrer Makellosigkeit; ein Gewand, das in mächtigen Falten an ihr herabfällt, umhüllt ihre majestätische Gestalt. Auf ihrem linken Arm thront der Knabe, in der rechten Hand hält sie ein Zepter. Diese Figur ruft einen ausgesprochen monumentalen Eindruck hervor. Der Künstler war derart um zeichnerische Klarheit und Genauigkeit bemüht, daß er gelegentlich sogar zum Zirkel griff, mit dessen Hilfe er zum Beispiel den Heiligenschein um den Kopf des Knaben ausführte.

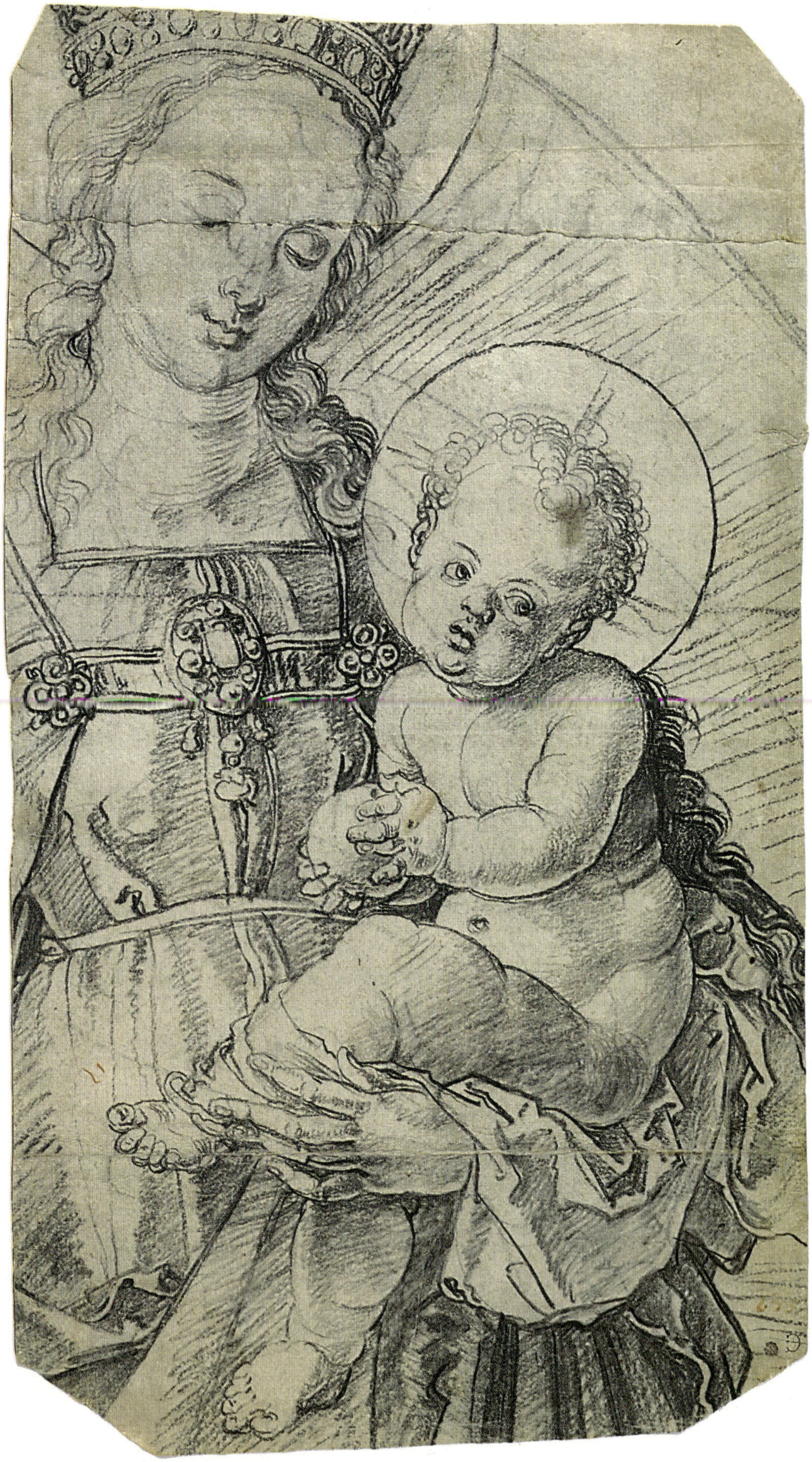

95 *Edouard Manet*
1832 Paris – 1883 Paris
Bildnis der Madame Jules Guillemet. 1880
Papier, schwarze Kreide. 31,3 × 22 cm

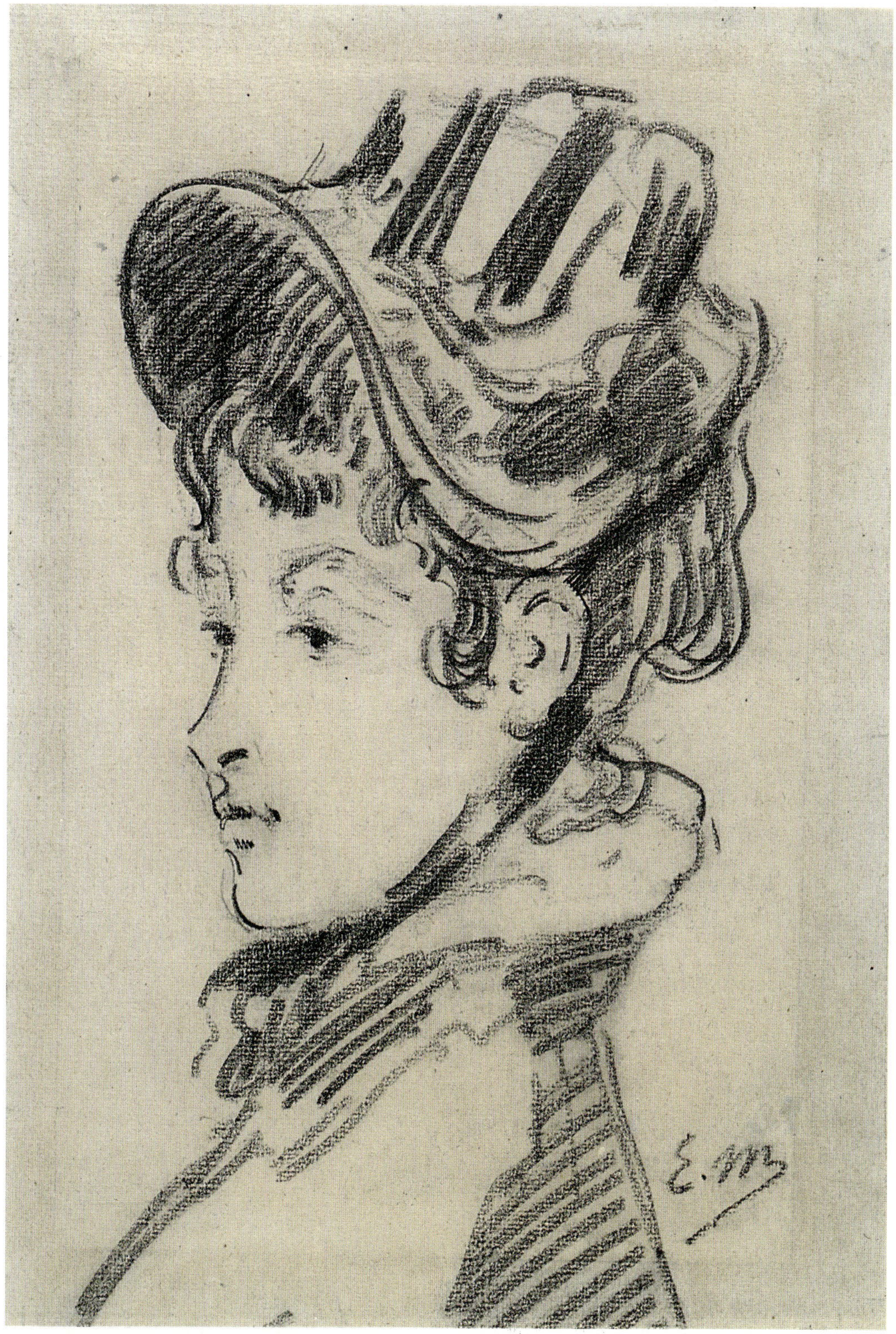

Edouard Manet, der große französische Maler und Wegbereiter des Impressionismus, war ein brillanter Zeichner. Seine Blätter sind stets klar aufgebaut; kühne, breite Striche geben treffend die Formen der Gegenstände wieder, ja, indem der Künstler durch unterschiedlichen Druck den Ton variierte, machte er sogar etwas von der Farbigkeit anschaulich. Seine Linie, mal ruhig, mal heftig, flackernd und abgerissen, vermag das Charakteristische zu erfassen und verdeutlicht dabei die persönliche Einstellung des Künstlers zu dem, was er wiedergibt. All das zeigt sich auch in der Porträtskizze der Madame Guillemet. Die kleine Stupsnase, die reizende Oberlippe, der weiche, zärtliche Blick, das verführerische Hütchen – all das ist in ganz verschiedenem Linienfluß wiedergegeben – hier kapriziös, da gleichsam liebkosend und dann wieder mit scheinbarer Lässigkeit. Was der Künstler empfand, als er das Bild dieser bezaubernden, seiner Familie freundschaftlich verbundenen Pariserin festhielt, schlägt sich in unserer Zeichnung weitaus einprägsamer nieder als in dem Pastellporträt (Art Museum Saint Louis, USA), für das sie als Skizze diente.

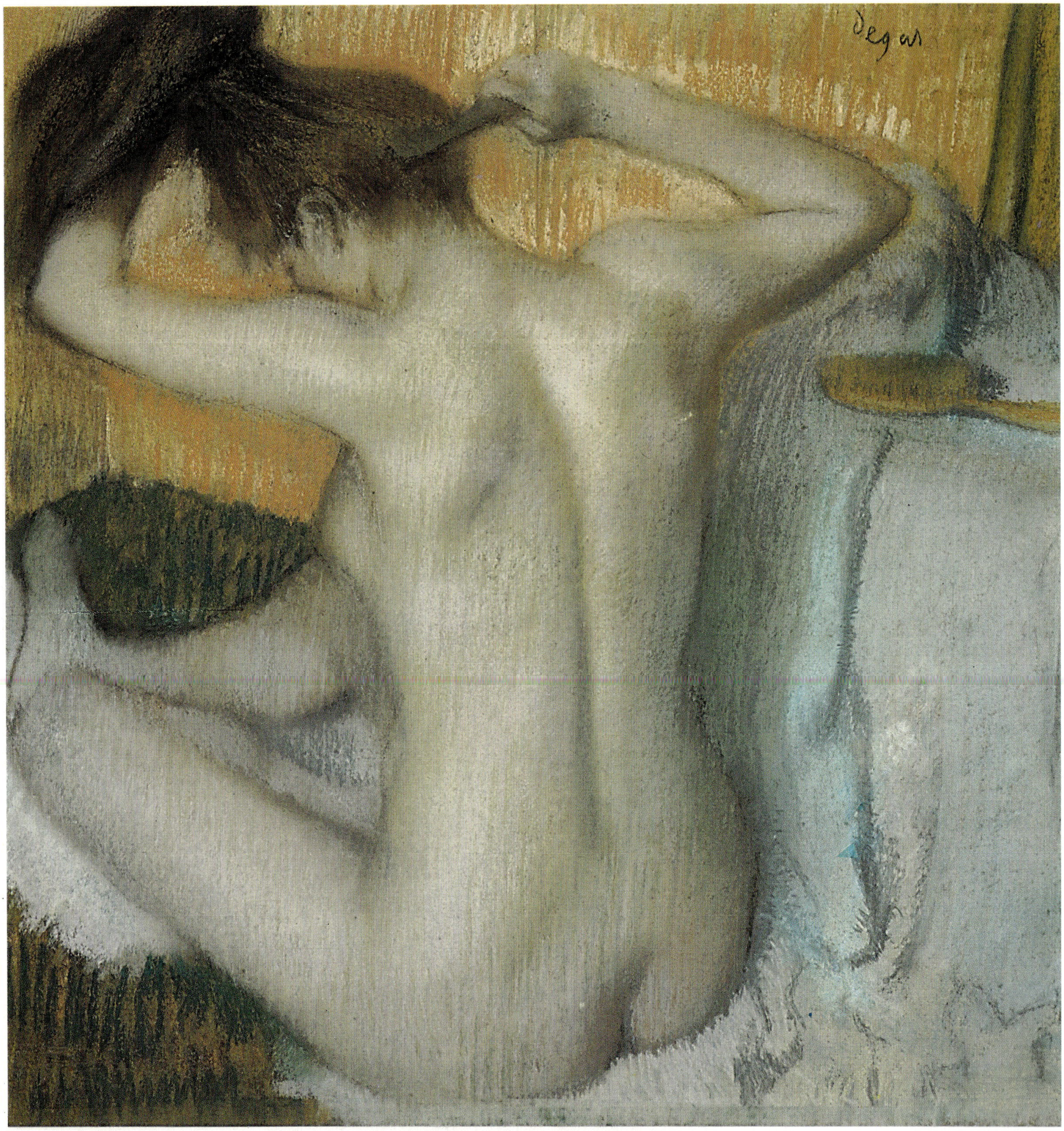

96 *Edgar Degas*
1834 Paris – 1917 Paris
Sich kämmende Frau. Um 1885
Pastell auf Bristolkarton. 53 × 52 cm

Das Blatt gehört zu einer Folge von Pastellen, die Frauenakte bei der Toilette darstellen. Die Bewegungen der Gestalten sind in ihrer Natürlichkeit treffend erfaßt. Auch die junge Frau auf unserem Bild »posiert« nicht, nichts lenkt sie von ihrer Beschäftigung ab. Degas sagte nicht umsonst, er habe seine Modelle durchs Schlüsselloch beobachtet. Doch dabei hielt er durchaus nicht irgendeinen zufälligen Augenblick des Bewegungsablaufes fest, sondern er versuchte, die Gestalten in der Wechselwirkung aller Körperteile zu erfassen. So gelangte er zu äußerster Verallgemeinerung. Die Figur ist dicht an den linken Rand des Blattes gerückt, hinter ihrem Rücken scheint unnötig viel Raum freigeblieben zu sein. Doch auch diese vermeintlich zufällige Anordnung hat, wie stets bei Degas, einen logischen Sinn: Die Bewegung der Frau erhält dadurch etwas ungemein Gesammeltes, Konzentriertes.

97 *Reliquiar mit Szenen aus der Legende der hl. Valeria*
Frankreich, Limoges
Ende des 12. Jahrhunderts
Grubenemail auf Kupfer, Gravierung
19,5 × 27,5 × 11,5 cm

Einen besonders charakteristischen Zweig der angewandten Kunst Westeuropas im 12. und 13. Jahrhundert stellt das Grubenemail dar. Bedeutendstes Zentrum für solche Erzeugnisse war die französische Stadt Limoges. Der Reliquienschrein mit der Darstellung der Legende der hl. Valeria, die als Beschützerin von Aquitanien galt, ist ein typisches Werk des 12. Jahrhunderts aus Limoges. Der Schrein hat die in diesen Werkstätten beliebte Form eines Kästchens mit Satteldach. Klar heben sich von dem Grund aus vergoldetem Kupfer die polychromen Figuren ab, deren Gewänder über und über mit eingravierten Mustern bedeckt sind.

Die Ansichtsseite des Reliquiars zeigt die Hinrichtung der Valeria und welches Wunder sich danach vollzog: Die Enthauptete hat ihren abgeschlagenen Kopf auf den Altar des hl. Martial gelegt. Auf der gegenüberliegenden Seite ist die Anbetung der Weisen zu sehen. Die fortlaufende Darstellung verschiedener Episoden auf ein und derselben Fläche und die sorgfältige Ausführung von Einzelformen sind kennzeichnend für charakteristische Tendenzen der romanischen Kunst.

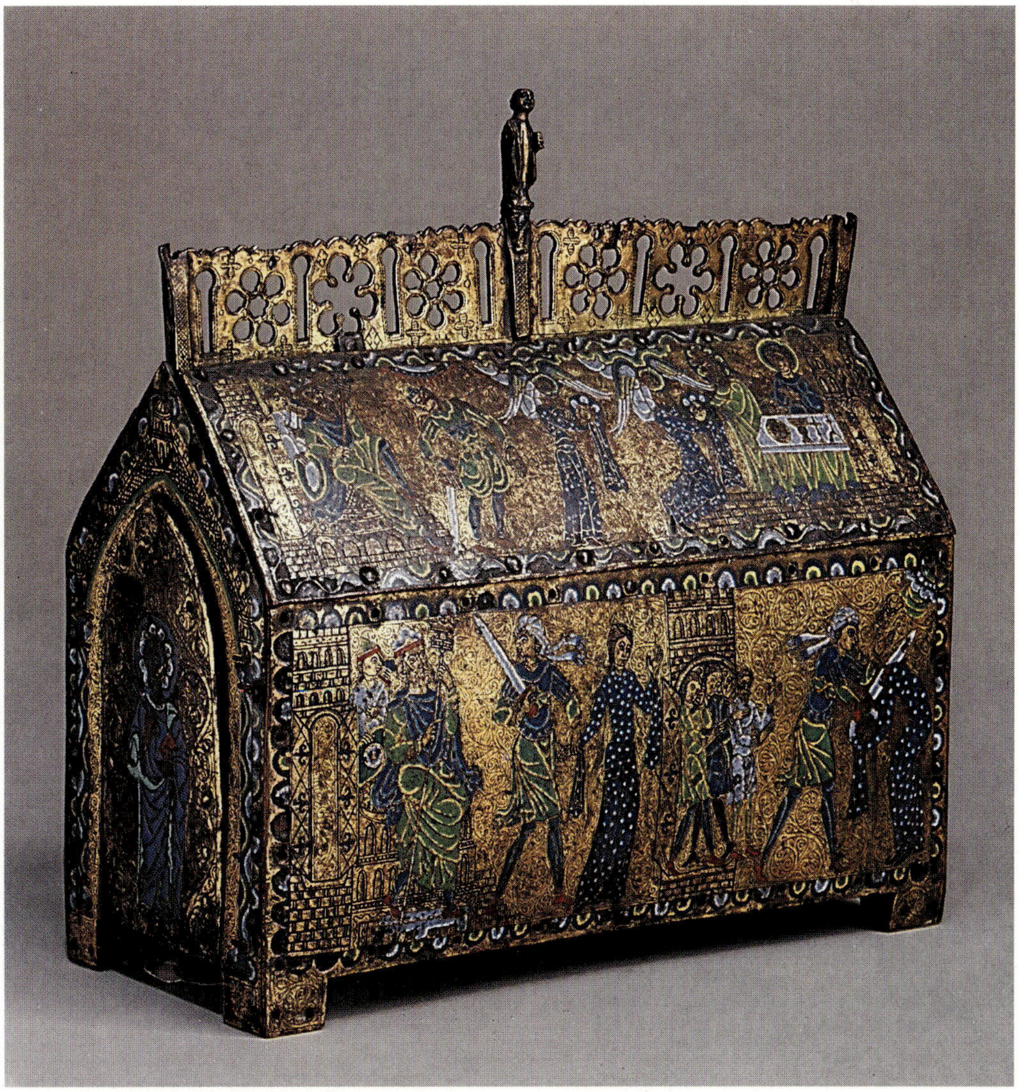

98 *Aquamanile*
Lothringen, Dinan. Anfang des 13. Jahrhunderts
Bronze, gegossen. Höhe 18,5 cm

Metallgefäße zum Händewaschen im Gottesdienst – sogenannte Aquamanilen – traten in Westeuropa seit dem 12. Jahrhundert auf. Sie wurden meist aus Bronze oder Messing gefertigt, und zwar vorwiegend im Gebiet von Rhein und Maas, in Niedersachsen und an der unteren Donau. In der Regel hatten diese Wasserspender, die auch als »Wassermann« bezeichnet werden, die Form von Tieren, menschlichen Figuren oder Phantasiewesen. Das Exemplar aus der Ermitage zeigt die Gestalt eines Ritters, der gegen einen geflügelten Drachen kämpft. Es handelt sich um ein Werk aus der Übergangszeit von der Romanik zur Gotik. Die relativ naturgetreu wiedergegebene Ritterfigur zeugt in ihrer Bewegtheit und Expressivität von einer Beobachtungsgabe, die einen bereits der Gotik angehörenden Meister verrät. Hingegen erweist sich die vereinfachte Gestaltung des von einem stilisierten Ornament bedeckten Drachens noch als Zeugnis romanischen Stilempfindens. Aus zwei Ausgußöffnungen, die von einem in die Haarsträhnen des Ritters eingeflochtenen Band gebildet werden, kann das Wasser herausfließen.

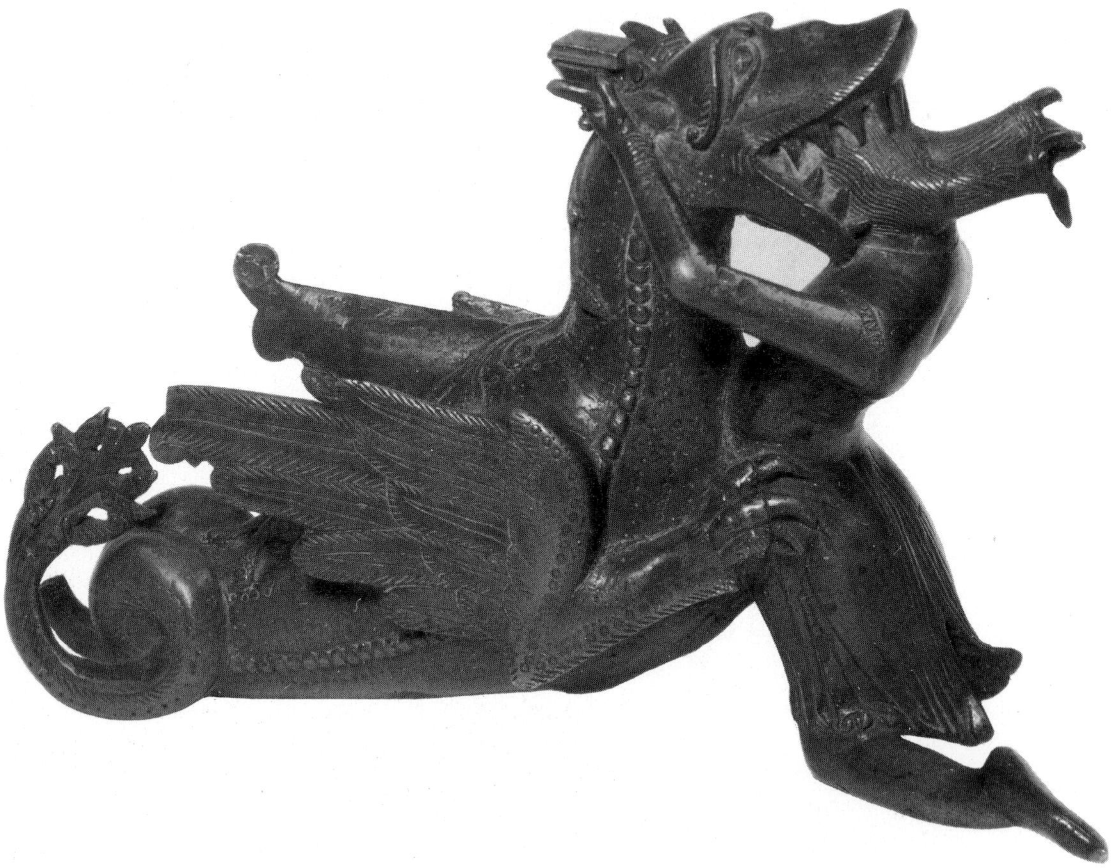

99 *Deckel eines Spiegelkästchens mit der Darstellung eines Jagdausritts Frankreich. Erste Hälfte des 14. Jahrhunderts Elfenbein, Schnitzerei. Durchmesser 8,9 cm*

Frankreich war vom 13. bis zum beginnenden 15. Jahrhundert, d. h. in der Zeit der vorherrschenden Gotik, eines der bedeutendsten Zentren der Elfenbeinschnitzerei. Besonderen Ruhm erlangte Paris, wo damals neben Klappaltärchen und rundplastischen Madonnenfigürchen auch Gegenstände weltlicher Bestimmung hergestellt wurden. Beispielsweise hat sich bis in unsere Tage eine erhebliche Anzahl von reliefgeschnitzten Deckeln für Kästchen erhalten, in denen Spiegel aufbewahrt wurden. In der Regel sind auf solchen Deckeln höfische, meist Ritterromanen entlehnte Motive dargestellt. In der Ermitage-Sammlung gibt es eine ganze Reihe solcher Arbeiten, darunter unser Deckel mit der Wiedergabe eines Jagdausritts, einer in der mittelalterlichen Kunst häufig anzutreffenden Szene, da ja das Jagen als Zerstreuung vornehmer Seigneurs gerade auch in dieser Zeit äußerst beliebt war.

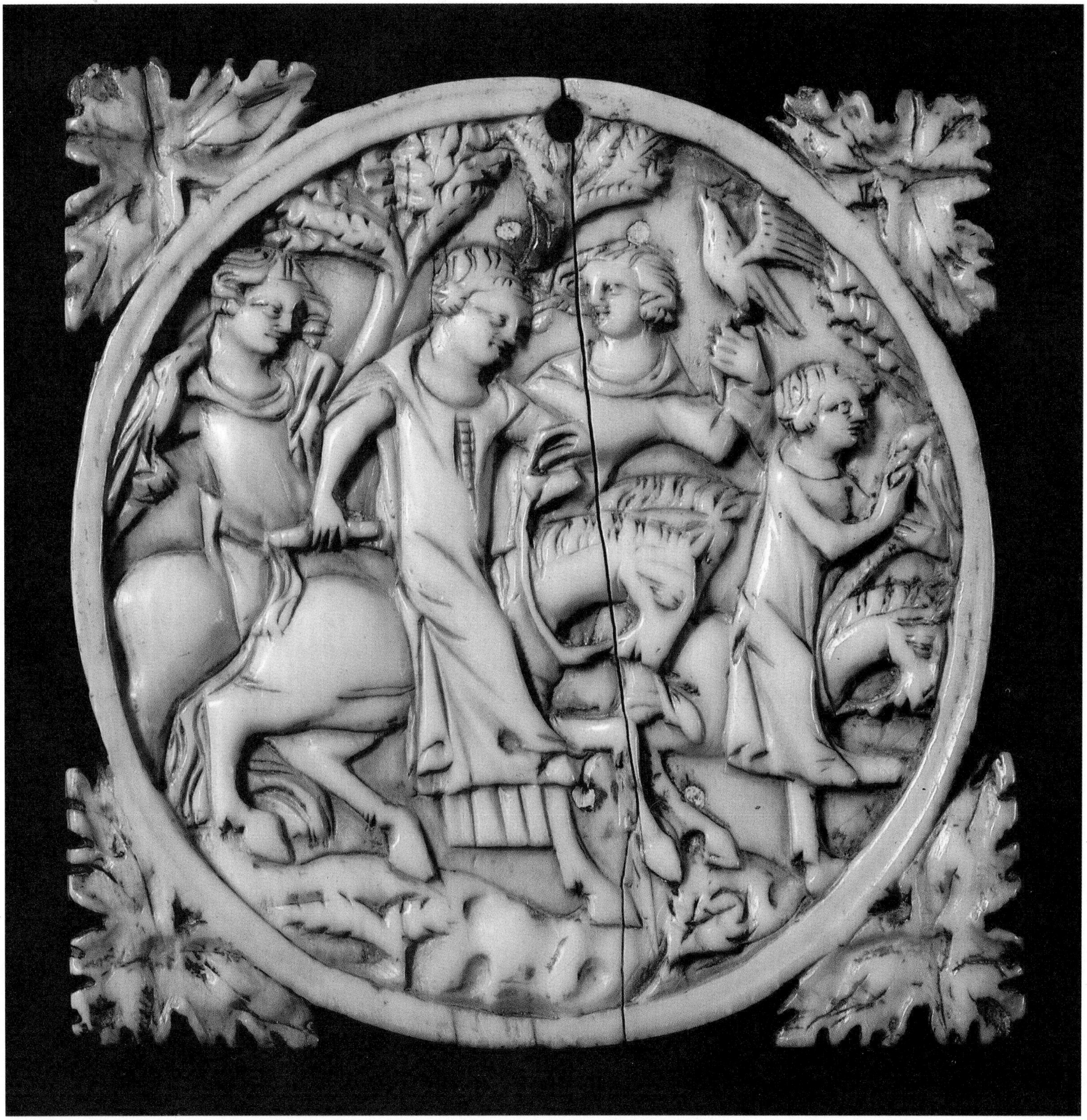

100 *Schale mit der Darstellung eines Adlers*
Spanien, Valencia
Erste Hälfte des 15. Jahrhunderts
Ton, farbige Bemalung und Lüster
Durchmesser 42,5 cm

Im 15. Jahrhundert, nach der Befreiung der Pyrenäenhalbinsel von der Herrschaft der Araber, entfaltete sich in Valencia die Kunst der Keramik. Die Arbeiten der Werkstätten von Valencia bewahrten weitgehend orientalische Traditionen; diese gingen auf Kunsthandwerker aus Málaga zurück, deren Schaffen im 13. und 14. Jahrhundert eine ungewöhnliche Höhe erreicht hatte. Der Einfluß der orientalischen Keramik zeigt sich in der Fertigungstechnik ebenso wie im Charakter des Dekors.

Eine heraldische Adlerdarstellung schmückt die wiedergegebene Schale, deren Zusammenhang mit Arbeiten aus Málaga sich durch die Ornamentierung und durch die pseudo-arabischen Inschriften erweist. Auch die Anwendung von Lüster ist auf orientalische Tradition zurückzuführen. Doch die Werke der Meister von Valencia verraten auch Merkmale des gotischen Stils, so etwa bei den rahmenden Reliefrippen der zweifachen Borte an der Schale aus der Ermitage. Auf einigen Gegenständen finden sich Inschriften in gotischer Schreibweise.

Als Bindeglied zwischen der Kunst des Orients und der des Westens spielte die Keramik von Valencia eine wichtige Rolle für die Entwicklung der europäischen Renaissance-Keramik, namentlich für die der italienischen Majolika. Die in der Form unterschiedlichen und eigenständigen Arbeiten der Meister von Valencia wurden außerhalb der Grenzen Spaniens weit bekannt und nach Italien, Deutschland und Frankreich ausgeführt. Da sie eine sehr hohe Wertschätzung fanden, dienten sie fast nie praktischen Zwecken, sondern trugen zur Ausstattung von Prunkgemächern bei.

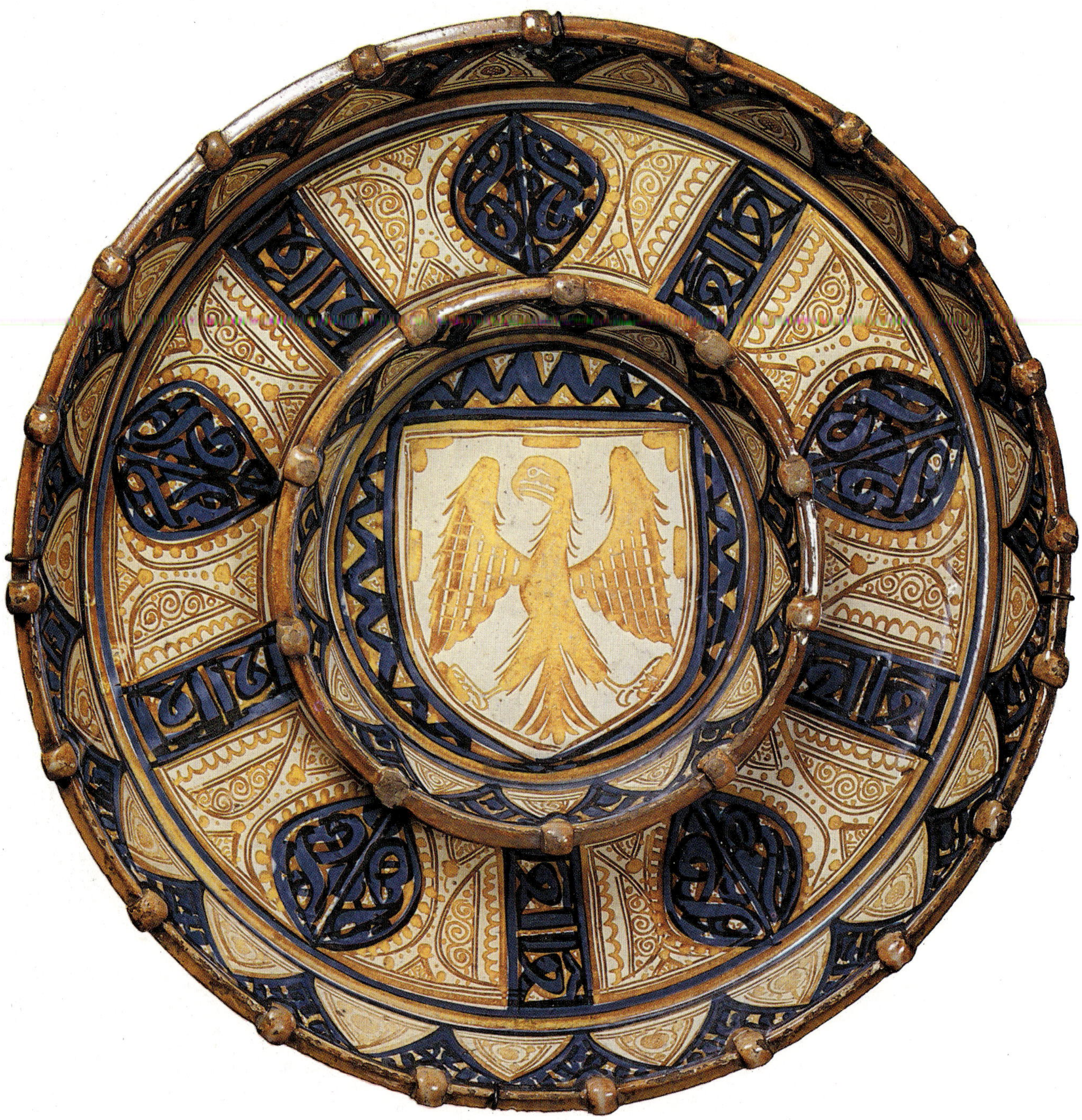

Im Alten Rom war die Glaskunst durchaus üblich, doch während des frühen Mittelalters geriet sie in Verfall; lediglich byzantinische Meister pflegten die Glasmacherei, die in Venedig später eine Wiedergeburt, ja gegen Ende des 15. Jahrhunderts eine hohe Blüte erlebte. Die Formen der venezianischen Gefäße sind von erlesener Schönheit; ungemein vielfältig bietet sich der virtuos ausgeführte Dekor dar. Im zweiten Drittel des 16. Jahrhunderts dominierte bei der Verzierung von Glasgefäßen die sogenannte venezianische Fadentechnik, die venezianische Glasbläser zu höchster Vollendung führten. Besonders gelungen wirkt bei unserem Beispiel die organische Einheit von wundervoll eingeflochtenen Fäden und plastischer, gut proportionierter Gefäßform.

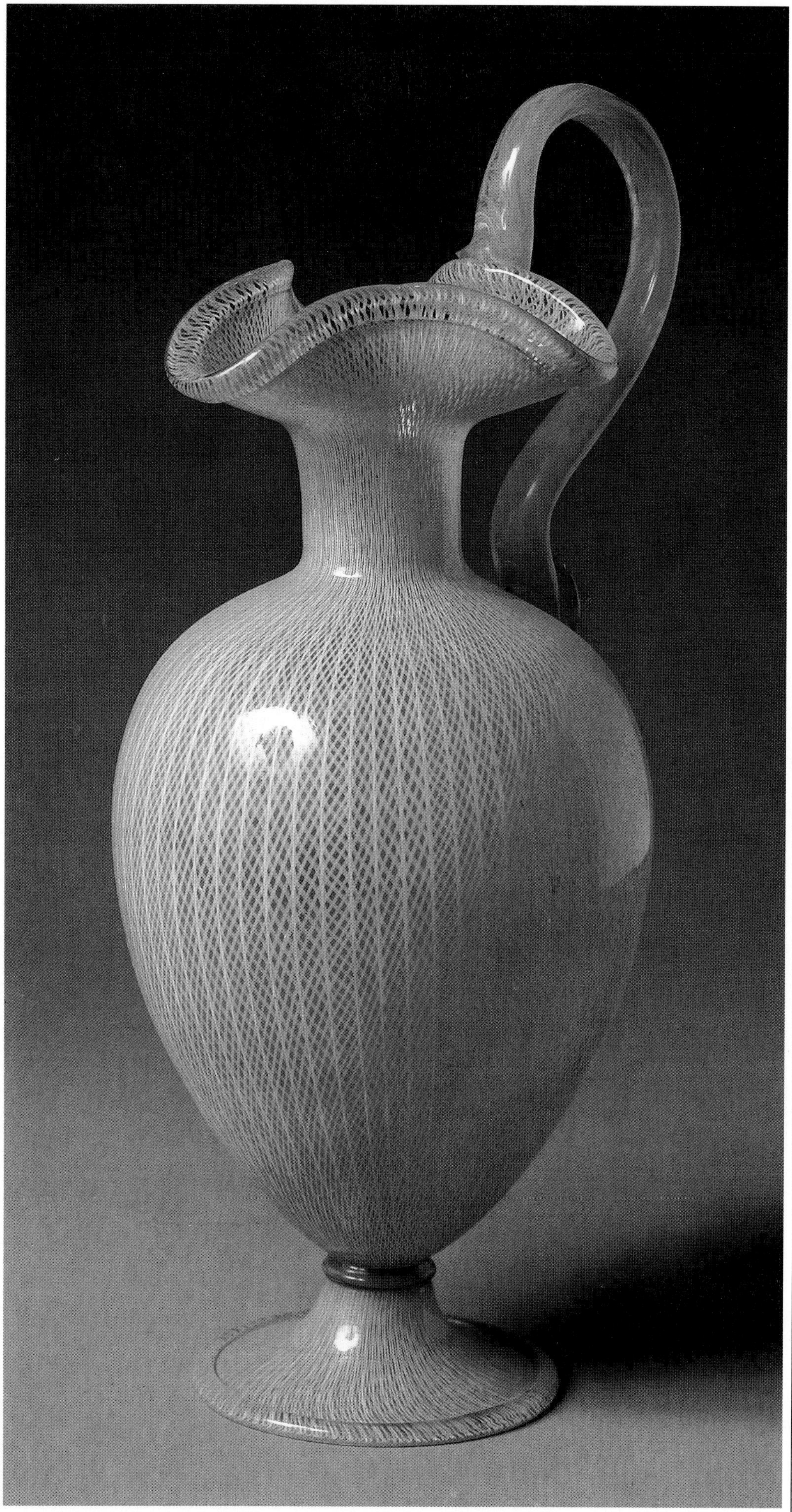

101 *Krug*
Italien, Venedig. Mitte des 16. Jahrhunderts
Durchsichtiges farbloses Glas,
weißes venezianisches Fadenglas
Höhe 30,5 cm

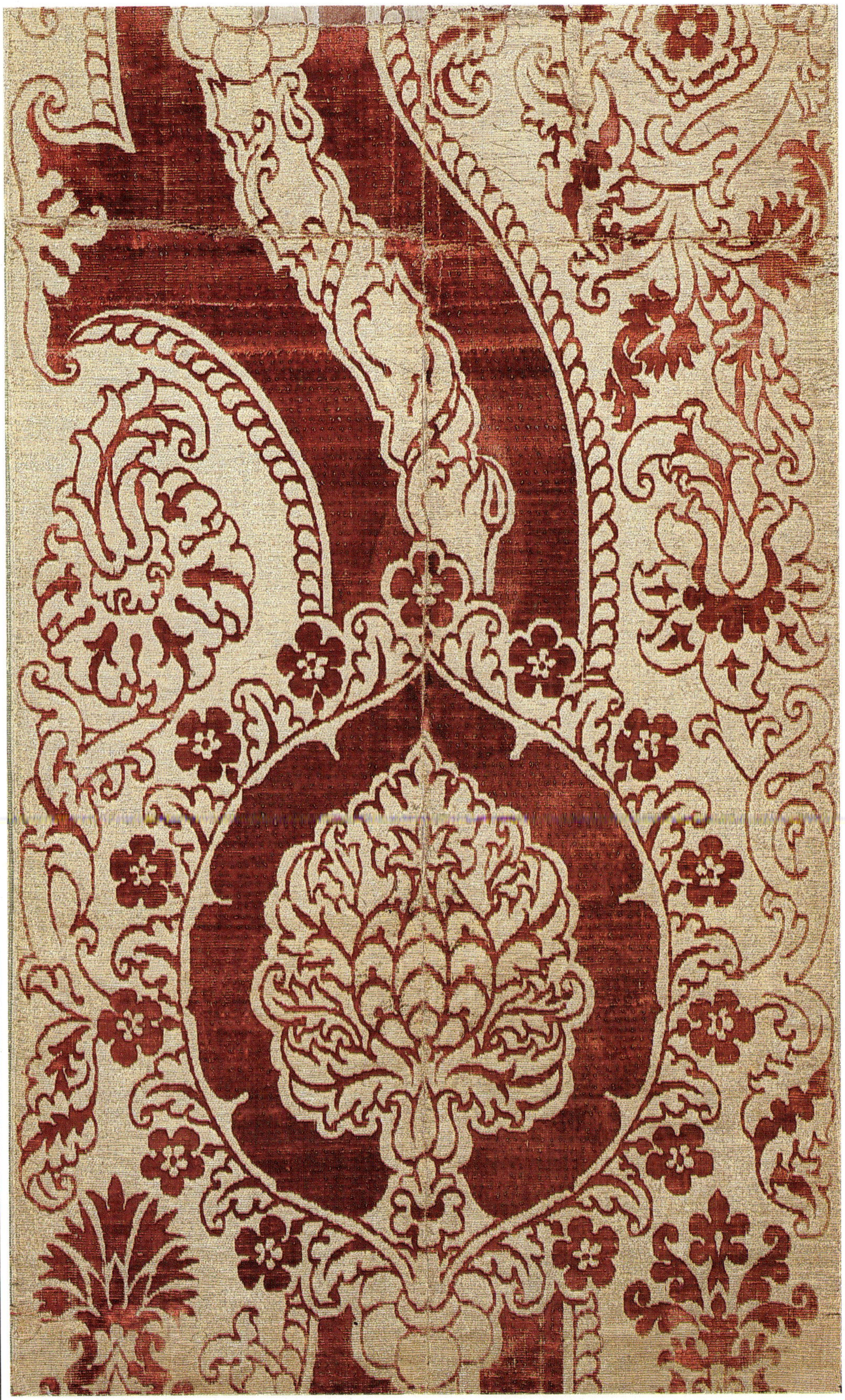

Die Fertigung von Seidenstoffen, die in Italien bereits am Ende des 13. Jahrhunderts aufkam, trat im 15. Jahrhundert in eine Blütezeit ein. Italienische Weber vervollkommneten die Herstellung von Samt und Brokat sowie von ein- und mehrfarbigem Damast; dabei erreichten sie eine erstaunliche Vielfalt an dekorativen Wirkungen. Besonders typisch und weit verbreitet war das sogenannte Granatmuster, das mit den Traditionen der orientalischen Textilkunst zusammenhängt: eine stilisierte Darstellung der Blüte oder Frucht des Granatapfelbaums in einer dekorativen Kartusche.

Das Samtfragment in der Ermitage zeigt ein klassisches Beispiel des Granatmusters; die Frucht befindet sich hier an einem geschwungenen Stengel, umgeben von fein durchgearbeiteten stilisierten Pflanzenmotiven. Deutlich hebt sich das flächige rote Samtmuster von dem mit Goldfäden gewebten Dekor ab, wodurch der Stoff etwas ungemein Dekoratives und Festliches erhält. Mit solchen Stoffen bezog man die hohen Rückenteile von Paradesesseln, oder man fertigte aus ihnen Baldachine, prunkvolle Paramente oder prächtige Frauen- und Männerkleidung. Häufig sind auf Gemälden italienischer Renaissancekünstler derartige Stoffe wiedergegeben.

102 *Samtstoff (Fragment)*
Italien. Zweite Hälfte des 15. Jahrhunderts
Flachs, Seide, Goldfaden. 97 × 59 cm

103 *Bildteppich »Hirschjagd« (Ausschnitt)*
Deutschland, Elsaß
Ende des 15. bis Anfang des 16. Jahrhunderts
Wolle, Seide, Goldfäden. 76 × 77 cm

Als ein typisches Beispiel mittelalterlicher deutscher Bildteppichkunst darf dieser Wandbehang mit der Darstellung einer Hirschjagd gelten. Wehende Schriftbänder ergänzen die Komposition, wie dies auch auf vielen anderen Wandteppichen der Fall ist. In einer ganzen Reihe ausländischer Sammlungen gibt es Bildteppiche mit Varianten der gleichen, wohl allegorisch gemeinten Komposition: Die Hirschjagd galt als Symbol der Treue.

Eine konventionelle Formenbehandlung, ohne Rücksicht auf richtige Proportionen, verbindet sich mit dem Bemühen um genaue Detailwiedergabe. Deutlich offenbaren sich hier die Vorzüge der mittelalterlichen Bildwirkerei: Ein sicheres Materialgefühl kommt der Bestimmung des Teppichs als Wandschmuck entgegen. Darüber hinaus erreicht dieser Behang ungewöhnliche Dekorativität, so daß er zu den besten Zeugnissen der Bildwirkerei der Zeit gezählt werden darf. Zusammenhänge mit anderen elsässischen Bildteppichen wie auch mit Stichen elsässischer Meister lassen vermuten, daß dieses Stück im Elsaß gefertigt wurde.

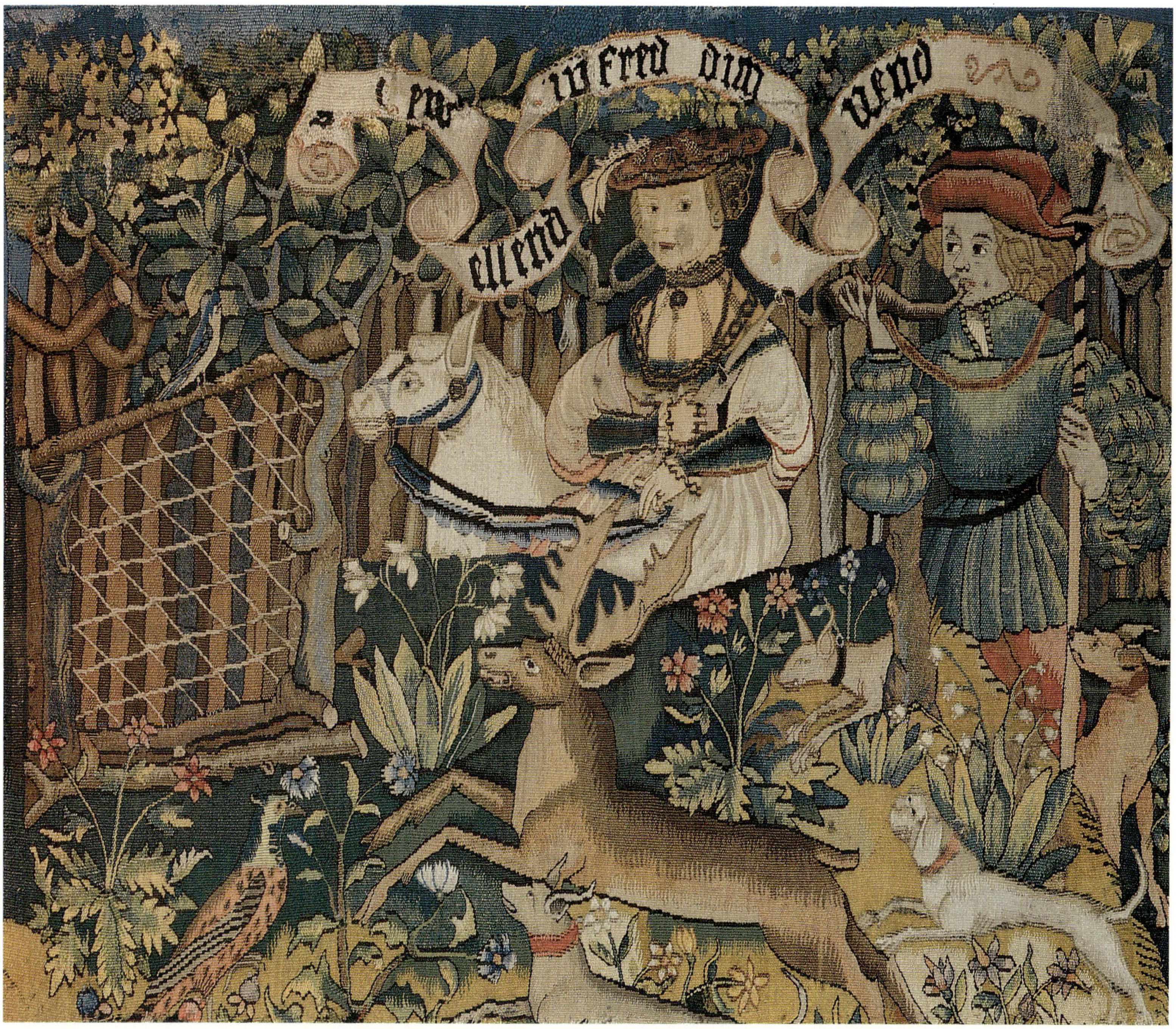

104 *Brautschale »Camilla Bella«*
Italien, Schloß Durante. 16. Jahrhundert
1537 in Gubbio lüstriert
Majolika, bemalt. Durchmesser 23,7 cm

Gegen Anfang des 16. Jahrhunderts hatte in Italien die Keramikkunst ihre Blütezeit. Die italienischen Majoliken, entstanden in den Werkstätten Sienas, Faenzas, Derutas, Gubbios und anderer Zentren, verkörpern besonders gut das Wesen italienischer Renaissancekunst. In diesen Gefäßen, die aus glasiertem Ton bestehen und mit leuchtender polychromer Malerei bedeckt sind, kommen die lebensbejahende, heitere Weltsicht und der charakteristische enge Zusammenhang mit der bildenden Kunst zum Ausdruck.

Besonders interessant sind die sogenannten Brautschalen, die in der Mitte ein stilisiertes weibliches Brustbildnis zeigen. Eine solche Schale schenkte der Bräutigam seiner Braut, deren Name auf wehenden Schriftbändern stand. Wie andere Majoliken entstanden die Brautschalen vornehmlich auf Schloß Durante; mit Lüster überzogen wurden sie in den Werkstätten von Gubbio, einem großen Keramikzentrum, dessen Meister die geheimgehaltene Herstellung des roten, sogenannten Rubinlüsters beherrschten.

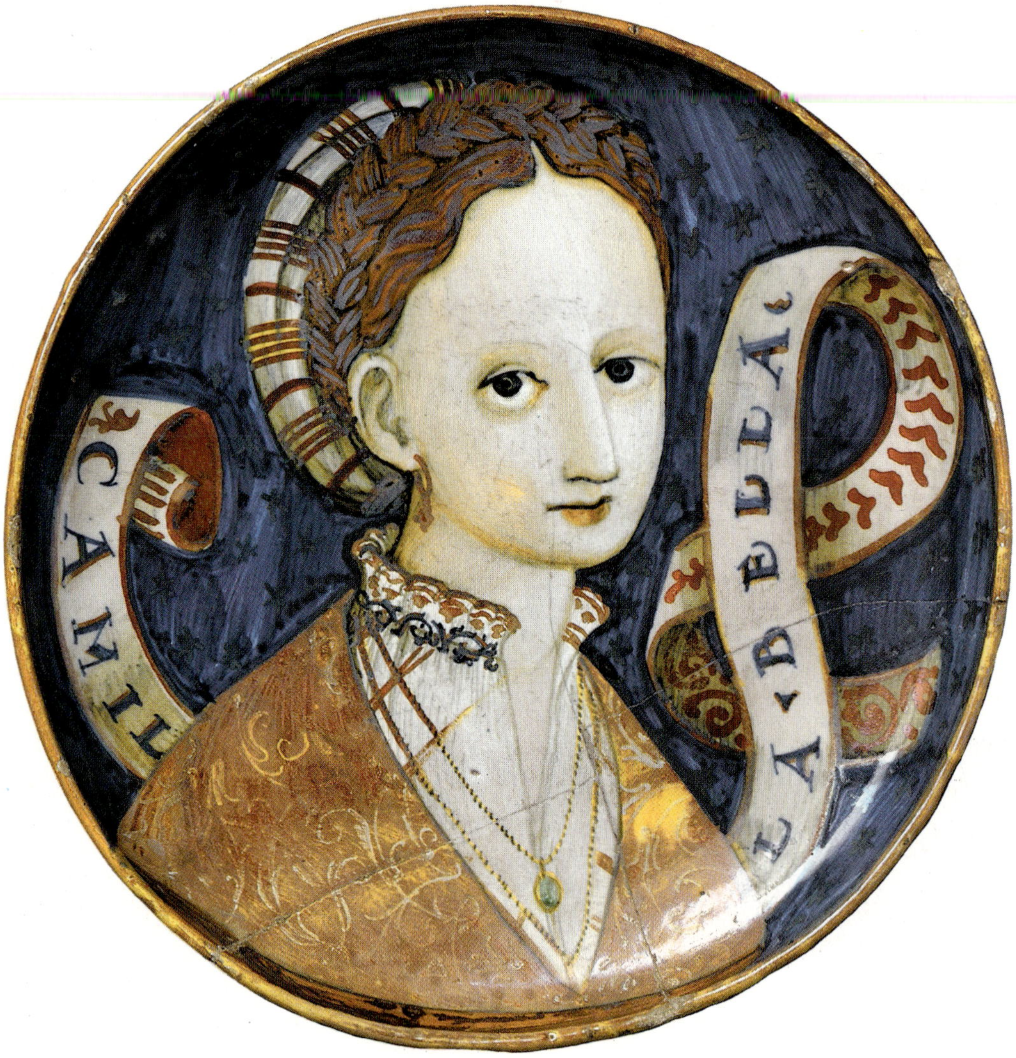

Das Wesen der französischen Renaissance äußerte sich mit besonderer Eigenständigkeit im Maleremail, das im dritten Viertel des 15. Jahrhunderts aufkam und zu dessen bedeutendstem Zentrum die Stadt Limoges aufstieg. Die hier entstandenen Prunkgeschirre mit zunehmend weltlichem Charakter – Schalen, Becher, Krüge und Salzgefäße – dienten als Zierat für Büfetts; ihre Formen, die häufig der gleichzeitigen französischen Keramik nahestanden, verrieten lokale Traditionen. Die Malerei, vornehmlich in Grisaille-Technik mit weißem Email auf schwarzem oder dunkelblauem Grund ausgeführt, ging auf Kupferstiche großer italienischer, deutscher und französischer Künstler zurück.

In Limoges arbeiteten viele begabte Meister, die auf ihren Werken den Namen, oft auch das Entstehungsjahr, angegeben haben. Eine bedeutende Stellung unter ihnen kommt Pierre Courteys zu, dessen Name auf unserer ovalen Schale erscheint. Es handelt sich um eine Darstellung Susannas und der beiden Alten aus der bekannten alttestamentlichen Geschichte. Als Vorlage hat hier ein Stich von René Boyvin gedient. Wie man sieht, arbeitete auch Courteys in Grisaille-Technik, wobei in seinen Kompositionen der Landschaftshintergrund einen sehr breiten Raum einnimmt.

105 *Schale mit der Darstellung Susannas und der Alten*
Frankreich, Limoges. Pierre Courteys. 1568
Maleremail auf Kupfer. 50 × 35,7 cm

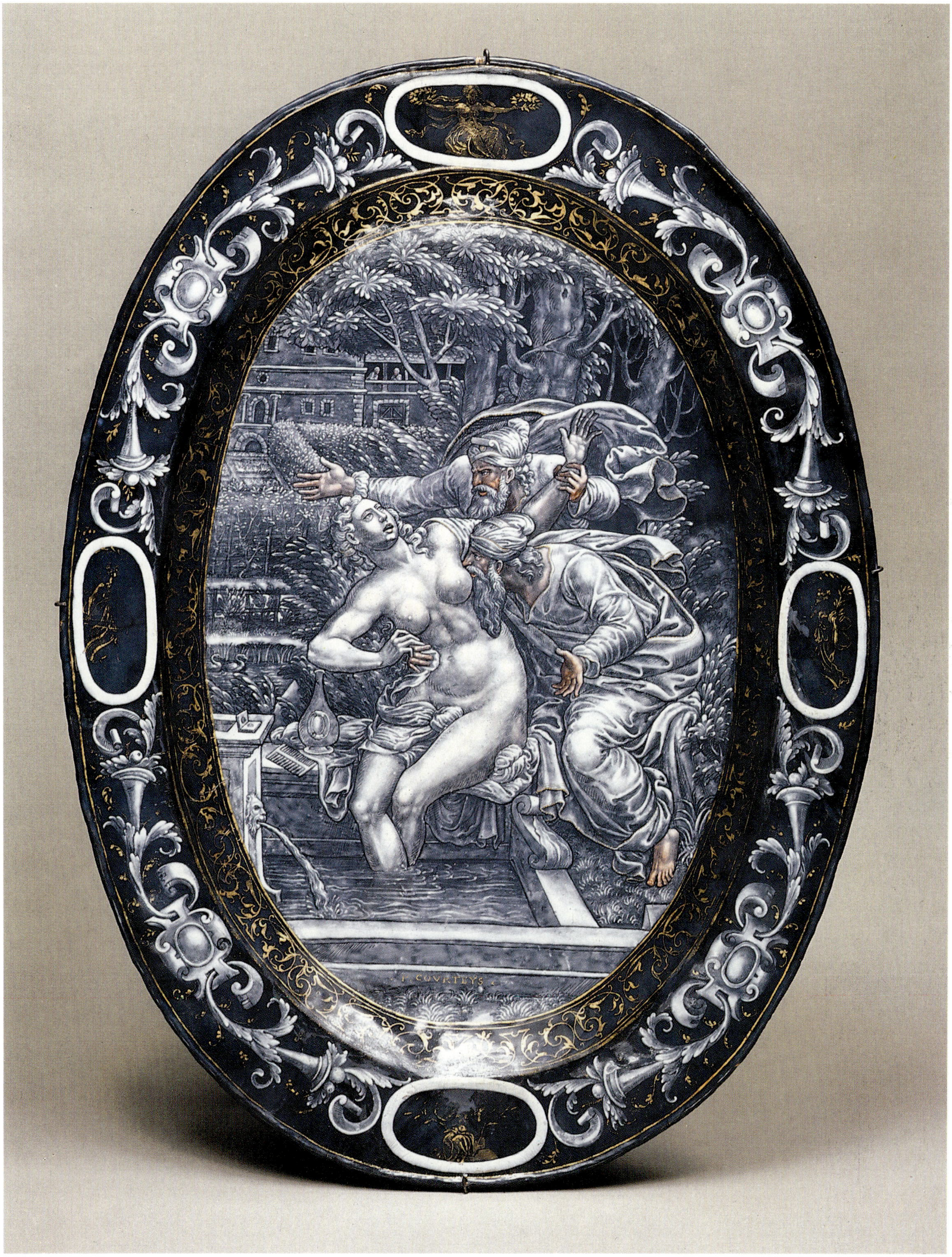

106 *Fußschale*
Frankreich, St.-Porchaire. Um 1535
Fayence, durchsichtige Glasur, Inkrustation in Ton, Malerei
Höhe 10 cm

Eine eigenständige, typisch französische Art renaissancistischer Keramik stellen die Fayencen von St.-Porchaire dar. Diese Gefäße, in erlesenen Formen gestaltet, fein ornamentiert und in einer originellen Technik ausgeführt, stammen aus dem zweiten und dritten Viertel des 16. Jahrhunderts; ihre Formen entsprechen ebenso wie die Muster, französischen Ornamentstichen der Zeit.

Bei der Schale der Ermitage ist das inkrustierte, geometrisierende Arabeskenornament der schlichten Gefäßform besonders gut angepaßt. Es handelt sich um eines der vier Gefäße, auf denen Wappen der Besitzer von St.-Porchaire erscheinen, in diesem Fall das des Pierre de Lavalle Montmorançi auf dem Gefäßboden. In verschiedenen Museen der Welt und in Privatsammlungen werden insgesamt etwa hundert solcher Keramiken von St.-Porchaire aufbewahrt. Die Schale in der Ermitage stammt aus der Anfangsphase der Herstellung der Gefäße, was sich an der klaren Formgebung und der Strenge des Dekors zeigt.

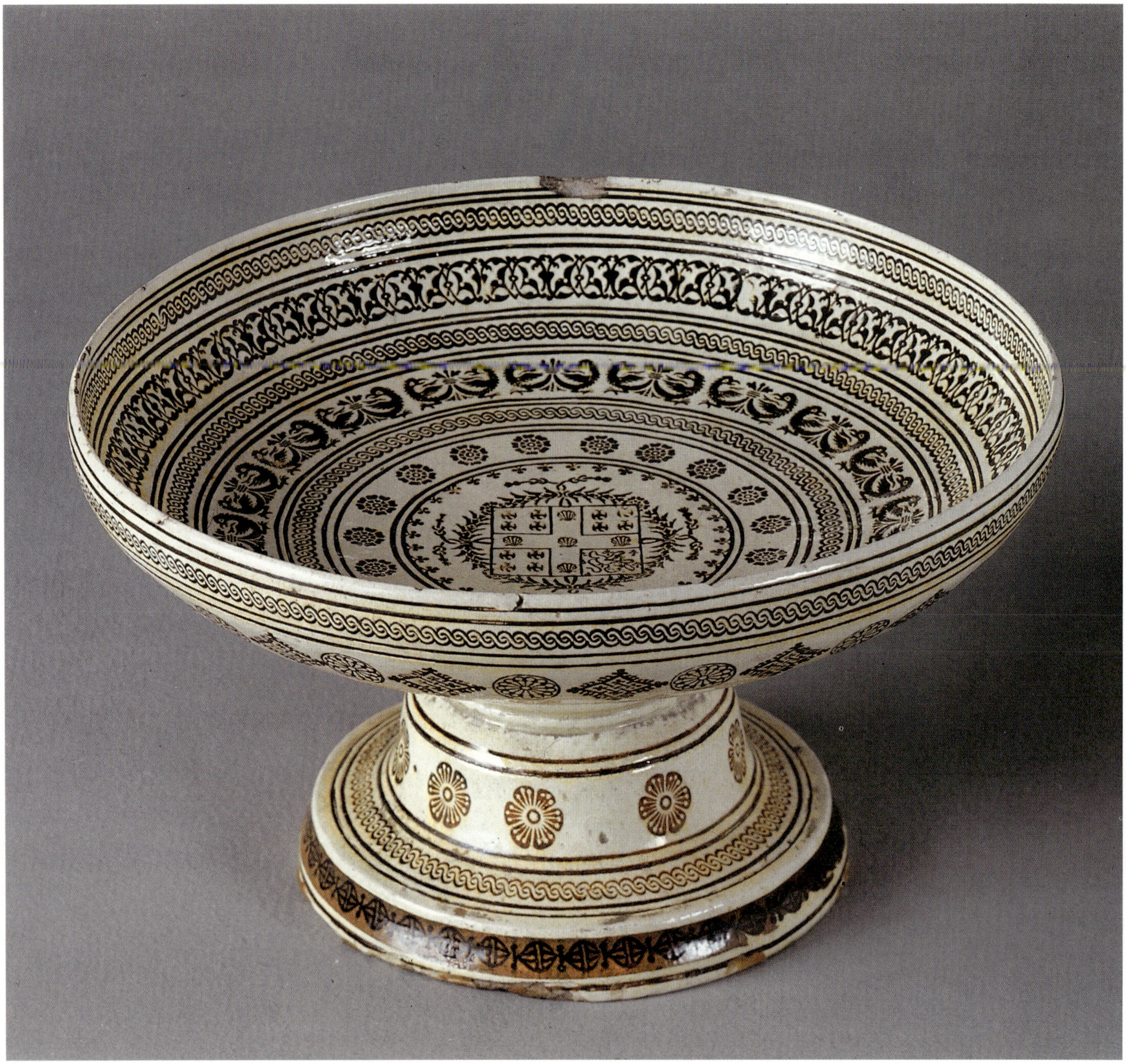

In der Bildwirkerei des Mittelalters nehmen die sogenannten Millefiori-Bildteppiche eine Sonderstellung ein. Das Besondere an ihnen ist ein blauer oder dunkelrosa Fond, der von kleinen Blumenbüscheln übersät ist, zwischen denen sich figürliche Darstellungen befinden: Vögel und andere Tiere, Menschen und ganze Szenen aus dem ländlichen Leben oder aus dem Leben der Seigneurs, aber auch allegorische Gegenstände. Diese Teppiche datieren ins Ende des 15. und an den Anfang des 16. Jahrhunderts. Über den Herstellungsort gehen die Meinungen bis heute auseinander: Einer Hypothese zufolge könnten die Teppiche in der Provinz Touraine entstanden sein, doch vor relativ kurzer Zeit wurde die – freilich noch nicht ausreichend bewiesene – Vermutung laut, sie könnten aus den Werkstätten von Tournai und Brüssel stammen.

Zum Typ der Millefiori-Bildwirkerei gehört auch das Fragment aus der Ermitage. Zweifellos war der Wandteppich, von dem es einst einen Teil bildete, ziemlich groß, was aus den angeschnittenen Feldern mit den erklärbaren Inschriften hervorgeht. Auf den beiden nicht angeschnittenen Flächen lassen sich eingewirkte Gedichte entziffern, doch von dem dritten Feld fehlt weit mehr als die Hälfte, so daß dessen Inschrift im dunklen bleibt.

Das Fragment wurde im 19. Jahrhundert stark restauriert, wobei man an die verlorengegangene Stelle über einer der Banderolen ein weiteres verbliebenes Stück aus dem übrigen Teppich einsetzte: die Darstellung des Oberkörpers eines dritten Jünglings. Bei einem noch späteren Eingriff erhielt dann das Fragment eine blaue Borte. Nach dem Charakter der Inschriften zu urteilen, gehört es zur Gruppe der allegorischen Millefiori-Bildteppiche.

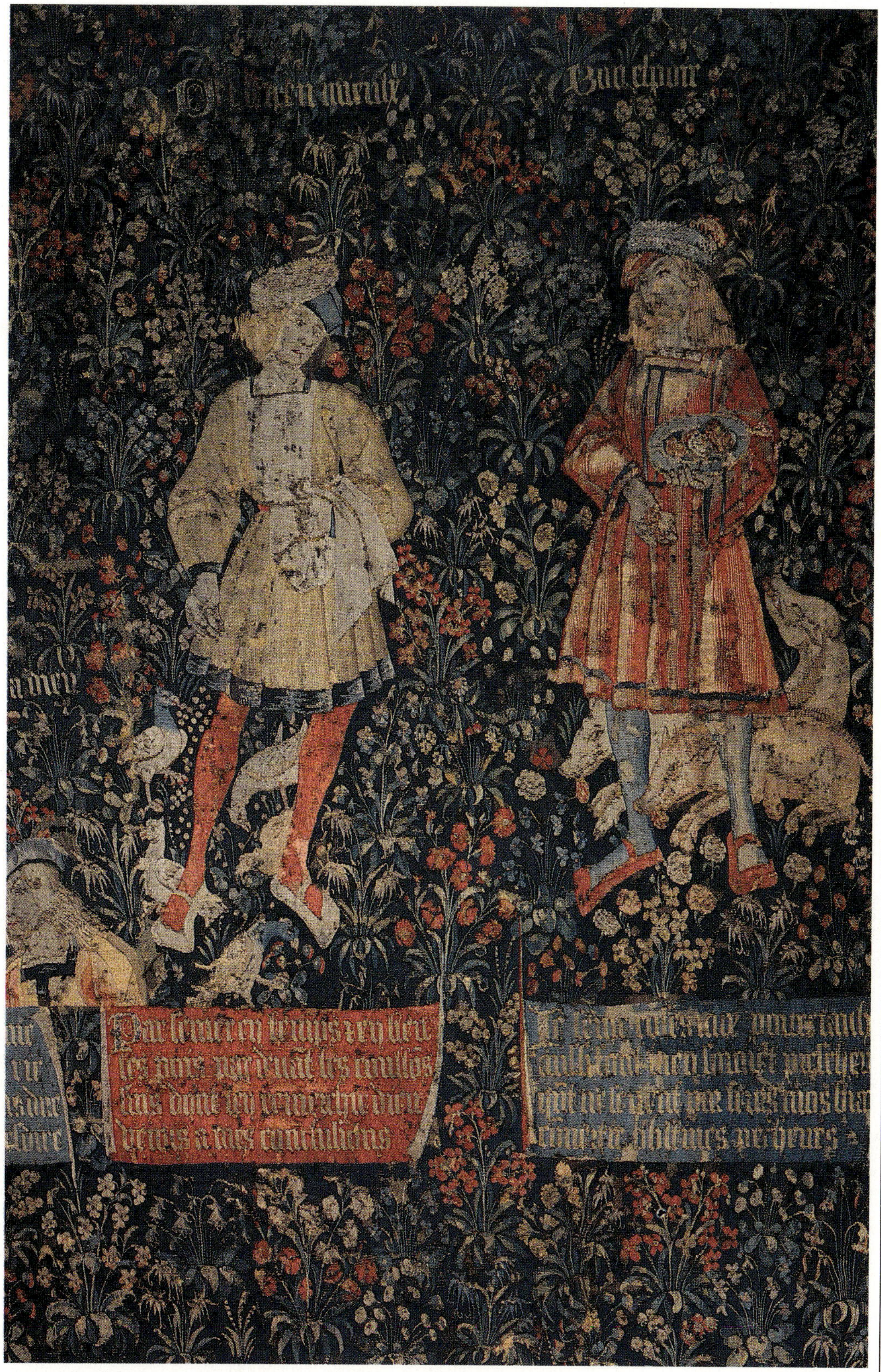

107 *Fragment des Bildteppichs »Jünglinge, die den Schweinen Rosen und den Tauben Korn streuen«*
Frankreich, Touraine (?)
Anfang des 16. Jahrhunderts
Wolle, Seide. 4 bis 5 Kettfäden auf 1 cm
226 × 156 cm

108 *Zweigeschossiger Schrank*
Frankreich, Paris
Zweite Hälfte des 16. Jahrhunderts
Nußbaum, Schnitzerei. 288 × 110 × 51 cm

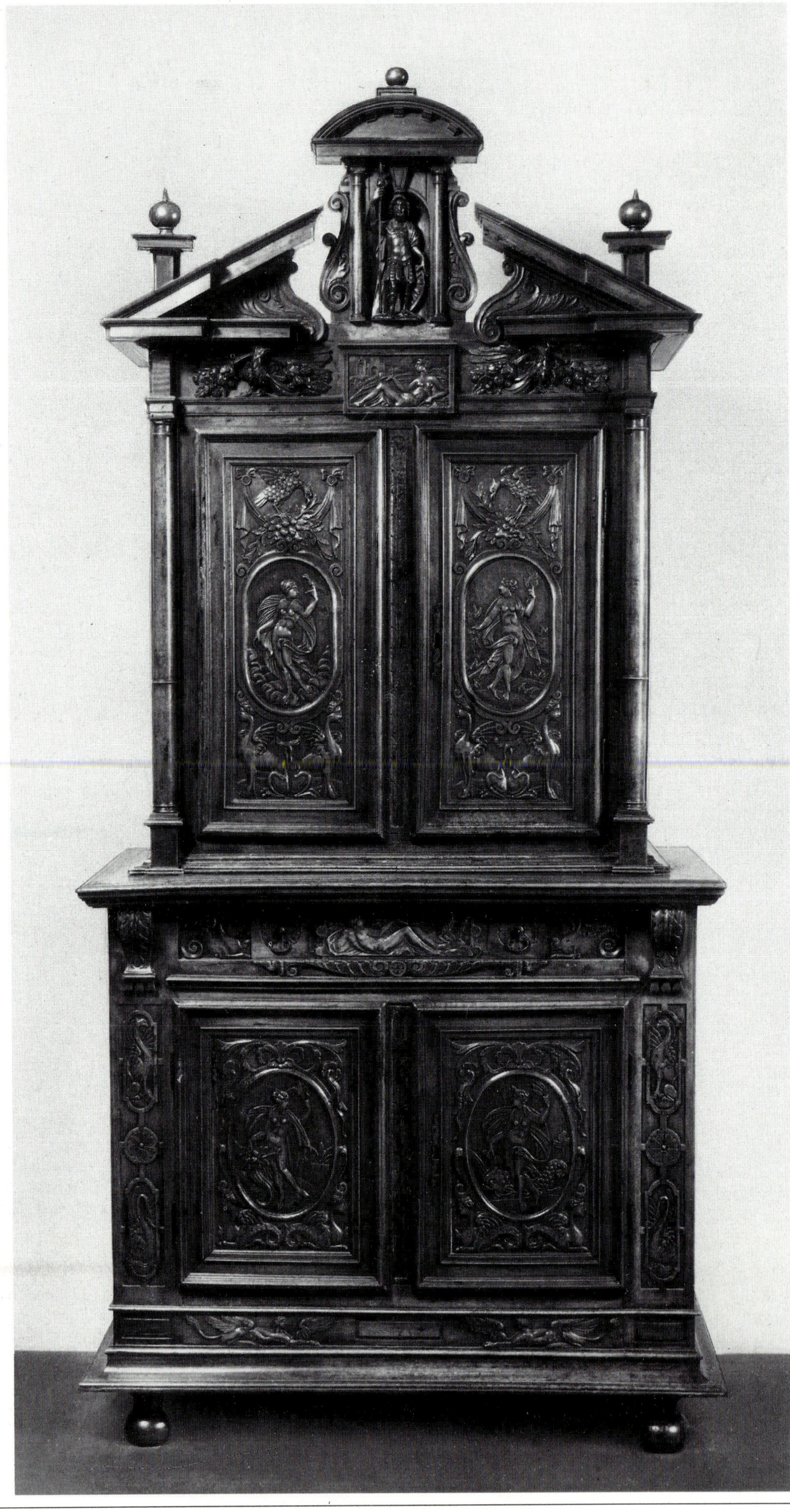

Die Herausbildung einer neuen humanistischen Kultur und Kunst setzte in Frankreich entschieden später ein als in Italien. So veränderte sich auch gegen Mitte des 16. Jahrhunderts der Charakter des französischen Möbels, das sich in Konstruktion und Dekor zum Teil in gleichem Maße wandelte wie Architektur und Plastik. Zu den neu in Paris, d. h. in der Ile-de-France, oder in Südfrankreich hergestellten Möbeltypen gehören zweigeschossige Schränke bzw. Bufetts. Im allgemeinen wirken die Möbel aus der Ile-de-France in den Proportionen und in der Ornamentik eleganter und strenger als die südfranzösischen.

Der Schrank aus der Ermitage stellt ein typisches Beispiel für die Schreinerkunst der Ile-de-France dar. Der Aufsatz erinnert an Architekturformen; Säulen, auf denen der vorkragende gesprengte Giebel mit einem Portikus in der Mitte ruht, fassen ihn ein. Der flach reliefierte Schnitzdekor steht der Ornamentik von J. A. Ducerceau nahe; auf den vier Türflügeln sind in ovalen Medaillons die vier Elemente allegorisch dargestellt. Charakteristische Muster der damaligen französischen Ornamentik, vor allem Vogelarabesken sowie Sphingen mit langen Hälsen und weiblichen Köpfen schmücken die verbleibenden Flächen der Schrankfassade. Die überlängten Proportionen der Frauenfiguren verdeutlichen einen Bezug zum Schaffen von Jean Goujon.

Mit Recht zählen die meisterhaften Silbererzeugnisse zu den führenden Leistungen auf dem Gebiet der angewandten Kunst Deutschlands in der Epoche der Renaissance. Ein bedeutendes Zentrum der Juwelierkunst war neben Augsburg die Stadt Nürnberg. Die deutschen Silberschmiede wußten die dekorativen Möglichkeiten des Materials vollendet zu nutzen; kunstvoll bearbeiteten sie die Oberfläche der Gegenstände, wendeten Vergoldung und Gravierung an, bedeckten ihre Werke mit fein gearbeiteten ziselierten Mustern. Ein prächtiges Beispiel bietet der Pokal des gebürtigen Nürnberger Meisters Christoph Ritter II, der gegen Ende des 16. und zu Anfang des 17. Jahrhunderts tätig war. Der ziselierte Reliefdekor war schon für das 16. Jahrhundert charakteristisch. Eingefügte Edelsteine bereichern die kostbare Ausstattung.

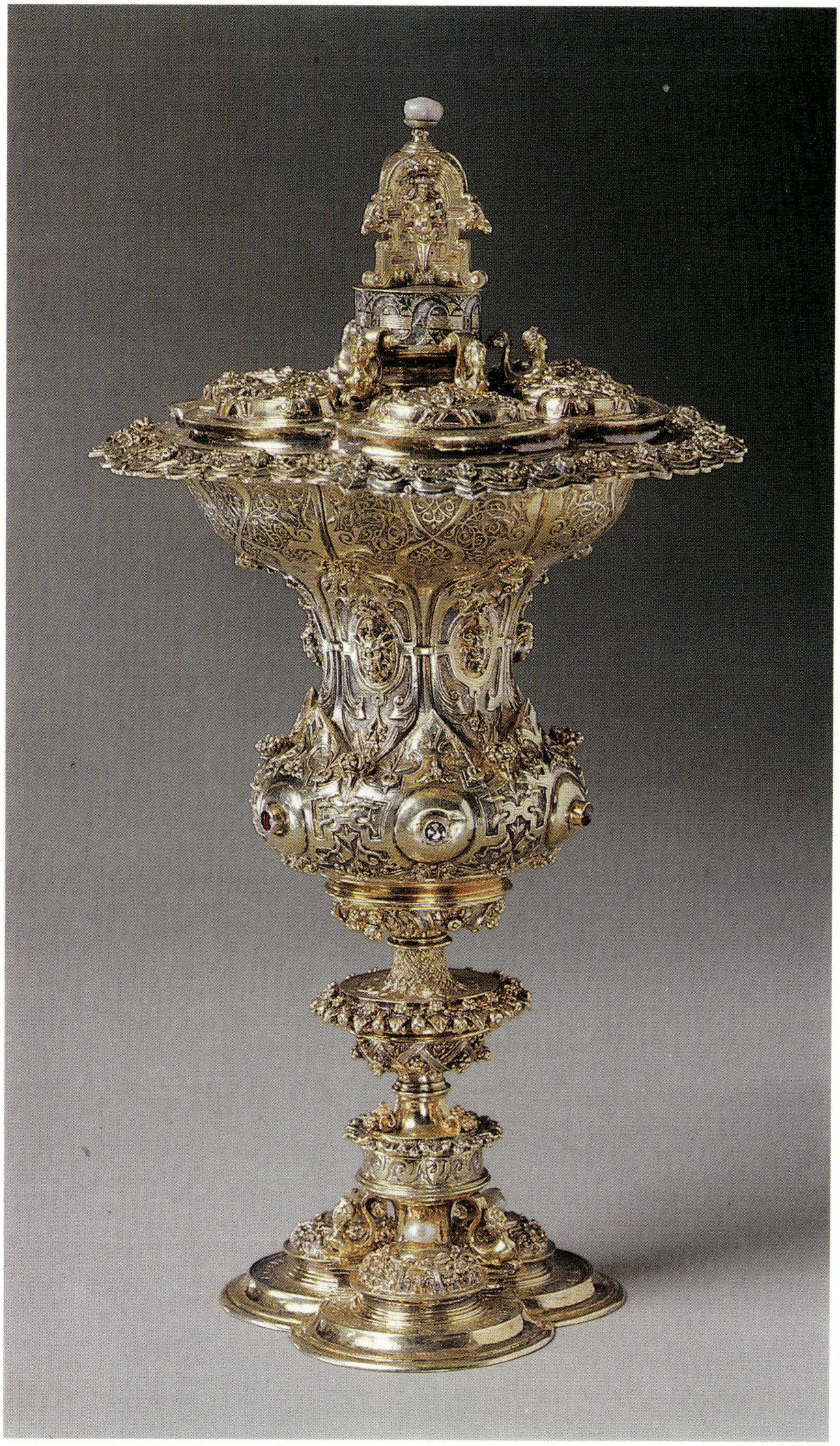

109 *Deckelpokal*
Deutschland, Nürnberg. Christoph Ritter II
Ende des 16. Jahrhunderts
Silber, Gold, Ziselierung. Höhe 25,5 cm

110 *Volant in »Reliefgipüre«*
Italien, Venedig. Mitte 17. Jahrhundert
Flachsfäden, Nadelspitze. Breite 22 cm

Die Gipüren, d. h. Spitzen in Stickerei oder in Form eines durch dünne Stege verbundenen Flechtmusters, kamen gegen Ende des 16. und zu Anfang des 17. Jahrhunderts auf, wobei insbesondere Venedig für diese Textilien berühmt wurde. Die Volantmuster, aus der Mitte oder der zweiten Hälfte des 17. Jahrhunderts stammend, sind typisch für den dynamisch-dekorativen Barockstil: An geschwungenen Stengeln erblühen große phantastische Blüten, winden sich prächtige ornamentale Ranken. Das Relief der Konturen, zu Beginn des Jahrhunderts noch kaum zu bemerken, verstärkt sich allmählich, und ein feines, unterschiedlich geformtes a-jour-Netzwerk, das die Details voll zur Wirkung bringt, bildet zu diesen kräftigen Konturen einen eindrucksvollen Gegensatz.

Die italienische Spitzenstickerei war in ganz Europa berühmt, und auf Porträts französischer, flämischer und deutscher Künstler dieser Zeit sind Wiedergaben venezianischer Reliefgipüren zu sehen. Nicht nur für die Frauengewandung waren sie begehrt, sondern auch als Zierat der Männerkleidung. Die Anfertigung der Gipüre erforderte große Meisterschaft und viel Zeit. Deshalb waren nicht selten etliche Meisterinnen mit ein und demselben Kragen oder Falbelbesatz beschäftigt; sie fertigten verschiedene Teile des Musters, die dann zu dem gewünschten Gegenstand zusammengefügt wurden.

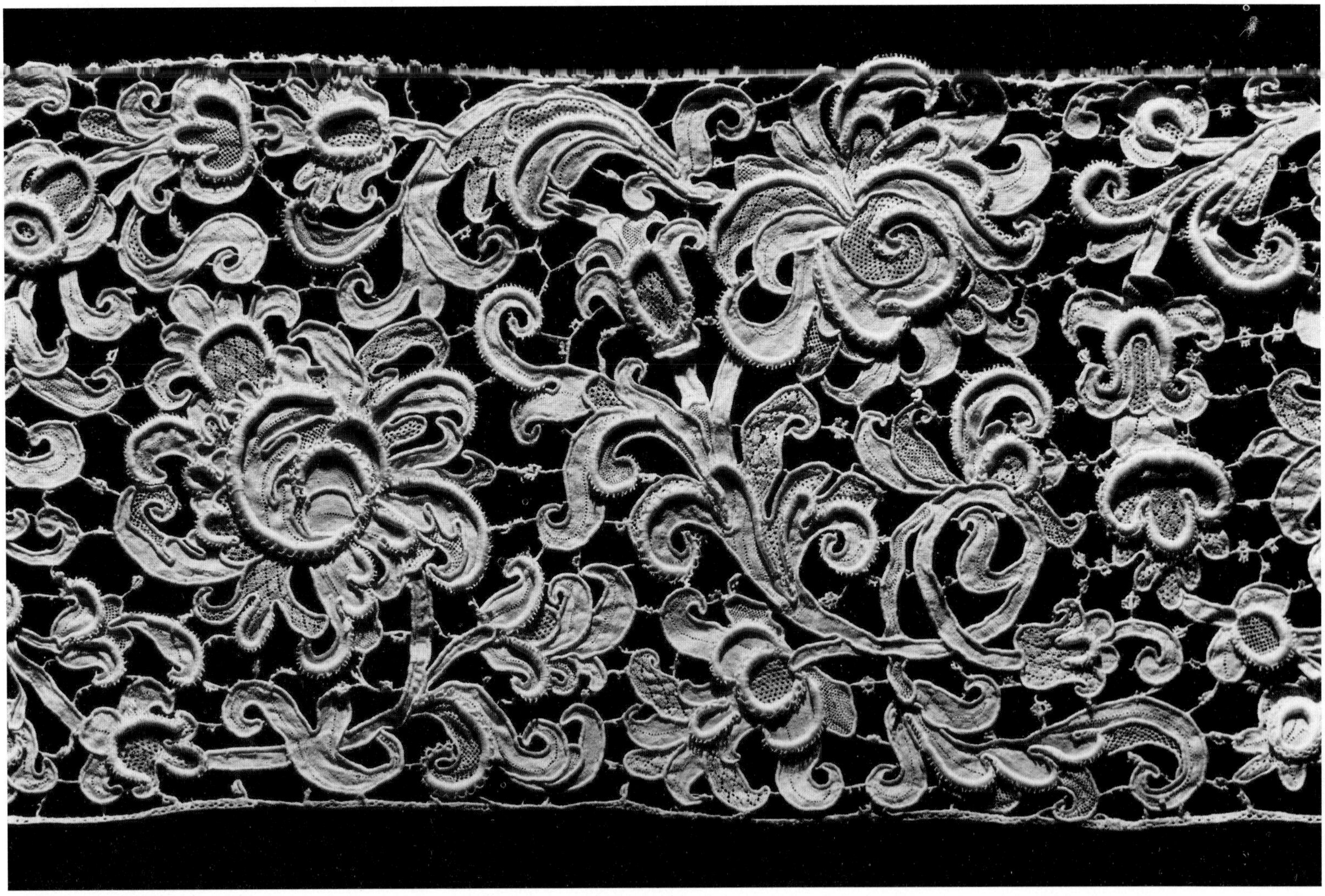

Die Herausbildung des französischen Möbelstils der zweiten Hälfte des 17. Jahrhunderts ist untrennbar mit dem Namen des hervorragenden Ebenisten André Charles Boulle (1642–1732) verbunden. Seine Auftraggeber waren der französische König, der Hochadel und ausländische Höfe. Boulle arbeitete nach eigenen Entwürfen, er gestaltete nicht nur die Formen der Möbel selbst, sondern auch die der Marketerie-Ornamente sowie der Bronzebeschläge, die zur Befestigung und Sicherung der Marketerie dienten. Virtuos beherrschte er die Kunst der Marketerie aus verschiedenfarbigen Hölzern; zudem verzierte er das Möbel mit einem feinen Muster aus Schildpatt und Messing sowie Zinn, Silber, Perlmutt und farbigem Lack. Die Technik der Intarsia aus diesen Materialien war bereits früher bekannt, doch Boulle vervollkommnete sie zu der für ihn typischen Marketerie. Solcherart veredelte Möbel wurden denn auch nach ihm benannt, unabhängig davon, ob sie aus der eigenen Werkstatt kamen oder von Nachfolgern stammten.

Zu den seltenen Beispielen originaler Boulle-Arbeiten gehört der abgebildete zweigeschossige Ebenholzschrank, dessen Türfront und Seitenwände mit großen Blumenvasen und Vögeln verziert sind. Die aus farbigen Hölzern zusammengesetzten und mit Schildpattplättchen verkleideten Flächen zeichnen sich durch meisterhafte Komposition und durch eine angenehme, von einer vornehmen Rotskala bestimmten Farbigkeit aus. Mit ausgeprägtem Gefühl für dekorative Wirkungen bereicherte der Ebenist das zentrale Motiv der Türfüllungen mit einem Arabeskenornament, das aus Kupfer, Blei und dunkelblauem Lack gearbeitet ist. Die Einfassungen durch ziselierte Goldbronzebeschläge verstärken die polychrome, festliche Wirkung des Möbels.

Boulles Entwurf für diesen Schrank wird im Pariser Musée des Arts decoratifs aufbewahrt. In seiner edlen, strengen Form und seiner Monumentalität stellt er eines der besten Werke der Möbelkunst vom Ende des 17. Jahrhunderts dar. Solche Möbel entsprachen in jener Zeit dem Charakter der prunkvollen Schloßgemächer, für die sie bestimmt waren, und damit sie vor den reich ausgestatteten Wänden zur Geltung kommen konnten, fertigte man sie in derartiger Größe und aus solch vielfarbigem Material.

111 *Schrank*
Frankreich. André Charles Boulle
Zweite Hälfte bis Ende des 17. Jahrhunderts
Ebenholz, sogenannte Boullemarketerie, verschiedenfarbige Hölzer, Schildpatt, Messing, Kupfer und Zinn, blauer Lack, vergoldete Bronzebeschläge
255 × 170 × 64 cm

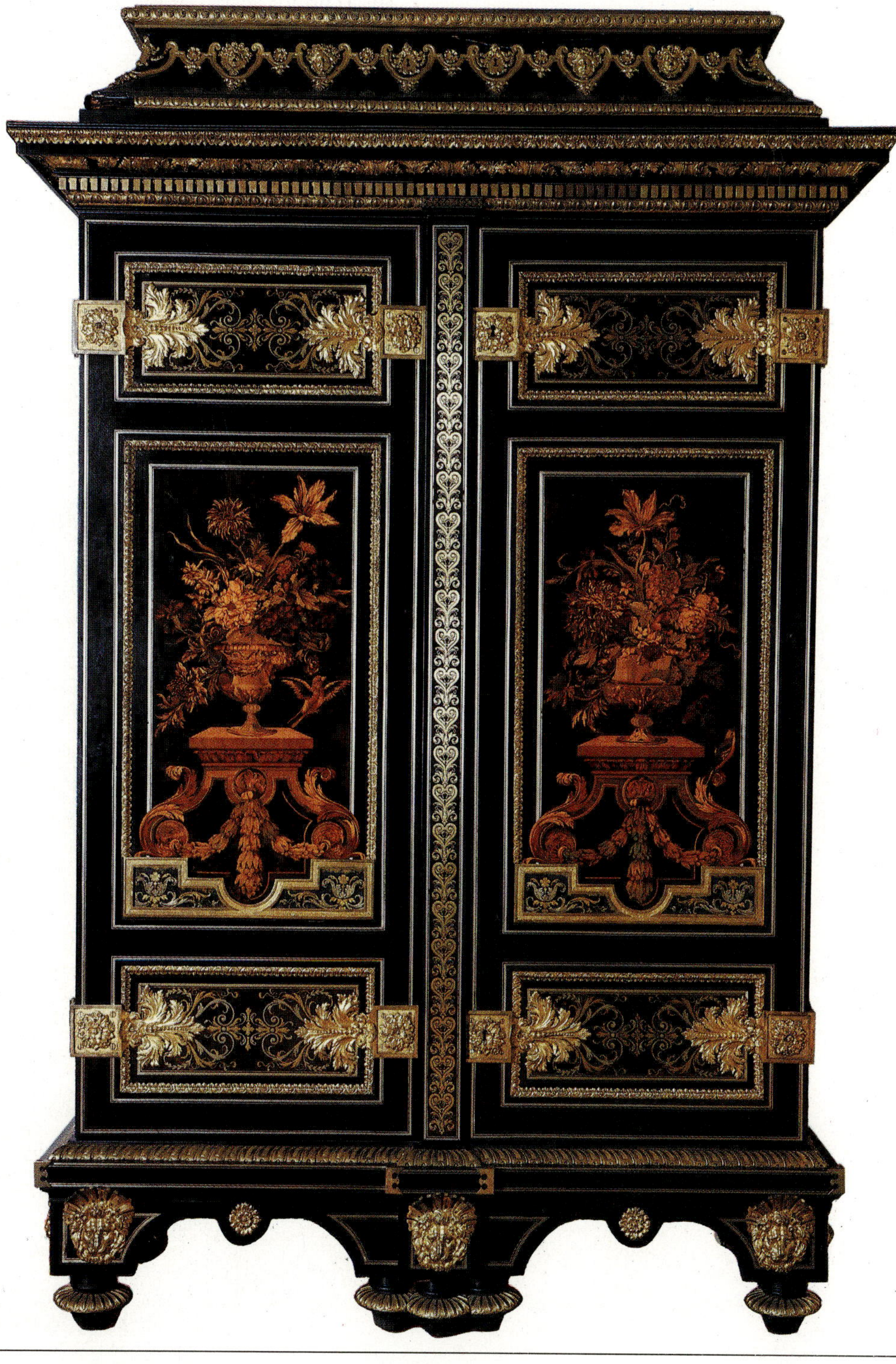

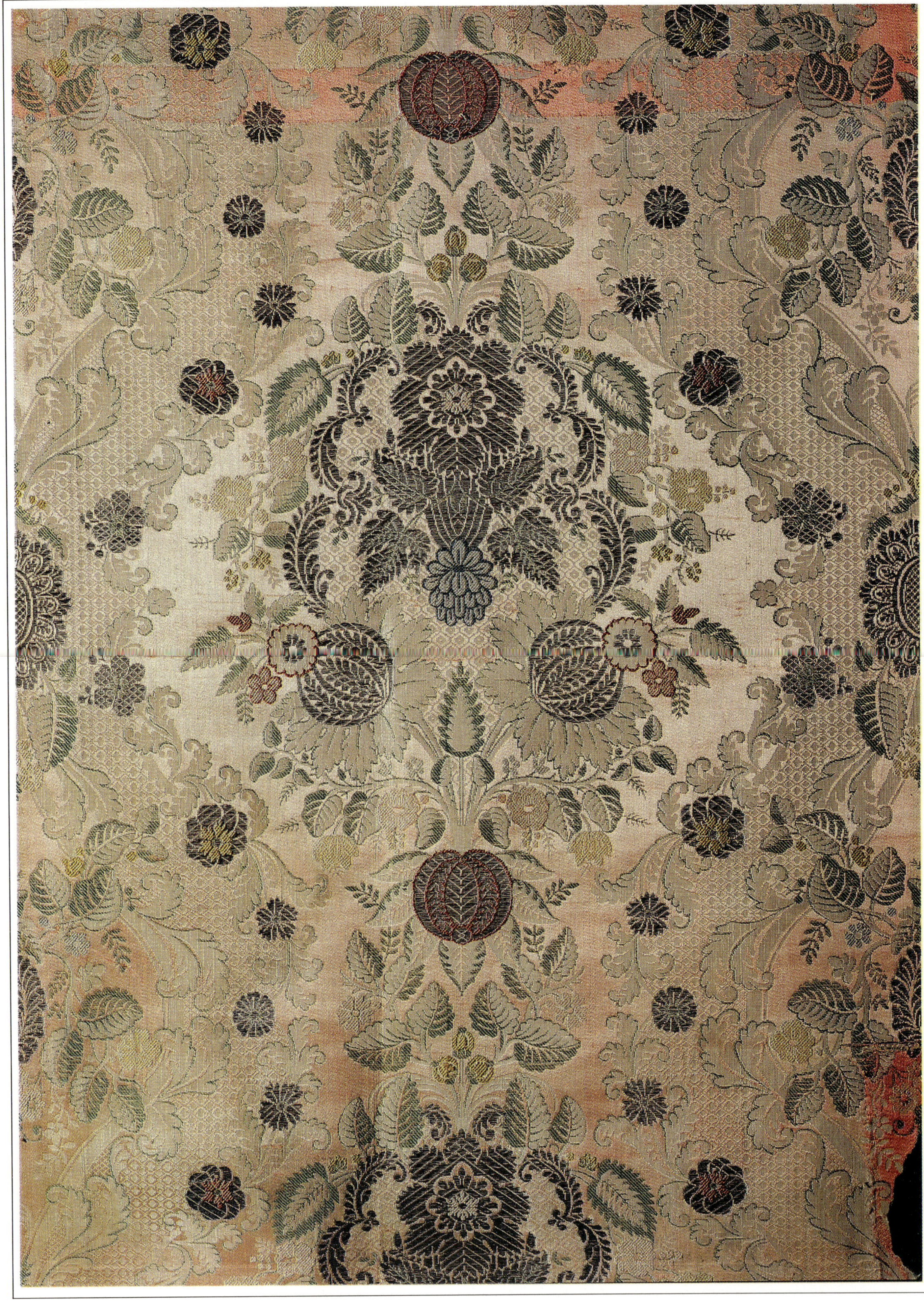

112 *Seidengewebe (Detail)*
Italien oder Frankreich
Ende des 17. oder Anfang des 18. Jahrhunderts
Seiden- und Goldfäden. 47 × 52 cm

Gegen Ende des 17. und zu Anfang des 18. Jahrhunderts kamen in der Seidenweberei fein gearbeitete »Spitzenmuster« auf, deren Verbreitung durch die Mode bedingt war, Spitzen zu tragen. Unterschiedliche, sorgfältig ausgeführte dekorative Netze oder geschwungene Spitzenstreifen gehörten unbedingt zu diesen Geweben mit großem Rapport, doch sind solche Formen in der Regel mit der Darstellung stilisierter Blüten, Früchte und Blätter verbunden. Typisch war auch die um ein zentrales Motiv angeordnete symmetrische Ornamentkomposition.

In der zweiten Hälfte des 17. Jahrhunderts begann die Blütezeit der Seidenwerkstätten von Lyon, wo nach Vorlagen französischer Ornamentstecher farbiger Damast, gemusterter Samt sowie Gold- und Silberbrokat hergestellt wurden. Stoffe mit Spitzenmustern entstanden in Italien und Frankreich in gleicher Vollendung, so daß es fast unmöglich ist, ihre Herkunft genau zu bestimmen. Dergleichen Muster, die im letzten Jahrzehnt des 17. Jahrhunderts aufkamen, waren während des ganzen ersten Viertels des 18. Jahrhunderts weit verbreitet; sie wurden sowohl für prunkvolle Frauen- und Männerkleidung als auch zur Wandbespannung und als Möbelbezug verwendet.

113 *Deckelkrug*
Deutschland, Augsburg. Lorenz Biller II
Ende des 17. Jahrhunderts
Silber, Gold, Ziselierung. Höhe 50 cm

Wie in der Zeit der Renaissance, war Augsburg auch im 17. Jahrhundert eines der Hauptzentren deutscher Juwelierkunst. In den Werken der Augsburger Meister spiegeln sich die charakteristischen Züge des deutschen Barock wider – Reichtum an ausdrucksvollen Formen und Dekorativität in den Mustern. Lorenz Biller, von dem der wiedergegebene Krug stammt, gehörte einer traditionsreichen Familie von Silberschmieden an, die seit Mitte des 17. Jahrhunderts ein ganzes Jahrhundert lang den führenden Platz unter den Augsburger Meistern einnahm.

Das Auffallende am Dekor des Kruges ist der Kontrast zwischen vergoldetem und nicht vergoldetem Silber. Mit ausgeprägtem Geschmack und mit Gefühl für maßvolle Formgebung hat der Künstler das nicht vergoldete Pflanzenornament auf die vergoldete Gefäßwandung aufgelegt, wodurch die runde Form des Kruges unterstrichen wird.

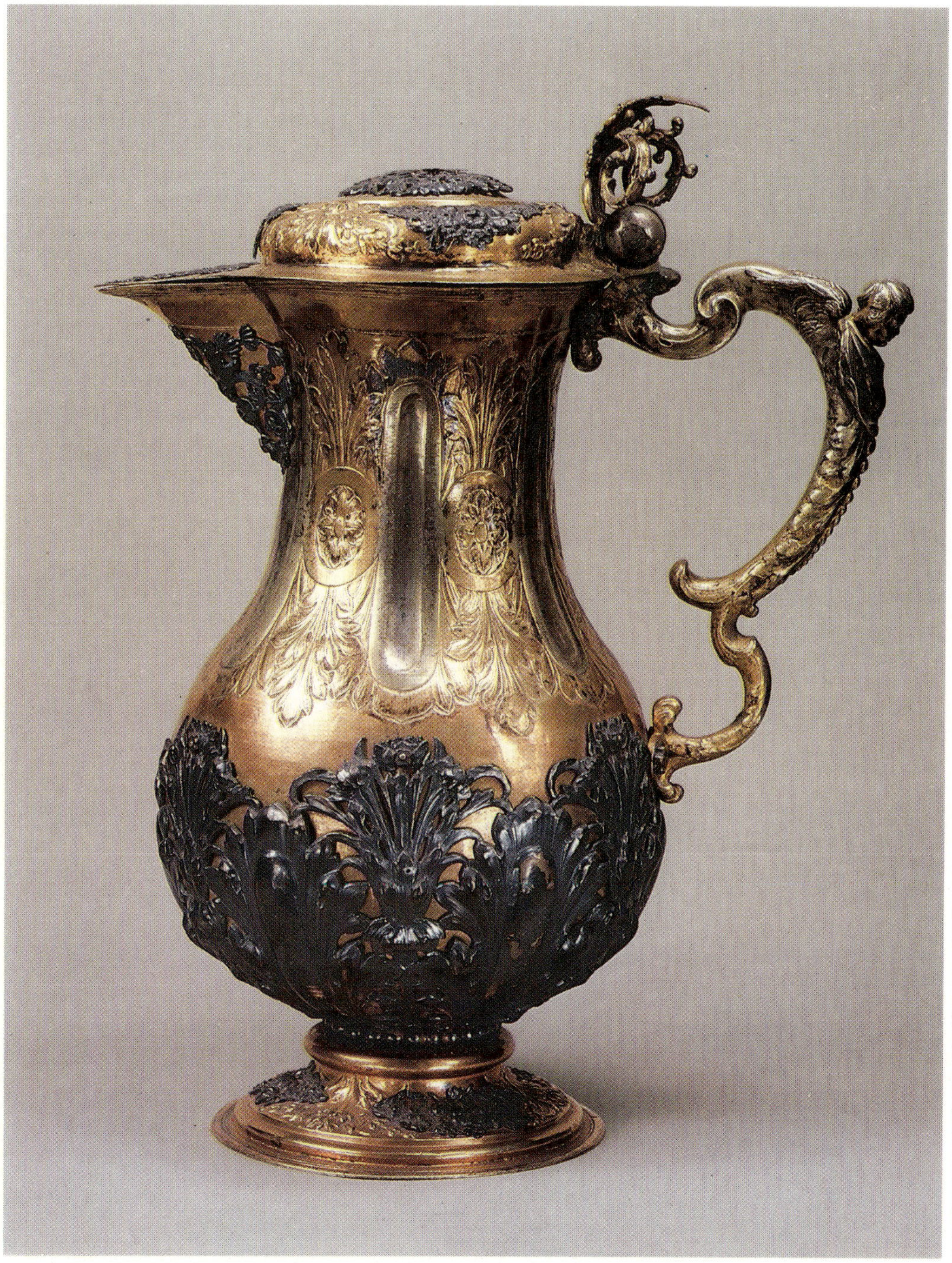

114 *Tafelaufsatz*
Frankreich, Paris. Claude Ballin d. J. 1723–1724
Silber, Ziselierung. Höhe 48 cm

Die Arbeiten von Claude Ballin d. J. (1688 bis 1764) stellen große Seltenheiten dar, weil viele Werke der Silberkunst vom Ende des 17. und vom Anfang des 18. Jahrhunderts auf Befehl Ludwigs XIV. eingeschmolzen werden mußten. Der Tafelaufsatz von Claude Ballin aus der Ermitage entstand, nach den Stempeln zu urteilen, in den Jahren 1723/24, gelangte aber erst im Jahre 1732 ins Winterpalais.

Die Komposition, mit einer großen, in der Mitte angeordneten Schale, die von Gefäßen für Gewürze sowie Kerzenhaltern umgeben ist, trägt Züge des damals aufkommenden Rokoko, was sich im Vorherrschen plastischer Formen wie auch im Charakter der ornamentalen Details zeigt. Zugleich erinnern die strenge Symmetrie und die Ausgewogenheit des Werkes noch an frühere Arbeiten der Silberschmiedekunst. Ein russisches Wappen läßt die Annahme zu, daß dieser virtuos ziselierte Tafelschmuck, dessen Details sämtlich so fein durchgearbeitet sind, im Auftrag des russischen Hofes entstanden ist.

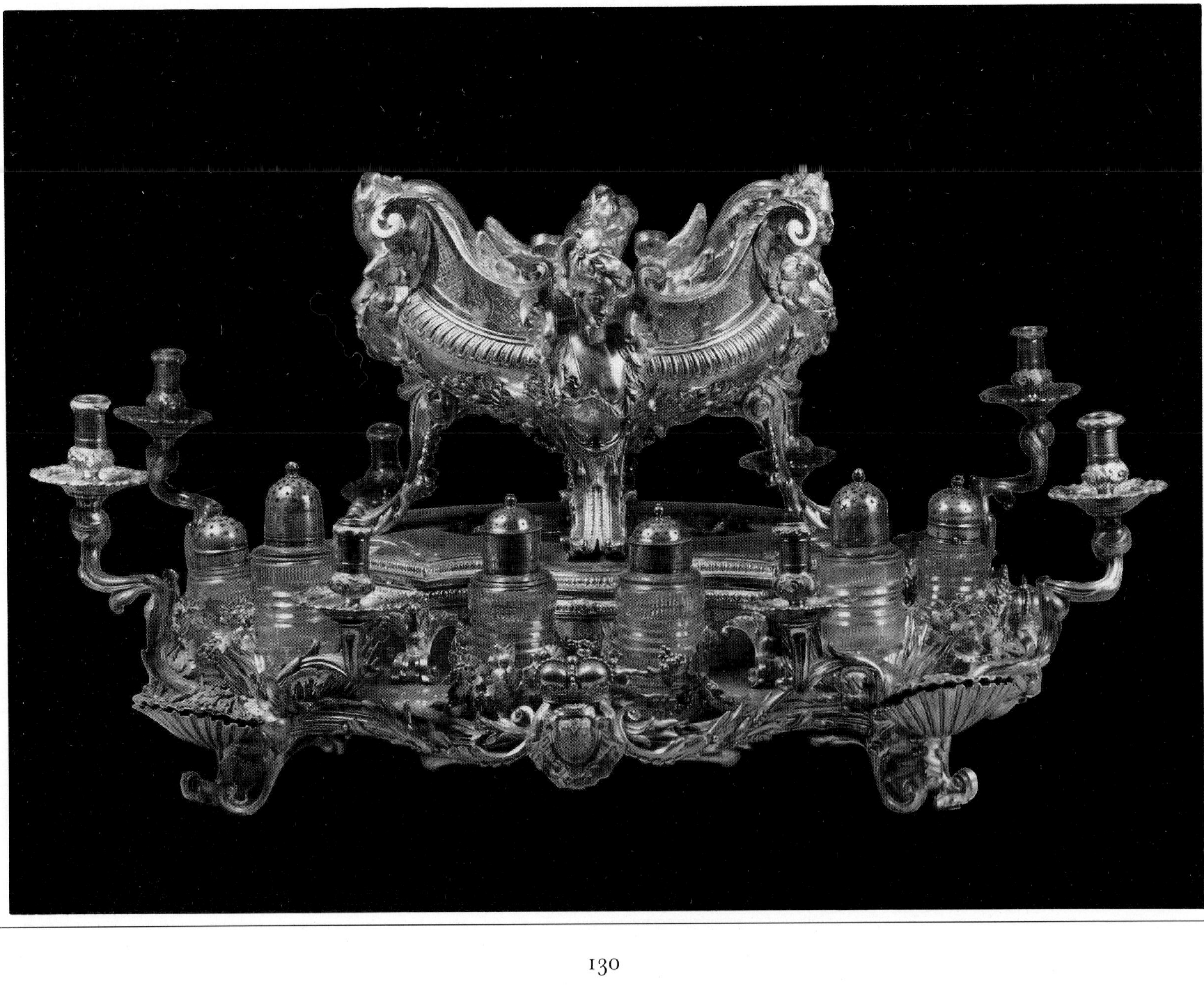

115 *Volant in französischer Gipüre »Point de France«*
Frankreich. Anfang des 18. Jahrhunderts
Flachsfäden, Nadelspitze. 58 × 311 cm

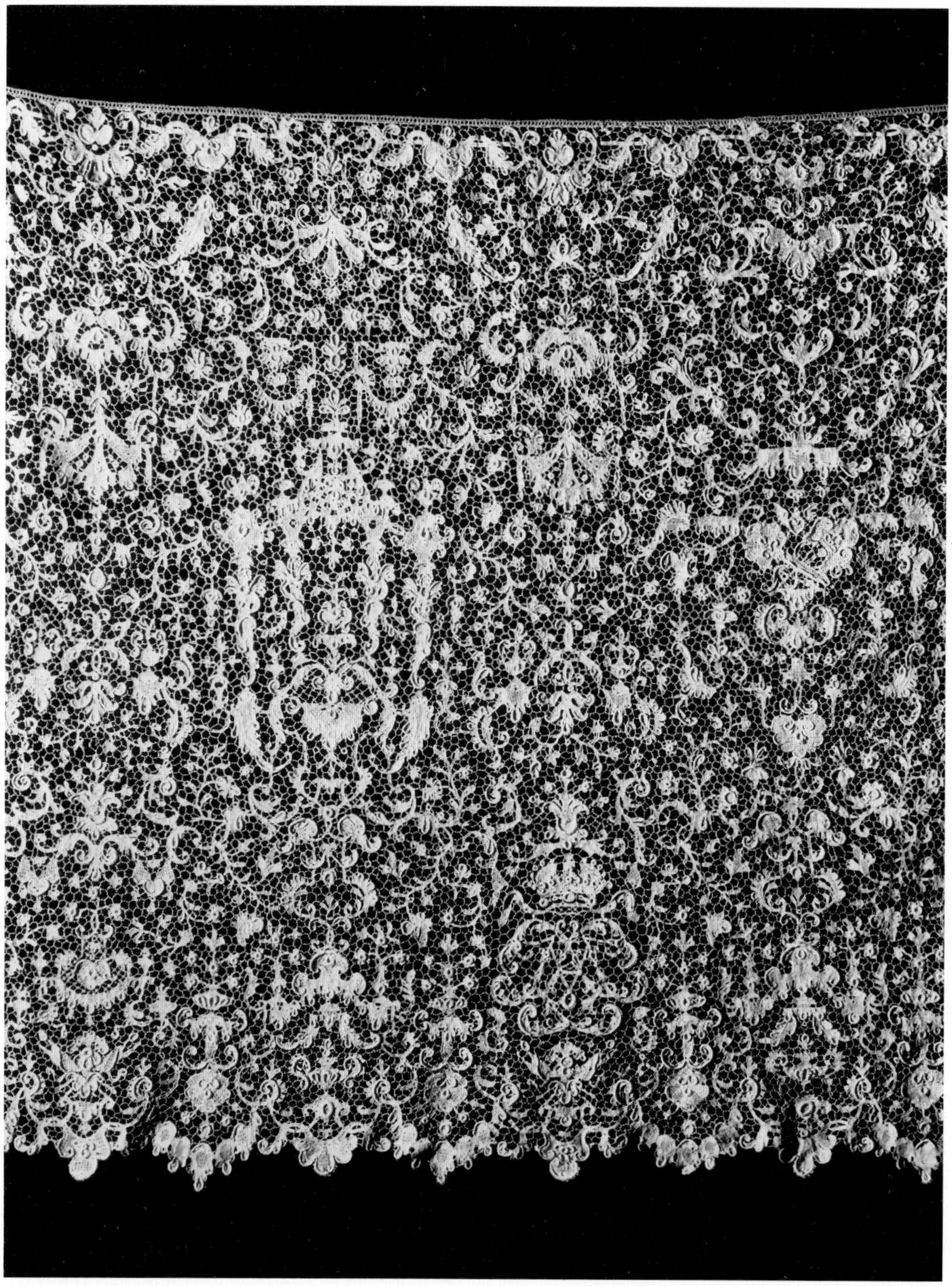

In Frankreich kam die Herstellung von Spitzen später in Gang als in Italien und Flandern; Colbert, der Finanzminister Ludwigs XIV., lud im Laufe der zweiten Hälfte des 17. Jahrhunderts italienische Spitzenstickerinnen nach Frankreich ein, damit sich die französischen Meisterinnen mit den Geheimnissen dieser wundervollen Kunst vertraut machen konnten. Um der eigenen Produktion Auftrieb zu geben, wurde die Einfuhr ausländischer Spitzen verboten; von nun an durften alle Franzosen nur noch Spitzen tragen, die von französischen Meisterinnen gefertigt waren. Diese Textilien erhielten die Bezeichnung »französische« Gipüre; zum wichtigsten Zentrum ihrer Herstellung stieg die Stadt Alençon auf.

Im Vergleich zu den italienischen Gipüren zeichnet sich das Ornament der französischen Gipüre durch größere Erlesenheit und Eleganz aus. Die geschickten Hände der französischen Spitzenstickerinnen schufen komplizierte Muster, die am Rand mit Roßhaar in Schlingtechnik eingefaßt wurden, wodurch die Ornamente eine fein konturierende, reliefartige Rahmung erhielten. Die Zeichnungen für die französischen Spitzen entwarfen bekannte Ornamentstecher, darunter Jean Bérain. Das Muster des abgebildeten Volants entstand ebenfalls im Stil der ornamentalen Kompositionen dieses Künstlers. Von dem Grund eines Netzwerkes aus sechseckigen Zellen mit winzigen Zapfen hebt sich ein kompliziertes, symmetrisch komponiertes Ornament ab, das aus Pflanzentrieben, zarten Arabesken und Lambrequins besteht, zwischen denen man Amor-Attribute unterscheiden kann – den Bogen, den Köcher mit Pfeilen und das geflügelte Herz –, ferner ein großes, aus den sich überschneidenden Buchstaben ML bestehendes Monogramm unter der Krone. Möglicherweise ist dieser Volant aus Anlaß der Eheschließung des Enkels Ludwigs XIV., des Herzogs von Burgund, mit der Prinzessin Maria Adelaida von Savoyen, gefertigt worden.

116 *Flaschenkübel*
Frankreich, Paris. Thomas Germain. 1731–1732
Silber, Ziselierung. Höhe 16,4 cm

Der größte französische Meister der Silberschmiedekunst aus der ersten Hälfte des 18. Jahrhunderts war Thomas Germain, Vorsteher der Pariser Juweliervereinigung. Zeitgenossen wußten seine Werke hoch zu schätzen. Voltaire äußerte sich begeistert über die Arbeiten Germains, dessen Hände er als »göttlich« bezeichnete. Die Mehrzahl der von diesem Künstler geschaffenen Gegenstände ist freilich eingeschmolzen worden; desto kostbarer sind die vier in der Ermitage aufbewahrten, sich völlig gleichenden Flaschenbehälter, die in den Beginn der dreißiger Jahre des 18. Jahrhunderts datiert werden und die eigenwillige Gestaltungsweise dieses Meisters verdeutlichen:

Die zylindrischen, geriffelten Gefäße sind außen mit einem Relief verziert, das an eine ans Ufer brandende Welle denken läßt. Durch das organische Verschmelzen von Form und Ornament und die virtuose, feine Verarbeitung zählen diese Gefäße aus der Ermitage zu den eindrucksvollsten Beispielen der Silberschmiedekunst des Rokoko.

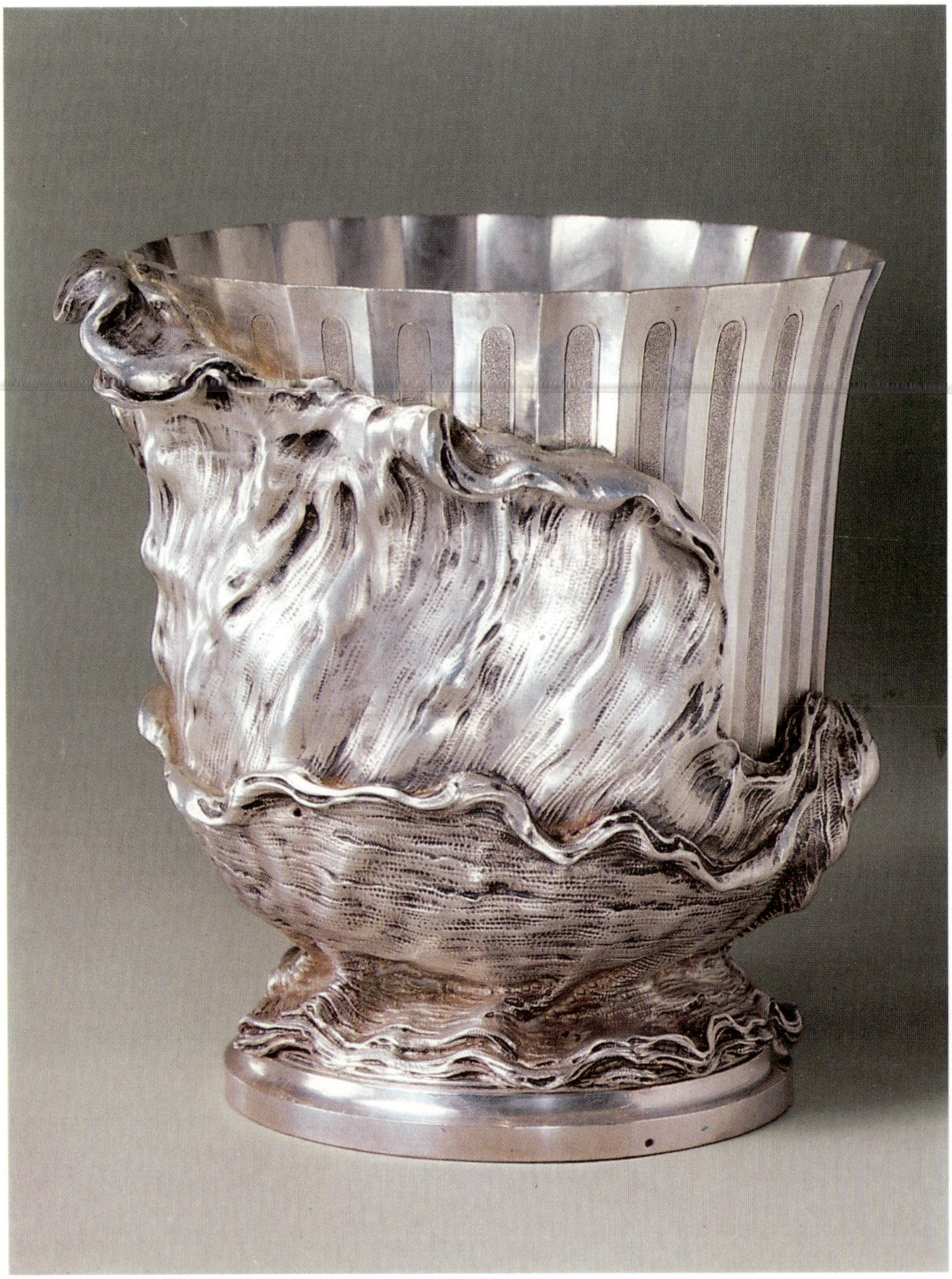

117 *Bildteppich »Verurteilung des Haman« aus der Folge »Die Geschichte des Ahasver« nach Kartons von Jean-François de Troy*
Frankreich. 1759
Wolle, Seide. 424 × 471 cm

In der zweiten Hälfte des 17. und im Verlauf des 18. Jahrhunderts stieg Frankreich zum wichtigsten Zentrum der Bildwirkerei auf, wobei namentlich die im Jahre 1767 gegründete Königliche Gobelin-Manufaktur Bedeutung erlangte. Doch da sich der Bildteppich im 18. Jahrhundert immer mehr der Malerei näherte, büßte er die spezifischen Merkmale der Bildwirkerei ein. So bewundernswert die Wandteppiche dieser Periode in ihrer meisterhaften Ausführung und in ihrem differenzierten Kolorit erscheinen, so bleiben sie doch eigentlich gewirkte Gemälde. Der Eindruck der Ähnlichkeit

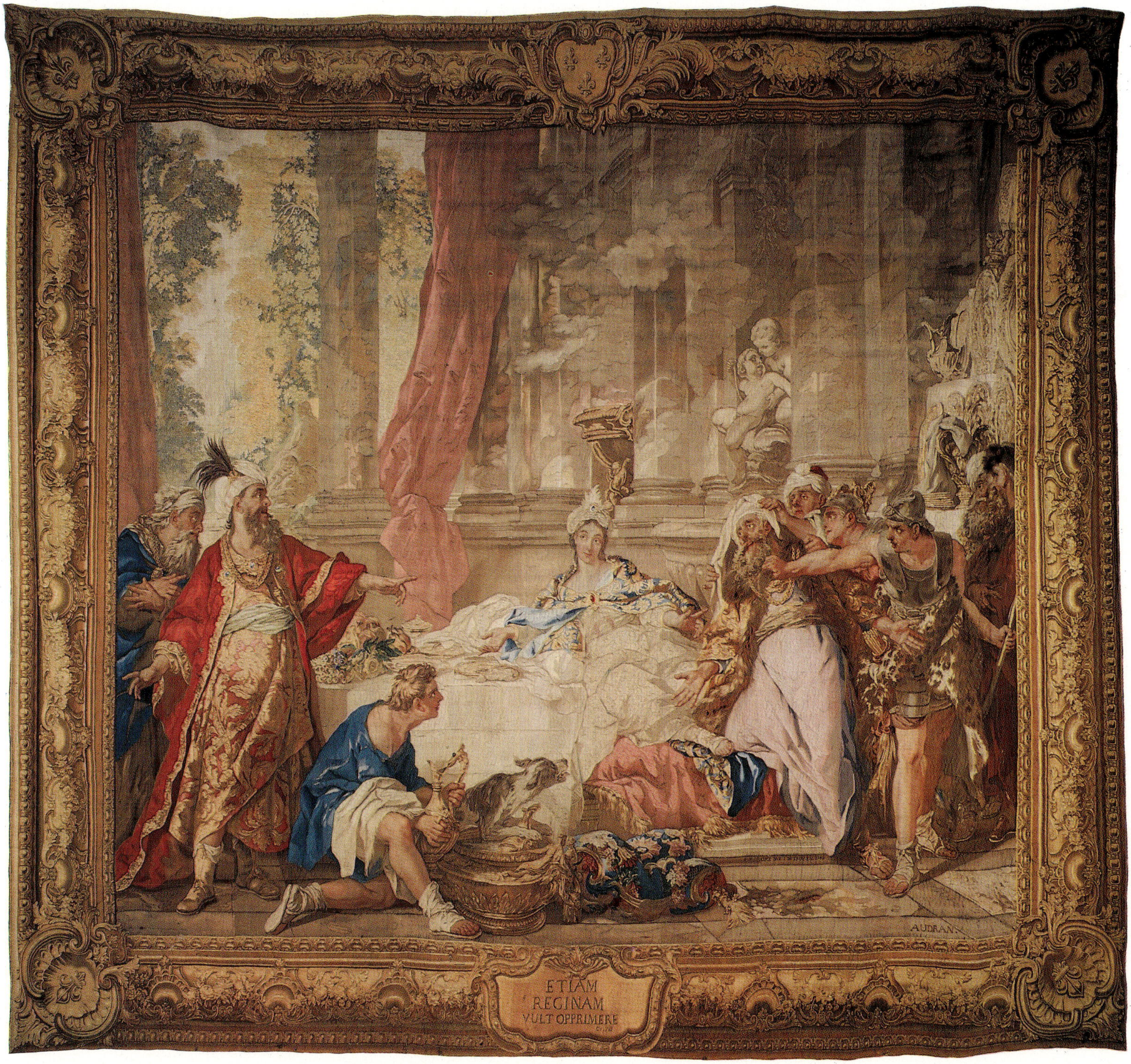

mit Malerei verstärkt sich noch durch breite Bordüren, die vergoldete Stuckrahmen nachahmen.

Ein charakteristisches Beispiel solcher Bildwirkereien ist die Folge »Die Geschichte des Ahasver« nach der alttestamentlichen Erzählung über das jüdische Mädchen Esther, das der persische König Artaxerxes (hebräisch Ahasveros) zur Frau nahm. Ihr Leben riskierend, rettete sie ihr Volk vor der Vernichtung, indem sie dem König die Intrigen seines Favoriten Haman aufdeckte.

Die Kartons für die Folge schuf Jean-François de Troy zwischen 1737 und 1740 in Rom und Paris. Sie wurde in der Gobelin-Manufaktur sowie in weiteren Textilwerkstätten häufig wiederholt, und zwar mit zwei verschiedenen Bordüren, die nach Entwürfen von P. G. Perrot bzw. von M. Jacques entstanden waren.

Der Bildteppich »Die Verurteilung des Haman« zeigt die letzte Szene der Folge. An der Festtafel in einem Saal mit zum Garten geöffneter Kolonnade erzählt Esther, halb liegend, dem König von den hinterhältigen Gedanken Hamans; die Wache ergreift diesen und wirft ihm als Zeichen des Todesurteils ein weißes Tuch über den Kopf. Die Bildteppiche der Folge zeichnen sich durch gedanklich-kompositorische Einheitlichkeit, durch das Majestätische der Architekturhintergründe und durch den Reichtum an Ausstattung und Kleidung aus. Doch ebenso fällt auch die Schönheit des Kolorits auf: Satte, intensive Töne verbinden sich nahtlos mit zarten Schattierungen.

118 *Gruppe »Dame mit Mops«*
Deutschland, Meißen
Modell von Johann Joachim Kaendler. 1737
Blaue Unterglasurmalerei: Gekreuzte Schwerter
Porzellan, bemalt. Höhe 15,5 cm

Die Blütezeit der Porzellanplastik der Meißner Manufaktur begann, nachdem der Bildhauer Johann Joachim Kaendler 1737 dort seine Tätigkeit aufgenommen hatte. Er schuf ein außerordentlich vielfältiges Œuvre an plastischen Gestalten, formte Vogel- und andere Tierfiguren, Hirten und Hirtinnen, Handwerker, italienische Komödianten und mythologische Götter. Zu den berühmtesten Modellen Kaendlers gehören die sogenannten Krinoline-Figuren bzw. die Gruppen von Kavalieren und Damen, wobei letztere nach der Mode der Zeit zwischen dem Ende der dreißiger und dem Anfang der vierziger Jahre des 18. Jahrhunderts die typischen weiten Röcke tragen.

Etwa 15 solcher Werke sind bekannt, darunter die »Dame mit Mops«. Bis ins feinste virtuos durchmodelliert, voller Dynamik und plastischer Intensität, vermittelt diese Gruppe das Fluidum jener Epoche, all jene unverwechselbare heitere Grazie des Rokoko. Kaendler besaß ein hervorragendes Materialgefühl, und seine plastischen Arbeiten wirken ausgesprochen dekorativ. Die meisterhafte Malerei in leuchtend tiefen, klaren Tönen bringt das blendende Weiß des Porzellans und den Glanz der Glasur noch besser zur Geltung.

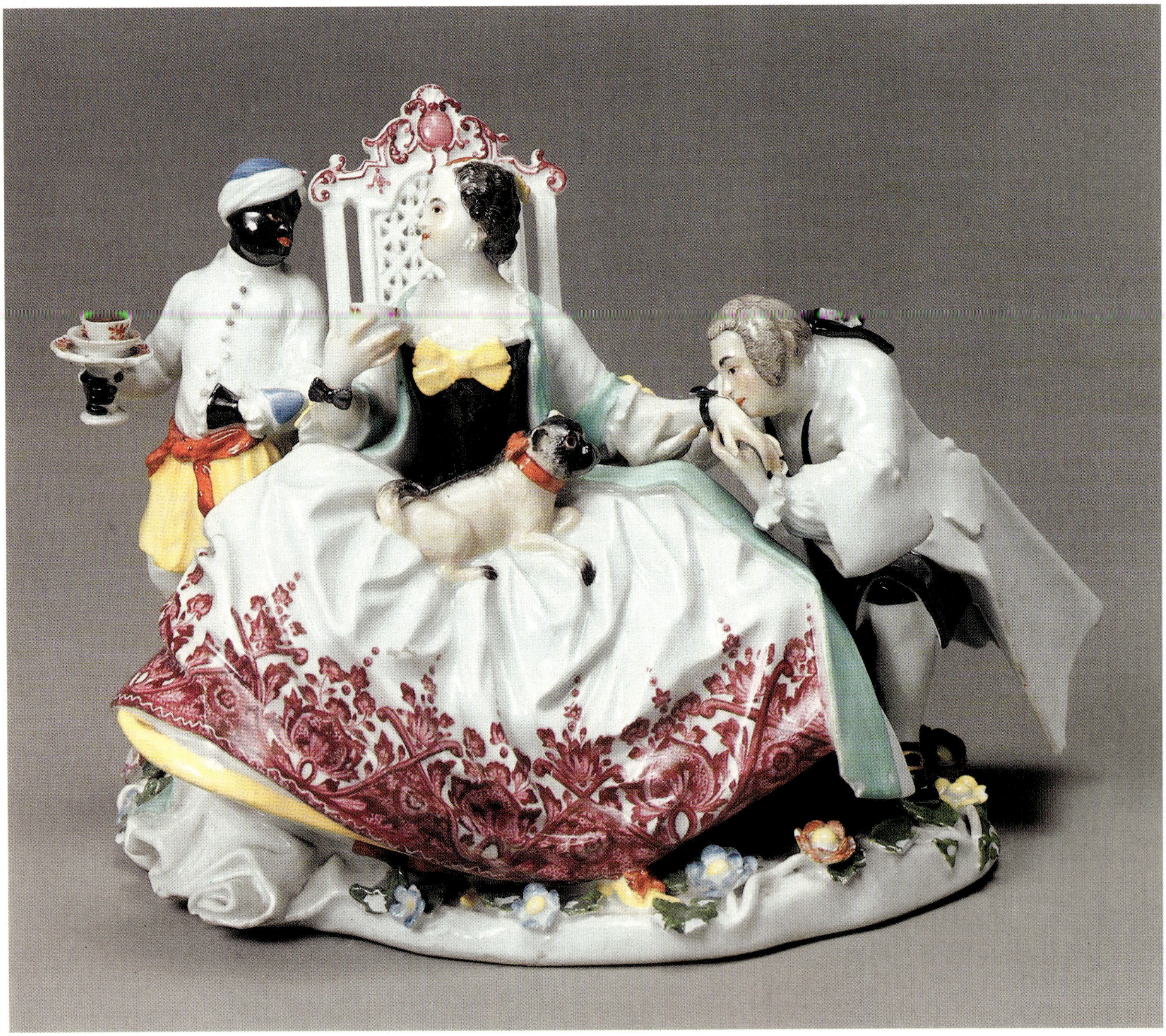

119 *Eisbehälter aus dem Service mit Kameen*
Frankreich, Manufaktur Sèvres. 1778
Blaue Marke, Stempel des Malers und Vergolders Le Grand
Weichporzellan, bemalt, vergoldet
Höhe 24 cm, Durchmesser 19 cm

Zu den in künstlerischer Hinsicht bedeutendsten großen Service, die aus der Königlichen Manufaktur Sèvres stammen, gehört das »Türkisfarbene Service mit Kameen«, das Katharina II. in den Jahren 1778/79 für ihren persönlichen Gebrauch anfertigen ließ. Ursprünglich gehörten 744 Einzelteile dazu. Dieses Service entstand in Sèvres als eines der ersten Erzeugnisse, die Züge des Klassizismus aufweisen; die Formen der Gegenstände erscheinen ausgewogen und bereits relativ schlicht; Darstellungen antiker Kameen auf blauem Fond mit einem vergoldeten Arabeskenfries, der vom Marcellustheater in Rom herstammt, bilden den Dekor. Reliefkameen, die in spezielle Fassungen eingearbeitet sind, bereichern besonders wertvolle Serviceteile, wie zum Beispiel den Eisbehälter.

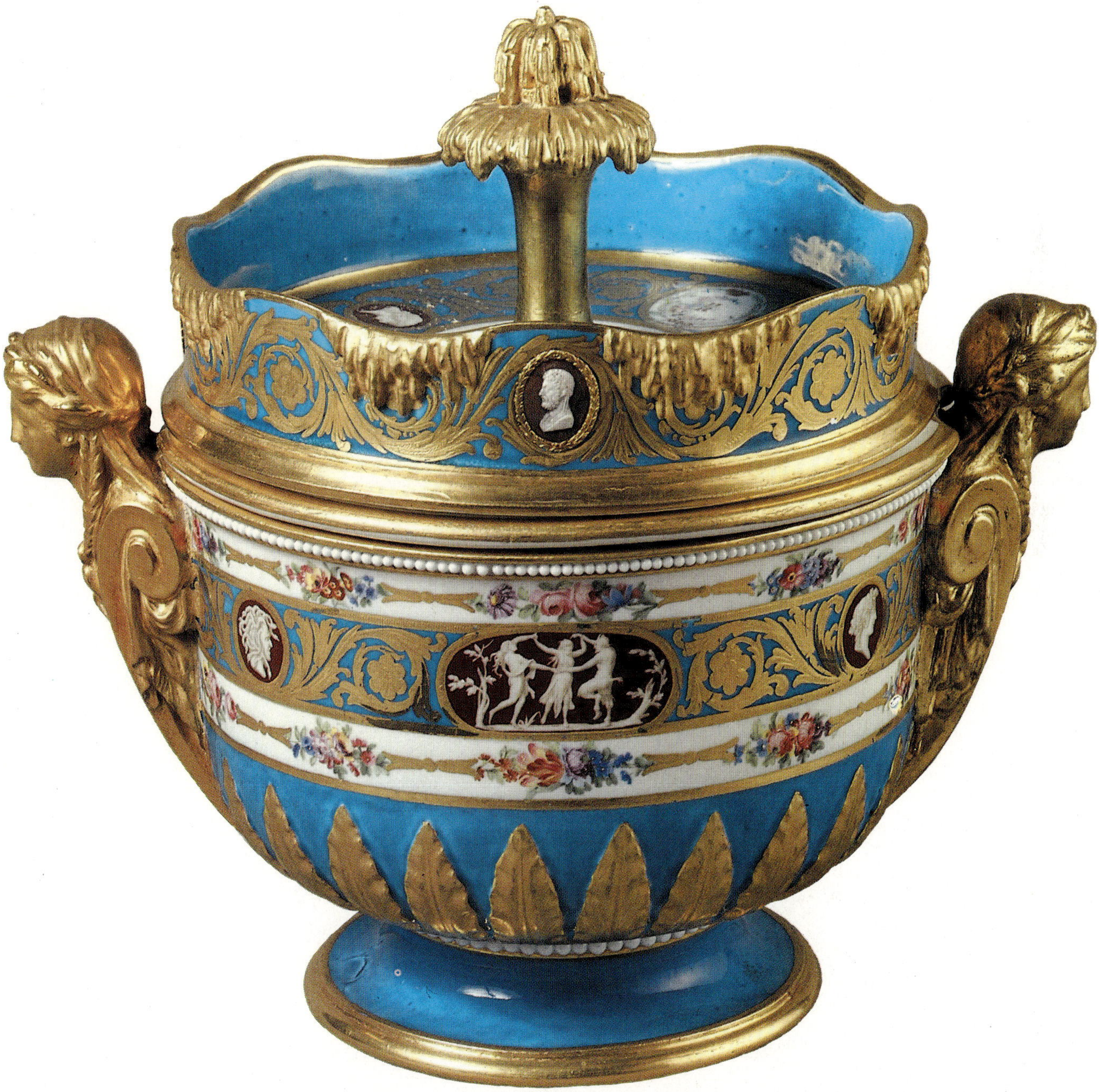

David Roentgen, der bedeutendste deutsche Kunsttischler des 18. Jahrhunderts, schuf in seiner Frühzeit Möbel mit feinen, ausgesuchten Intarsien, doch nach 1780 gestaltete er die Möbel immer mehr in den strengen, tektonisch-klaren Formen des Klassizismus und mit großflächigem, meist in Mahagoni ausgeführtem Furnier. Roentgen entwickelte seinen eigenen Stil, wobei er Architekturformen auf das Möbel übertrug. Als charakteristische Besonderheit Roentgens galt der Einbau von Musikspielwerken und mechanischen Vorrichtungen, mit deren Hilfe Schubfächer auf- und zugezogen werden konnten und sich Geheimfächer öffneten. Auch das große, von einer Apollon-Skulptur bekrönte Schreibpult der Ermitage besitzt solche Vorrichtungen. Roentgen hat viele Möbel für den russischen Hof ausgeführt; das große Schreibpult wurde im Jahre 1784 von Katharina II. für die Ermitage erworben.

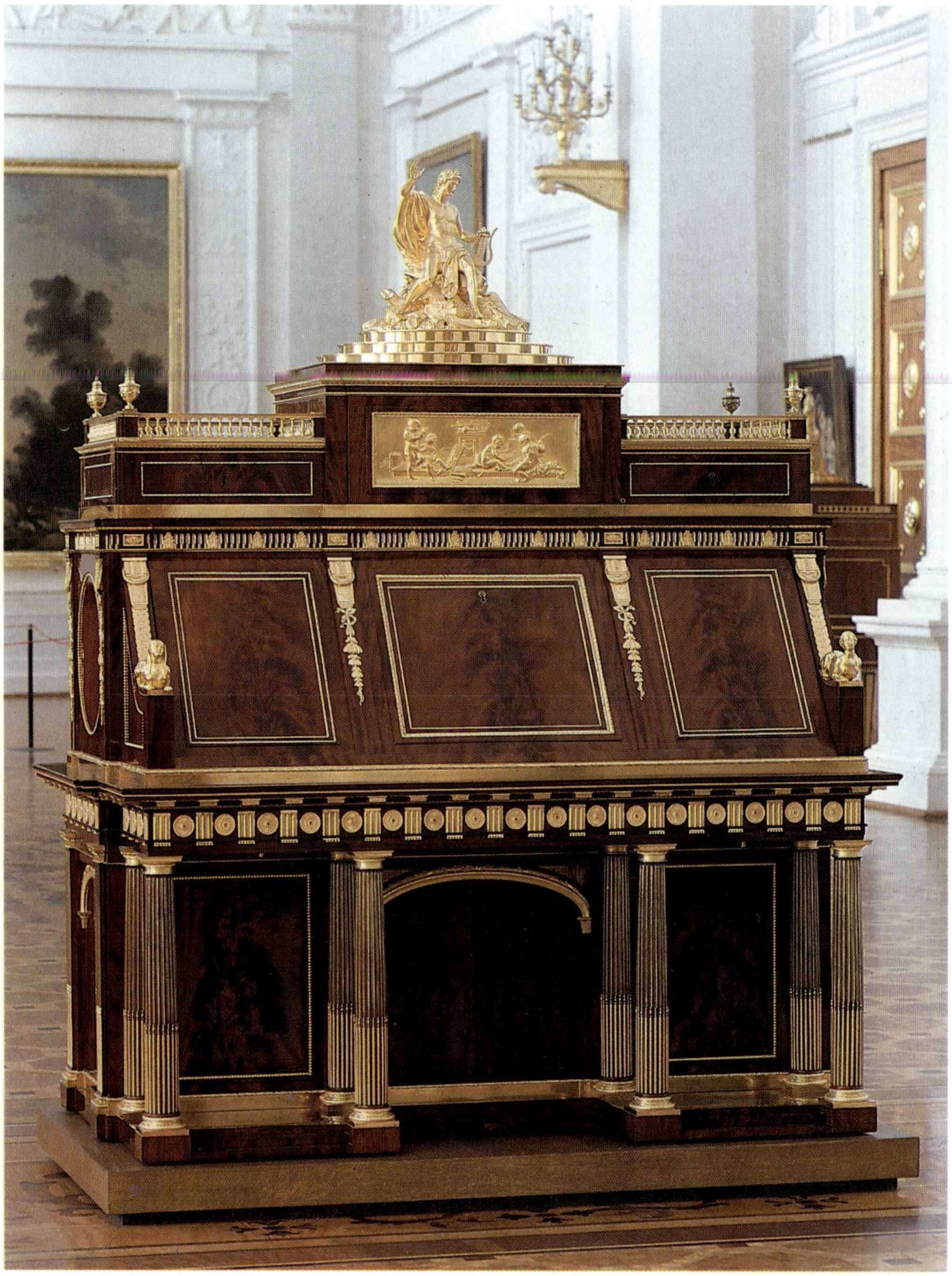

120 *Großes Schreibpult*
Deutschland, Neuwied. David Roentgen. 1783
Mahagoni, Goldbronze. 154 × 162 × 93 cm

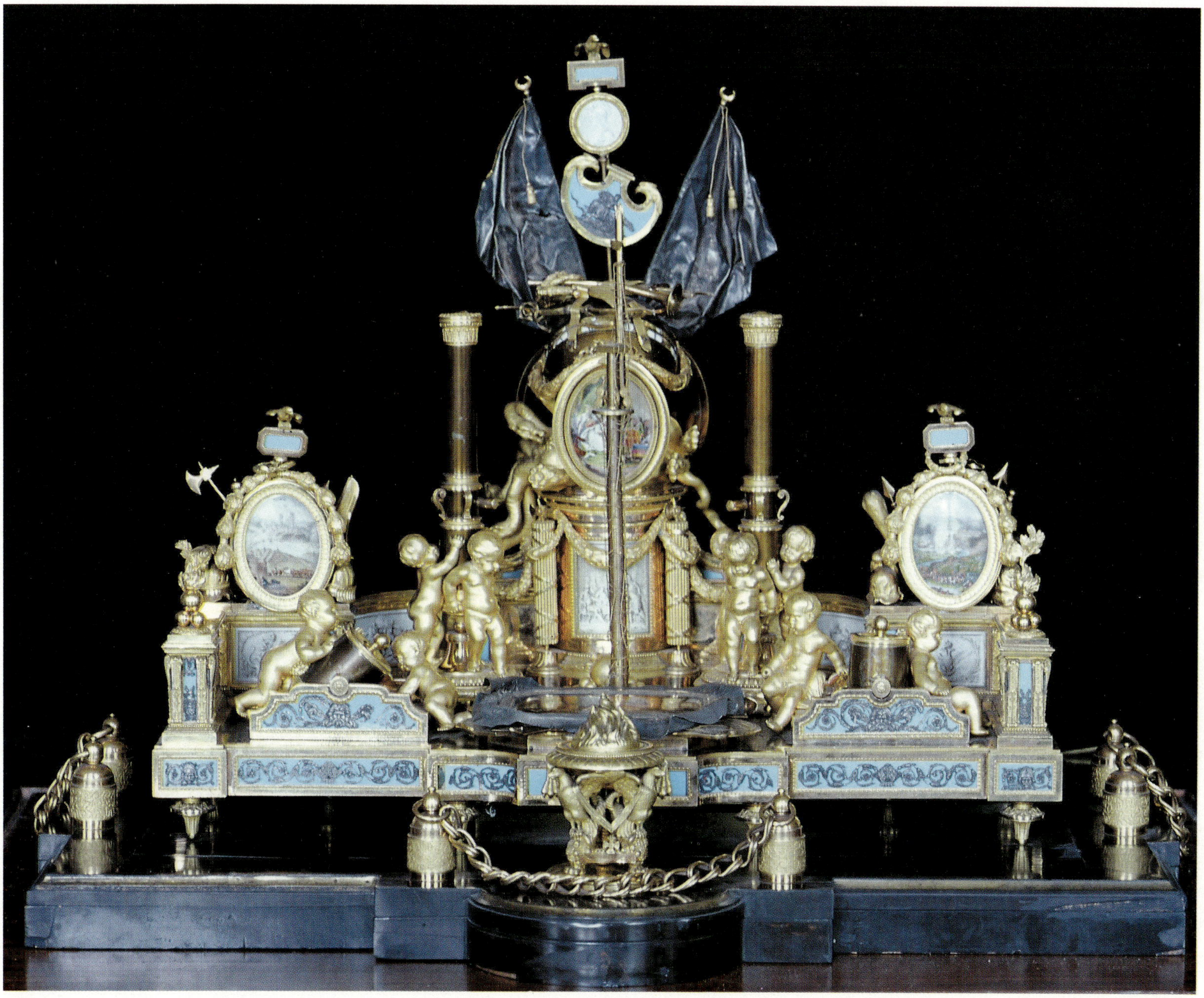

121 *Tschesme-Tintengarnitur*
Frankreich, Paris. Barnabe Augustin Demaillis
1775–1779
Bronze, Silber, Vergoldung, Emailmalerei
58 × 78 × 60 cm

Die einzelnen Gegenstände der Tintengarnitur sind zweckmäßig und wirken doch dekorativ. So haben der Sandstreuer und der Behälter für die Schreibfeder die Form von Mörsern und die Kerzenhalter die von Kanonenrohren. In der Mitte befindet sich eine Uhr in Gestalt eines Globus, bekrönt von Trophäen, über denen Fahnen wehen: Da die Tintengarnitur den Siegen Rußlands über die Türken gewidmet ist, zeigen die Medaillonbilder Schlachtenszenen sowie eine Darstellung Katharinas II., wie sie Rumjanzew an der Donau eine Auszeichnung überreicht. Den Deckel des Necessaires schmückt eine Miniatur mit der Darstellung des Sieges bei Tschesme, und auf der Innenseite des Deckels befindet sich eine lateinische Inschrift, die in der Übersetzung folgendes besagt: »Katharina II., der augusteischen Imperatorin von Rußland, nach dem Sieg und der Wiederherstellung des Glücks für das Land im Jahr des Herrn 1779 überreicht von Barnabe Augustin Demaillis, Paris.«

Katharina II. hatte die Tintengarnitur im Jahre 1775 bei dem Pariser Juwelier Demaillis bestellt. Nachdem die Arbeit nach Rußland gelangt war, befand sie sich zunächst einige Zeit im Winterpalais und wurde danach in das Tschesme-Palais überführt, das namengebend für die Garnitur wurde.

Der bekannte englische Meister James Cox war seit 1757 in London tätig, wo er eine Werkstatt betrieb. Er war berühmt für die Anfertigung von Automaten-Uhren mit mechanischen Figuren und Musikmechanismen. Seine Arbeiten fanden großen Anklang. In den siebziger Jahren des 18. Jahrhunderts erhielt Cox Aufträge vom russischen Hof und vom chinesischen Kaiser.

Die u. a. mit einer Löwen- und einer Nashornskulptur verzierte Uhr der Ermitage-Sammlung bietet ein typisches Beispiel für das Schaffen des Meisters. In dem Postament aus Achat, das die Form einer Schatulle hat, eingefaßt von einem netzartigen, fein ziselierten Dekor aus vergoldeter Bronze, ist ein Musikmechanismus versteckt. Rosetten mit Straß, die auf der Vorderwand des Untersatzes eingebettet sind, verbergen den Aufzugsmechanismus. Die Tierfiguren – Löwe, Nashorn, Eidechsen, Schlangen und Affen – sind noch im Rokokostil gehalten und zeugen außerdem von dem Interesse für die orientalische Kunst, wie es im 18. Jahrhundert charakteristisch war. Sowohl in der Originalität der Komposition als auch in der Darstellung exotischer Tiere zeigen sich solche Anklänge. Erworben im 18. Jahrhundert, kam die Uhr im Jahre 1869 aus dem Winterpalais in die Ermitage.

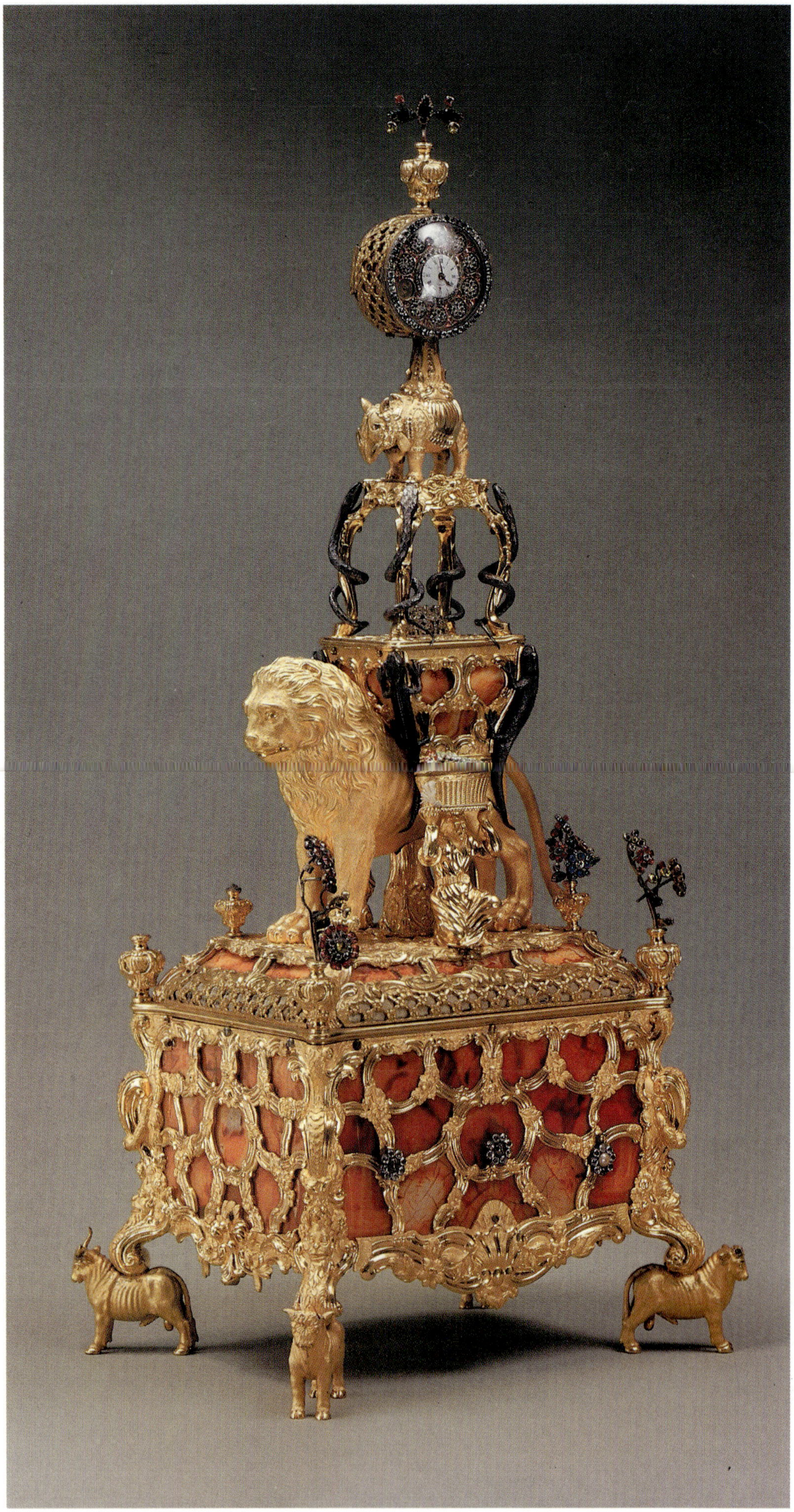

122 *Tischuhr mit Löwen- und Nashornfigur*
England, London. Meister James Cox
Siebziger Jahre des 18. Jahrhunderts
Bronze, Vergoldung, Achat. 55 × 25 × 22 cm

Martin-Guillaume Biennais war einer der bedeutendsten Silberschmiede des ausgehenden 18. und beginnenden 19. Jahrhunderts. In seinem Schaffen verkörperten sich die wesentlichen Züge des Klassizismus; seine Werke zeugen von der Hinwendung zu den Formen der Antike. Biennais führte Aufträge für Ludwig XVI. und später für Napoleon I. aus, wobei er nach Zeichnungen von Percier und Fontaine arbeitete.

Das eiförmige Sahnekännchen der Ermitage besteht aus vergoldetem Silber mit einem Griff aus Elfenbein. Es ist mit einem fein ziselierten, antikisierenden Muster und mit dem Monogramm MP unter einer Krone verziert. Das Gefäß gehört zu einem Service aus dem Besitz des Großfürsten Michail Pawlowitsch. Etwa im Jahre 1824 wurde es von einem Pariser Meister ausgeführt, doch fanden in dem Service auch früher entstandene, von Biennais selbst gefertigte Teile Aufnahme.

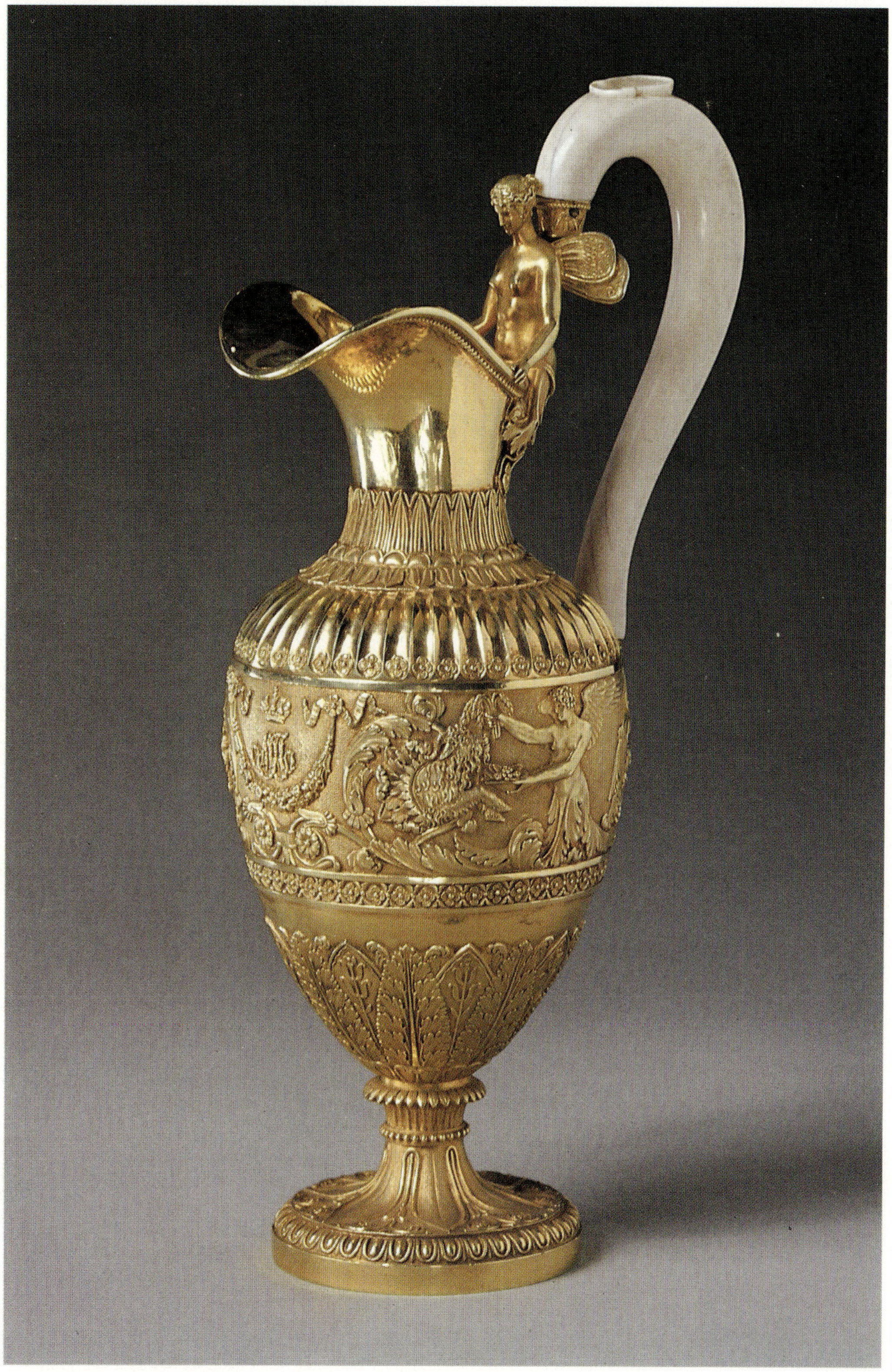

123 *Sahnekännchen*
Frankreich, Paris. Martin-Guillaume Biennais
1809–1819
Silber, Vergoldung, Ziselierung. Höhe 27 cm

124 *Samtstoff*
Frankreich, Lyon. Werkstatt Matheun und Bouvard. 1868
Seide. 152 × 75 cm

Im 19. Jahrhundert war nach wie vor Lyon das bedeutendste Zentrum der Seidenweberei; hier entstanden dekorative Stoffe von hoher technischer und künstlerischer Vollendung. Wenn deren Musterung im ersten Viertel des Jahrhunderts im Stil des Klassizismus gehalten war, so zeigte sich seit dem zweiten Viertel des 19. Jahrhunderts in der Weberei – wie auch in anderen Zweigen der angewandten Kunst – ein Nachahmen verschiedener Stile vorangegangener Epochen.

Ein treffendes Beispiel bietet das in der Ermitage aufbewahrte Fragment eines Samtes, der 1868 in einer der größten Lyoner Werkstätten entstand. Das Muster – Arabesken und Pflanzentriebe, in Muschelhörner blasende Meeresgottheiten und mit Blumen gefüllte Schalen – kam dadurch zustande, daß der Samt, in zwei Rottönen gehalten, teils aufgeschnitten wurde, teils bestehen blieb, wobei roter Atlasstoff als Fond diente.

Im 19. Jahrhundert erlebte die Herstellung von Bildteppichen in allen Ländern Europas einen Niedergang, weil die gewirkten Wandteppiche jede Spezifik eigenständiger angewandter Kunst eingebüßt hatten und endgültig zur Kopie malerischer Werke herabgesunken waren. Erst gegen Ende des 19. und zu Anfang des 20. Jahrhunderts begannen die Künstler, nach neuen dekorativen Lösungen zu suchen, um anstelle gewebter Bilder wirklich Wandteppiche zu schaffen. Zu diesen Neuerern zählte Jules Cheret, der sich vor allem als Schöpfer von Plakaten einen Namen gemacht hatte, der aber auch Kartons für eine ganze Reihe von Bildteppichen entwarf. 1910 schuf er die Kartons für die Folge »Die Jahreszeiten«, die in der Gobelinmanufaktur wiederholt Umsetzung fanden. Diese Gobelins gehörten zu einem Satz von Bezugsstoffen für eine Möbelgarnitur.

Die Folge besteht aus den vier Wandteppichen Winter, Frühling, Sommer und Herbst. Ihre Komposition ist durch Züge des in dieser Zeit vorherrschenden Jugendstils gekennzeichnet und nach einem einheitlichen Prinzip aufgebaut: Im Zentrum schweben Gestalten von Frauen und Kindern, die eine der Jahreszeiten verkörpern. Der Rand ist von einer Bordüre in Form einer Stange gerahmt, die von einem Band und einer Girlande aus Blüten und Früchten umwunden ist. In der Ermitage werden alle vier Bildteppiche dieser Folge aufbewahrt, ein Diplomatengeschenk des französischen Präsidenten Raymond Poincaré, der Rußland im Jahre 1914 besuchte.

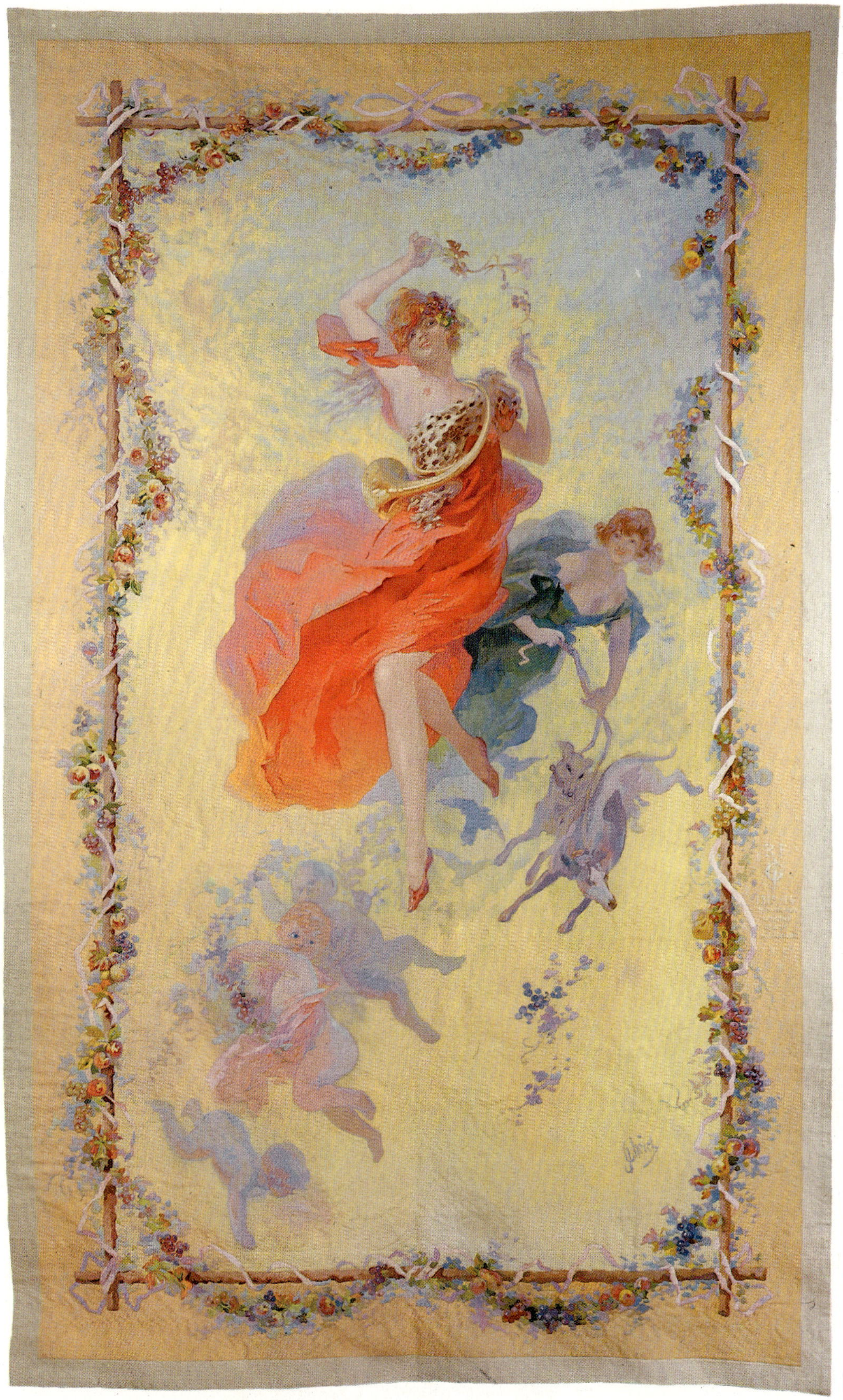

125 *Bildteppich »Herbst« oder »Weinreben«*
aus der Folge »Die Jahreszeiten«
nach einem Karton von Jules Cheret
Frankreich, Paris
Gobelinmanufaktur. 1912–1914
Wolle, Seide. 275 × 170 cm

Emile Gallé war der Begründer und das Haupt der sogenannten Schule von Nancy, einer Gruppe von mehreren Lothringer Künstlern, die eine große Rolle bei der Herausbildung und Festigung des Jugendstils spielten. Gallé begann mit Keramiken und ging dann zur Herstellung von Kunstglas und Möbeln über, wobei sein Suchen nach neuen Ausdrucksmitteln auf all diesen Gebieten der angewandten Kunst von großem Erfolg begleitet war und fruchtbare Auswirkungen zeitigte.

In die Blütezeit seines Schaffens gehört die Vase aus der Ermitage, bei der ihm eine harmonische Lösung von großem koloristischem Effekt gelang. Die Farbe nimmt abhängig von der wechselnden Beleuchtung unterschiedliche Tönungen an. Die Gefäßmündung umläuft eine feine silberne, teilweise vergoldete Fassung in Form von Stengeln mit kleinen Blüten. Auf dem Boden befinden sich die Bezeichnung »Emile Gallé ft. Nanceiis« und die Darstellung von Muscheln. Auch die Fassung, die von der Pariser Firma Bapst und Falize gefertigt wurde, trägt die Firmensignierung: »Bapst & Falize. Paris«.

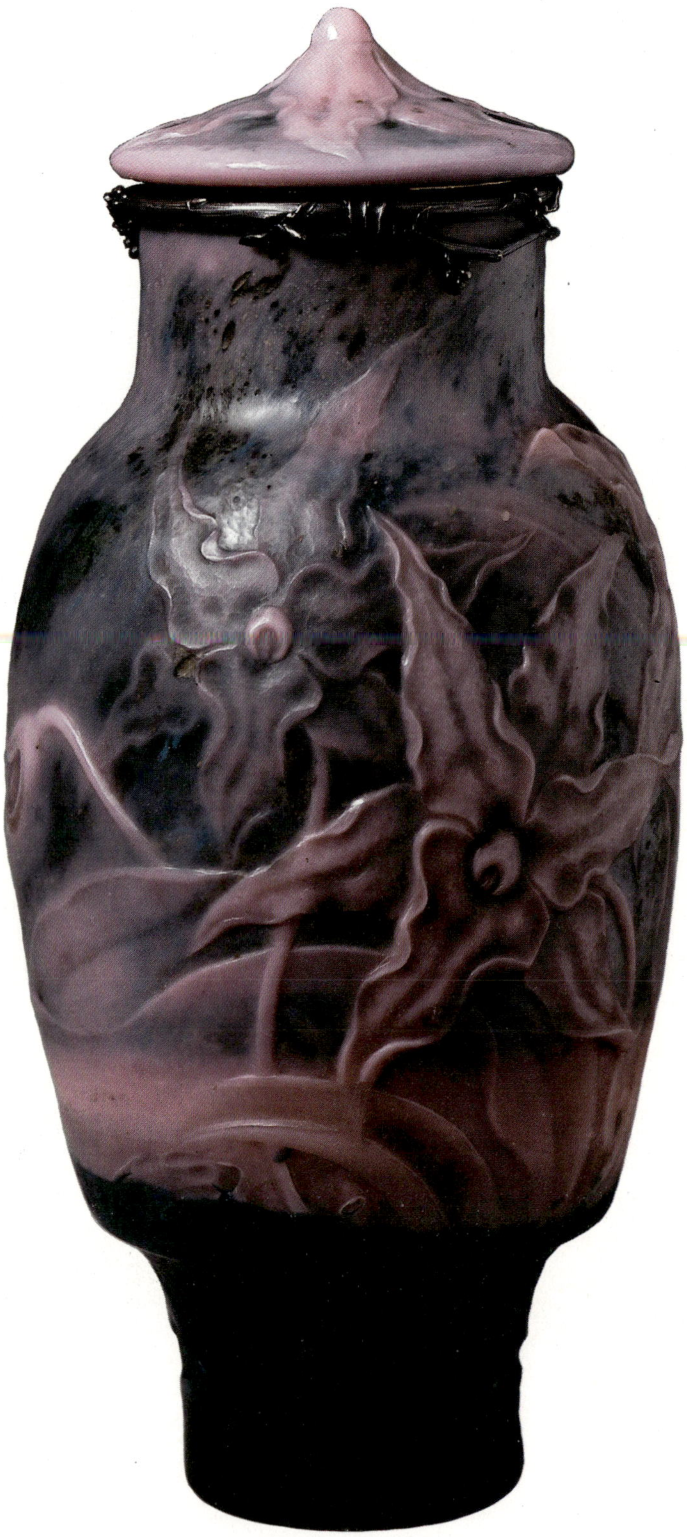

126 *Deckelvase*
Frankreich, Nancy. Emile Gallé. 1889–1890
Zweischichtiges Glas, mehrflächig, graviert
Fassung aus Silber, gegossen, ziseliert, vergoldet. Höhe mit Deckel 28 cm

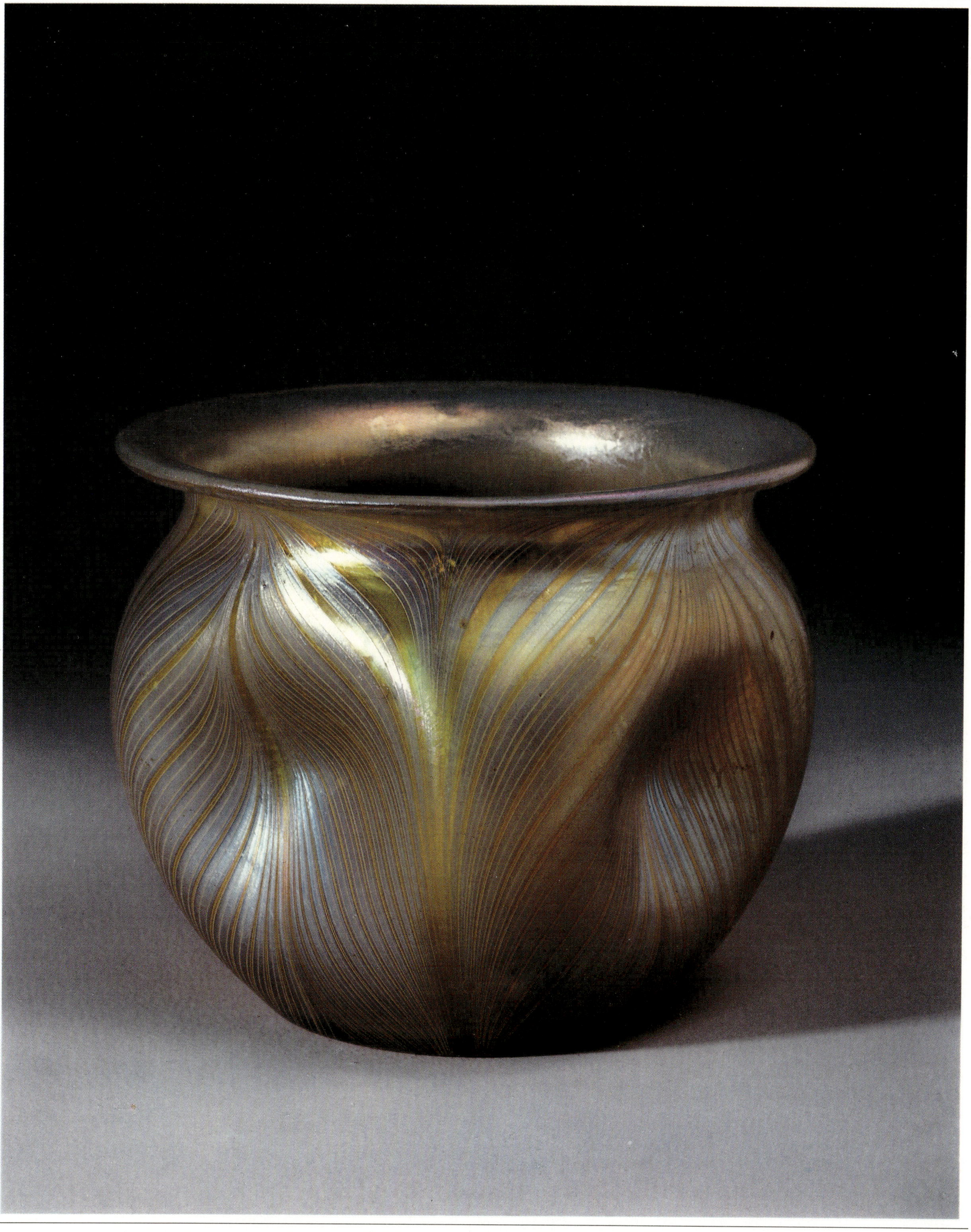

127 *Vase*
Österreich-Ungarn, Klostermühle (Kláštersy Mlyn). Firma Loetz Witwe. Um 1898
Farbloses Glas, innen mit einem Anflug von Gelb, außen eingelegte farbige Fäden, Irisierung. Höhe 11,6 cm

In der zweiten Hälfte und vor allem gegen Ende des 19. Jahrhunderts erzielte der amerikanische Künstler Louis Comfort Tiffany große Erfolge auf dem Gebiet der Glaskunst. Er schuf Gefäße aus irisierendem Glas in verschiedenen Tönungen – eine Technik, die von vielen europäischen Firmen übernommen und ausgebaut worden ist, in erster Linie von der böhmischen Glasfabrik in Klostermühle, die seit 1840 Johann Loetz gehörte und seit 1848 seiner Witwe.

Die Vase aus der Ermitage, auf deren Boden die Bezeichnung »Loetz Austria« eingraviert ist, stellt ein charakteristisches Beispiel der Erzeugnisse dieser Firma dar. Die bauchige Gefäßform wird durch das »gekämmte«, an Federn erinnernde Muster betont, das in perlmuttartiger Irisierung schillert. Zarte Farbübergänge und ein schimmernder lüstrierender Effekt sind für die Produktion der Firma Loetz Witwe kennzeichnend, doch entsprechen sie ganz allgemein dem Zeitgeschmack und stellen eine Erscheinungsform der Stilbesonderheiten des Jugendstils dar.

RUSSISCHE KUNST

Abb. 128–164

128 *Kopf eines Heiligen*
Schule von Pskow. Ende des 14. Jahrhunderts
Fresko. 18 × 15,5 cm

Im Jahre 1963 entdeckten wissenschaftliche Mitarbeiter gelegentlich einer Expedition der Ermitage in Pskow die Nikolaus-Kirche auf dem Damm. Die Wandmalereien dieses Kirchenbaus trafen sie in einem sehr schlechten Erhaltungszustand an, doch fanden sich an den Wänden und unter dem zu Boden gefallenen Schutt noch Bruchstücke der alten Malerei, darunter – als eines der interessantesten Fragmente – die abgebildete Darstellung eines Heiligenkopfes. Die Handschrift und die Farbskala, in der reiche Ockertöne, vom Goldgelb bis zum Braun, in Verbindung mit Weiß, Schwarz, Rot und Grün vorherrschen, erinnern an die Werke der Pskower Ikonenmaler des 14. und 15. Jahrhunderts; eine weitere Gemeinsamkeit verrät ganz besonders das wiedergegebene Bruchstück: Das Gesicht dieses Heiligen hat die typische Form eines länglichen Ovals, die Wangen sind ein wenig gerundet, und die gerade, schmale Nase verdickt sich nach unten zu – alles Merkmale, die für die Pskower Malerei dieser Zeit bezeichnend sind.

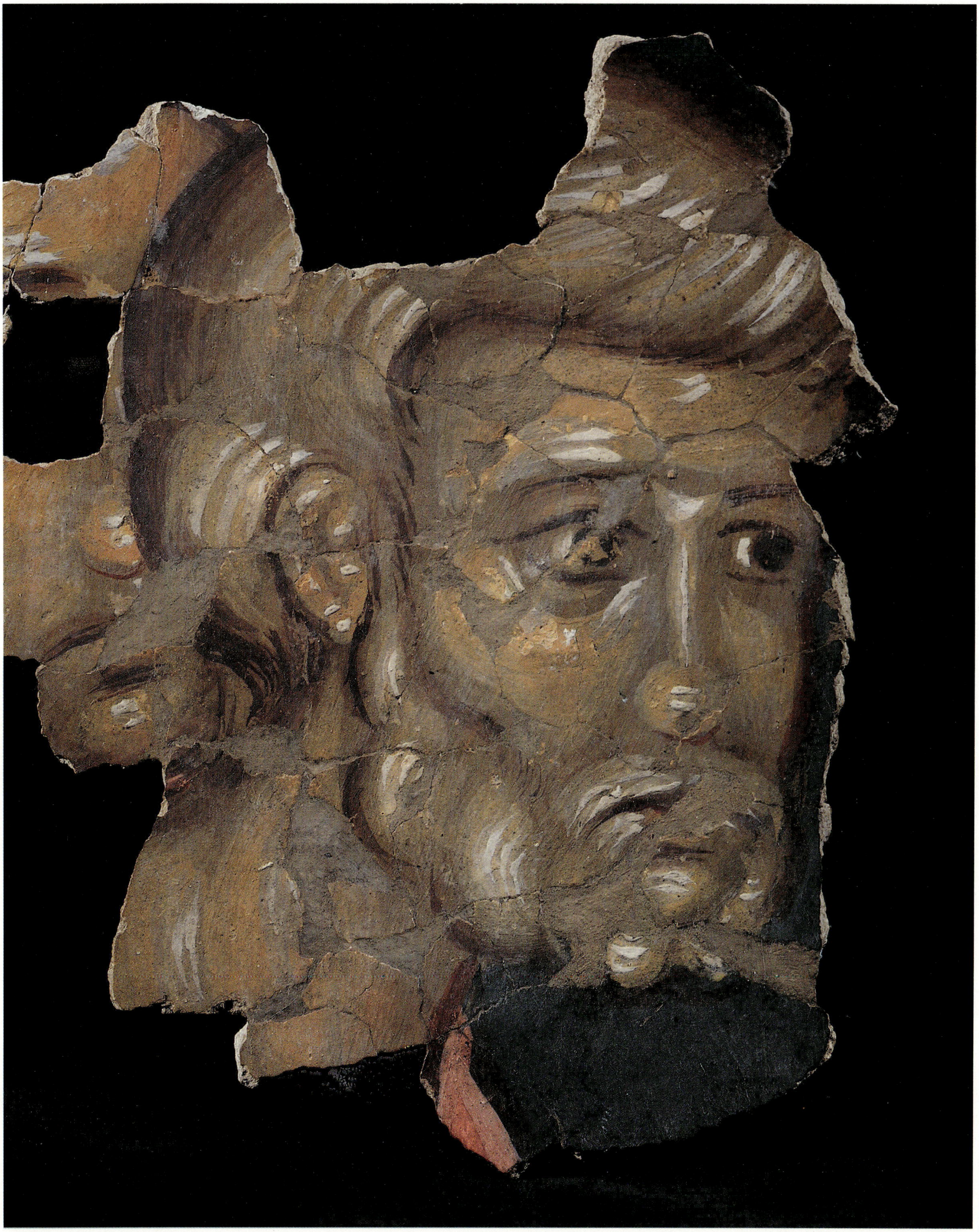

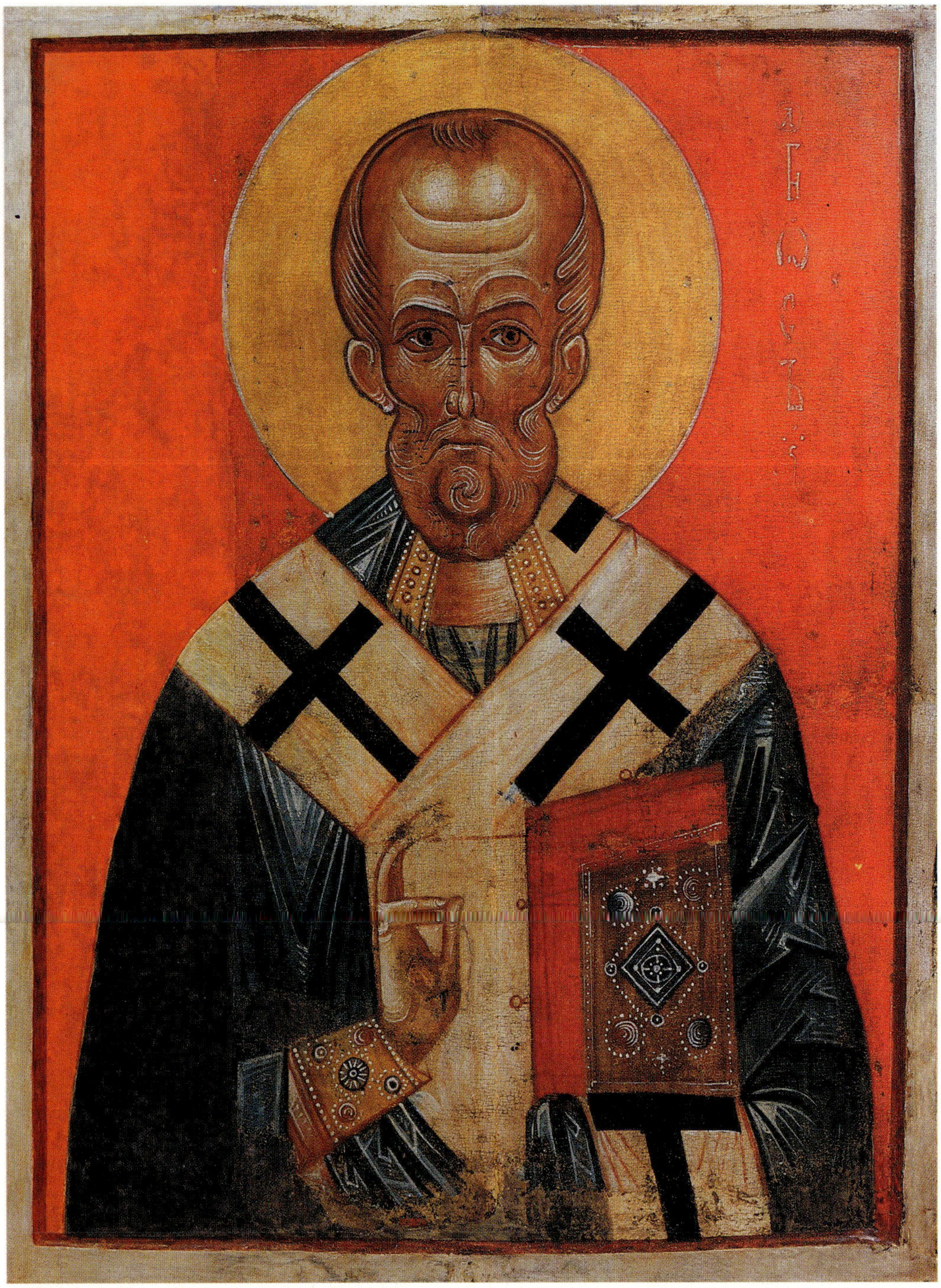

129 *Der hl. Nikolaus*
Nowgoroder Schule, Ende des 13. oder Anfang des 14. Jahrhunderts
Lindenholztafel mit Vertiefung, Spundquerleisten, Pawoloka, Lewkas, Tempera, 107 × 79,5 cm

Nowgorod, eine der ältesten russischen Städte, die im 12. bis 15. Jahrhundert Zentrum einer mächtigen Bojaren-Republik war, blieb vom tatarischen Joch verschont. So konnte die Nowgoroder Malerei als eine markante und eigenständige Erscheinung der russischen Kunst jener Epoche ungehindert zur Entfaltung gelangen.

Die Ikone »Der hl. Nikolaus« aus der Ermitage ist ein interessantes Beispiel aus dem ausgehenden 13. oder beginnenden 14. Jahrhundert. Hier haben sich noch Züge byzantinischer Strenge erhalten. Doch unter dem Einfluß lokaler volkskünstlerischer Traditionen ist der Gesichtsausdruck weicher geworden, und es zeigt sich die Tendenz, die Darstellung des finsteren Asketen in einen gestrengen, aber gütigen Heiligen abzuwandeln, der den Menschen bei ihren alltäglichen Mühen und Sorgen zur Seite steht. Bestechend ist die Einfachheit und Klarheit der kompositorischen Lösung sowie die ausdrucksvolle Zeichnung. Die Gestalt des Nikolaus, in smaragdgrünen, goldenen und weißen Tönen gehalten, hebt sich von einem klangvollen zinnoberroten Fond ab.

Diese Tafel wurde 1960 in der Dreifaltigkeits-Kirche im Dorf Nenoksa im Gebiet Archangelsk am Weißen Meer entdeckt. Die faszinierende Gestalt des rot und olivgrün gekleideten Heiligen steht wirkungsvoll vor ockergoldenem Grund. Mit der rechten Hand berührt der Apostel die Lippen – als Zeichen des Schweigens (und bestimmend für den Namen der Ikone). Rechts ist ein Engel mit achteckigem Nimbus dargestellt, das Sinnbild des Heiligen Geistes, Symbol der Allweisheit. Die ornamentale Malerei auf dem Ikonenrand imitiert Silber und Niello, an die berühmten russischen Silbergegenstände erinnernd. Eine Inschrift auf der Rückseite der Ikone besagt, wann die Tafel der Dreifaltigkeits-Kirche gestiftet wurde und wer sie geschaffen hat – es war ein befähigter Künstler, Nektari Kuljuksin, Mönch in einem der größten Zentren der nördlichen Rus, im Kirill-Beloserski-Kloster, in dem Ikonen für die umliegenden Kirchen gemalt wurden.

130 *Nektari Kuljuksin*
Apostel Johannes im Schweigen
Ikonenwerkstatt des Kirill-Beloserski-Klosters
1679
Kiefernholztafel mit Vertiefung, zwei Spundquerleisten, Pawoloka, Lewkas, Tempera. 109 × 85 cm

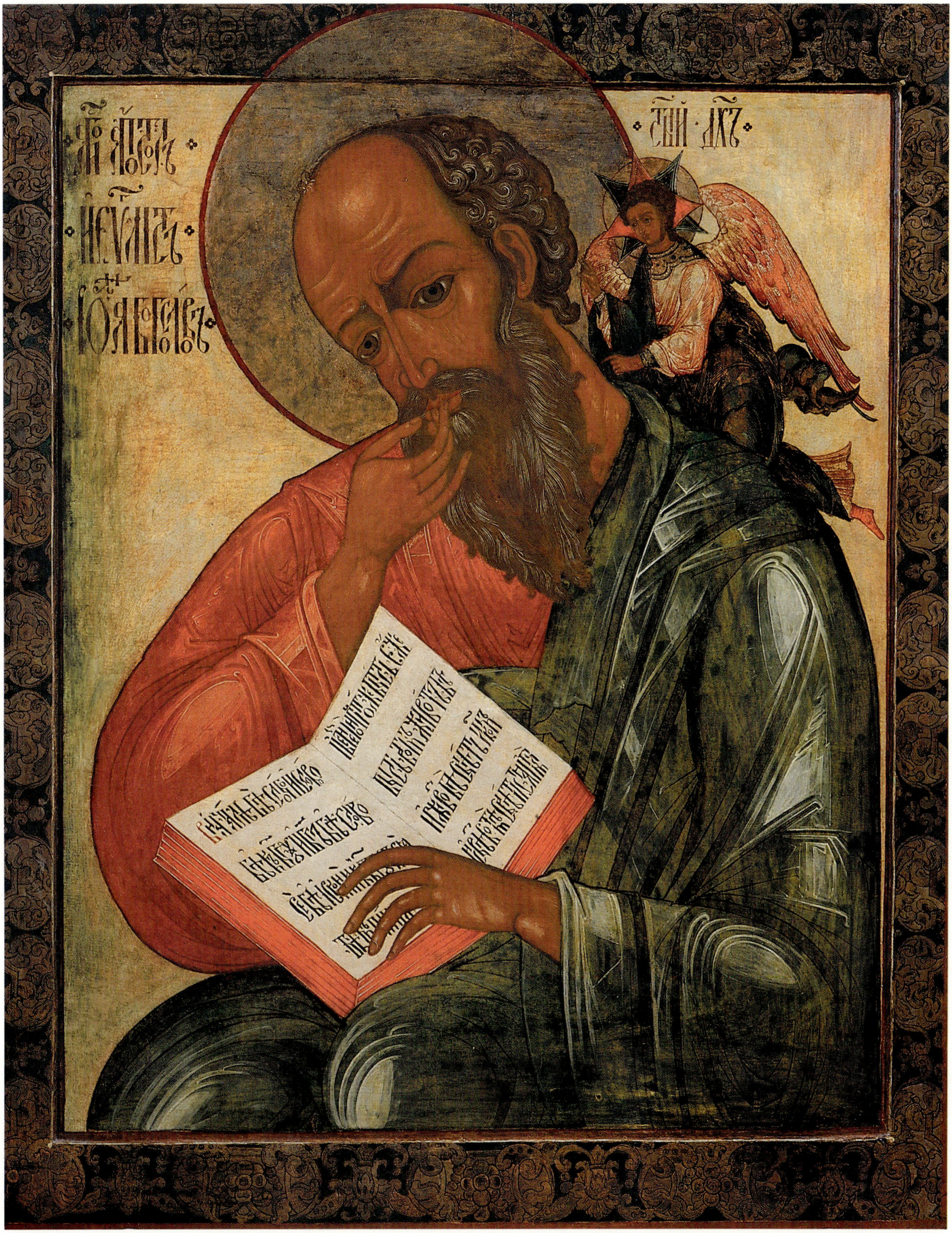

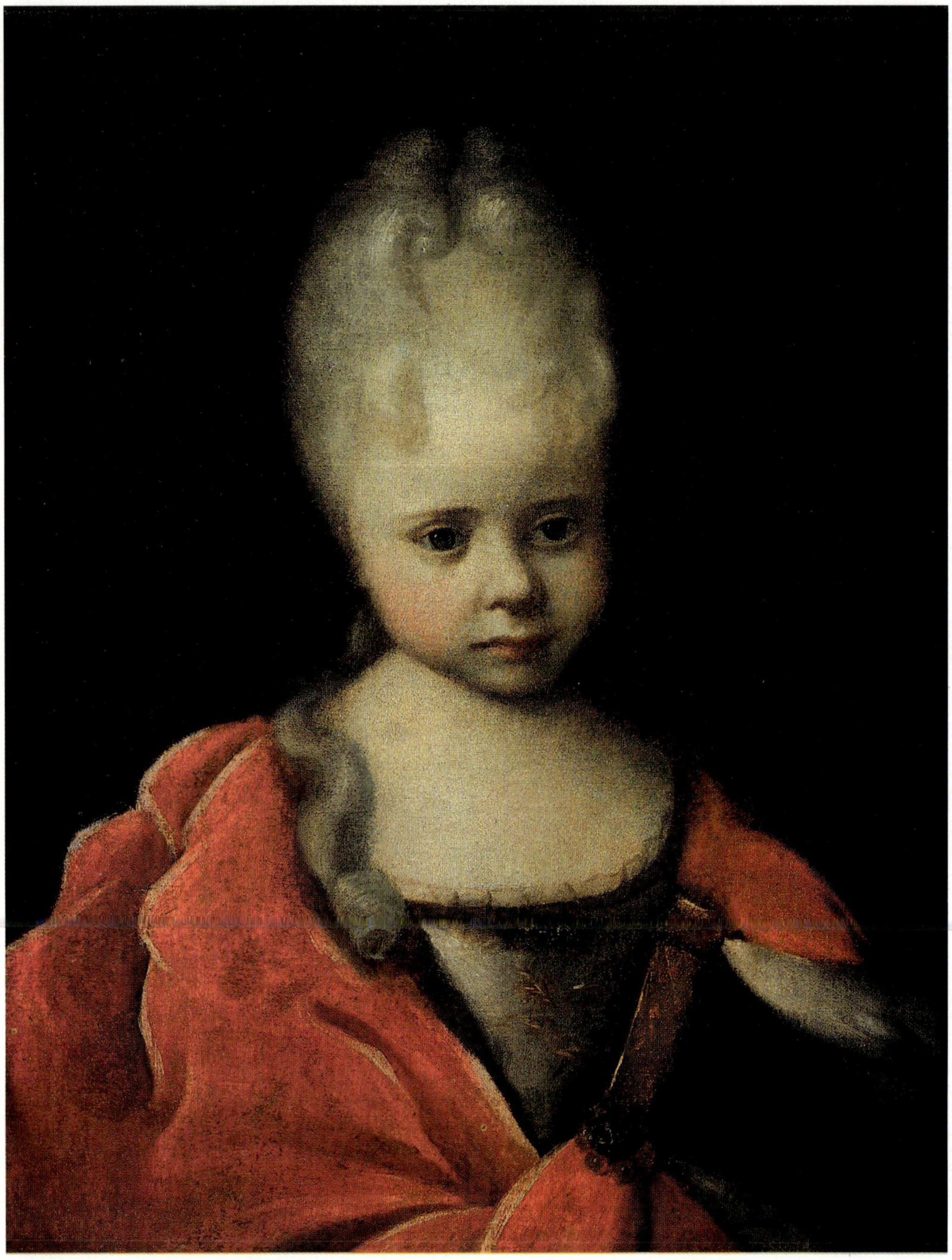

131 *Iwan Nikititsch Nikitin (achtziger Jahre des 17. Jahrhunderts bis nach 1742?)*
Bildnis der Jelisaweta Petrowna als Kind
Petersburg. Um 1712. Öl auf Leinwand
54 × 43 cm

I. N. Nikitin, Begründer der russischen Porträtmalerei, ist einer der ersten petrinischen Stipendiaten, die ihre Ausbildung in Italien erhielten (er weilte dort seit 1716). Der Künstler schuf eine Reihe von Bildnissen, die Peter den Großen sowie seine nächsten Verwandten und Mitstreiter zeigen; doch blieb nur weniges davon erhalten. Bei dem Porträt der Tochter Peters, Jelisaweta (1709–1761, seit 1741 Zarin), handelt es sich um eines der ersten eigenständigen Werke des jungen Malers, entstanden noch vor seinem Italienaufenthalt. Das Bild verrät noch eine gewisse Befangenheit in der Darstellung der Figur; Kleidung und Hintergrund wirken flächig, doch das Mädchen strahlt echten Charme aus. Man spürt das Bemühen des Künstlers, nicht nur die äußere Ähnlichkeit zu erfassen, sondern auch das Wesen, die innere Welt des Modells freizulegen. Die prunkvolle Aufmachung des Kindes – ein schweres Galakleid aus Brokat mit großem Dekolleté, eine Hermelinmantille und eine hohe Erwachsenenfrisur – stellt ein Tribut an die Zeit dar; das Porträt erhält auf diese Weise etwas Förmlich-Feierliches, ganz im Gegensatz zu der Offenherzigkeit der kindlichen Gestalt, die dadurch besonders hervortritt.

Das Bildnis des Fjodor Jakowlewitsch Dubjanski (Geburtsdatum unbekannt, gestorben um 1770) schuf A. P. Antropow, ein ausgezeichneter russischer Porträtist des 18. Jahrhunderts. Der Dargestellte hatte als Beichtvater der Zarin Jelisaweta Petrowna großen Einfluß am Hofe, 1761, wurde er in den erblichen Adelsstand erhoben. Im gleichen Jahr entstand, vielleicht in Verbindung mit diesem Ereignis, das wiedergegebene Bildnis, durch die Tiefe der Charakterisierung eines der stärksten Porträts jener Jahre. In dem ausdrucksvollen Gesicht mit dem durchdringenden Blick der dunklen Augen äußert sich außergewöhnlicher Verstand, verbunden mit der Charakterstärke des ehrwürdigen Alten. Das vollklingende Kolorit erhöht die Anziehungskraft dieses Bildnisses ebenso wie die prächtige Struktur der Kleidung, des Brustanhängers und weiterer Einzelheiten.

132 *Alexander Petrowitsch Antropow (1716–1795)*
Bildnis des F. J. Dubjanski. 1761
Öl auf Leinwand. 99,5 × 76,5 cm

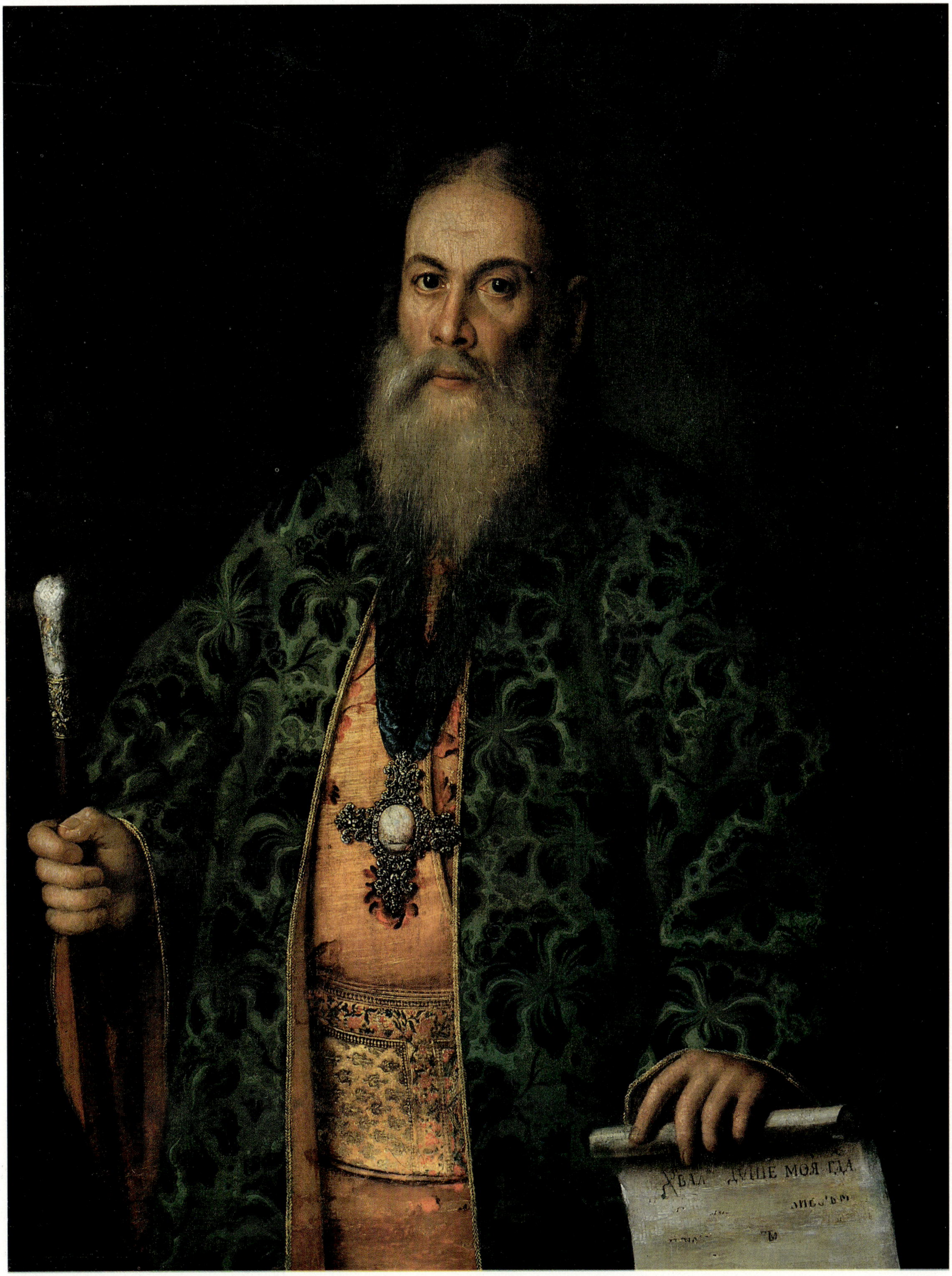
ХВАЛ ДУШЕ МОЯ ГДА

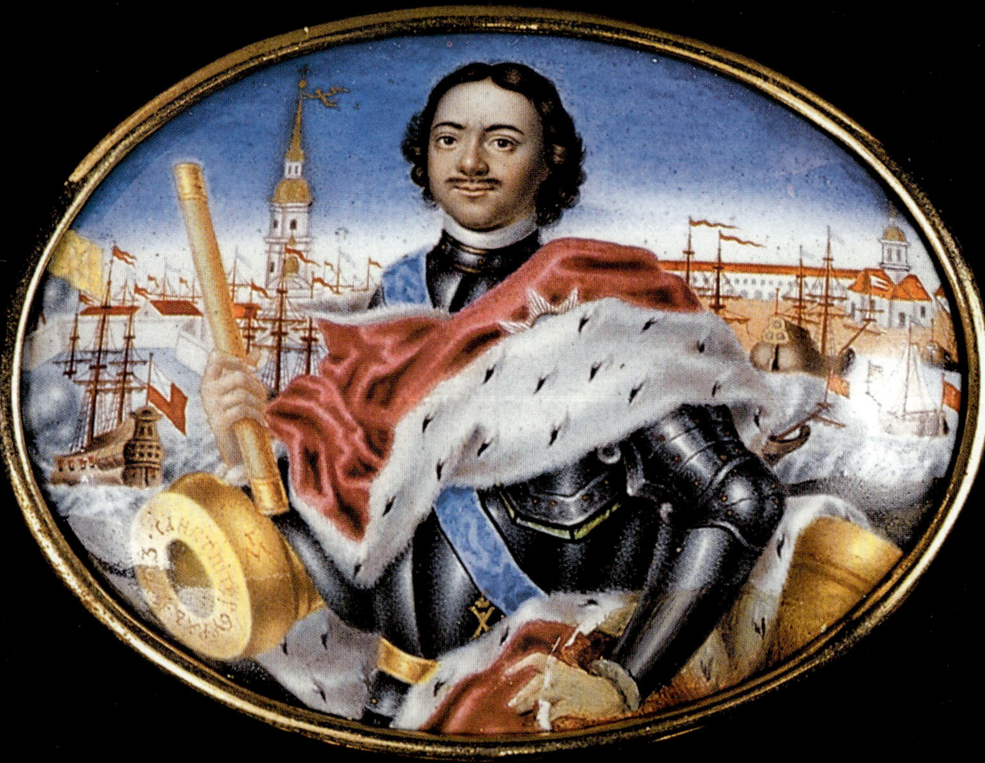

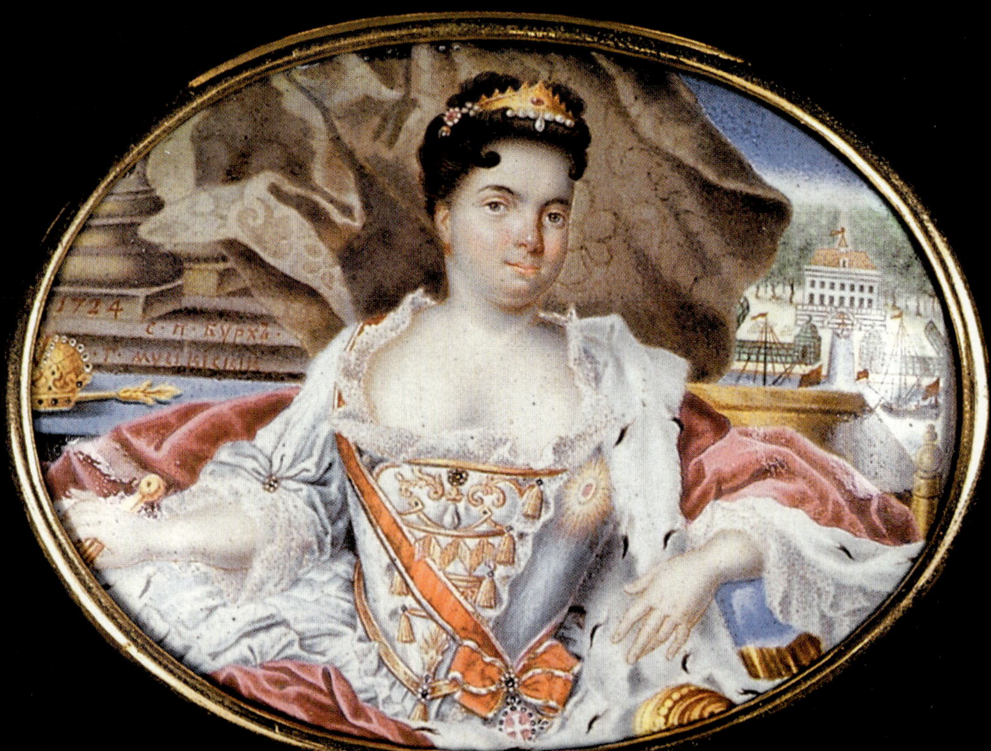

133 *Grigori Semjonowitsch Mussikijski (1670/71 bis nach 1739)*
Porträt Peters I. Petersburg. 1723
Porträt Katharinas I. Petersburg. 1724
Gold, Email, Malerei auf Email
Oval 6,5 × 8,8 cm

Die Porträtminiatur auf Email kam in Rußland zu Anfang des 18. Jahrhunderts auf; Mussikijski war der erste russische Künstler, der solche Miniaturen schuf. Ursprünglich arbeitete er in der Moskauer Rüstkammer, seit 1711 in Petersburg. Von Peter I., dessen Familienangehörigen und dem Fürsten A. D. Menschikow hat er eine beträchtliche Anzahl Miniaturporträts geschaffen, die übrigens von seinen Zeitgenossen hoch geschätzt waren.

Die beiden hier wiedergegebenen Bildnisse – das Peters I. (1672–1725) und das seiner Frau Katharina I. (1684–1727), die von 1725–1727 Zarin war – entstanden zu Ehren des 20. Jahrestages der Gründung der Stadt Petersburg. Der Künstler versah sie mit seiner Signatur. Den Zaren stellte er vor der Newa dar, auf der Schiffe fahren, im Hintergrund sieht man die Peter-Pauls-Festung und den Dreifaltigkeitsplatz. Das Bildnis Katharinas zeigt den Jekaterinenpalast und -park, d. h. ihre Residenz außerhalb der Stadt.

Während die Wiedergabe Peters auf einem gemalten Bildnis von J. Kupezki und Stichen mit Petersburger Ansichten von A. Rostowzew fußt, legte der Künstler bei der anderen Miniatur ein Original von Jean-Marc Nattier und einen Stich von A. Rostowzew mit der Darstellung von Zarskoje Selo zugrunde. Doch er interpretierte seine Vorbilder auf eigene Art, indem er die entlehnten Motive frei zusammenstellte und farblich eine völlig eigenständige Lösung fand. Alle seine Miniaturen zeichnen sich durch ein sattes Kolorit aus, wobei leuchtende reine blaue, goldgelbe und zinnoberrote Töne zusammenklingen.

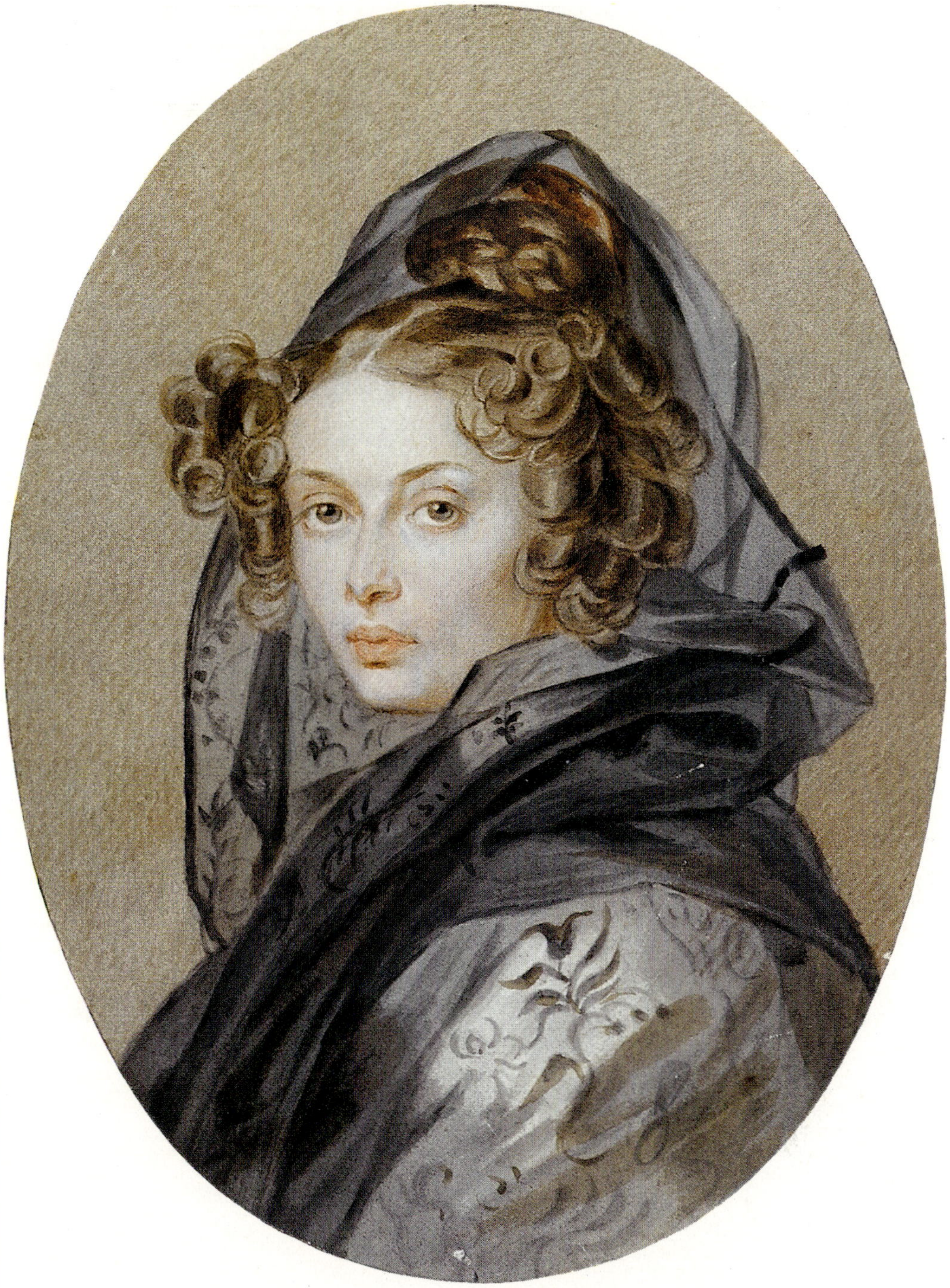

134 *Pjotr Fjodorowitsch Sokolow (1791–1848)*
A. G. Murawjewa. Petersburg. Dezember 1825 bis Januar 1826
Aquarell auf Papier. Oval 14,6 × 11,2 cm

P. F. Sokolow hat viele seiner Zeitgenossen in Bildnissen festgehalten; dabei erreichte er in seinen besten Arbeiten eine feine psychologische Durchdringung. Auch in technischer Hinsicht erscheinen diese Bilder meisterhaft, wobei eine besondere Frische und Durchsichtigkeit der Farben auffällt.

Das kleine Porträt der Alexandra Grigorjewna Murawjewa (1804–1832), der Frau des Dekabristen Nikita Michailowitsch Murawjew, darf man als eine Perle der russischen Aquarell-Bildnismalerei bezeichnen. Der Künstler vermochte die innere Reinheit und edle Gesinnung dieser Frau als untrennbaren Bestandteil ihrer bezaubernden äußeren Erscheinung darzustellen. In einer aristokratischen Familie aufgewachsen, schreckte sie trotz ihrer Jugend und Zartheit nicht vor den Beschwernissen der sibirischen Verbannung zurück und folgte ihrem Mann freiwillig nach Sibirien, wo sie bereits im Jahre 1832 verstarb.

Auf der Rückseite des Passepartouts steht »Pour mon cher Nikita«, und in der Tat gelangte das Bildnis, das unmittelbar nach den Ereignissen des 25. Dezember 1825 entstand, bereits am 5. Januar 1826 in die Hände Nikita Murawjews, der damals in der Peter-Pauls-Festung eingekerkert war.

135 *Wassili Semjonowitsch Sadownikow (1800–1879)*
Ansicht der Anitschkow-Brücke. Petersburg
Vierziger Jahre des 19. Jahrhunderts
Aquarell auf Papier. 27,5 × 37,5 cm

Die Aquarelle W. S. Sadownikows gewinnen für die Chronik der bildenden Kunst Petersburgs in der ersten Hälfte des 19. Jahrhunderts besondere Bedeutung, da sie auf das beste dokumentarische Genauigkeit der Architekturwiedergabe mit unmittelbarer Darstellung des Lebens und Treibens auf den Petersburger Straßen vereinen.

In dem Bild »Ansicht der Anitschkow-Brücke« zeigt Sadownikow die Perspektive der zentralen Magistrale von Petersburg, des Newski-Prospektes, in Richtung auf das Admiralitätsgebäude zu. Die Anitschkow-Brücke mit den berühmten, von dem Bildhauer P. K. Klodt geschaffenen Bronzegruppen der Rossebändiger erscheint im Vordergrund, dahinter erstrecken sich das Kabinett-Gebäude und der Anitschkow-Palast, in der Tiefe sieht man die Öffentliche Bibliothek und das Gebäude der Stadtduma mit dem Turm. Genreszenen, die mit treffender Beobachtungsgabe organisch in die Stadtlandschaft einbezogen sind, beleben die strenge Schönheit der Architektur. Sadownikow schuf dieses Blatt, das ihn als feinfühligen Zeichner und Koloristen ausweist, in der Blütezeit seines Wirkens.

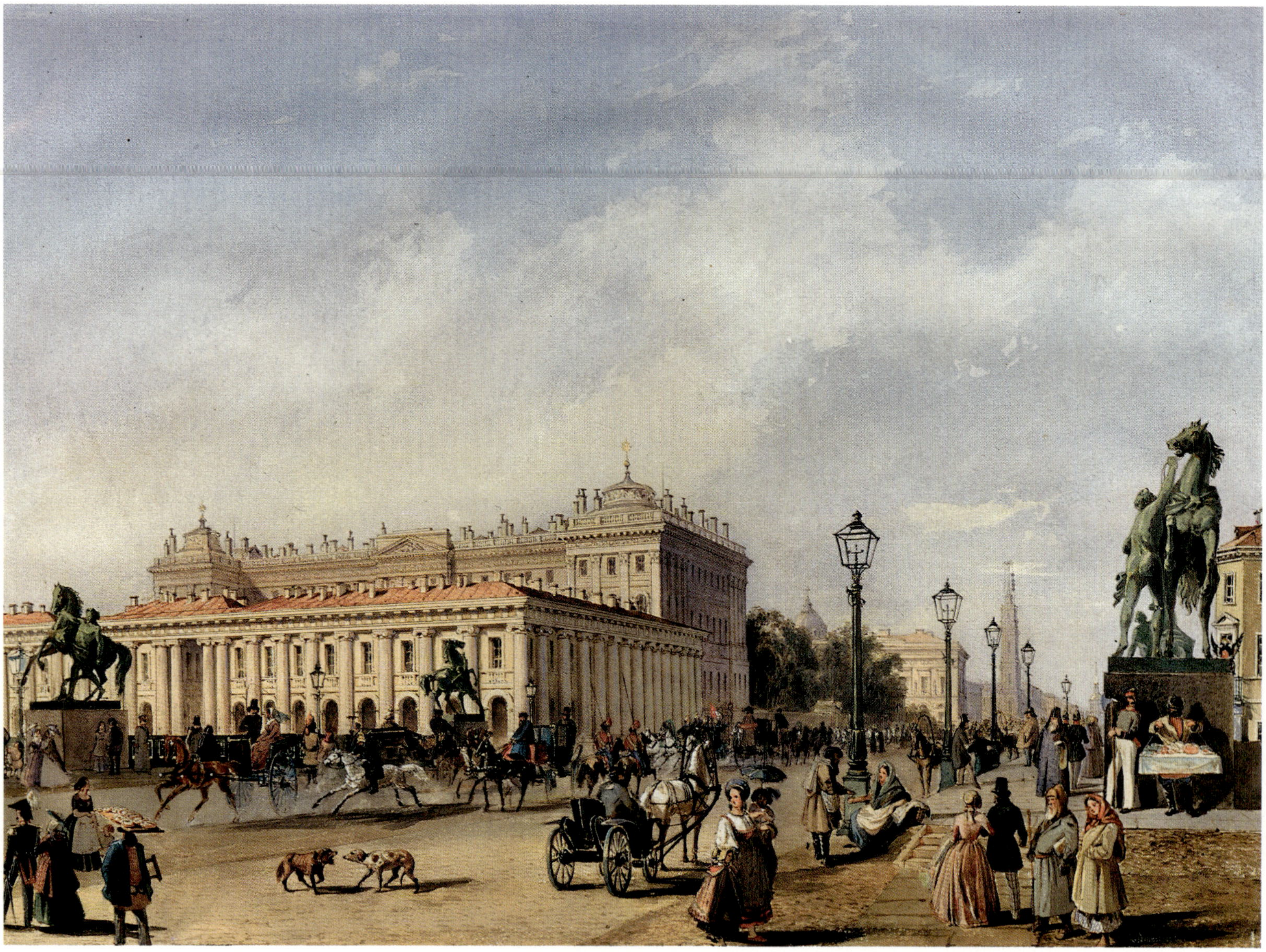

136 *Nikolaus von Moshaisk. Kargopol*
16. Jahrhundert
Holz, Pawoloka, Lewkas, Schnitzerei, Tempera
Höhe 154 cm

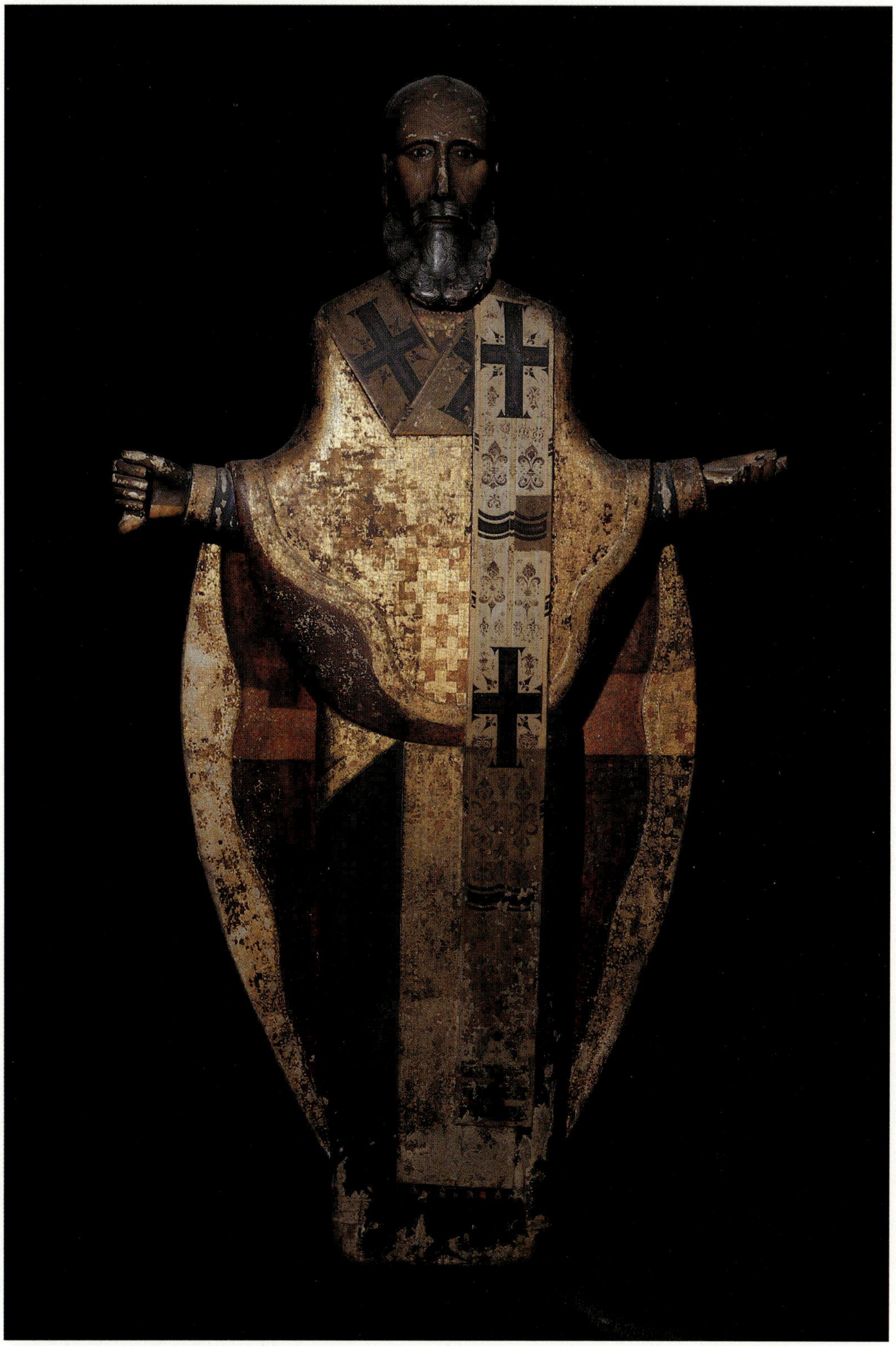

Nur in einzelnen Werken ist altrussische monumentale Rundplastik auf uns gekommen; die Statue »Nikolaus von Moshaisk« aus der Ermitage gehört zu diesen wenigen Resten. Es handelt sich um eine hervorragende russische Schnitzarbeit aus dem 16. Jahrhundert, in der ein heroisches, mit dem Unabhängigkeitskampf des russischen Volkes zusammenhängendes Thema Ausdruck fand: In der linken Hand hält der Heilige, dessen erste in Lebensgröße wiedergegebene skulpierte Darstellung einst am Nikolaus-Tor der Festungsmauer von Moshaisk aufgestellt war, ein Modell der Moshaisker Festung, in der rechten das Schwert, mit dem er diese Festung verteidigte.

Eine solche Darstellung galt als Verkörperung der Kraft und Männlichkeit, des Glaubens an den Sieg über die Feinde der russischen Erde. Daraus erklärt sich die große Beliebtheit dieses Heiligen als russische Kultfigur. In Moskau, Pskow, Nowgorod, Perm und anderenorts entstanden zahlreiche Repliken des Nikolaus von Moshaisk. Bei diesen lokalen Skulpturen behielten die Schnitzer das Kompositionsschema und das Äußere der Figur bei, doch floß in die Anlage der Gestalt jeweils etwas von der eigenen Auffassung ein.

Das wiedergegebene Bildwerk brachten Mitglieder einer von der Ermitage ausgerüsteten Expedition aus Kargopol, einem bedeutenden nordrussischen Handelszentrum des 16. Jahrhunderts, nach Leningrad mit. Die frontale Anlage des Heiligen, mit ausgebreiteten Armen, durch die das Monumentale und Feierliche der Gestalt noch verstärkt wird, entspricht der traditionellen Darstellungsweise des Nikolaus von Moshaisk. Einfach und knapp in der Form, ist die Figur flächig gehalten, das Gesicht wirkt streng. Ursprünglich bedeckte farbige Malerei, die inzwischen stark gelitten hat, die ganze Skulptur. Der Nimbus, das Schwert und das Festungsmodell sind verlorengegangen.

Diese Bronzebüste stellt Alexander Daniliowitsch Menschikow dar, einen bedeutenden Staatsmann und Feldherrn der petrinischen Zeit, der als erster Generalgouverneur von Petersburg wirkte. Ausgeführt hat sie in den Jahren 1716/17 der hervorragende Bildhauer und Architekt Bartolomeo Carlo Rastrelli, ein gebürtiger Italiener, der auf Einladung Peters I. kurz zuvor nach Rußland gekommen war und dort bis an sein Lebensende blieb.

Die Menschikow-Büste war seine erste Arbeit in Rußland. Es handelt sich um ein typisches Repräsentationsporträt des Barock: Alles ist in Bewegung, lebhafte Licht-Schatten-Wirkungen herrschen vor. Mit welliger Linienführung ist die Gestalt umrissen, malerisch in der Behandlung von Perücke und Kleidung. Der Bildhauer vermochte ein eindrucksvolles Bild dieses ungewöhnlichen Menschen zu geben und große Porträtgenauigkeit zu erreichen.

Bis Ende des 19. Jahrhunderts befand sich die Büste in Rußland bei den Nachfahren Menschikows. Der große russische Maler W. I. Surikow bekam sie zu sehen und verwendete sie als Vorbild für die Hauptfigur seines Gemäldes »Menschikow in Berjosowo« (1883). Im Jahre 1935 wurde die Büste auf einer Ausstellung russischer Kunst in London gezeigt; damals gehörte sie der Fürstin T. Gagarina, einer Verwandten der Menschikowschen Nachkommen. Schließlich erwarb im Jahre 1977 das Ministerium für Kultur der UdSSR die berühmte Plastik bei den Sammlern Dhanschijew in Paris.

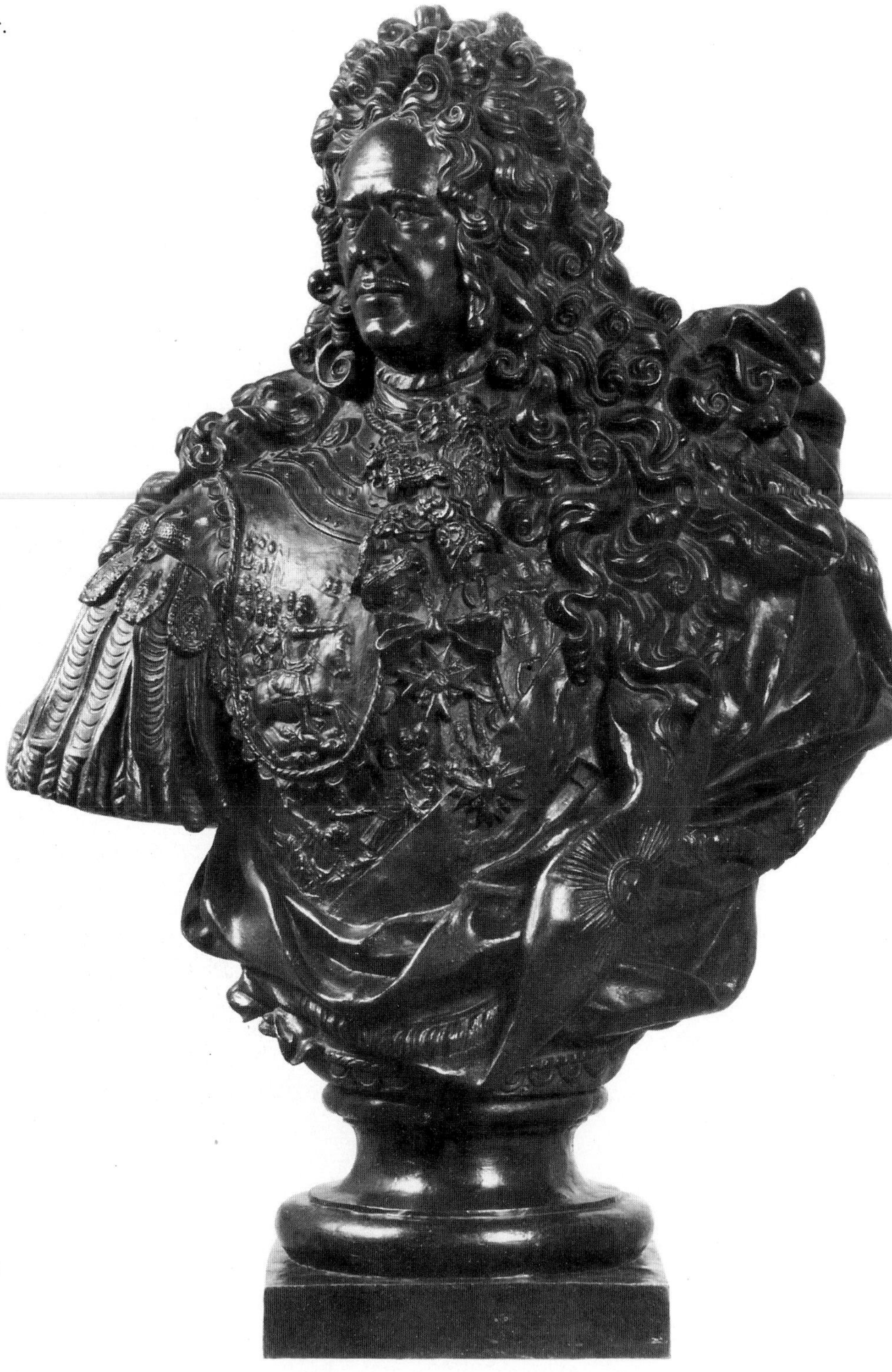

137 *Bartolomeo Carlo Rastrelli (1675–1744)*
Bildnis A. D. Menschikows (1673–1729)
Petersburg. 1716–1717
Bronze, gegossen, getrieben. Höhe 122,5 cm

138 *Fedot Iwanowitsch Schubin (1740–1805)*
Büste N. W. Repnins (1734–1801)
Majolika. Höhe 60 cm

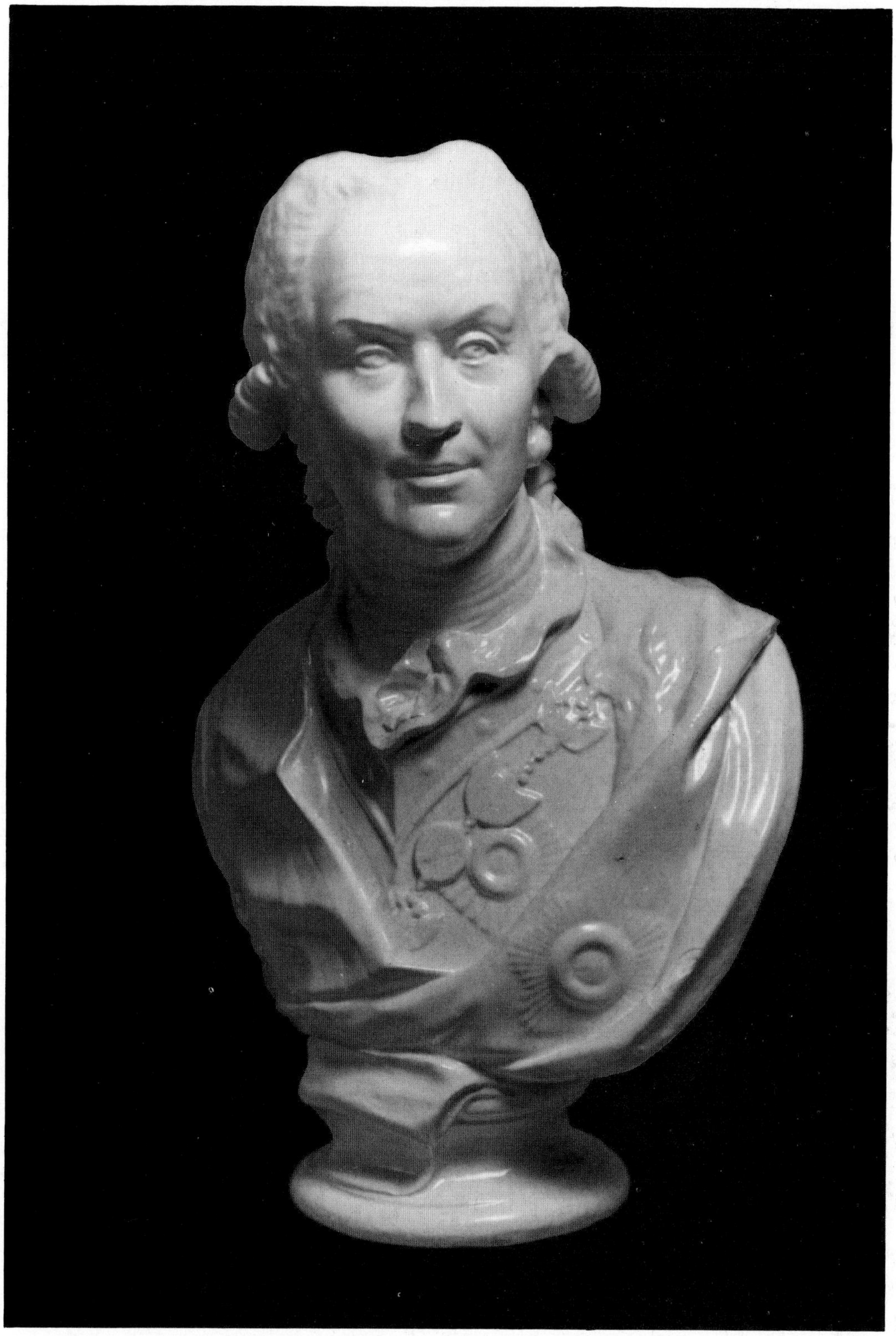

F. I. Schubin war ein anerkannter Künstler der realistischen Bildnisskulptur; viele seiner Landsleute hat er porträtiert, wobei er psychologische Überzeugungskraft und treffende, gefühlsbetonte Charakterisierung erreichte. Den Fürsten Nikolai Wassiljewitsch Repnin – einen berühmten Feldherrn und Diplomaten, Generalfeldmarschall und Teilnehmer am Russisch-Türkischen Krieg sowie am Siebenjährigen Krieg, porträtierte er einmal in Marmor (Staatliches Russisches Museum) und einmal in Majolika. Noch zeigt die Komposition barocke Züge, wobei Repnin mit Kette und Stern des Andreas-Ordens dargestellt ist, angetan mit einem Harnisch sowie einem über die Schulter drapierten Umhang, der über den Sockel herabgleitet. Das kluge, nachdenkliche Gesicht mit den feinen Zügen und dem durchdringenden Blick verrät ein intensives Innenleben, und man spürt, daß der Bildhauer gleichsam den aktiven Kern seines Modells freigelegt hat, indem er Energie und Scharfsinn als Wesensmerkmale dieses rastlos tätigen Mannes hervortreten ließ.

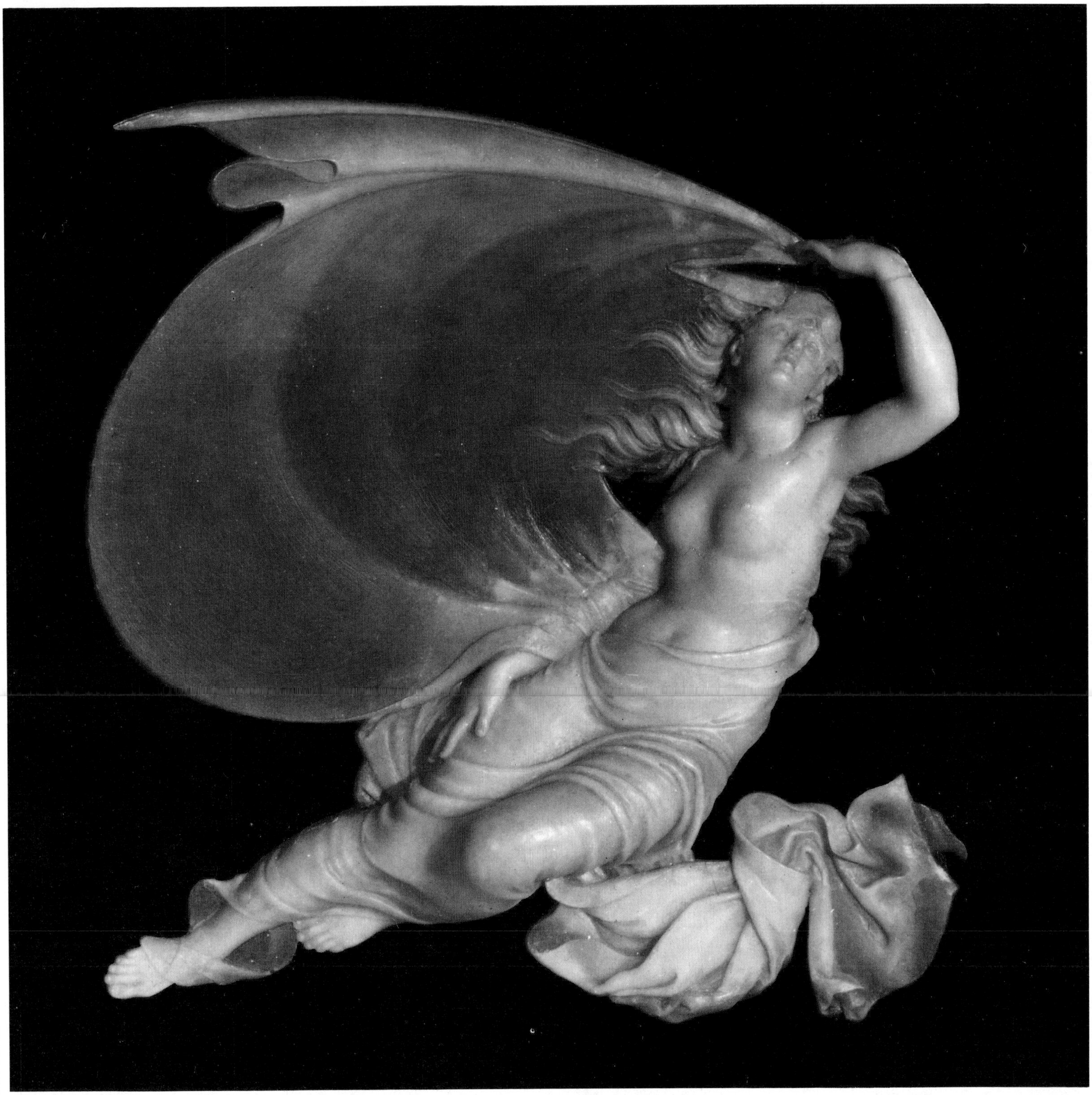

139 *Fjodor Petrowitsch Tolstoi (1783–1873)*
Fliegende Duschenka. 1809
Geschwärztes Glas, Wachs, Hochrelief
Höhe 21,1 cm

D. P. Tolstoi, ein eigenständiger Meister von brillantem Können, äußerte sich auf vielen Gebieten künstlerischen Schaffens: in der Graphik und Malerei, der Medailleurkunst und der Plastik. Das Hochrelief »Fliegende Duschenka« aus rosafarbenem Wachs ist eine frühe Arbeit, gestaltet nach Motiven des seinerzeit beliebten Poems »Duschenka« von I. F. Bogdanowitsch, das auf einem Sujet des antiken Mythos über Amor und Psyche fußt.

Bereits in dieser Arbeit zeigt sich das hohe Können Tolstois, der die Geheimnisse der Wachstechnik hervorragend beherrschte. Schönheit und Ausdruckskraft der Linie bestimmen das Hochrelief. Die halbnackte Figur der Duschenka fasziniert durch die weiche Modellierung und hebt sich wirkungsvoll vom dunklen Fond des Glases ab; der zart wehende Schleierstoff betont die Formen des herrlichen Körpers.

140 *Becher und Schale*
Solwytschegodsk
Letztes Viertel des 17. Jahrhunderts
Silber, Email, Malerei, Filigran, Vergoldung
Durchmesser 7,2 cm, 14,5 cm

Das 17. Jahrhundert, und namentlich dessen zweite Hälfte, ist die interessanteste Periode in der Geschichte der russischen Emailkunst. Im letzten Viertel des Jahrhunderts war die dekorative Emailmalerei sehr verbreitet. Besonders sie wurde von den Emailleuren der Stadt Solwytschegodsk gepflegt, die mit Hilfe dieser Technik strahlend festliche Kompositionen schufen. Charakteristisch für ihre Arbeiten ist der auf der silbernen Oberfläche liegende schneeweiße Fond, auf den mit speziellen Emailfarben in Form einer feinen, an Holzstichtechnik erinnernden Schraffierung eine vielfarbige Zeichnung aufgetragen ist. Beliebt waren dabei große stilisierte Blumen – Tulpen, Sonnenblumen, Mohn und Iris –, die raumgreifend in eine prächtige, der gerundeten Gefäßform angepaßte Girlande eingeschrieben sind. In der Mitte befindet sich oft die Darstellung eines Vogels.

Die Meister von Solwytschegodsk wendeten bei ihren Arbeiten auch Emailmalerei in Verbindung mit einem Filigranornament an (in der Art des Zellenschmelzes), d. h. einem Muster, das, wie bei dem wiedergegebenen Becher, aus feinem Draht geformt und dann mit vielfarbigem Email ausgefüllt wurde.

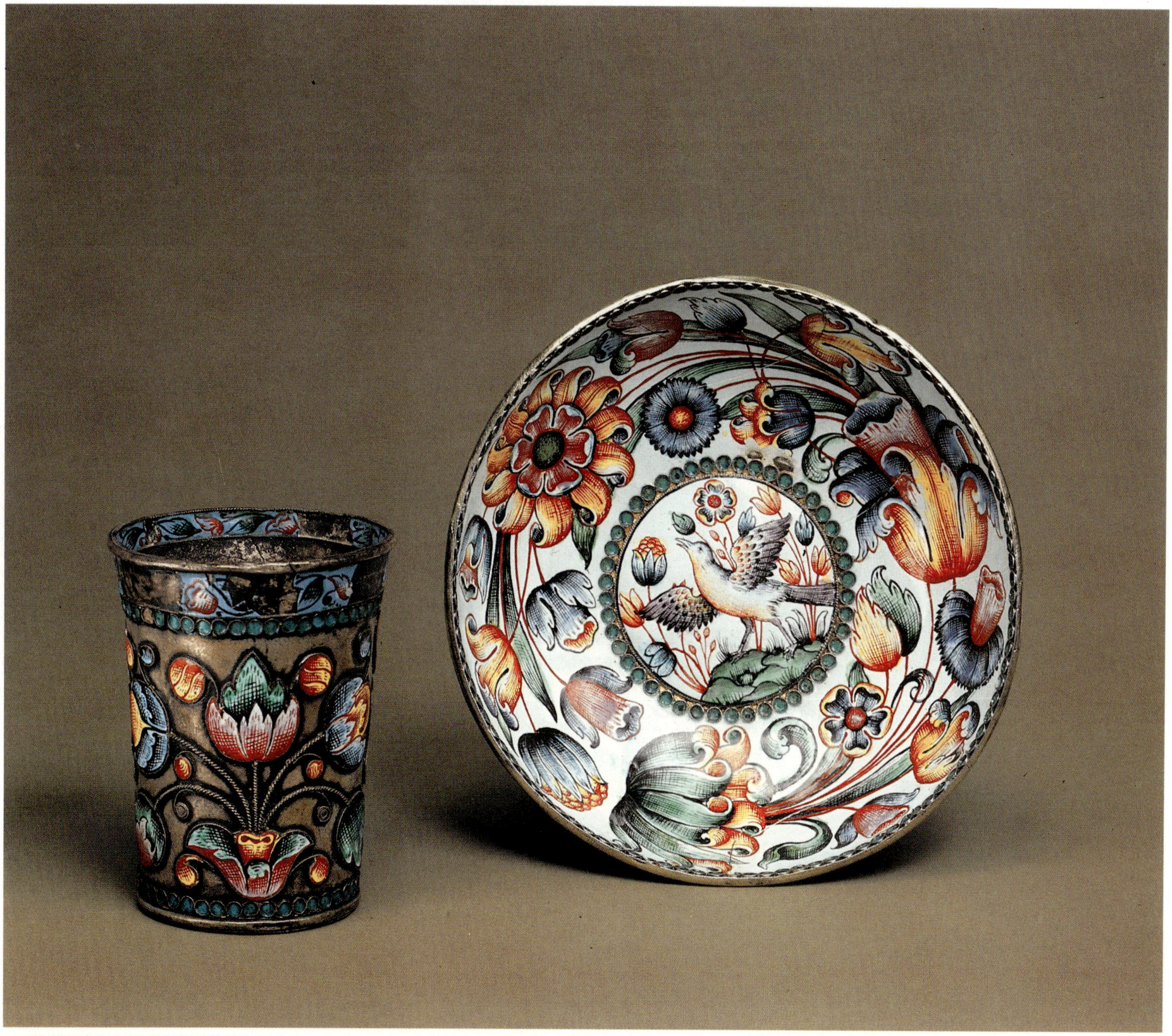

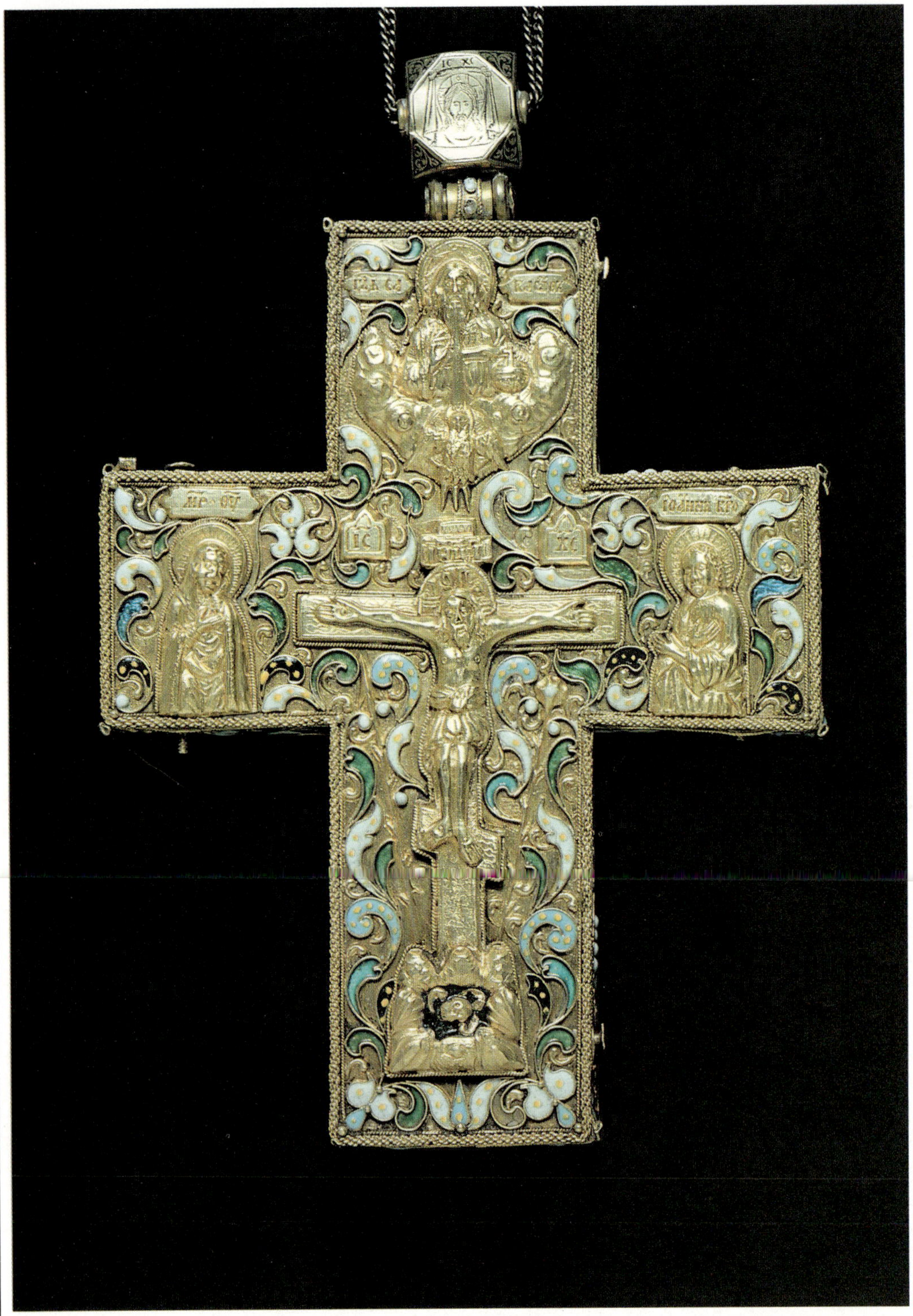

141 *Kreuz-Reliquiar*
Moskau. Kreml-Werkstätten. 17. Jahrhundert
Gold, Silber, Ziselierung, Gravierung, Filigran, Niello, Email
15,9 × 10,6 × 1,8 cm

Gegenstände aus kostbaren Metallen entstanden im Rußland des 17. Jahrhunderts vorwiegend in den höfischen Werkstätten, den Gold- und Silberkammern im Moskauer Kreml. Begabte Gold- und Silberschmiede, die hier arbeiteten, schufen unterschiedlichstes Gerät für den Zarenhof, für Geschenkzwecke und für Kirchenschätze. All diese Arbeiten, virtuos in der Ausführung, zeigen eine erstaunliche Vielfalt der Verzierungstechniken. Schon seit dem 15. Jahrhundert wurde für die Ausschmückung von Goldgegenständen weitgehend Email in Verbindung mit Filigran verwendet.

Ein interessantes Beispiel für derartige Arbeiten bietet das Kreuz-Reliquiar mit einer Filigran-Darstellung in der Mitte: einer Kreuzigung, flankiert von der Gottesmutter und Johannes, darüber eine Gott-Zebaoth-Darstellung. Ein erlesenes stilisiertes Filigran-Pflanzenornament, das mit farbigem Email ausgefüllt ist und an feinste Spitzen erinnert, ziert vorn und an den Seiten das Metall; auf der Rückwand trägt der goldene Gegenstand eine gravierte Inschrift.

142 *Schachkästchen mit Figuren*
Tula. Meister Andrian Suchanow. 1782
Stahl, Bronze. Brünierung und Polierung, Facettenschliff, Kerbung, Vergoldung
17 × 50 × 31 cm

Im 18. Jahrhundert fertigten die Meister in den Waffenfabriken von Tula neben den Waffen selbst allerhand künstlerisch gestaltete Gegenstände u. a.: Tabatieren, Schatullen, Tintengarnituren, Möbel oder Schmuck.

Eine der bemerkenswertesten Arbeiten dieser Art ist das Kästchen zum Aufbewahren eines Schachspiels, das sich im 18. Jahrhundert in der Galerie der Kostbarkeiten der Ermitage befand. Die starke dekorative Wirkung wurde durch die kontrastreiche Verbindung von spiegelblank poliertem, brüniertem Stahl mit aufgesetzten Verzierungen aus Goldbronze und stählernem, diamantartigem Facettenschliff erreicht. Auf dem Deckel und an den Seitenwandungen der Schatulle befindet sich die Darstellung eines nicht ausgeführten Projektes für das Gebäude einer Tulaer Waffenfabrik. Aus verschiedenen Sätzen haben sich insgesamt 44 Schachfiguren erhalten, die weißen aus hellem, die schwarzen aus brüniertem Stahl. Die Mannigfaltigkeit der Verzierungstechniken bei diesen virtuos ausgeführten Arbeiten und der Reichtum an Ornamentierung geben eine Vorstellung von der unerschöpflichen Phantasie der Tulaer Meister.

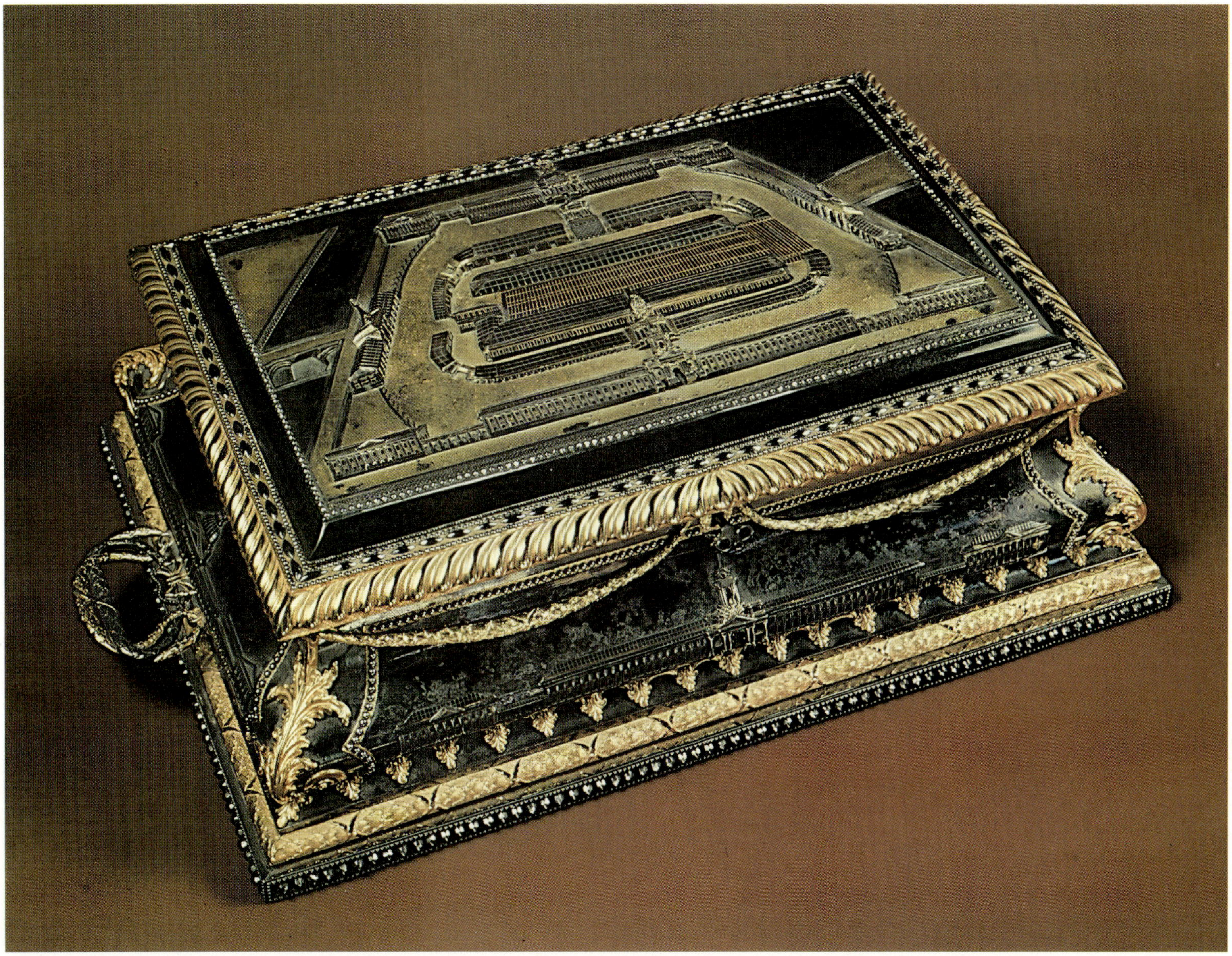

Samoware kamen in Rußland um die Mitte des 18. Jahrhunderts auf, doch bereits gegen Ende des 18. und zu Beginn des 19. Jahrhunderts gab es Dutzende von Manufakturen und Werkstätten, in denen diese Gefäße hergestellt wurden. Besonderen Ruhm erlangten die Tulaer Samoware: Die schönsten Exemplare fanden über den praktischen Gebrauch hinaus Würdigung als selbständige Werke angewandter Kunst. In der Formgebung und im Charakter des Dekors zeigte sich der Wandel des künstlerischen Stils ebenso wie in anderen Kunstwerken.

Innerhalb der reichen Samowar-Sammlung der Ermitage gehört das abgebildete Gefäß zu den interessantesten Exponaten, eine an der Wende vom 18. zum 19. Jahrhundert in Tula entstandene Arbeit. Der Samowar, gefertigt aus Gußeisen, ruht auf einem Untersatz mit Delphin-Darstellungen, und die hohen Henkel haben die Form gewundener Schlangen. Reliefierte, »klassische« Ornamentgürtel aus Palmetten, Rosetten und anderen Schmuckelementen, aufgelegte Maskerons und ein ebenfalls delphinförmiger Öffnungshahn ergänzen den Dekor. Ausgewogen in den Proportionen, ausdrucksvoll in der Silhouette und Zusammenstellung von dunklem und vergoldetem Metall, verrät dieser Samowar eine hohe Meisterschaft, namentlich auch in der Ausführung des Ornaments und in der Darstellung der Delphine und Schlangen.

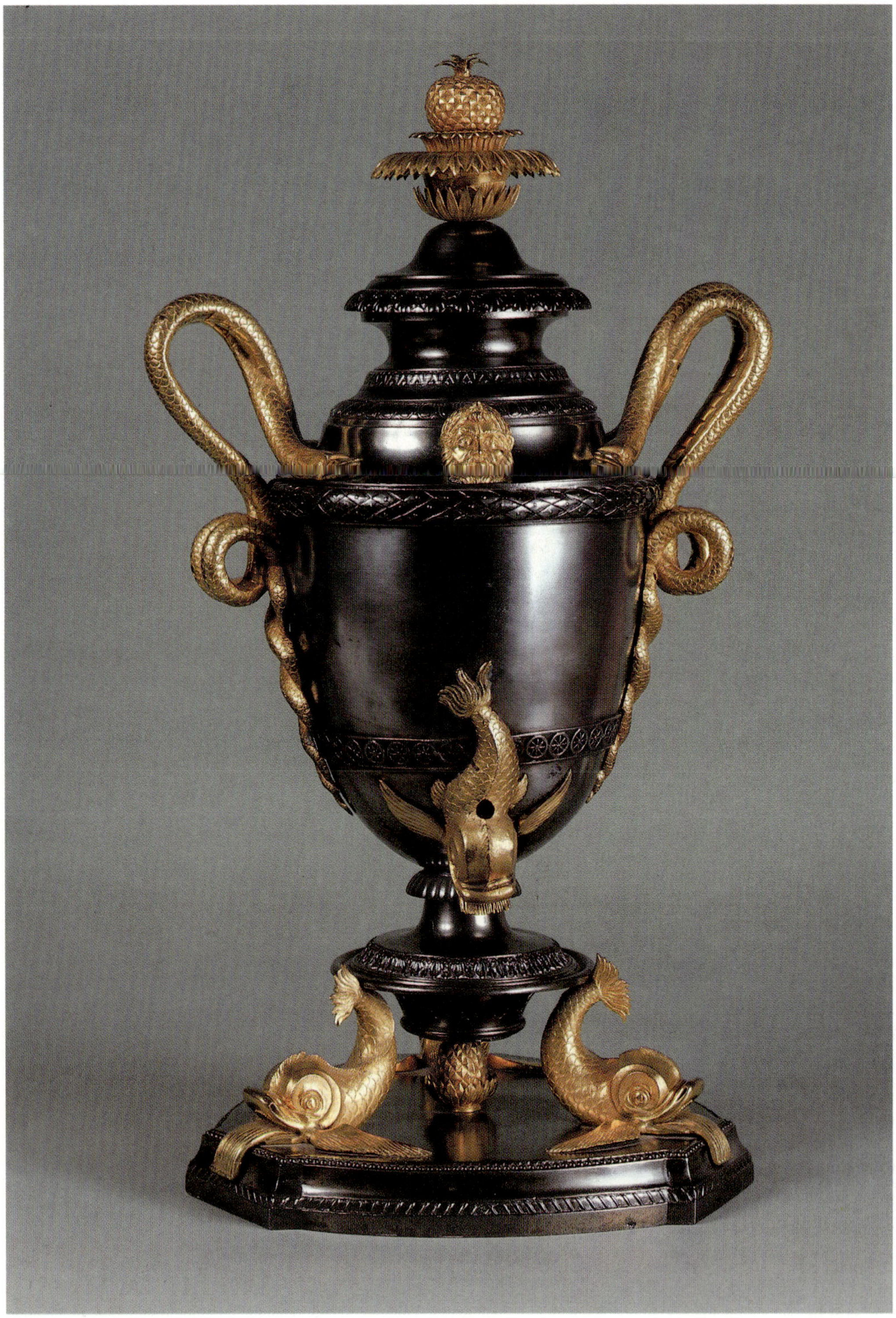

143 *Samowar*
Tula. Ende des 18. bis Anfang des 19. Jahrhunderts
Stahl, Gußeisen. Vergoldung, Polierung
Höhe 65 cm

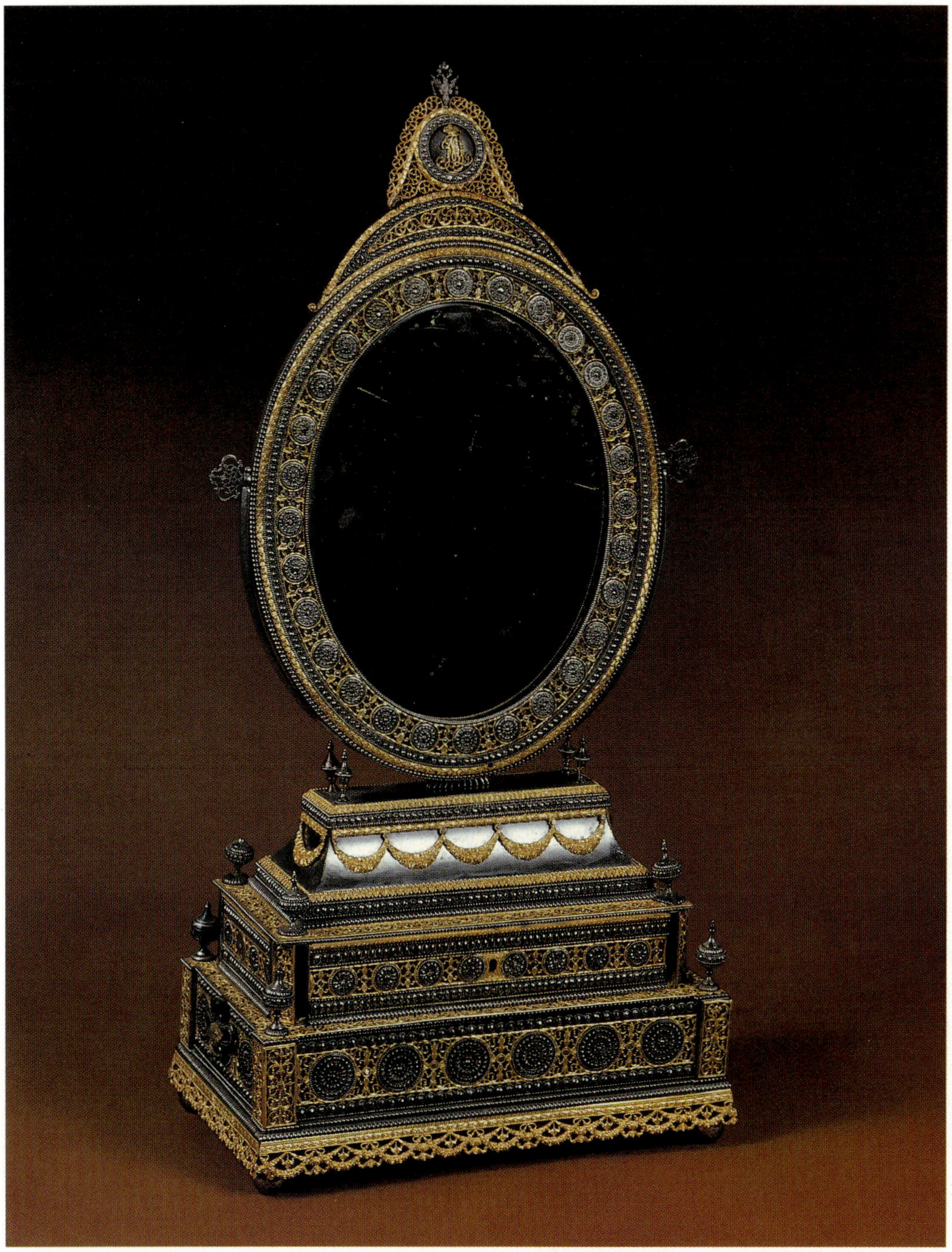

144 *Toilettenkästchen mit Spiegelaufsatz*
Tula. Um 1801
Stahl, Bronze. Polierung und Brünierung, Facettierung und Kerbung, vergoldet und versilbert. 70 × 32 × 18 cm

Ungefähr 300 Arbeiten der berühmten Tulaer Goldschmiedekunst vereint die Ermitage-Kollektion, darunter, als eine der besten, das wiedergegebene Toilettenkästchen mit Spiegelaufsatz, entstanden in den ersten Jahren des 19. Jahrhunderts. Hier wurde der Effekt genutzt, der durch die Verbindung der silbern polierten Stahloberfläche mit der dunklen, blauschimmernden Brünierung entsteht.

Den Spiegeluntersatz bildet eine Schatulle in Form eines altrussischen Terembaus. Sie ist, wie der Spiegel, mit zahlreichen stählernen, diamantartigen Facetten verziert, die in Form von Rosetten oder umlaufenden Streifen angeordnet sind. Der Glanz dieser »Diamanten« läßt sich mit dem Leuchten von Halbedelsteinen vergleichen. Auf sehr geschmackvolle Weise vervollständigen fein ziselierte Einzelelemente aus vergoldeter Bronze, wie Palmetten, Girlanden und andere Formen der klassischen Ornamentik, den Dekor. In den Jahren, in denen dieser Toilettenspiegel entstanden ist, erreichte die Kunst der Tulaer Meister ihre höchste Blüte und wurde in der ganzen Welt berühmt.

145 *Dekorative Vase »Jahreszeiten«*
Archangelsk
Nikolai Stepanowitsch Wereschtschagin
Um 1796
Walroßbein, Ajourschnitzerei
Höhe 31 cm

N. S. Wereschtschagin, ein hervorragender Beinschnitzer der Zeit um 1800, war kein Berufskünstler. Sein ganzes Leben diente er im Zollamt Archangelsk und beschäftigte sich nebenbei mit der Beinschnitzerei. Eine seiner Arbeiten ist die große dekorative Vase, deren Wandung, auf vollendete Weise, in durchbrochener Schnitzerei ausgeführt ist. Auf dem an Spitze erinnernden Ajourfond ist der obere Teil der Vase mit Medaillons verziert, auf denen Reliefdarstellungen der vier Jahreszeiten erscheinen. Als Krönung des Ganzen gehörte eigentlich eine Miniaturkopie des berühmten, von Falconet geschaffenen Bronzereiters vom Denkmal Peters I. dazu.

Die Vase bietet ein glänzendes Beispiel für den in der russischen Kunst jener Zeit vorherrschenden Klassizismus, dessen Einfluß sich in der strengen Formgebung oder auch in den Maßverhältnissen des Gefäßes ebenso zeigt wie im Charakter und in der Anordnung des Dekors mit seinen typisch klassizistischen Elementen: Palmetten, Akanthusblättern, Perlgürteln, Kränzen usw.

Interessant ist das Schicksal dieses Gefäßes: Im Jahre 1803 gelangte es, zusammen mit einer zweiten, ebensolchen Vase mit einer von I. Krusenstern geleiteten Expedition nach Japan, da es dem japanischen Kaiser als Geschenk zugedacht war. Doch die Gesandtschaft war erfolglos, und 1806 gerieten die künstlerischen Kostbarkeiten, darunter auch die Vasen Wereschtschagins, in die Ermitage.

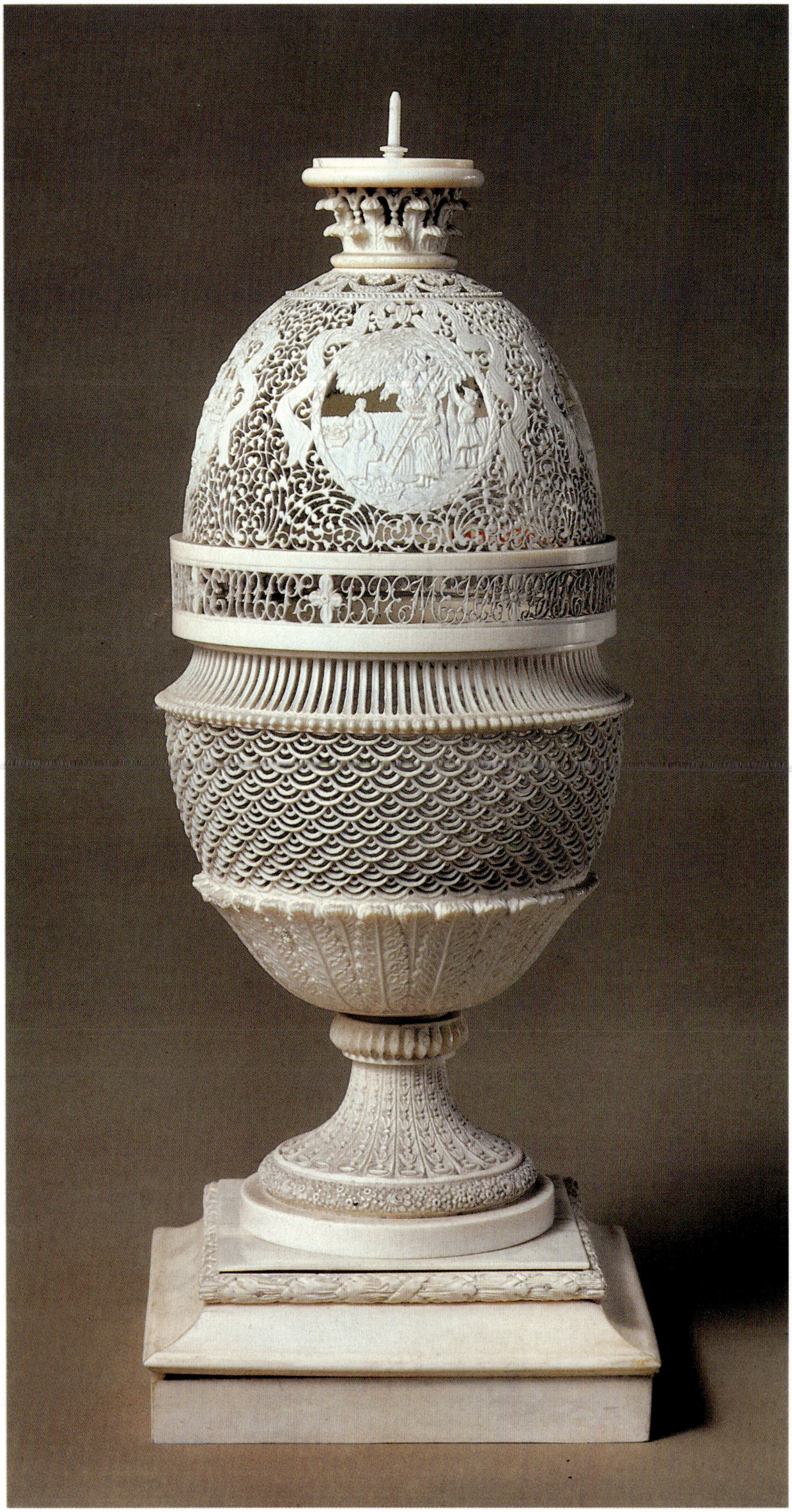

146 *Tischsekretär*
Cholmogor. Mitte des 18. Jahrhunderts
Holz, Bein, Ajourschnitzerei
Gravierung, Tönung
54,5 × 34 × 15,5 cm

Um die Mitte des 18. Jahrhunderts erlebte die Beinschnitzerei in Nordrußland eine Zeit höchster Blüte. Aus den Stoßzähnen des Walrosses, den Schneidezähnen des Mammut und den Röhrenknochen der Haustiere wurden mannigfaltige Gegenstände – von kleinen Nadeln bis hin zu Möbeln – gefertigt und mit flacher Ajourschnitzerei, Relief und Gravierung verziert.

Die Formen des wiedergegebenen Sekretärs, einer Arbeit Cholmogorer Beinschnitzer aus der Mitte des 18. Jahrhunderts, beziehen sich auf die Möbelkunst jener Zeit. Der Dekor zeichnet sich durch Reichhaltigkeit und Vielfalt aus. Die ganze Oberfläche ist mit Beinplättchen in zwei Arten belegt: Auf den einen verbinden sich realistisch gestaltete Reliefdarstellungen von Vögeln und anderen Tieren mit typischen Rokoko-Ornamenten in Ajourschnitzerei, wie Muschelwerk und stilisierten Pflanzen. Eingravierte Blütenzweige und ein geometrisches Ornament schmücken die anderen, in grüner und roter Tönung gehaltenen Plättchen.

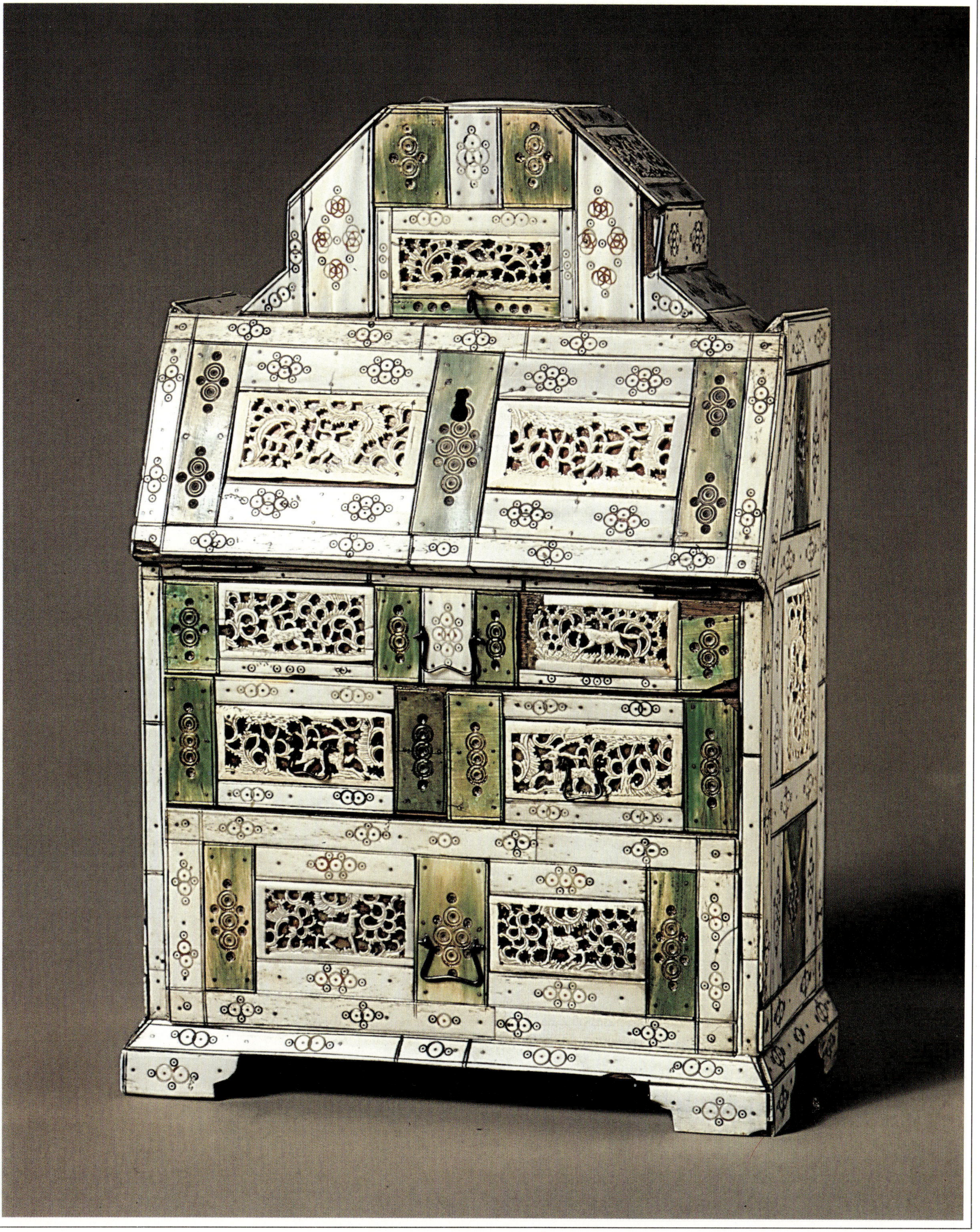

147 *Pokal*
Jamburger Glasmanufaktur (bei Petersburg)
Erstes Viertel des 18. Jahrhunderts
Farbloses Glas, geschliffen, graviert, mattiert. Höhe 28 cm

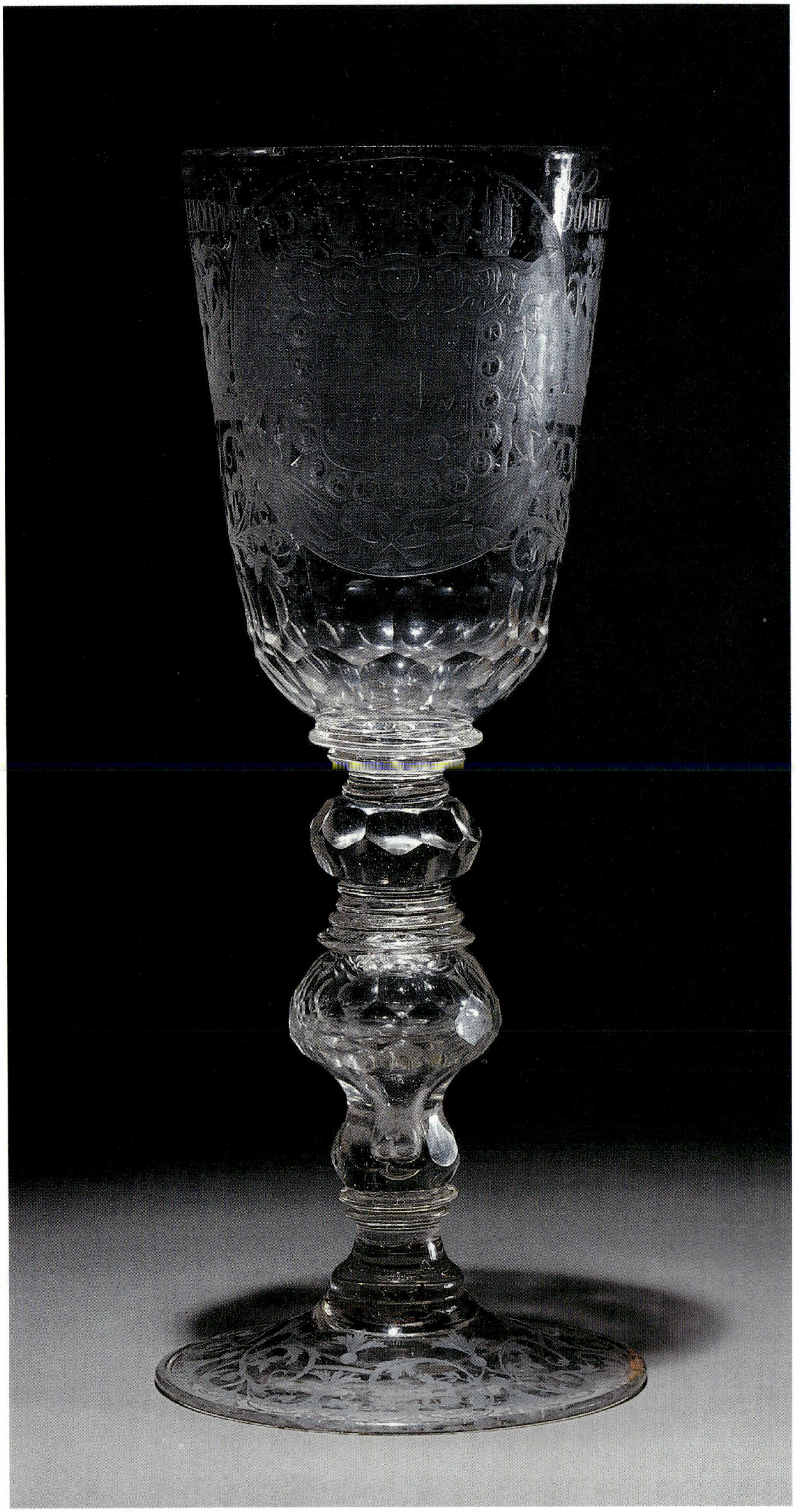

Das Glas mit einer gravierten Wappendarstellung des Fürsten A. D. Menschikow, einem der engsten Mitstreiter Peters I., trägt am Rand die Inschrift: Vivat Fürst Alexander Danilowitsch. Das Gefäß stammt aus der ältesten Sammlung von Werken russischer Kultur und Kunst der ersten Hälfte des 18. Jahrhunderts – der Galerie Peters des Großen. Dieses interessante Beispiel früher russischer Glaskunst wurde in einer der ältesten russischen Manufakturen angefertigt, der Glasmanufaktur in Jamburg, die Anfang des 18. Jahrhunderts gegründet wurde und dem Fürsten Menschikow gehörte. Neben Fensterglas für die Bauten in Petersburg stellte die Manufaktur auch Spiegelglas und alle möglichen Trinkgefäße her: sog. Stofe oder Pokale, Humpen, Becher usw. Einen bedeutenden Platz unter diesen Erzeugnissen nahmen die Pokale der hier vorgestellten Art ein, die sich durch hohe Reinheit des Glases, eine sorgfältige Bearbeitung und kunstvolle Gravierung auszeichnen.

148 *Deckelpokal*
Petersburg. Kaiserliche Glasmanufaktur
Zweite Hälfte des 18. Jahrhunderts
Farbiges Glas, bemalt, vergoldet. Höhe 27 cm

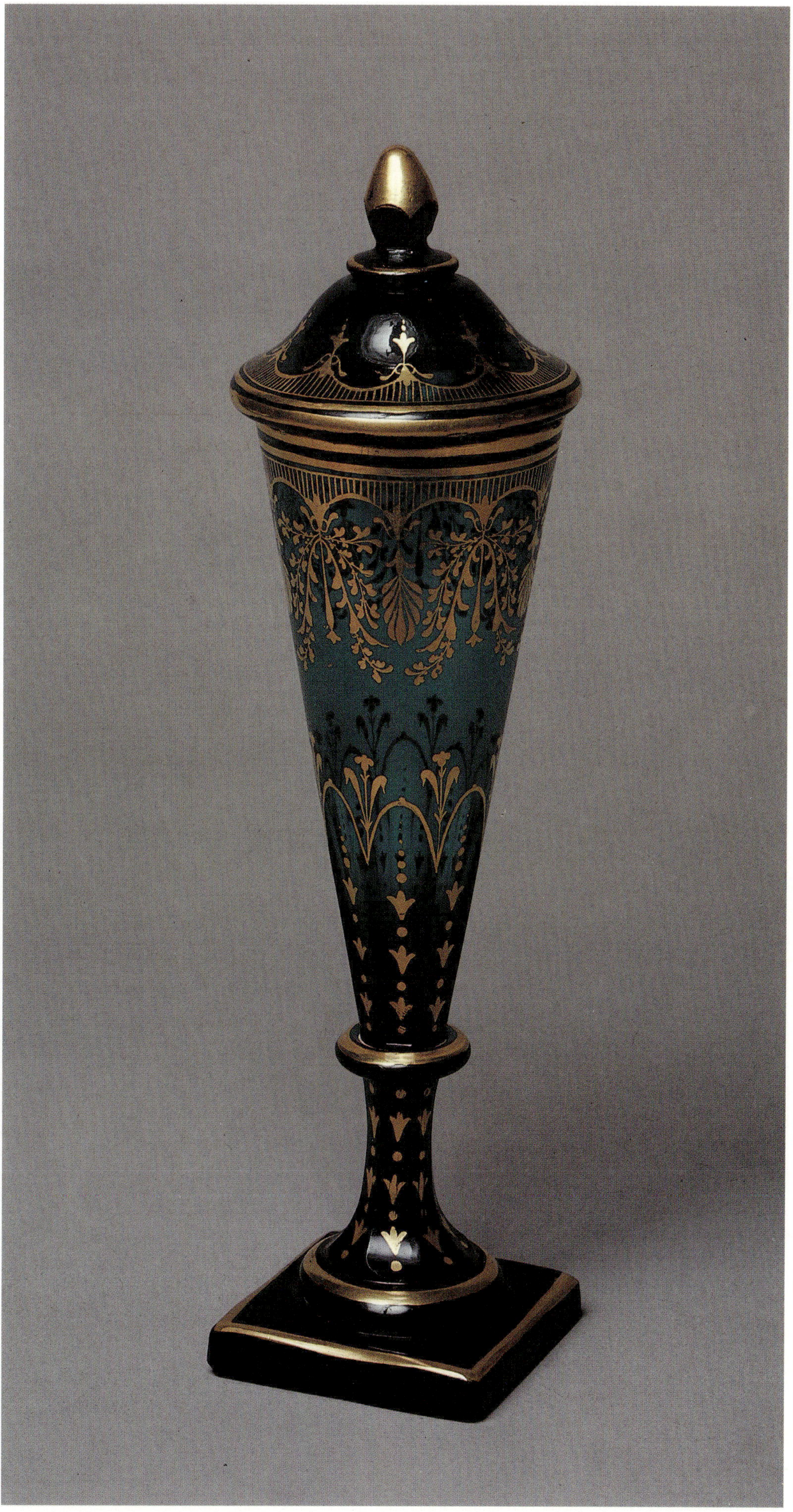

In der zweiten Hälfte des 18. Jahrhunderts gewann die Herstellung von farbigem Glas besondere Bedeutung in der russischen Glaskunst. Das hing mit den Ergebnissen zusammen, die der russische Gelehrte M. W. Lomonossow bei seinen Experimenten erzielte, als er sich in der 1754 von ihm gegründeten Manufaktur Ust-Rudizy bei Petersburg intensiv mit der Vervollkommnung der Glasherstellung befaßte. Die hier ausgearbeiteten Rezepturen und Technologien zur Fertigung von farbigem Glas – sowohl durchsichtigem als auch opakem – eröffneten neue Möglichkeiten für das Entstehen hervorragender Werke der Glaskunst, die sich durch Reinheit und Tiefe des Tons auszeichnen. Der wiedergegebene Deckelpokal aus smaragdgrünem Glas gehört dazu. Das feine goldene Ornament, mit dem er verziert ist, verbindet sich wirkungsvoll mit dem satten Ton des Glases.

Dieser Pokal entstand in der Blütezeit der russischen Farbglasfertigung in der Petersburger Manufaktur. Die Formen der Farbglas-Erzeugnisse dieser Zeit sind streng, sie entsprechen nicht nur der Natur des Materials, sondern zugleich dem in jenen Jahren vorherrschenden Klassizismus. Der Dekor weist ebenfalls die für den Klassizismus typischen Ornamente auf – Girlanden, Palmetten, Rosetten, Akanthusblätter.

149 *Vase mit Dreifuß*
Petersburg. Kaiserliche Glasmanufaktur. 1806 (?)
Farbloses Kristall, farbiges Glas, Bronze
Facettiert, ziseliert und vergoldet. Höhe 179 cm

Im ersten Viertel des 19. Jahrhunderts nahmen die Erzeugnisse der Kaiserlichen Manufaktur den führenden Platz in der russischen Glaskunst ein. Die Leitung der Arbeiten lag damals in den Händen der begabten Architekten Thomas de Thomon und Carlo Rossi, nach deren Entwürfen eine Reihe bemerkenswerter Arbeiten entstanden, darunter die große dekorative Kristallvase von Thomon. In strenger klassizistischer Formgebung ist eine Halbkugelschale mit Deckel in ein Dreifußgestell aus blauem Glas mit Goldbronzedekor gesetzt. Hohe Qualität weist der facettenartige Kristallschliff auf, ebenso das fein durchgearbeitete Goldbronze-Ornament, wobei die harmonische Verbindung der Dekorelemente und der verschiedenen Materialien – des farblosen Kristalls, des farbigen Glases und der Goldbronze – besonders gelungen erscheint. Es handelt sich um eins der besten russischen Glaserzeugnisse im Stil des Klassizismus.

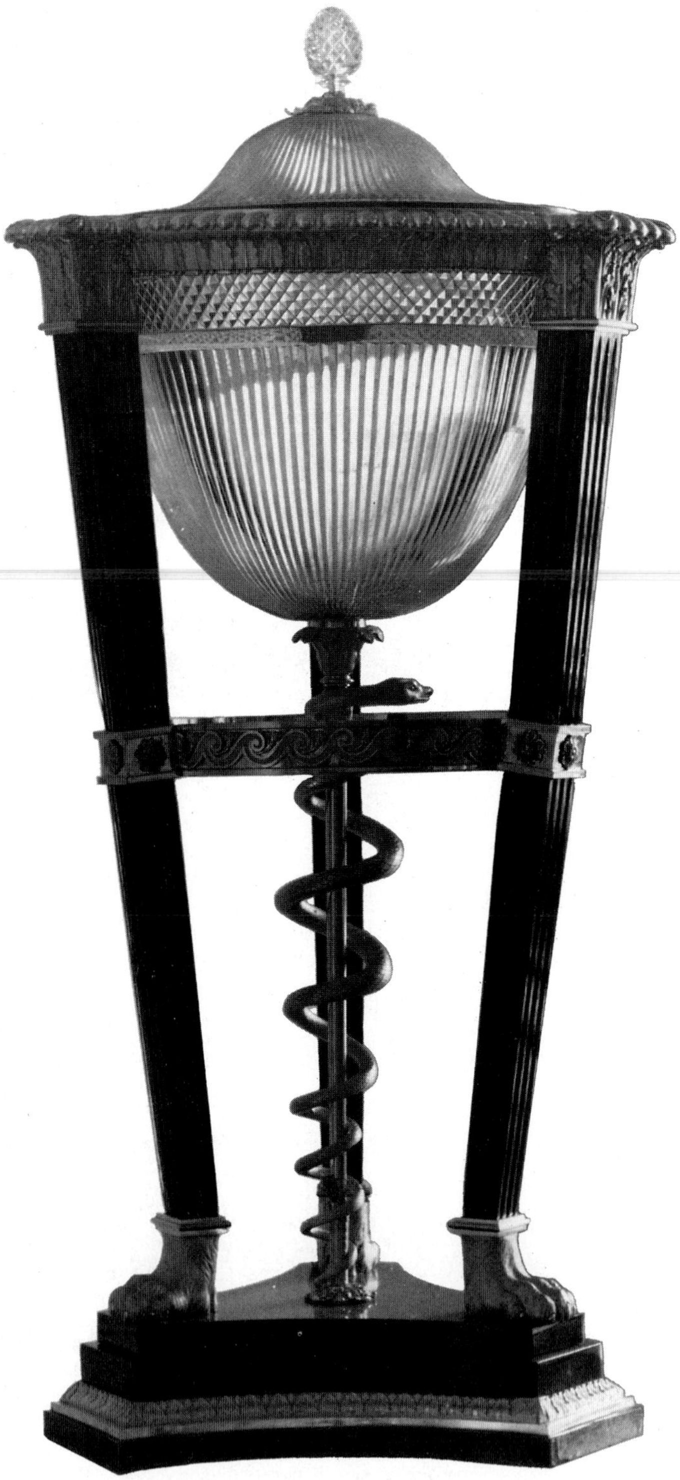

150 *Vase*
Petersburg. Kaiserliche Porzellanmanufaktur
1810–1820
Porzellan, Obsidian, bemalt, vergoldet
Höhe 59,5 cm

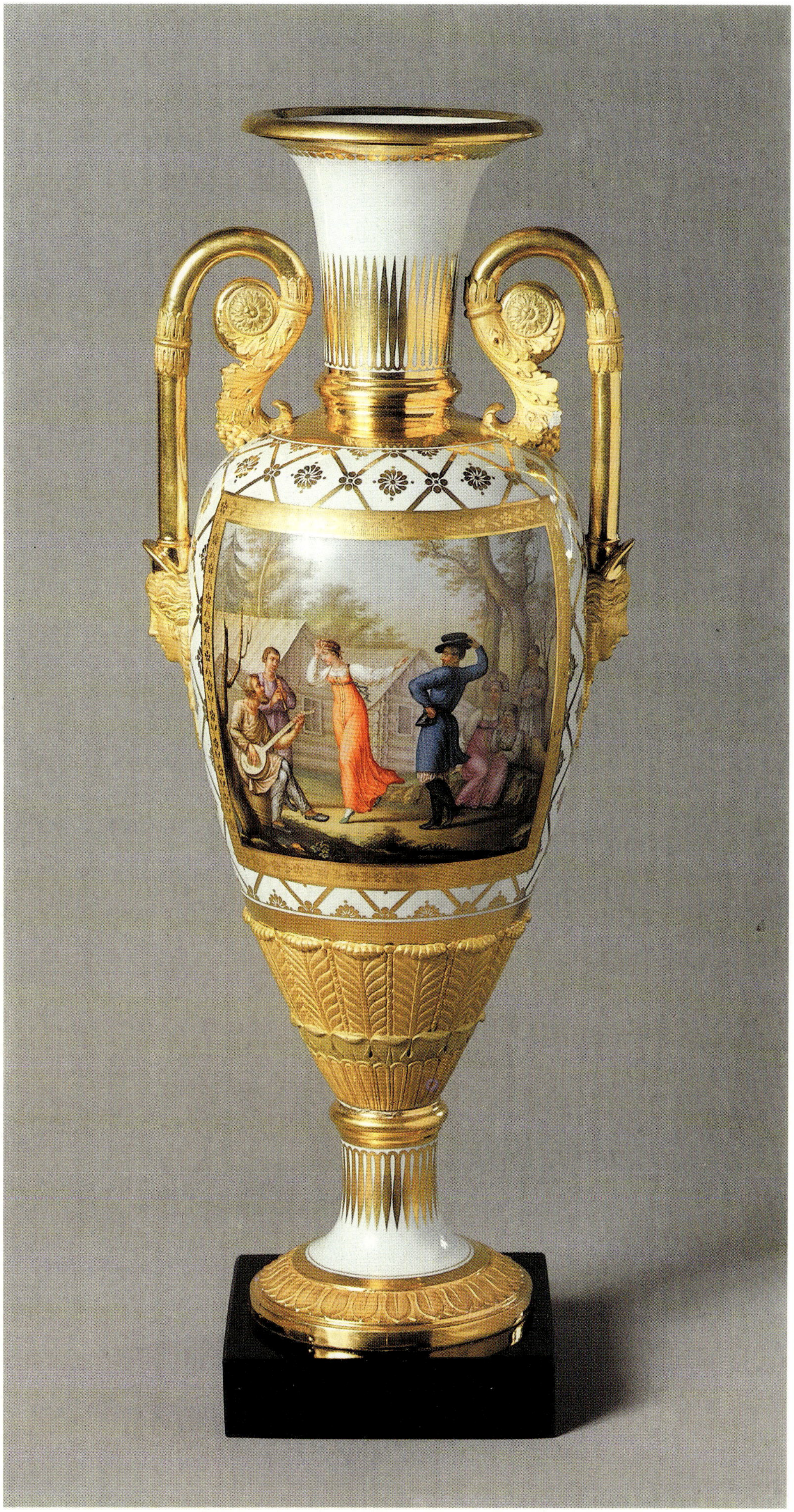

Die älteste, im Jahre 1744 in Petersburg gegründete russische Porzellanmanufaktur erlebte im ersten Viertel des 19. Jahrhunderts ihre Blütezeit. Eine wesentliche Rolle in der Produktion spielten in diesen Jahren große dekorative Vasen, die als Schmuck für Palastsäle bestimmt waren. Als glänzendes Beispiel dafür kann die wiedergegebene Vase mit schlankem, wohlproportioniertem Körper dienen.

Die Goldornamentik im Stil des Klassizismus verbindet sich wirkungsvoll mit dem weißen Porzellangrund. Auf der Wandung ist außerdem eine fein ausgeführte polychrome Miniatur mit der Darstellung eines bäuerlichen Festes angebracht: Ein graziles Mädchen in purpurrotem Sarafan und ein Bursche geben sich mit Begeisterung einem »russischen« Tanz hin, begleitet vom Spiel einer Laute und einer Hirtenflöte. Die Malerei stammt von dem damals in der Manufaktur tätigen Künstler S. A. Golowy. Als Vorbild für die Miniatur diente ein Stich von J. M. Karnejew, damals Professor für historische Malerei an der Akademie der Künste. In Verbindung mit dem patriotischen Auftrieb und der nationalen Selbstbesinnung im Zusammenhang mit den Ereignissen des Vaterländischen Krieges von 1812 fanden in der russischen Kunst des ersten Viertels des 19. Jahrhunderts Sujets aus der russischen Geschichte oder aus dem Leben des Volkes, wie die Darstellung harmloser Vergnügungen und Feste, weite Verbreitung. In der Ermitage-Sammlung wird eine weitere Vase aufbewahrt, die mit der wiedergegebenen ein Paar bildet und auf der eine Bauernhochzeit dargestellt ist.

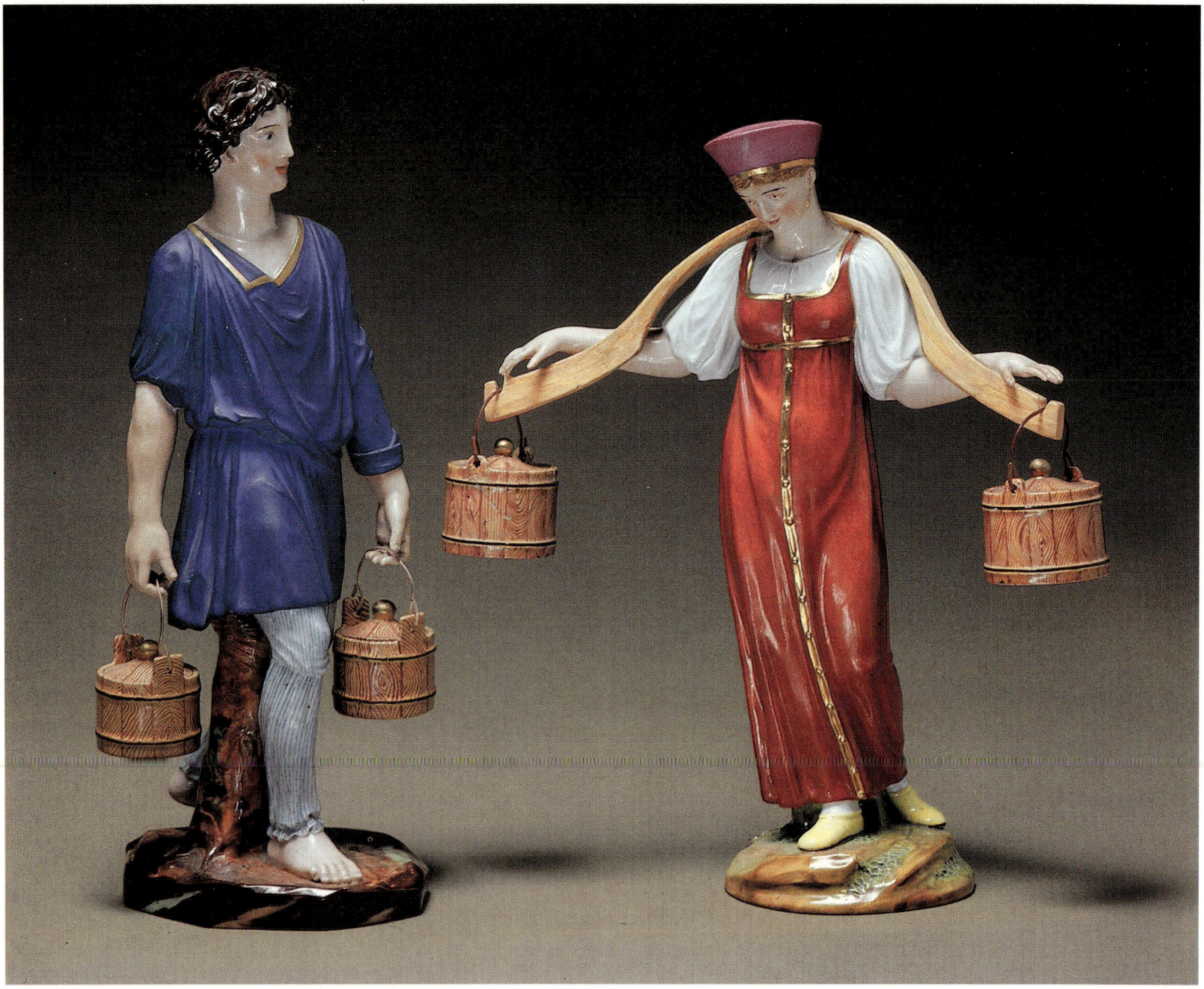

151 *Wasserträger und Wasserträgerin*
Petersburg. Kaiserliche Porzellanmanufaktur
1817–1820
Porzellan, bemalt. Höhe 25 cm

Das nationale Thema wurde auch in der Kaiserlichen Petersburger Manufaktur für die Porzellanplastik aufgegriffen, wo im ersten Viertel des 19. Jahrhunderts der Bildhauer S. S. Pimenow (1784–1833), Professor an der Akademie der Künste, als Chefmodelleur tätig war. Nach seinem Modell wurde in den Jahren um 1817 bis 1820 ein Figurenpaar ausgeführt: das Mädchen mit dem Trageholz auf den Schultern und der Bursche mit den Eimern.

Das poesievolle Bild des Mädchens geht auf den Typ der russischen Bäuerin zurück, wie er besonders durch Wenezianows Gemälde »Auf dem Acker« bekannt geworden ist. Die leichte Neigung des Kopfes und die weiche Körperbiegung geben der Figur etwas Machtvolles, Fließendes. Die Gestalt des Burschen, in klassischen Proportionen gehalten, hat etwas von einem antiken Helden in russischem Gewand. Beide Figuren erfreuten sich großer Beliebtheit und wurden im Verlauf des ganzen 19. Jahrhunderts unzählige Male wiederholt – nicht nur in der Kaiserlichen Manufaktur in Petersburg, sondern auch in vielen Privatunternehmen.

152 *Teeservice für zwei Personen*
Petersburg. Kaiserliche Porzellanmanufaktur
1826
Porzellan, Aufglasurmalerei, Relief, Vergoldung
Tablett: Durchmesser 33 cm
Teekanne: Höhe 16 cm; Zuckerdose: Höhe 13 cm
Tassen: Höhe 10 cm

Gegen Ende der zwanziger Jahre des 19. Jahrhunderts verlor der Stil des russischen Empire seine Reinheit. Die Formen wurden komplizierter, gedrungener und mit verschiedenartigen Details überladen, goldene Oberflächen und polychrome Malereien verdrängten völlig die weiße Farbe des Porzellans. Ein typisches Beispiel aus der Kaiserlichen Manufaktur dieser Zeit bietet das Teeservice für zwei Personen, das mit Blumensträußen auf goldenem, ornamentiertem Fond verziert ist. Die Sträuße sind, in Rahmen eingeschrieben, auf vergoldeten Grund gesetzt, und ihre Farbgebung wirkt im Kontrast zu diesem Fond ausgesprochen klangvoll. Jeder Gegenstand des Service weist außer dem leuchtenden, gut gemalten Bukett eine Vielzahl kleiner plastischer Details auf: schmale Reliefgürtel, Akanthusblätter, Rosetten, Palmetten und dergleichen mehr. Auf dem runden Tablett befindet sich unter der Darstellung des Straußes das Datum »1826« und die Signatur eines der besten Maler der Manufaktur, Iwan Tytschagin, der sich auf die Blumenmalerei spezialisiert hatte.

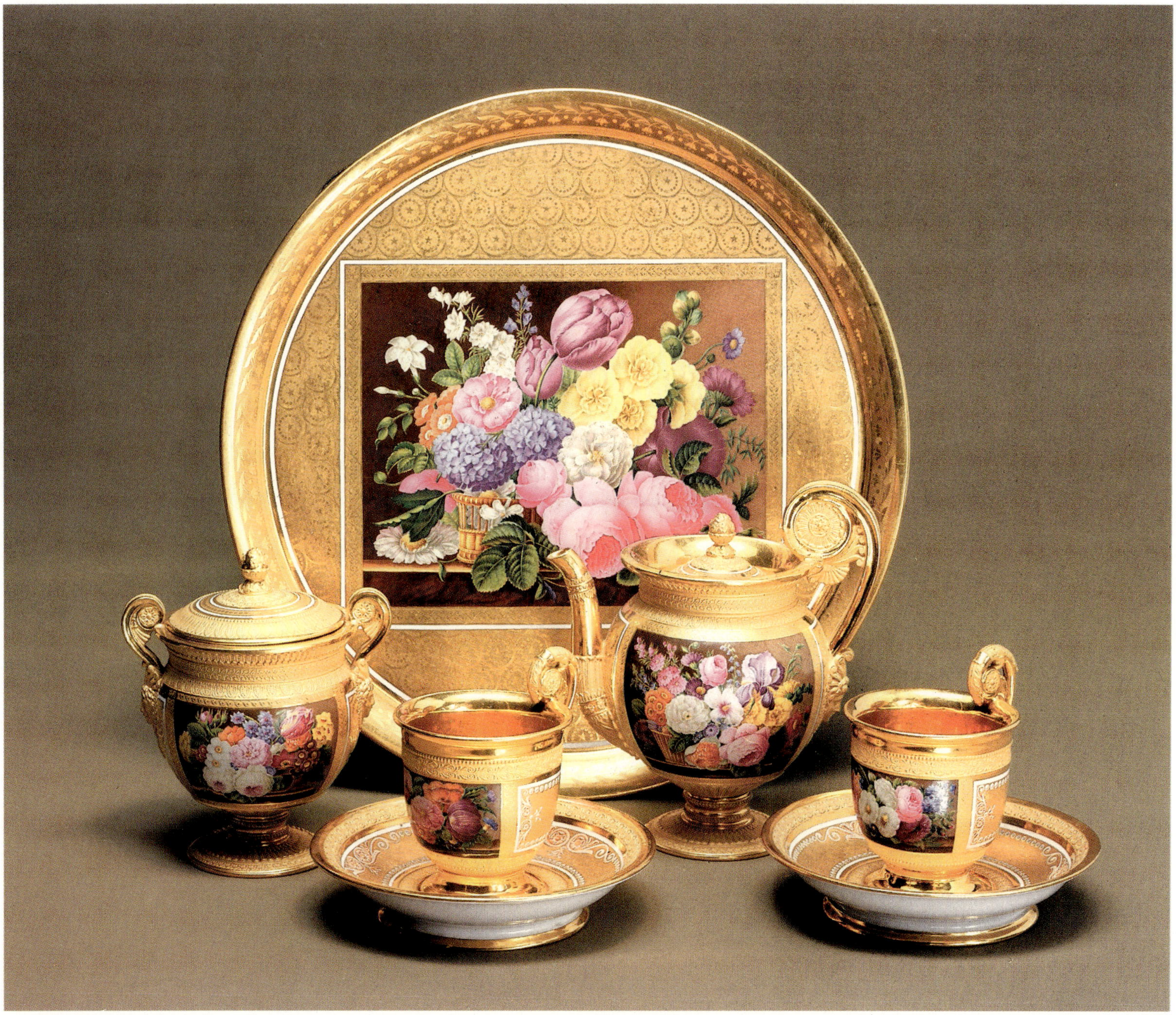

153 *Servierschale*
Moskauer Gouvernement. Manufaktur A. G. Popow
Mitte des 19. Jahrhunderts
Porzellan, farbige Aufglasurmalerei,
Vergoldung. Durchmesser 42 cm

Die flache Schale zeigt einen Dekor aus leuchtenden Blumen, Beeren und Früchten, die zu kleinen Buketts zusammengestellt sind. Der Künstler hat sie entweder in ovale Rahmungen eingeschlossen oder frei über die Fläche verteilt, wobei sie mit einer Vielzahl von Stielen und Blättern verbunden sind. Es handelt sich um ein glänzendes Beispiel für die Arbeiten aus der Porzellanmanufaktur A. G. Popow (1811–1875), eines Unternehmens, das zeit seines Bestehens zu den besten Privatmanufakturen Rußlands gehörte. Diese Manufaktur erzeugte Tee- und Kaffeeservice, außerdem Statuetten, Leuchter und ähnliches. Die meisten Gegenstände erhielten eine Marke mit der Wiedergabe der beiden miteinander verbundenen Buchstaben AP.

Besonders berühmt waren die flachen Servierschalen, auf denen man, russischem Brauch entsprechend, bei festlichen Anlässen Brot und Salz auftrug. Die große dekorative Fläche, der satte Fond, die vortrefflich gemalten Blumen und der Reichtum der Farbgebung verliehen diesen Gegenständen etwas ungemein Festliches.

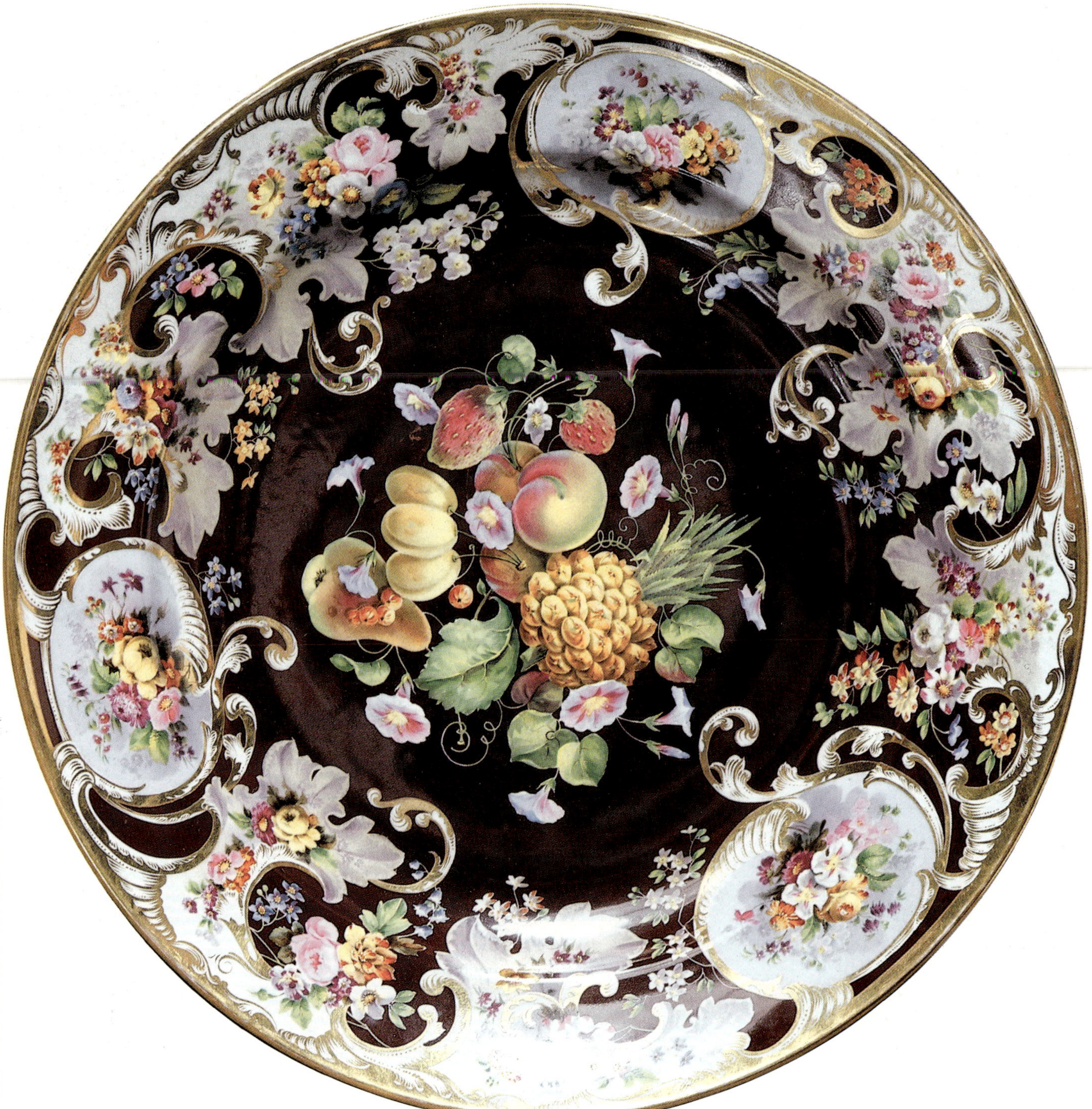

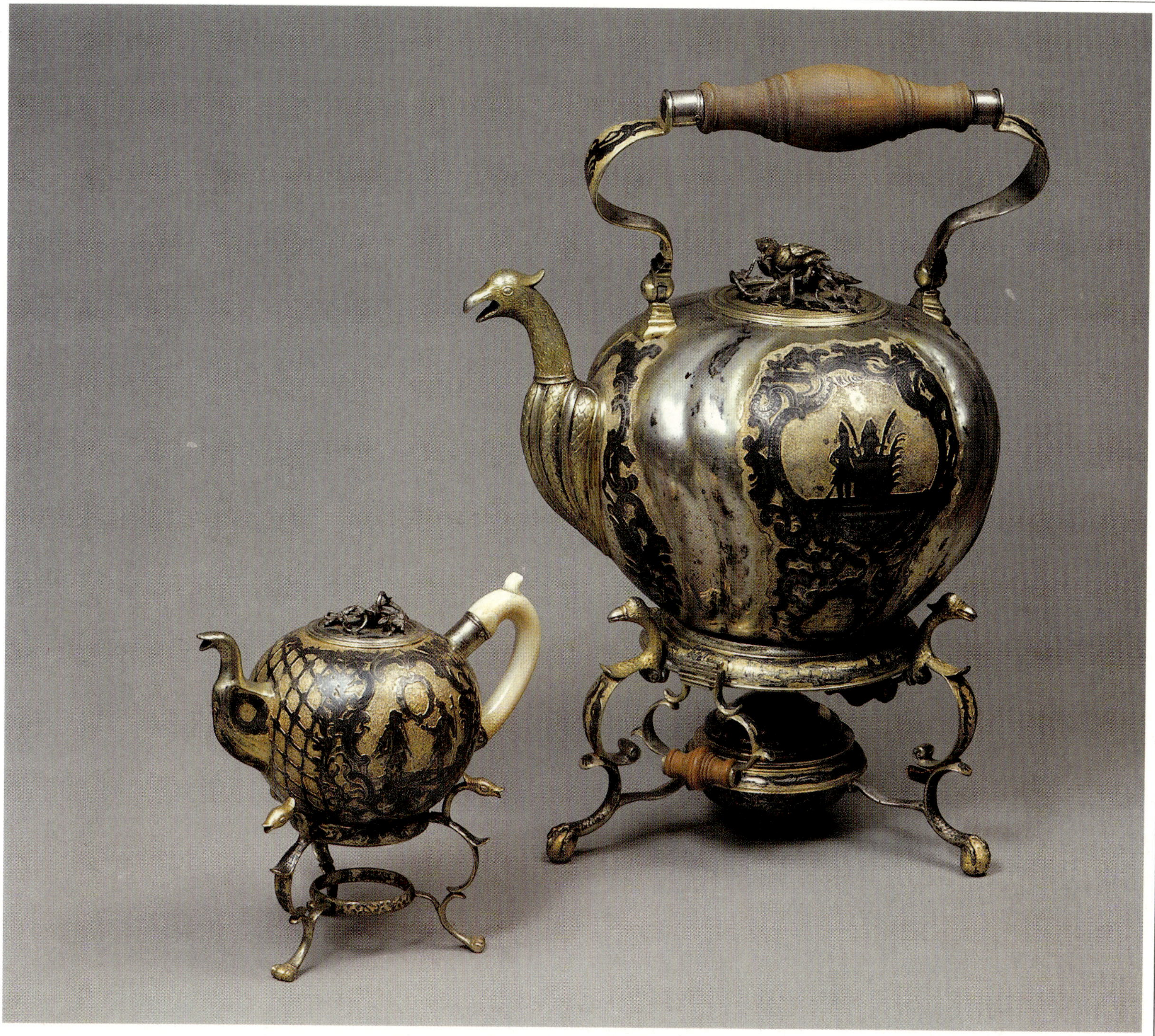

154 *Teile aus dem Service des Gouverneurs D. I. Tschitscherin*
Tobolsk. 1774–1775
Silber, Ziselierung, Gravierung, Niello, Vergoldung. Teekessel: Höhe 34,5 cm Feuerbock: 14,7 × 15,7 cm; Sahnekännchen: Höhe 20,9 cm

Schon die Kunsthandwerker der alten Rus beherrschten die Kunst, Gegenstände aus Silber mit Niello zu verzieren. Im 18. Jahrhundert waren die Meister aus Moskau, Wologda, Weliki Ustjug, Tobolsk und anderen Städten für solche Arbeiten berühmt. Ein hervorragendes Beispiel russischer Niellokunst der zweiten Hälfte des 18. Jahrhunderts ist das Teeservice, das dem sibirischen Gouverneur D. I. Tschitscherin gehörte.

Der Stempel weist aus, daß Künstler aus Tobolsk dieses heute nicht mehr vollzählig erhaltene Service 1774–1775 gefertigt haben. Alle Gegenstände sind mit dem Monogramm des Besitzers verziert. Die Ausführung zeigt den Stil des Rokoko; Darstellungen von Damen und Kavalieren im Gewand der Zeit, Blumenverkäuferinnen oder Jagdszenen schmücken die Gefäßwandungen. Diese Bilder sind prächtigen, aus asymmetrischen Rocaille-Ornamenten zusammengesetzten Kartuschen eingeschrieben; wirkungsvoll heben sich die Niello-Darstellungen von dem Goldfond ab. Daß man hier in einer Zeit, als in der russischen Kunst der Klassizismus bereits deutlich in Erscheinung trat, offenkundig auf alte Formen zurückgriff, erklärt sich wohl einfach daraus, daß Tobolsk weit entfernt von der Hauptstadt lag.

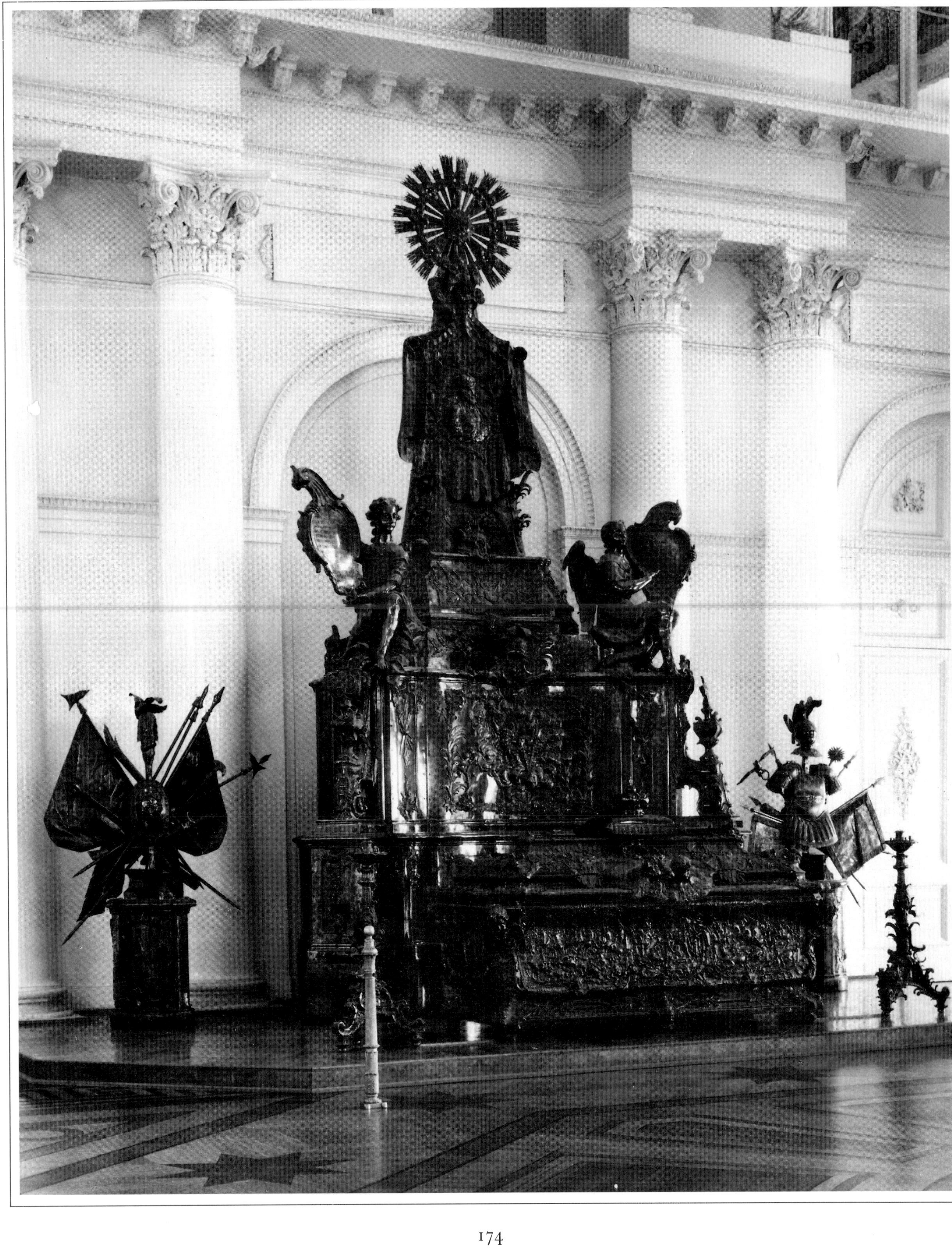

155 *Grabmal Alexander Newskis*
Petersburg. Münzhof. 1747–1752
Silber, Guß, Schmiede- und Treibarbeit, Gravierung. Höhe 500 cm

Ein bemerkenswertes Ergebnis russischer Silberschmiedekunst stellt das monumentale Grabmal Alexander Jaroslawowitsch Newskis, eines berühmten russischen Feldherrn und Fürsten aus dem 13. Jahrhundert dar. Projekt und Modell stammen u. a. von den Künstlern I. Schtalmeer, A. Martelli, J. Duncker, G. Grooth und L. Caravaque; die Ausführung lag, unter Leitung des Meisters Sachari Deichman, in den Händen von A. Afanassjew, I. Bespalow, P. Andrejew, E. Apelrot und einer Reihe weiterer Kunsthandwerker.

Den Hauptteil dieses einzigartigen Werkes, für das neunzig Pud besten Silbers Verwendung fanden, bildet der Sarkophag. An seiner Stirnseite und an beiden Querseiten zeigen getriebene Reliefs Ereignisse aus dem Leben Alexander Newskis. Auf der Rückseite steht ein Vierzeiler von M. W. Lomonossow mit Huldigungen an Peter I., Alexander Newski und Jelisaweta Petrowna. Hinter dem Sarkophag erhebt sich eine hohe Pyramide, bekrönt von einer Stele mit dem in Treibarbeit ausgeführten Porträt Alexander Newskis. Zwei kleine seitlich angeordnete Pyramiden mit Trophäen sowie zwei Leuchter ergänzen die Komposition. Das ganze Ensemble, das ursprünglich im Alexander-Newski-Kloster in Petersburg aufgestellt war, zeigt den Stil des Hochbarock aus der Mitte des 18. Jahrhunderts mit den charakteristischen Merkmalen komplizierter plastischer Formgebung und dekorativer Fülle.

156 *Bowlengefäß*
Moskau. Firma P. A. Owtschinnikow. 1896–1898
Silber, Email, Ziselierung, Gravierung, Filigran, Malerei. Höhe 20 cm

Im letzten Viertel des 19. Jahrhunderts fand bei Juwelierarbeiten erneut die Emailkunst Verbreitung, wobei sich die für jene Zeit typische Neigung äußerte, Formen und Ornamente der altrussischen Kunst wiederaufzugreifen. In der bekannten, 1853 gegründeten Moskauer Werkstatt Pawel Akimowitsch Owtschinnikows, die für Gold- und Silbererzeugnisse mit Emailmalerei berühmt war, entstand gegen Ende des 19. Jahrhunderts dieses massive silberne Bowlengefäß mit geschwungenen Henkeln.

Die Oberfläche ist fast völlig mit farbiger Emailmalerei bedeckt. Auf dem weißen, ebenfalls aus Email bestehenden Grund entfaltet sich ein üppiges stilisiertes Pflanzenmuster. In der unteren Hälfte des Gefäßkörpers befindet sich ein doppelter Gürtel aus erhabenen tropfenförmigen Feldern, die dicht mit Blumenmustern und Darstellungen von Vögeln angefüllt sind. Das Kolorit, aufgebaut aus der Verbindung von rosafarbenen, goldenen und blauen Tönen auf weißem Fond, steht den Emailmalereien vom Ende des 17. Jahrhunderts nahe, denen auch einzelne Elemente des Ornaments entlehnt sind.

Die Firma Owtschinnikow war unter den verwandten Unternehmen Rußlands die erste, die Arbeiten im sogenannten russischen Stil zu fertigen begann. Doch solche Rückgriffe auf alte Traditionen beschränkten sich auf das rein Formale. Bei aller Pracht und Festlichkeit sind die Werke vom Jahrhundertende durch eine komplizierte, schwere Formgebung und detailreich überfrachteten Dekor gekennzeichnet.

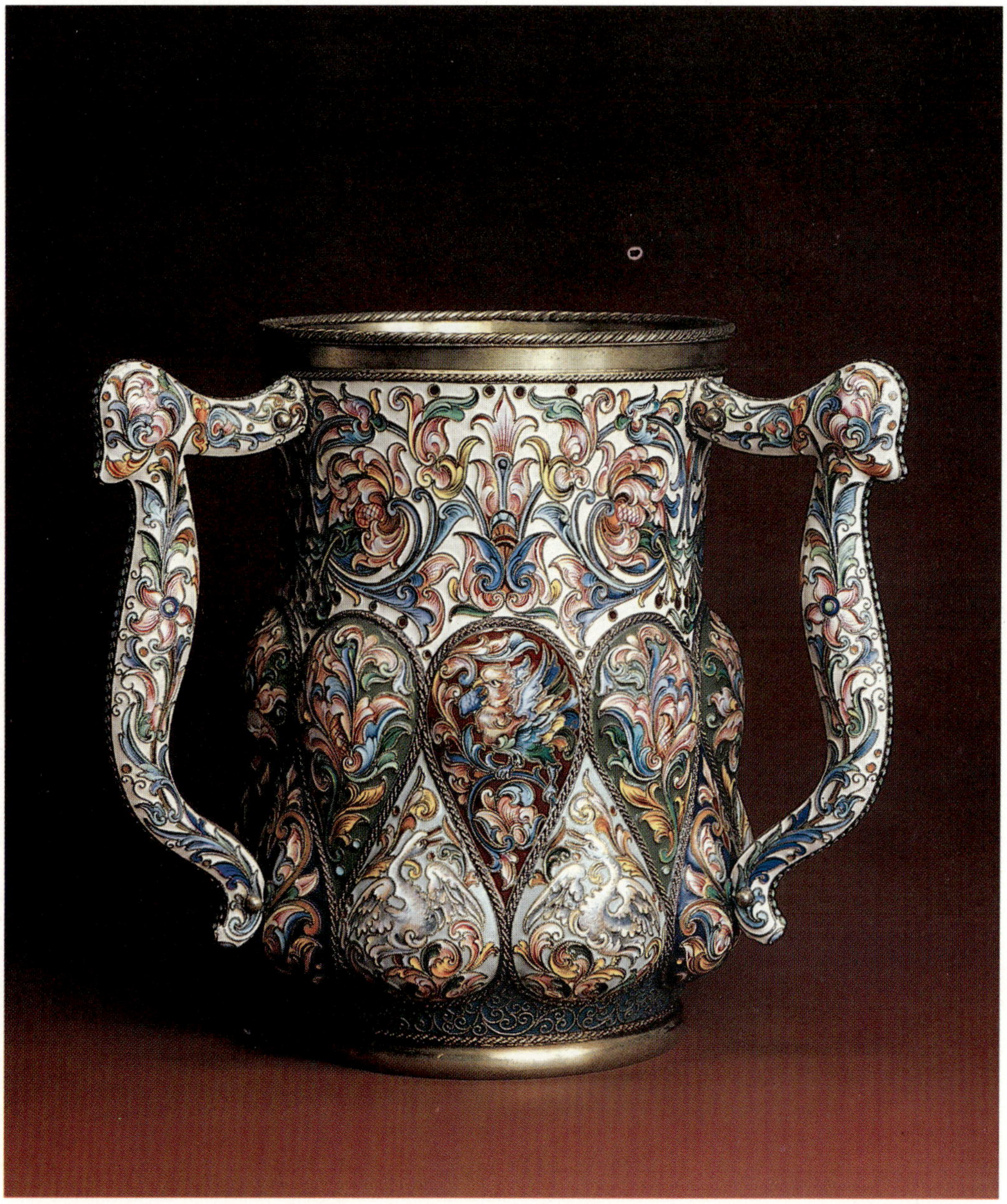

157 *Schale mit Deckel*
Moskau. Werkstatt K. Bok. 1908–1917
Lasurit, Silber, Schnitzerei, Ziselierung, Gravierung, poliert, vergoldet
Höhe 13 cm

In der Regel wurden Arbeiten aus Lasurit wegen der Struktur der Schichten und der Weichheit des Minerals in einer Mosaiktechnik ausgeführt. Daß ein Gegenstand aus einem monolithischen Stück dieses schönen Steins besteht, wie im Falle unserer wundervollen Schale mit Deckel und zwei hohen vergoldeten Henkeln, ist selten. Die Schale ruht auf einem glatten, vergoldeten ovalen Fuß; den Rand ziert ein durchbrochenes Mäanderornament aus vergoldetem Silber. Die Verbindung des Steins mit dem Metall ist von außerordentlicher Schönheit. Auf der Einfassung der Schale befindet sich ein Stempel von K. Bok, dem Begründer und Besitzer einer Juwelierwerkstatt in Moskau an der Wende vom 19. zum 20. Jahrhundert, der in Petersburg einen Laden besaß. Außerdem ist ein Vermerk des Prüfamts aus den Jahren 1908 bis 1917 angebracht, was den Anhaltspunkt zur Datierung der Vase gibt.

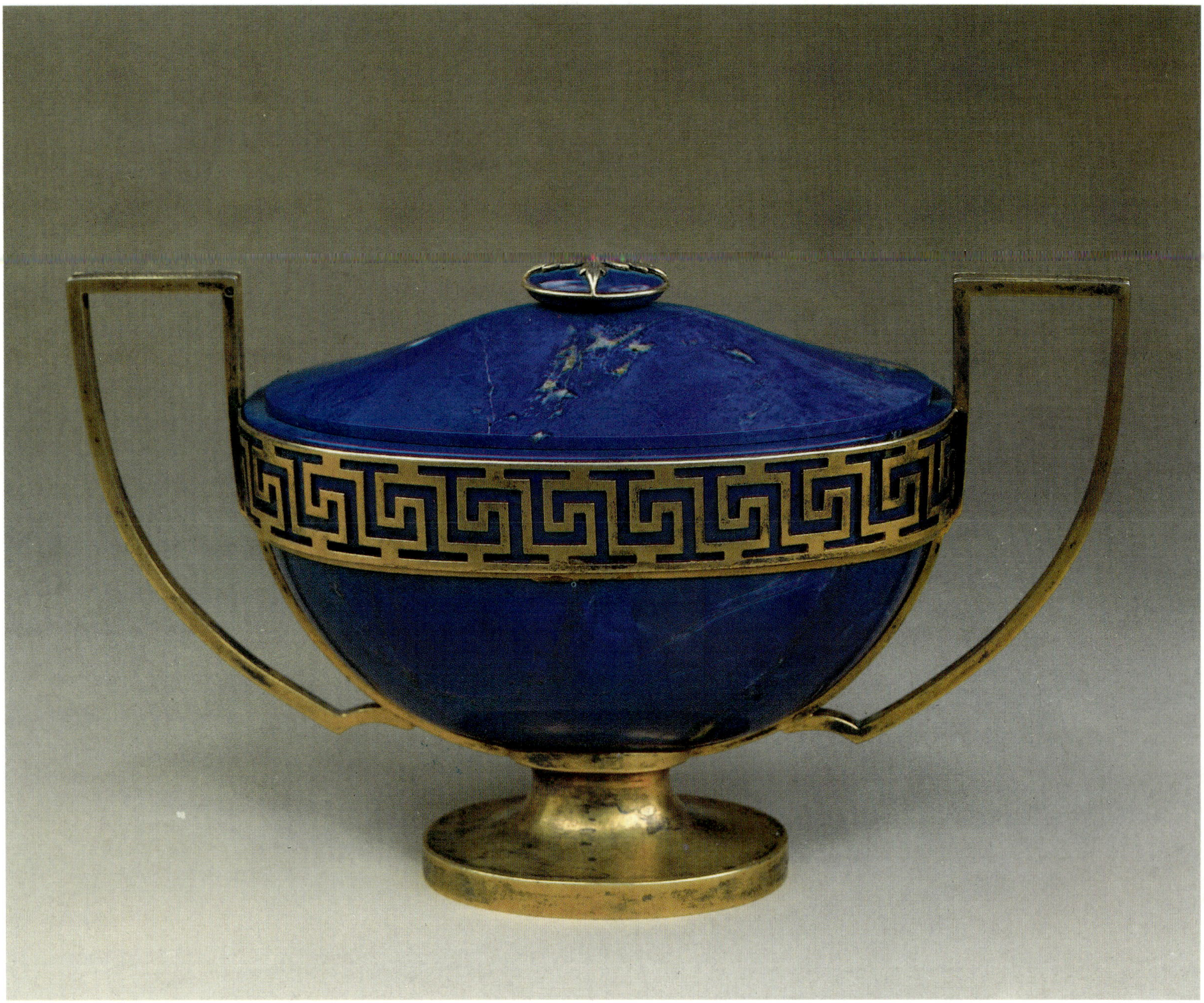

158 *Johannisbeerzweig*
Petersburg. Firma P. K. Fabergé. 1880
Gold, Bergkristall, Nephrit, Email, Gravierung, Bemalung. Höhe 10 cm

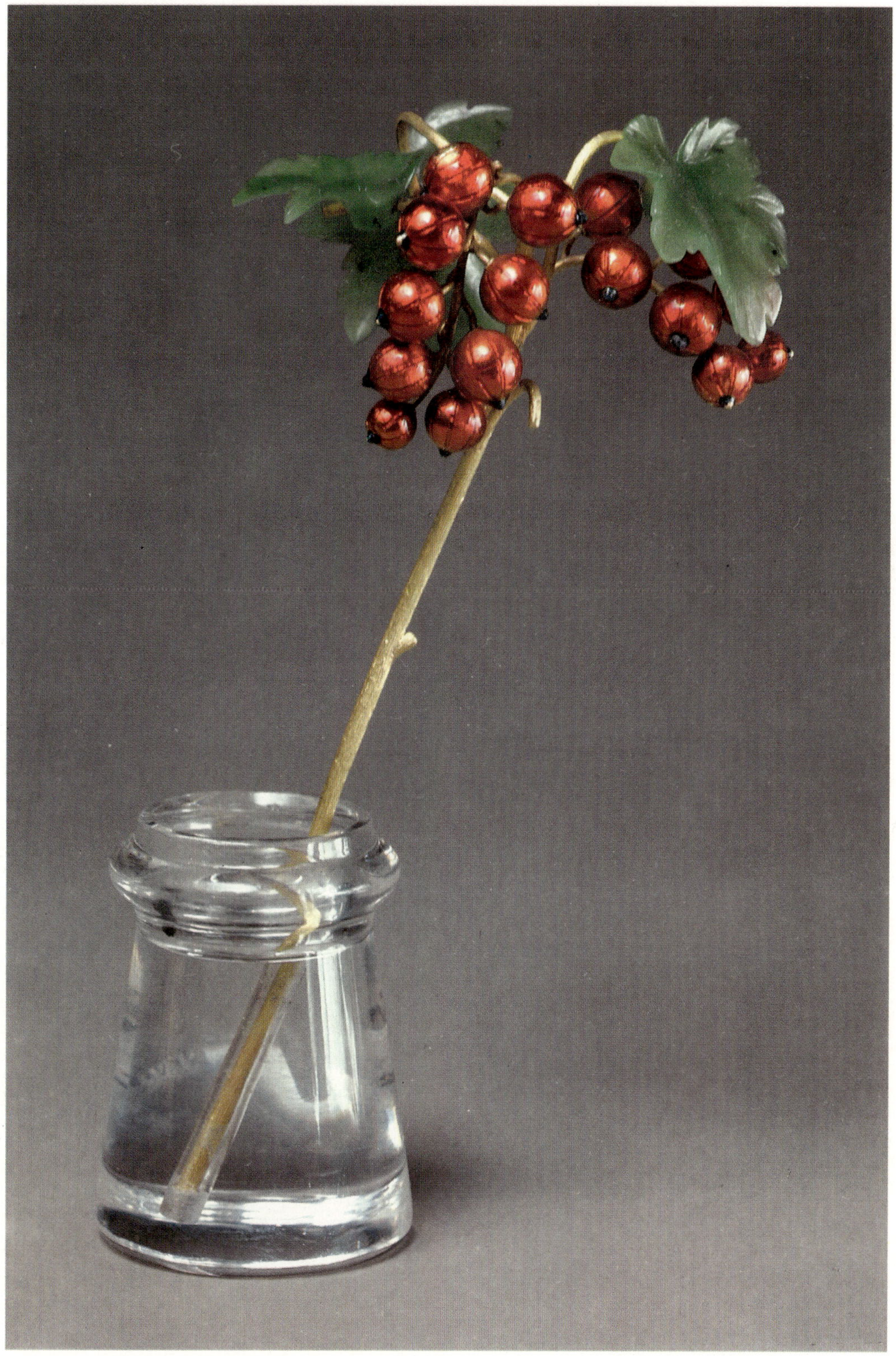

An der Wende vom 19. zum 20. Jahrhundert war die Entwicklung der Juwelierkunst in Rußland eng mit dem Wirken der Firma Fabergé verbunden, die 1842 in Petersburg von dem eingewanderten Juwelier Gustave Fabergé gegründet worden und 1870 an dessen Sohn Peter Karl übergegangen war. Zu Anfang des 20. Jahrhunderts arbeiteten in den Fabergé-Werkstätten etwa 500 hochqualifizierte Spezialisten, und es gab auch in Moskau (seit 1887), in Odessa (seit 1890), in London (seit 1904) und in Kiew (seit 1905) Abteilungen und Läden dieser Firma.

Das Sortiment war ungewöhnlich reichhaltig, es umfaßte Service, Tabatieren oder auch Ostereier wie auch allen möglichen Zierat. Sehr beliebt waren dekorative Buketts und einzelne Blüten- und Beerenzweige in Vasen aus Stein. Mit großem Geschmack stellten die Meister verschiedene Materialien und Steine zusammen, wobei sie deren Struktur und Farbe geschickt mit Emailmalerei zu verbinden vermochten. Bei allem Naturalismus, der solchen Gegenständen eigen ist, beeindrucken diese kleinen Kunstwerke durch virtuose Ausführung ebenso wie durch die Frische des satten Emailtons.

159 *Schränkchen mit Mosaikintarsie »Tropenwald«*
Schleifereimanufaktur Peterhof. 1888–1892
Mahagoni, Bronze, Vergoldung, Mosaik aus verschiedenem Gestein; Jaspis, Kieselstein, Lasurit, Granit u.a. 148 × 72,5 × 40 cm

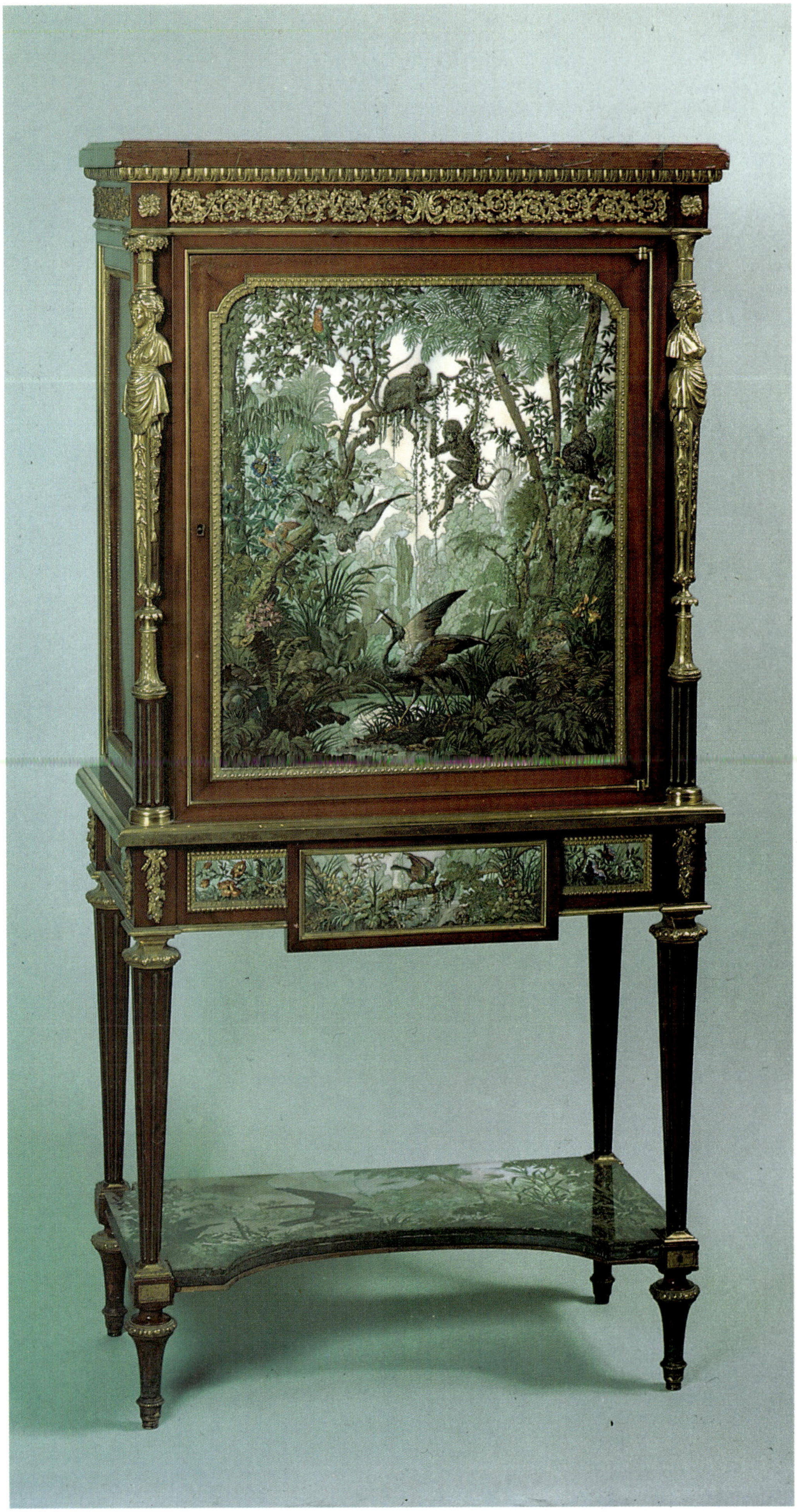

Ein charakteristisches Beispiel für die russische Mosaikkunst vom Ende des 19. Jahrhunderts zeigt das Schränkchen aus Mahagoni mit Bronzebeschlägen und Mosaikeinlagen aus verschiedenen Steinarten in der Technik des sogenannten Florentiner Mosaik. Der Meister stellte die Bilder nach einer Skizze aus winzigen Teilchen zusammen, wobei er die natürliche Zeichnung der Farbe des Steins, die kaum merklichen Risse, die Adern und Ungleichmäßigkeiten der Färbung nutzte. Mit Hilfe einer solchen »mineralogischen Palette« vermochte er das üppige Grün eines Tropenwaldes, die Affen, die sich im Geäst der Bäume tummeln, die bunten Papageien und das andere Getier wiederzugeben.

Im Jahr 1717 wurde in Petersburg eine Gobelin-Manufaktur gegründet, womit ein neuer Zweig kunsthandwerklichen Schaffens in Rußland seinen Anfang nahm. In dieser Manufaktur entstand auch der Wandbehang »Schwäne«. Die Komposition wiederholt die Darstellung auf einem Gobelin aus dem Jahr 1734, der in der Rüstkammer im Moskauer Kreml aufbewahrt wird, allerdings mit anderer Bordüre: Diese imitiert auf dem älteren Werk einen goldenen Rahmen, während sie auf unserem Wandteppich, entsprechend den nun vorherrschenden Vorstellungen des Rokokostils, eine prunkvolle Einfassung bildet, durch die man auf eine Gartenlandschaft mit einem herrlichen, in der Mitte angelegten Blumenarrangement blickt. An solchen Erzeugnissen der Petersburger Gobelin-Manufaktur pflegten in jenen Jahren mehrere Weber gleichzeitig zu arbeiten, wobei jeder nach seinem Können mehr oder weniger schwierige Tätigkeiten übernahm.

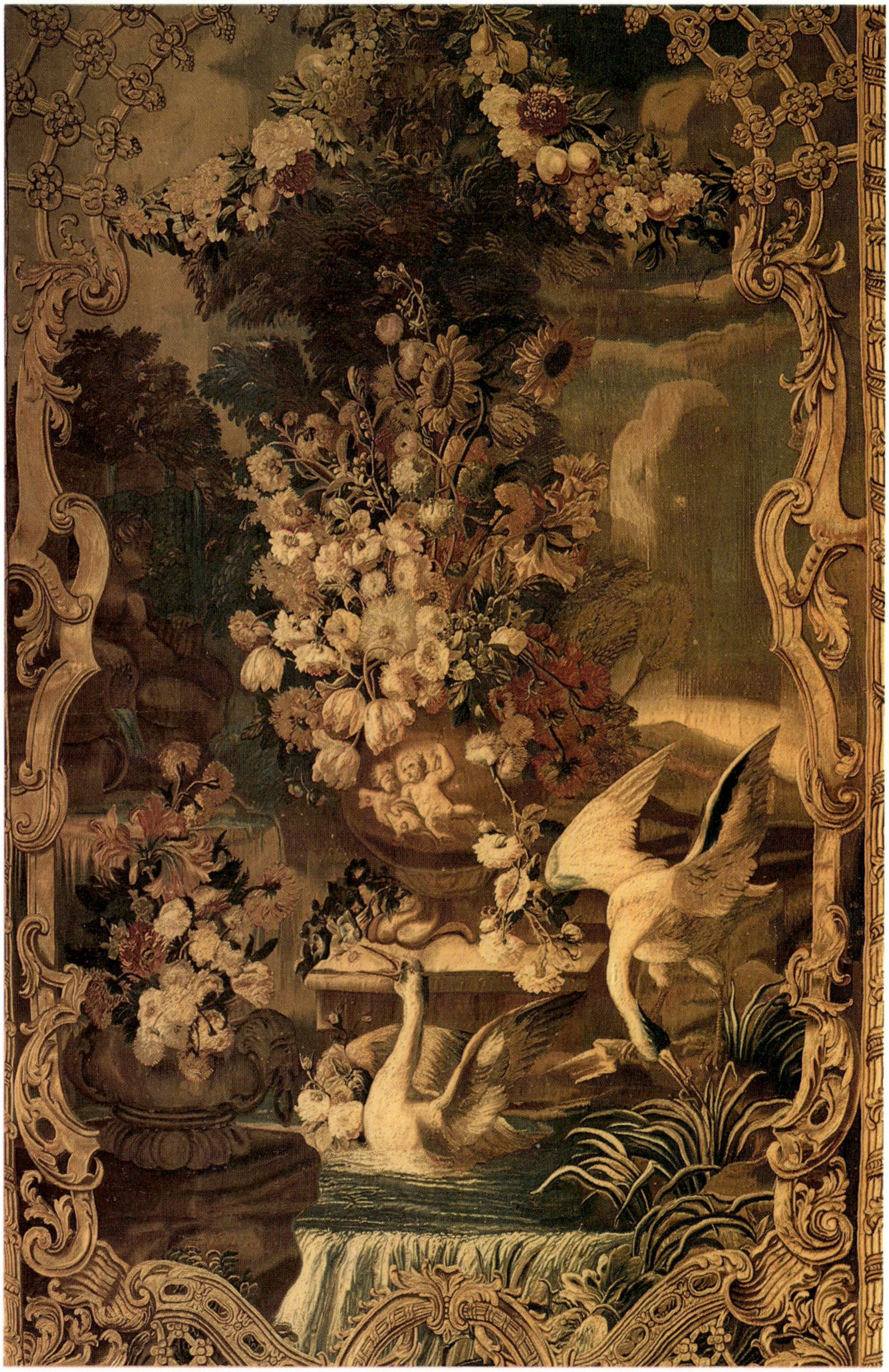

160 *Gobelin »Schwäne«*
Petersburger Gobelin-Manufaktur. 1758
Wolle, Seide, Gobelintechnik »haute lisse«
367 × 203 cm

161 *Gobelin »Abschied des Landwehrmannes«*
Petersburger Gobelin-Manufaktur. 1827
Wolle, Seide, Metallfäden, Gobelin-Technik »haute lisse«. 190 × 140 cm

Die Ereignisse des Vaterländischen Krieges von 1812 fanden in den Werken der bildenden wie auch der angewandten Kunst der Zeit einen starken Widerhall. 1812 malte I. W. Lutschaninow ein Bild »Der Segen des Landwehrmannes«, das seinerzeit sehr beliebt war. Der Wandbehang »Abschied des Landwehrmannes« folgt der Komposition Lutschaninows mit einigen Abweichungen. Der Wandteppich trägt ein Signum; aufgrund von archivalischen Anhaltspunkten wird er in das Jahr 1827 datiert. Diese Dokumente teilen auch den Namen des Meisters mit, von dem der Gobelin stammt: Iwan Salow, der fast ein halbes Jahrhundert in der Petersburger Gobelin-Manufaktur arbeitete.

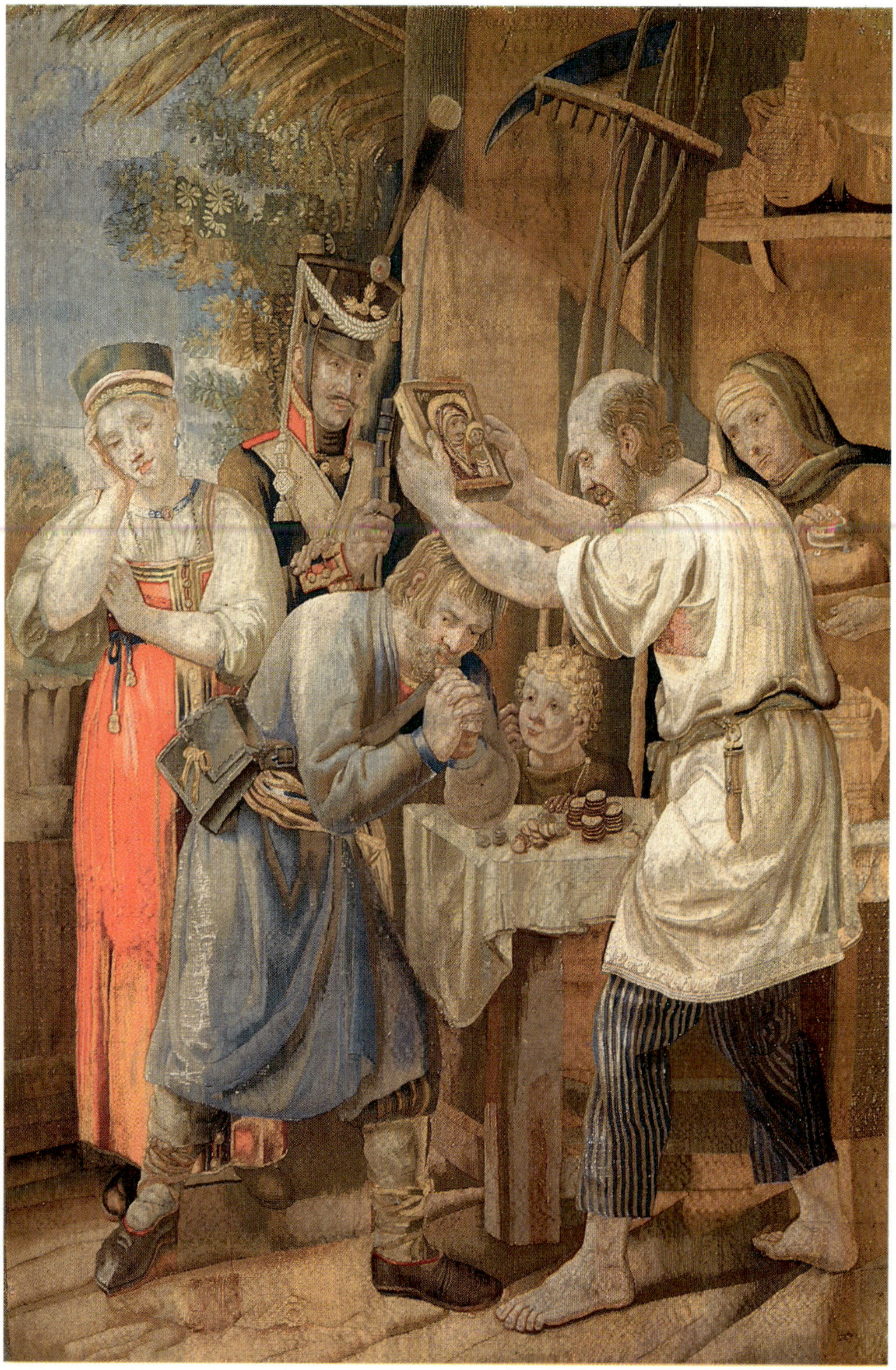

162 *Schal*
Gouvernement Nishni Nowgorod. Werkstatt N. A. Merlinaja
Zwanziger Jahre des 19. Jahrhunderts
Wolle, Weberei. 265 × 53 cm

Die sogenannten Kolokolzow- und Merlin-Schal- und Umschlagtücher sind einzigartige Beispiele der russischen Webkunst. Befähigte leibeigene Meisterinnen, deren Namen wir nicht kennen, führten diese Textilien während der ersten Hälfte des 19. Jahrhunderts in Werkstätten aus, wobei sie die Wolle tibetischer Ziegen und Antilopen, und zwar nur feinstes, versponnenes Haar, verwendeten. Es handelt sich um die schwierige, in der Schaltuchherstellung keines anderen Landes gepflegte Technik der zweiseitigen Weberei, bei der sich Vorder- und Rückseite überhaupt nicht unterscheiden.

Der Mittelteil konnte einheitlich rot, weiß oder blau sein oder aus alternierenden Streifen in kontrastierenden Tönen bestehen; der vielfarbige Rand wurde mit einem üppigen Muster in Form von Girlanden und Sträußen aus Gartenblumen verziert: Hyazinthen, Rosen, Mohn, Primeln usw. Manchmal taucht zwischen diesen Mustern, organisch einbezogen, das orientalische Motiv der »türkischen Bohnen« auf, das in der russischen Webkunst häufig vorkommt, allerdings auf eigene Art abgewandelt. Eine der interessantesten Arbeiten dieser Art ist der abgebildete Schal, auf dem die »türkischen Bohnen« mit allen möglichen Blumenmotiven reich gefüllt sind. Das eingewebte Zeichen N. M. bezeugt, daß die Weberei in der Werkstatt N. A. Merlinaja ausgeführt worden ist.

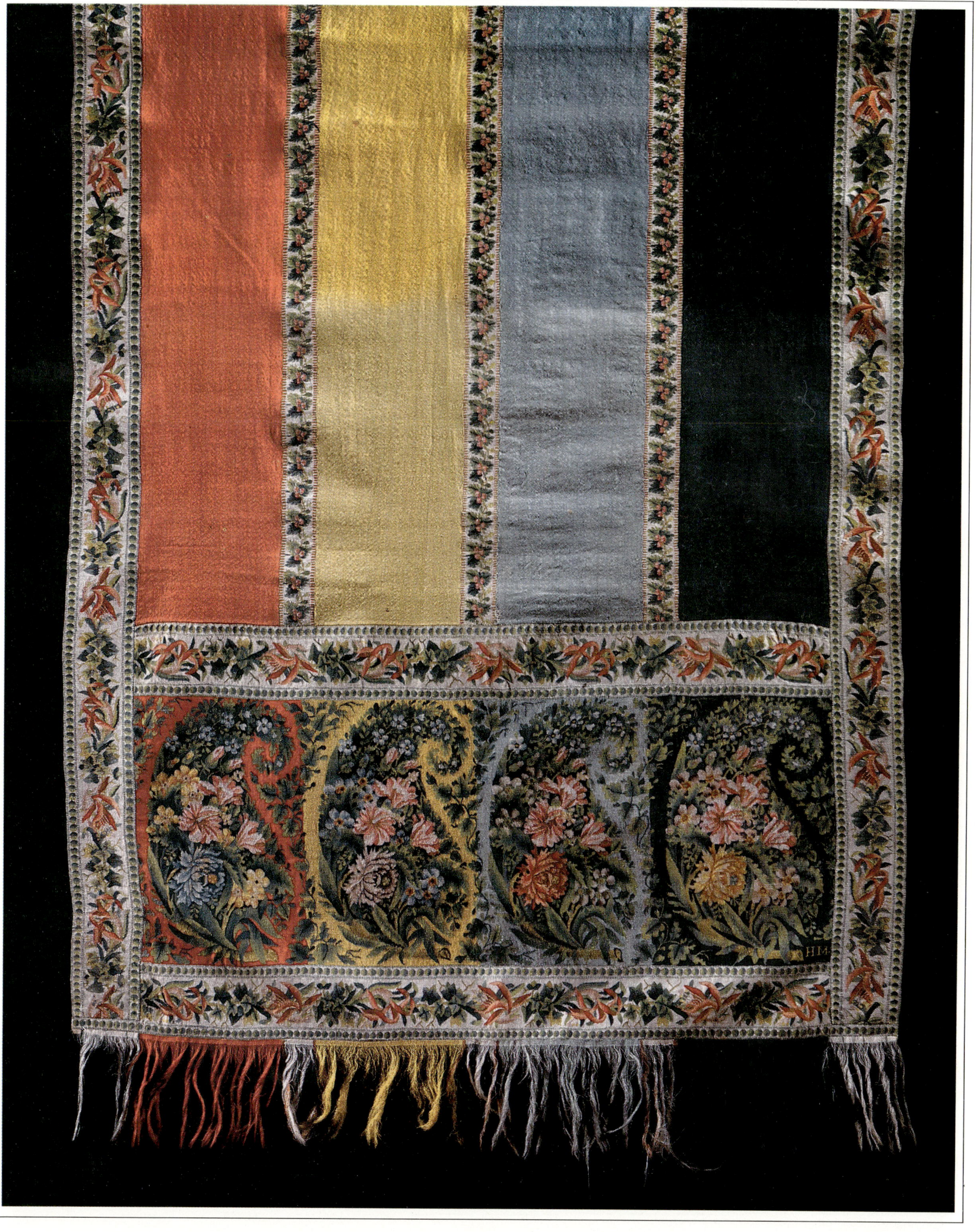

163 *Männerkleidung*
Petersburg. 1710–1720
Wolle, Flachs, Stickerei mit Metallfäden, Manteltuch, Leinen

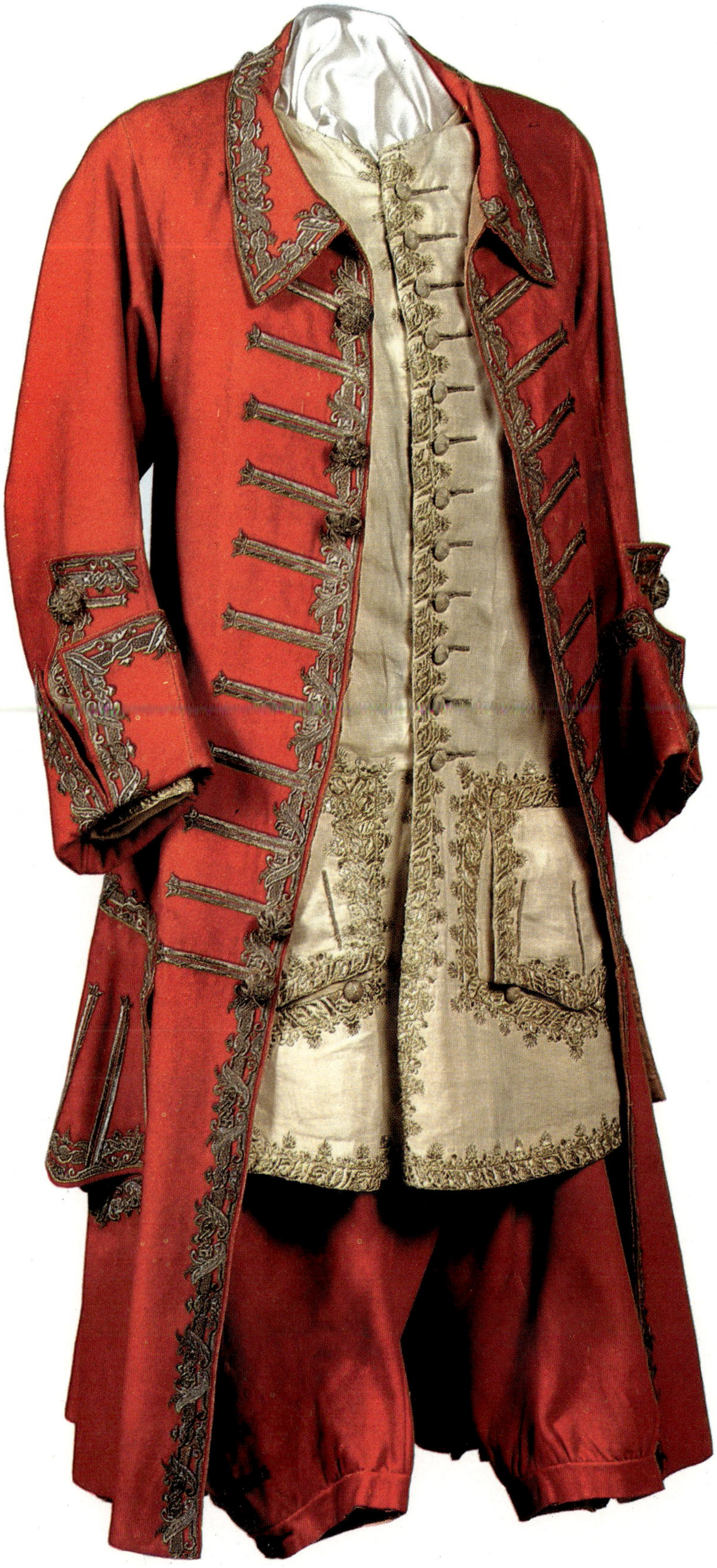

In der Ermitage findet sich die reichste Kollektion an Kleidung vom Ende des 17. bis zum Anfang des 20. Jahrhunderts. Besonders interessant ist der einzigartige Komplex der Männerkleidung aus dem ersten Viertel des 18. Jahrhunderts, bekannt unter der Bezeichnung »Garderobe Peters des Großen«, der etwa dreihundert Kleidungsstücke des Zaren umfaßt. Peter hatte zu Beginn des 18. Jahrhunderts durch einen Erlaß in Rußland die sperrige Bojarenkleidung durch Gewänder nach westlicher Manier ersetzen lassen – eine Reform, die er unter dem Einfluß der französischen Mode der Epoche Ludwigs XIV. veranlaßte.
Die neue Kleidung bestand aus Kaftan, Kamisol und kurzen Beinkleidern. Bei aller Einheitlichkeit variierte der Zuschnitt; er war abhängig von der Bestimmung des Kleidungsstücks, dem Material und der Ausstattung, d. h. vom sozialen Rang des Besitzers.

Unser Bild zeigt eines der Galagewänder Peters I.: Kaftan und Beinkleider bestehen aus rotem Tuch, das Kamisol aus feinem Flachsleinen, wobei alle Teile dieses Ensembles kunstvoll mit Metallfadenstickerei verziert sind.

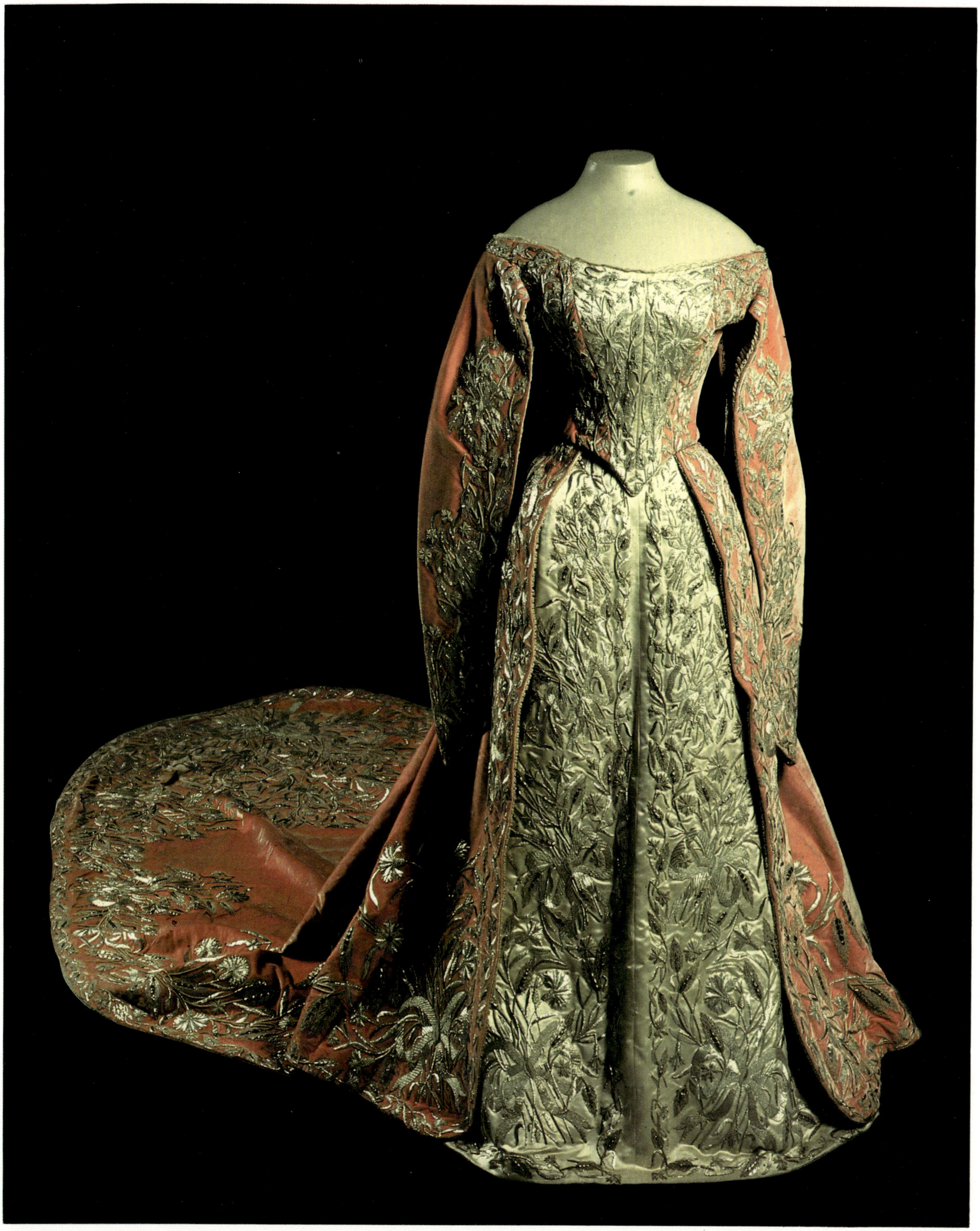

164 *Höfisches Frauen-Galagewand Petersburg. Ende des 19. bis Anfang des 20. Jahrhunderts Samt, Atlas, Stickerei mit Silberfaden und Draht, Cantillenspiralen Länge der Schleppe 200 cm*

Stickerei mit Metallfäden war in Rußland ein weit verbreitetes Verfahren, namentlich höfische Kleidung zu verzieren. Das Galagewand aus rosafarbenem Samt mit Silberstickerei entstand gegen Ende des 19. Jahrhunderts, doch wiederholt es, fast ohne Veränderung, einen Typ der höfischen Frauenkleidung, wie er bereits durch einen Erlaß von 1834 üblich geworden war. Ein Signum auf dem Band der Korsage besagt, daß dieses Gewand in der bekannten Petersburger Werkstatt der Iwanows gefertigt wurde, deren Arbeiten auf Ausstellungen hohe Auszeichnungen erhielten.

Taille, Ärmel, Rock und der Rand der Schleppe sind reich verziert, und zwar mit Silberfadenstickerei in Anlegetechnik und mit Cantillenspiralen aus feinem, flachem Glanzdraht. Vielfarbige Materialien und die Befestigung der Metallfäden durch Annähen auf verschiedene Art gaben die Möglichkeit, ein reich strukturiertes Stickereimuster zu schaffen und eine stark dekorative Wirkung zu erreichen. Dieses Gewand ist ein ausgezeichnetes Beispiel für die traditionsreiche russische Metallfadenstickerei. Solche Kleidung mit ihrem Überfluß an Gold- und Silberstickerei, die auf kunstvollen Stoffen aufblitzte, harmonierte gut mit der luxuriösen Einrichtung der höfischen Prunksäle.

ANHANG

Bildverzeichnis
Personenregister

Bildverzeichnis

35 Jan Fyt
Früchte und Papagei. 1645
Öl auf Leinwand
Inv.-Nr.: 613

36 Balthasar van der Ast
Stilleben mit Früchten
Zwanziger Jahre des 17. Jh.
Öl auf Holz
Inv.-Nr.: 8472

37 Frans Hals
Bildnis eines jungen Mannes mit Handschuh in der Hand. Um 1640
Öl auf Leinwand
Inv.-Nr.: 982

38 Adriaen van Ostade
Dorfmusikanten. 1645
Öl auf Holz
Inv.-Nr.: 904

39 Jacob Isaaksz van Ruisdael
Häuschen am Hain. 1646
Öl auf Leinwand
Inv.-Nr.: 939

40 Paulus Potter
Die Farm. 1649
Öl auf Holz
Inv.-Nr.: 820

41 Jan Steen
Die Zecher. Um 1660
Öl auf Holz
Inv.-Nr.: 875

42 Gerard Terborch
Ein Glas Limonade. 1663–1664
Öl, von Holz auf Leinwand übertragen
Inv.-Nr.: 881

43 Gabriel Metsu
Frühstück. Um 1660
Öl auf Holz
Inv.-Nr.: 920

44 Willem Kalf
Dessert. Um 1659
Öl auf Leinwand
Inv.-Nr.: 2822

45 Pieter Claesz
Frühstück mit Schinken. 1647
Öl auf Holz
Inv.-Nr.: 1046

46 Pieter de Hooch
Herrin und Magd. Um 1660
Öl auf Leinwand
Inv.-Nr.: 943

47 Rembrandt Harmensz van Rijn
Die Heimkehr des verlorenen Sohnes
Um 1663
Öl auf Leinwand
Inv.-Nr.: 742

48 Rembrandt Harmensz van Rijn
Danaë. 1636,
vom Künstler umgemalt 1646–1647
Öl auf Leinwand
Inv.-Nr.: 723

49 Christoph Paudiß
Stilleben. 1660
Öl, von Holz auf Leinwand übertragen
Inv.-Nr.: 1035

50 Louis Le Nain
Die Familie der Milchverkäuferin
Vierziger Jahre des 17. Jh.
Öl auf Leinwand
Inv.-Nr.: 1152

51 Claude Lorrain
Der Morgen. 1666
Öl auf Leinwand
Inv.-Nr.: 1234

52 Nicolas Poussin
Tancred und Herminia. Etwa 1631 bis 1633
Öl auf Leinwand
Inv.-Nr.: 1189

53 Alessandro Magnasco
Bacchanal. Zwischen 1710 und 1720
Öl auf Leinwand
Inv.-Nr.: 4035

54 Canaletto (Antonio Canale)
Empfang des französischen Gesandten in Venedig. Vierziger Jahre des 18. Jh.
Öl auf Leinwand
Inv.-Nr.: 176

55 Francesco Guardi
Ansicht des Palastplatzes
Öl, von Holz auf Leinwand übertragen
Inv.-Nr.: 262

56 Giovanni Battista Tiepolo
Maecenas stellt Kaiser Augustus die Freien Künste vor. 1743
Öl auf Leinwand
Inv.-Nr.: 4

57 Antoine Watteau
Ein verwirrender Antrag. Um 1716
Öl auf Leinwand
Inv.-Nr.: 1150

58 Joshua Reynolds
Amor löst Venus den Gürtel
Zwischen 1784 und 1788
Öl auf Leinwand
Inv.-Nr.: 1320

59 Thomas Gainsborough
Dame in Blau
Anfang der achtziger Jahre des 18. Jh.
Öl auf Leinwand
Inv.-Nr.: 3509

60 Francisco de Goya
Bildnis der Antonia Sarate. Um 1811
Öl auf Leinwand
Inv.-Nr.: 10198

61 Jean-Baptiste Siméon Chardin
Stilleben mit Attributen der Kunst
1766
Öl auf Leinwand
Inv.-Nr.: 5627

62 François Boucher
Landschaft in der Umgebung von Beauvais
Anfang der vierziger Jahre des 18. Jh.
Öl, von Holz auf Leinwand übertragen
Inv.-Nr.: 5734

63 Jean-Honoré Fragonard
Der heimliche Kuß
Ende der achtziger Jahre des 18. Jh.
Öl auf Leinwand
Inv.-Nr.: 1300

64 Hubert Robert
Die Flucht. Um 1780
Öl auf Leinwand
Inv.-Nr.: 7732

65 Caspar David Friedrich
Auf dem Segler. Etwa 1818–1820
Öl auf Leinwand
Inv.-Nr.: 9773

66 Jean Auguste Dominique Ingres
Bildnis des Grafen N. D. Gurjew. 1821
Öl auf Leinwand
Inv.-Nr.: 5678

67 Jacques-Louis David
Sappho und Phaon. 1809
Öl auf Leinwand
Inv.-Nr.: 5668

68 Eugène Delacroix
Löwenjagd in Marokko. 1854
Öl auf Leinwand
Inv.-Nr.: 3853

69 Jean-Baptiste Camille Corot
Bäuerin, eine Kuh am Waldrand hütend
1865–1870
Öl auf Leinwand
Inv.-Nr.: 7166

70 Jean François Millet
Reisigträgerinnen. Um 1858
Öl auf Leinwand
Inv.-Nr.: 3924

71 Théodore Rousseau
Blick auf die Umgebung von Grandville
1833
Öl auf Leinwand
Inv.-Nr.: 3951

72 Alfred Sisley
Das Städtchen Villeneuve-la-Garenne
1872
Öl auf Leinwand
Inv.-Nr.: 9005

73 Pierre Auguste Renoir
Bildnis der Jeanne Samary. 1878
Öl auf Leinwand
Inv.-Nr.: 9003

74 Paul Cézanne
Stilleben mit Drapierung. Um 1899
Öl auf Leinwand
Inv.-Nr.: 6514

75 Vincent van Gogh
Fliederstrauch. 1889
Öl auf Leinwand
Inv.-Nr.: 6511

76 Pierre Bonnard
Morgen in Paris. 1911
Öl auf Leinwand
Inv.-Nr.: 9107

77 Henri Matisse
Der Tanz. 1910
Öl auf Leinwand
Inv.-Nr.: 9673
78 Albert Marquet
Marina (Neapel). 1909
Öl auf Leinwand
Inv.-Nr.: 9150
79 Pablo Picasso
Absinthtrinkerin. 1901
Öl auf Leinwand
Inv.-Nr.: 9045
80 Pablo Picasso
Frau mit Fächer (Nach dem Ball). 1908
Öl auf Leinwand
Inv.-Nr.: 7705
81 Antonio Rossellino
Madonna mit dem Kind
Mitte des 15. Jh.
Relief. Marmor
Inv.-Nr.: 517
82 Michelangelo Buonarroti
Hockender Knabe. Zwischen 1520
und 1534
Marmor
Inv.-Nr.: 154
83 Gianlorenzo Bernini
Selbstbildnis
Siebziger Jahre des 17. Jh.
Terrakotta
Inv.-Nr.: 565
84 Antonio Canova
Amor küßt Psyche. 1796
Marmor
Inv.-Nr.: 1856
85 Giuseppe Mazzuola
Tod des Adonis. 1709
Marmor
Inv.-Nr.: 1113
86 Jean-Antoine Houdon
Voltaire, im Sessel sitzend. 1781
Marmor
Inv.-Nr.: 9
87 Etienne-Maurice Falconet
Drohender Amor. 1757
Marmor
Inv.-Nr.: 1856
88 Bertel Thorvaldsen
Bildnis der Gräfin
Jelisaweta Osterman-Tolstaja. 1815
Marmor
Inv.-Nr.: 682
89 Auguste Rodin
Ewiger Frühling
Achtziger Jahre des 19. Jh.
Marmor
Inv.-Nr.: 1298
90 Aristide Maillol
Kniendes Mädchen
Etwa zwischen 1900 und 1910
Bronze
Inv.-Nr.: 2394
91 Ercole de Roberti
Gruppenbildnis der
herzoglichen Familie d'Este. Um 1492
Papier, Feder in Braun
Inv.-Nr.: 16529
92 Piero di Cosimo
Kopfstudie eines älteren Mannes
Ende der achtziger Jahre des 15. Jh.
Papier, Feder in Braun laviert
Inv.-Nr.: 7228
93 Pierre Dumonstier
Bildnis Etienne Dumonstier. Um 1570
Papier, schwarze Kreide, Rötel,
leichtes Pastell
Inv.-Nr.: 7400
94 Albrecht Dürer
Madonna mit dem Kind. Um 1515
Karton
Inv.-Nr.: 15378
95 Edouard Manet
Bildnis der Madame Jules Guillemet
1880
Papier, schwarze Kreide
Inv.-Nr.: 43094
96 Edgar Degas
Sich kämmende Frau. Um 1885
Pastell auf Bristolkarton
Inv.-Nr.: 42154
97 Reliquiar mit Szenen aus der Legende
der hl. Valeria. Ende des 12. Jh.
Grubenemail auf Kupfer
Inv.-Nr.: Φ 175
98 Aquamanile. Anfang des 13. Jh.
Bronze
Inv.-Nr.: Φ 2802
99 Deckel eines Spiegelkästchens mit
der Darstellung eines
Jagdausritts
Erste Hälfte des 14. Jh.
Elfenbein
Inv.-Nr.: 2917
100 Schale mit der Darstellung
eines Adlers. Erste Hälfte des 15. Jh.
Ton
Inv.-Nr.: Φ 320
101 Krug. Mitte des 16. Jh.
Durchsichtiges farbloses Glas, weißes
venezianisches Fadenglas
Inv.-Nr.: Φ 477
102 Samtstoff (Fragment)
Zweite Hälfte des 15. Jh.
Flachs, Seide, Goldfaden
Inv.-Nr.: T 15307
103 Bildteppich »Hirschjagd«
Ende des 15. bis Anfang des 16. Jh.
Wolle, Seide, Goldfäden
Inv.-Nr.: T 2939
104 Brautschale »Camilla Bella«. 16. Jh.
Majolika, bemalt
Inv.-Nr.: Φ 1695
105 Schale mit der Darstellung Susannas
und der Alten. 1568
Maleremail auf Kupfer
Inv.-Nr.: Φ 300
106 Fußschale. Um 1535
Fayence, durchsichtige Glasur
Inkrustation in Ton
Inv.-Nr.: Φ 422
107 Fragment des Bildteppichs »Jünglinge,
die den Schweinen Rosen und den
Tauben Korn streuen«.
Anfang des 16. Jh.
Wolle, Seide
Inv.-Nr.: T 2926
108 Zweigeschossiger Schrank
Zweite Hälfte des 16. Jh.
Nußbaum
Inv.-Nr.: 81 мб
109 Deckelpokal. Ende des 16. Jh.
Silber, Gold
Inv.-Nr.: 13038
110 Volant in »Reliefgipüre«
Mitte des 17. Jh.
Flachsfäden
Inv.-Nr.: 489
111 Schrank
Zweite Hälfte bis Ende des 17. Jh.
Ebenholz, verschiedenfarbige Hölzer,
Schildpatt, Kupferblech und Blei,
blauer Lack, vergoldete Bronze
Inv.-Nr.: 240 мб
112 Seidengewebe
Ende des 17., Anfang des 18. Jh.
Seiden- und Goldfäden
Inv.-Nr.: T-1286
113 Deckelkrug. Ende des 17. Jh.
Silber, Gold
Inv.-Nr.: 7951
114 Tafelaufsatz. 1723–1724
Silber
Inv.-Nr.: 8666
115 Volant in französischer Gipüre
»Point de France«
Anfang des 18. Jh.
Flachsfäden
Inv.-Nr.: 588
116 Flaschenkübel. 1731–1732
Silber
Inv.-Nr.: 9895
117 Bildteppich
»Verurteilung des Haman«
aus der Folge »Die Geschichte
des Ahasver« nach Kartons von
Jean-François de Troy. 1759
Wolle, Seide
Inv.-Nr.: T 15580
118 Gruppe »Dame mit Mops«. 1737
Porzellan
Inv.-Nr.: 23389
119 Eisbehälter aus dem Service
mit Kameen. 1778
Weichporzellan
Inv.-Nr.: Г. Ч. 625
120 Großes Schreibpult. 1783

Mahagoni, Goldbronze
Inv.-Nr.: Э 5089

121 Tschesme-Tintengarnitur. 1775–1779
Bronze, Silber, Vergoldung, Email
Inv.-Nr.: Э 1450

122 Tischuhr mit Löwen- und Nashornfigur
Siebziger Jahre des 18. Jh.
Bronze, Vergoldung, Achat
Inv.-Nr.: Э 6422

123 Sahnekännchen. 1809–1819
Silber, Vergoldung
Inv.-Nr.: 11672

124 Samtstoff. 1868
Seide
Inv.-Nr.: T 9607

125 Bildteppich »Herbst« oder »Weinreben« aus der Folge »Die Jahreszeiten« nach einem Karton von Jules Cheret. 1912–1914
Wolle, Seide
Inv.-Nr.: T 15594

126 Deckelvase. 1889–1890
Zweischichtiges Glas, Fassung aus Silber, Vergoldung
Inv.-Nr.: 23413

127 Vase. Um 1898
Farbloses Glas, eingelegte farbige Fäden
Inv.-Nr.: 27173

RUSSISCHE KUNST

128 Kopf eines Heiligen. Ende des 14. Jh.
Fresko
Inv.-Nr.: ПД-63/450, B-1848

129 Der hl. Nikolaus
Ende des 13. bis Anfang des 14. Jh.
Lindenholztafel mit Vertiefung, Spundquerleisten, Pawoloka, Lewkas, Tempera
Inv.-Nr.: Э/РИ-598

130 Nektari Kuljuksin
Apostel Johannes im Schweigen. 1679
Kiefernholztafel mit Vertiefung, zwei Spundquerleisten, Pawoloka, Lewkas, Tempera
Inv.-Nr.: Э/РИ-475

131 Iwan Nikititsch Nikitin
Bildnis der Jelisaweta Petrowna als Kind. Um 1712
Öl auf Leinwand
Inv.-Nr.: Э/Рж-1401

132 Alexander Petrowitsch Antropow
Bildnis des F. J. Dubjanski. 1761
Öl auf Leinwand
Inv.-Nr.: Э/Рж-2639

133 Grigori Semjonowitsch Mussikijski
Porträt Peters I. Petersburg. 1723
Porträt Katharinas I. Petersburg. 1724
Gold, Email
Inv.-Nr.: Э/PP-3823, 3825

134 Pjotr Fjodorowitsch Sokolow
A. G. Murawjewa
Dezember 1825 bis Januar 1826
Aquarell auf Papier
Inv.-Nr.: Э/PP-5271

135 Wassili Semjonowitsch Sadownikow
Ansicht der Anitschkow-Brücke
Vierziger Jahre des 19. Jh.
Aquarell auf Papier
Inv.-Nr.: Э/Pp-5225

136 Nikolaus von Moshaisk. 16. Jh.
Holz, Powoloka, Lewkas, Tempera
Inv.-Nr.: Э/РП-1348

137 Bartholomeo Carlo Rastrelli
Bildnis A. D. Menschikows. 1716–1717
Bronze
Inv.-Nr.: Э/РСК-210

138 Fedot Iwanowitsch Schubin
Büste N. W. Repnins. 1791
Majolika
Inv.-Nr.: Э/Рск-200

139 Fjodor Petrowitsch Tolstoi
Fliegende Duschenka. 1809
Geschwärztes Glas, Wachs
Inv.-Nr.: Э/Рск-147

140 Becher und Schale
Letztes Viertel des 17. Jh.
Silber, Email
Inv.-Nr.: Э/Ро-6875, 6878

141 Kreuz-Reliquiar. 17. Jh.
Gold, Silber, Email
Inv.-Nr.: Э/РП-1303

142 Schachkästchen mit Figuren. 1782
Stahl, Bronze
Inv.-Nr.: Э/Рм-4758

143 Samowar
Ende des 18. bis Anfang des 19. Jh.
Stahl, Gußeisen
Inv.-Nr.: Э/Рм-2155

144 Toilettenkästchen mit Spiegelaufsatz
Um 1801
Stahl, Bronze
Inv.-Nr.: Э/Рм-7498

145 Nikolai Stepanowitsch Wereschtschagin
Dekorative Vase »Jahreszeiten«
Um 1796
Walroßbein
Inv.-Nr.: Э/Рк-836

146 Tischsekretär. Mitte des 18. Jh.
Holz, Bein, Folie
Inv.-Nr.: Э/Рк-830

147 Pokal. Erstes Viertel des 18. Jh.
Farbloses Glas
Inv.-Nr.: Э/PC-234

148 Deckelpokal. Zweite Hälfte des 18. Jh.
Farbiges Glas
Inv.-Nr.: Эрс-333 а, б

149 Vase mit Dreifuß. 1806 (?)
Farbloses Kristall, farbiges Glas, Bronze
Inv.-Nr.: Э/Рс-6225

150 Vase. 1810–1820
Porzellan
Inv.-Nr.: Э/Рф-5203

151 Wasserträger und Wasserträgerin
1817–1820
Porzellan
Inv.-Nr.: Э/Рф-3339

152 Teeservice für zwei Personen. 1826
Porzellan
Inv.-Nr.: Э/Рф-3004 а, б; 3005 а, б; 3007, 7686 а, б; 7687 а, б

153 Servierschale. Mitte des 19. Jh.
Porzellan
Inv.-Nr.: Э/Рф-1173

154 Teile aus dem Service des Gouverneurs D. I. Tschitscherin. 1774–1775
Silber
Inv.-Nr.: Э/Ро-5092 а, д, 5090, 5091, 5090–5093

155 Grabmal Alexander Newskis. 1747 bis 1762
Silber
Inv.-Nr.: Э/Ро-7319–7324

156 Bowlengefäß. 1896–1898
Silber, Email
Inv.-Nr.: Э/Ро-8878

157 Schale mit Deckel. 1908–1917
Lasurit, Silber
Inv.-Nr.: Э/РКМ-395

158 Johannisbeerzweig. 1880
Gold, Bergkristall, Nephrit, Email
Inv.-Nr.: Э/Ро-6157

159 Schränkchen mit Mosaikintarsie »Tropenwald«. 1888–1892
Mahagoni, Bronze,
Mosaik aus verschiedenem Gestein
Inv.-Nr.: Э/Рмб-453

160 Gobelin »Schwäne«. 1758
Wolle, Seide
Inv.-Nr.: Э/Рт-16196

161 Gobelin »Abschied des Landwehrmannes«. 1827
Wolle, Seide, Metallfäden
Inv.-Nr.: Э/РТ-16195

162 Schal. Zwanziger Jahre des 19. Jh.
Wolle
Inv.-Nr.: Э/рт-19286

163 Männerkleidung. 1710–1720
Wolle, Flachs, Metallfäden, Manteltuch, Leinen
Inv.-Nr.: Э/РТ-8281, 8440, 8571

164 Höfisches Frauen-Gewand
Ende des 19. bis Anfang des 20. Jh.
Samt, Atlas, Silberfaden, Draht
Inv.-Nr.: Э/Рт-13132 а, б, в

Personenregister

Die Ermitage : westeurop. u. russ. Kunst /
hrsg. u. eingel. von W. A. Suslow.
... 1. Aufl. – Leipzig : E. A. Seemann, 1988. –
192 S. : 164 Ill.
Aus d. russ. Ms. übers. von Lisa Schirmer

ISBN 3-363-00357-9
Veröffentlicht unter Lizenz-Nr. 460-350/17/88
LSV-Nr. 8138
Gestaltung: Bernd Kruhl, Leipzig
Printed in the German Democratic Republic
Gesamtherstellung: Grafische Werke Zwickau
Best.-Nr. 505 919 6
08800